문명이 낳은 **철학** 철학이 바꾼 **역사 1**

문명이 낳은 **철학** 철학이 바꾼 **역사 1**

네오르네상스를 위하여

이정우 엮음

도서출판 길

문명이 낳은 **철학** 철학이 바꾼 **역사 1**
네오르네상스를 위하여

2014년 12월 31일 제1판 제1쇄 펴냄
2015년 3월 10일 제1판 제2쇄 펴냄
2016년 1월 20일 제1판 제3쇄 펴냄

2018년 1월 25일 제1판 제4쇄 찍음
2018년 1월 31일 제1판 제4쇄 펴냄

엮은이 | 이정우
펴낸이 | 박우정

편집 | 천정은 · 이효숙
전산 | 김기분

펴낸곳 | 도서출판 길
주소 | 06032 서울 강남구 도산대로 25길 16 우리빌딩 201호
전화 | 02)595-3153 팩스 | 02)595-3165

등록 | 1997년 6월 17일 제113호

ISBN 978-89-6445-105-2 03100
ISBN 978-89-6445-104-5 (전2권)

네오르네상스를 위하여

 이 책은 인류 문명의 역사가 진행되어 온 과정을 짚어보고, 각 시대를 정초해 준 철학 사상들의 요체를 밝히고자 저술되었다. 전체를 3부로 구성, 2권으로 펴낼 예정이며, 1권에 해당하는 제1부와 제2부에서는 각각 동양 문명의 역사와 철학, 서양 문명의 역사와 철학을 다루었고, 2권에 들어가는 제3부에서는 현대 문명의 역사와 철학을 다루었다.

 제1부에서 살펴본 철학사상은 유가사상/유교, 도가사상/도교, 법가사상, 불교, 성리학, 양명학, 근대 동북아 사상이다. 그리고 제2부에서는 그리스와 로마의 문명과 철학, 중세 기독교 문명의 철학, 그리고 르네상스를 거쳐 근대의 인식론과 정치철학을 다루었다.

 오늘날 세계는 세부를 들여다보는 데에는 능하지만 전체를 보는 안목은 약화되었고, 현실을 재빨리 따라가는 데에는 능숙하지만 현실을 비판적으로 바라보는 데에는 둔감해졌으며, 얄팍하고 감각적인 것에는 점점 더 익숙해져가고 있지만 세계를 순수하고 깊게 보는 것에는 점점 낯설어하고 있다. 이 책은 이런 현실에 매몰되지 않고 자신의 삶을 깊고 넓게 그리고 비판적으로 응시해 보고 싶어 하는 사람들을 위해 기획되었다.

현재 속에는 과거와 미래가 접혀 있다. 우리는 현재를 살아가지만, 그 현재는 과거라는 거대한 흐름의 끝일 뿐이고 또 미래라는 거대한 흐름의 시작일 뿐이다. 그러나 인간은 때로 현재라는 좁은 틀에 갇혀 삶을 넓고 깊게 바라보기를 자기도 모르게 포기하면서 살아간다. 이 책은 이런 상황을 타개할 정신적 장을 마련하기 위해, 인류의 과거와 현재 그리고 미래를 두루 바라볼 수 있는 안목을 마련하는 데 중점을 두었다.

　우리는 독자들이 이 책을 통해 '사유'할 수 있기를 희망한다. 현대인은 '소비'할 뿐 사유하지는 않기 때문이다. 문화가 소비의 대상이 되기 시작한 지도 이미 오래다. 최근에 이르러서는 지식, 학문, 사상조차도 소비의 대상이 되고 있다. 우리는 이런 흐름에 영합하는 것을 경계했다. 우리의 노력이 독자들로 하여금 사유할 수 있도록 하는 데 도움이 되기를 희망한다.

저자 일동

|차 례|

머리말 _5

제1부 동양 문명의 역사와 철학

제2부 서양 문명의 역사와 철학

문명이 낳은 철학
철학이 바꾼 역사 2
차례

제1부

동양 문명의 역사와 철학

제1장

인륜의 등불을 켜다: 유교의 이해

임종수

동북아 문명(한·중·일)을 형성해 온 사상과 문화에서 유교(儒敎)는 가장 오래도록 지속적인 영향을 끼쳤다. 한 문명은 그것을 정초해 주는 사상의 성격에 따라 그 모양새가 결정되거니와, 동북아 문명을 정초해 준 가장 대표적인 사상은 역시 유가사상(유교)[1]일 것이다. 한·중·일은 서로 다른 역사 경험을 갖고 있으나 고대부터 현대까지 상호 영향을 끼치는 관계 속에서 문화를 형성해 왔다고 할 수 있다. 유교는 역사적으로 보면 중국의 춘추전국시대(春秋戰國時代, BC 8~BC 3세기)에 탄생해 형성되었지만, 이후로 한국과 일본, 베트남 등 동북아 문명에도 수용되어 정치제도와 철학, 종교, 문화 등 다양한 영역에 영향을 끼쳤다. 따라서 유교는 하나의 개념으로 규정짓기가 어렵다고 할 수 있다.

서양을 통한 근대 문명과의 접촉과 갈등, 전통에 대한 비판을 겪은 유교는 비판과 재해석을 거쳐 다시 부흥의 흐름을 맞이하고 있다. 이러

---

1 '유가사상'(儒家思想)은 춘추전국시대에 철학적 성격을 띤 사상으로 탄생했지만, 한(漢) 제국에 이르러 종교적 성격과 통치철학의 성격을 띠기에 이르렀다. 이렇게 '도그마'(종교)의 성격을 띠게 된 유가사상은 '유교'(儒敎)라 할 수 있다. 이는 다른 사상들에 대해서도 마찬가지로 말할 수 있다.

한 현상은 동북아 문명에 유교가 여전히 함께하면서 일상과 언어, 의식과 무의식에 각인된 코드(code)로 남아 있다는 것을 보여준다. 유교는 일상에서 보이는 세계와 보이지 않는 세계 사이에서 작동하는 이데올로기와 같다. 그래서일까. 유교를 비판하는 이들조차도 자신이 유교적인 성향을 지니고 있다는 점을 깨닫지 못하는 경우가 허다하다. 그렇다면 '유교적'이라고 할 수 있는 성향은 언제부터 어떻게 형성되어 왔고, 왜 우리에게 여전히 영향을 끼치고 있는 것일까? 이 물음은 오늘의 동북아인은 누구인가, 무엇이 동북아인의 정체성을 형성해 왔는가라는 물음과 다르지 않다.

이 장에서는 동북아 문명에서 유교가 어떻게 탄생했는가, 유교의 핵심 내용은 무엇인가, 유교는 어떻게 전개되어 왔는가, 동북아 문명에서 유교는 어떤 특징을 갖고 있는가, 현대를 살아가는 우리에게 유교가 어떤 의미를 줄 수 있는가 등을 알아보고자 한다.

동북아 문명과 유교의 탄생

유교는 동북아 문명에서 수많은 제후국(諸侯國)[2]들이 난립했다가 소멸한 춘추전국시대에 탄생했다. 그 시대는 전쟁과 불안, 극심한 사회 변동의 시기였다. 고대 그리스 철학이 페르시아 전쟁이나 펠로폰네소스 전쟁 등을 배제하고 설명하기 어렵듯이, 유교가 탄생하고 형성된 고대

---

2 트로이 전쟁이 있었던 시기와 비슷한 시기인 BC 12세기 무렵에 성립한 주(周)나라는 그 후로도 BC 3세기까지 이어지기는 했지만, 장안(長安)에서 뤄양(洛陽)으로 천도한 BC 8세기부터는 사실상 명목만을 유지하기에 이른다. 때문에 그 이전을 '서주(西周)'로, 그 이후를 '동주(東周)'로 구분하는데, 이 동주시대가 곧 춘추전국시대이다. 이 시대에 주 왕조는 명목상으로는 왕의 권위를 유지할 수 있었지만, 실질상으로는 각지의 '후'(侯)들, 즉 제후가 독자적인 힘을 길러 서로 쟁패를 이어나갔다. 산둥성(山東省) 지역의 제(齊)·노(魯), 중원의 진(晉)·정(鄭)·위(衛), 남방의 초(楚), 서방의 진(秦) 등이 유명하다.

동북아 사회도 전쟁을 빼놓고 이야기할 수가 없다. 고대 동북아 사회는 불안과 폭력, 전쟁이 일상화된 시대였기 때문이다. 현대에도 마찬가지이지만 고대 사회에서 전쟁은 사람들의 물적 토대뿐만 아니라 사유와 정서를 바꾸어놓는 가장 강력한 충격이었다. 유교적 사유가 탄생하고 형성되어 가던 춘추전국시대는 동북아 문명사에서도 사회 변동의 폭이 가장 컸던 시기이다.

친족 간의 끊임없는 권력 투쟁, 봉건제(封建制)³의 동요와 붕괴, 씨족 질서의 해체, 성읍국가에서 영토국가로의 이행, 군현제(郡縣制) 확대, 사(士) 계층의 발흥, 철제 농기구의 발달에 따른 농업 생산력 증가, 수공업과 상업의 발달 등으로 사회적·경제적 토대가 바뀌어갔다. 전쟁의 양상 역시 전차전에서 보병전으로 바뀌어갔고, 단기전에서 장기전으로 돌입하고 있었다. 전쟁의 빈도는 줄었지만 기간은 늘어났고, 대량학살이 가능해질 만큼 전쟁의 규모도 확대되었다.

따라서 주나라 천자(天子)의 권력과 위엄은 더 이상 제후들에게 영향력을 행사하지 못하게 되었다. 제후들은 겉으로는 천자의 권위를 높이고 오랑캐를 물리친다는 존왕양이(尊王攘夷)를 표방했지만 그것은 허울일 뿐이었다. 그들의 최대 관심사이자 지상 목표는 제후국의 경제력과 군사력 강화(부국강병)에 있었기 때문이다. 전국시대 동안 제후국들이 처한 민간사회의 현실은 전쟁과 노역으로 황폐해져 갔다. 이러한 사회적·경제적 변화로 인해 각 제후국은 기존의 국가체제를 바꾸는 변법(變法)을 시행하지 않을 수 없게 되었다. 변법은 종래의 종법적(宗法的) 질

----

3 봉건제란 주나라 천자가 각 제후들에게 토지를 분봉한 제도를 가리킨다. 초기에는 '종법제'에 입각해 혈연적으로 가까운 친족에게 분봉했는데, 이는 곧 분권(分權)의 체제였다. 시간이 흘러감에 따라 혈연적 유대가 약화되고 제후국들의 영토 확장에 대한 욕심으로 봉건제는 해체되어 갔다. 봉건제에 비해 중앙정부에서 직접 관리를 파견해 지방을 다스리는 체제를 '군현제'(말 그대로 국가 전체를 군과 현으로 나누어 통치하는 체제)라 하는데, 이는 곧 집권(集權)의 체제이다. 정치의 역사는 곧 분권과 집권의 역사라 할 수 있으며, 춘추전국시대는 봉건제로부터 군현제로의 이행을 보여준다.

서(혈연에 입각한 정치체제)의 봉건제 국가를 강력한 중앙집권적 군현제를 토대로 한 영토국가로 개혁하려는 것을 목표로 했다. 결국 그 목적은 부국강병이었다.

　춘추전국시대라는 난세에 다양한 사상가들이 세계의 지형도를 바꾸어놓기 위해 목소리를 내기 시작했다. 그들이 바로 제자백가(諸子百家)[4]

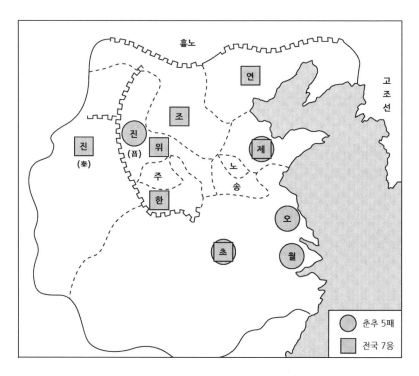

춘추전국시대　동주시대, 즉 춘추전국시대는 천자의 나라인 주의 세력이 매우 약해지고 봉건을 통해 분봉되었던 각 지역에서 제후들이 독자적 영역을 구축해 나갔다. 특히 산둥반도(山東半島) 지역의 제(齊)는 춘추시대 초기에 패권(覇權, hegemony)을 잡았다. 중원(이 당시의 '중원'/'중국'은 훗날의 '중원'/'중국' 개념보다 훨씬 작은 지역을 뜻했다. 대체적으로 뤄양을 중심으로 하여 황허 남쪽을 차지했던 지역에 해당한다)을 차지했던 진(晉)은 제를 이어 최고의 세력을 누렸으나, 훗날 한(韓), 위(魏), 조(趙)로 삼분된다. 중원과는 별도의 문명을 발달시킨 초(楚)는 중원을 위협하면서 세력을 떨쳤다. 서쪽에는 나중에 천하를 통일하게 될 진(秦)이, 라오둥반도(遼東半島)에는 연(燕)이 있었다.

다. 이들은 기존의 정치, 사회, 경제, 문화, 제도의 문제를 비판적으로 성찰하고 변화와 개혁을 촉구하며 자유롭게 생각을 펼쳐 드러냈다. 아직 중앙집권국가가 출현하기 이전의 시대여서 말〔言〕의 자유를 누릴 수 있었기 때문에 온갖 사유의 실험이 가능했다.[5] 유교는 이러한 전쟁과 극심한 사회 변동의 시기에 생겨난 제자백가 중 춘추시대 말기에 살았던 공자(孔子, BC 551~BC 479)를 중심으로 형성된 유가[6] 집단에서 시작되었다. 공자가 죽은 후 전국시대를 살았던 맹자(孟子, BC 372~BC 289)와 순자(荀子, BC 298~BC 238)는 공자가 제시한 인(仁)과 유교적 가치를 자신들의 문제의식과 시대와의 대화를 통해 계승하면서 새롭게 재해석했다. 천하를 통일한 진대(秦代)를 거쳐 재통일한 한대(漢代)에 와서 유교는 국교화되었다. 그러나 이 과정에서 유교는 황로사상(黃老思想), 참위설(讖緯說), 음양오행설(陰陽五行說) 등 다른 여러 사상을 무시할 수 없었다. 그 결과 유교 안에는 다양한 사상이 스며들게 되었다. 이러한 사상사적 배경에서 전한의 동중서(董仲舒)와 후한의 왕충(王充)이 어떻게 유교를 재구성하고 해석했는지 알아보고자 한다.

---

4 제자백가란 다양한 사상과 정책을 제시한 사상가들과 학파를 두루 묶은 개념이다. 이와 비슷한 맥락에서 백가쟁명(百家爭鳴), 백화제방(百花齊放)이라는 말도 널리 사용된다. 보통 유가, 법가, 묵가, 도가, 명가(名家), 종횡가(縱橫家), 음양가(陰陽家), 농가(農家), 소설가(小說家), 병가(兵家) 등을 포괄해 일컫는다.

5 이 시기에 출현한 철학 개념들은 철학 안에만 갇혀 있지 않고 오늘날 우리 일상의 언어에까지 남아 있다. 인(仁)과 의(義), 예(禮), 지(智), 도(道), 기(氣), 덕(德), 리(理), 심(心), 성(性), 정(情), 리(利) 등 다양한 개념들이 오랫동안 우리 일상 속에서 의식을 형성해 왔다고 할 수 있다.

6 유가란 한대(漢代)에 와서야 정립된 개념이다. 『논어』(論語)를 보면 '유'라는 개념은 군자유(君子儒)·소인유(小人儒)라는 맥락에서 사용될 뿐, 공자와 제자들에게 자신들을 지칭하는 말로 공유되지 않았다. '유'의 기원에는 여러 설이 있으나, 원래 '유'란 고대 중국의 상장례(喪葬禮)에 종사하던 무축(巫祝)을 가리켰다.

유교의 세 사상가, 사람의 길을 발견하다

춘추전국시대는 앞서 살펴본 대로 전쟁이 일상화된 불안과 동요의 시대였다. 그러면 고대 사회에서 사람들의 마음은 어떠했을까? 중심이 흔들린 만큼 파장이 클 수밖에 없었다. 전쟁으로 인해 언제 죽을지 모르는 상황에서 사람들의 감정은 변폭이 크고 불안정해질 수밖에 없다. 또한 그것은 쉽게 폭력을 낳을 근거가 되었다. 기존의 질서에 대한 회의와 물음을 낳았고, 어떻게 살아가야 하는가를 묻게 했다. 이러한 물음에는 안정과 평화, 통일에 대한 기대, 그리고 연대와 공존에 대한 갈망이 담겨 있었다.

흔히 하(夏)·상(商)·주(周) 3대라고 지칭되는 시대부터 주나라 이전의 상대까지 제(帝), 자연신, 조상신 등은 신령한 존재로서 신앙의 대상이었다. 세계는 신들에 대한 믿음과 제사로 불안을 잠재울 수 있었다. 그러나 유목민족이던 주족(周族)은 천명의 영원성을 부정하며 상나라를 멸망시켰고, 이후 주 천자의 제후에 대한 지배력도 힘을 잃어갔다. 기존의 질서에서 정점을 이루며 강고하게 자리 잡고 있던 하늘, 곧 천에 대한 회의는 천자를 무력하게 만드는 동시에 인간이 가야 할 길에 대해 묻게 했다. 이제는 혈연적인 유대가 남아 있던 씨족 질서에서 벗어나 경제력을 갖추고 강력한 군사력을 가진 국가만이 살아남게 되었기 때문이다. 차갑고 잔인하게 바뀌어버린 세계는 기존의 유대를 상실했고, 사람들은 서로에 대한 신뢰를 잃어버렸다. 길을 잃어버린 시대[天下無道]가 도래한 것이다.

그러나 다시 길을 찾으려고 모색하고 분투한 이들이 있었다. 신뢰가 무너진 폭력적 세계에서 유교는 길을 찾으려고 했고, 그 길을 걷는 자인 군자(君子)는 새로운 인간형으로 재해석되었다. 이제 이러한 시대적 배경에서 유교의 기초를 마련한 공자, 맹자, 순자 등 세 사상가가 어떻게 시대의 문제를 응시하며 풀어가려고 했는가를 살펴보기로 하자.

하(夏) BC 2000년경~ BC 1600년	제사장을 중심으로 한 정치권력 등장. 초기 국가 단계.
상(商) BC 1600년경~ BC 1046년	제사 의식을 통한 권력 확장. 갑골문(甲骨文) 사용.
서주(西周) BC 1046년 ~ BC 770년	봉건제·종법제·관료제·정전제 등 형성.
동주(東周) BC 770년	주 평왕. 뤄양으로 천도. 동주시대 시작.
BC 7??년	춘추시대 시작.
BC 453년	진(晉)이 한(韓)·위(魏)·조(趙)로 분열.
BC 403년	전국시대 시작. 주 황실. 한·위·조 삼가를 제후로 승인.
BC 221년	진(秦)이 전국 통일.

주나라의 문물이 남아 있던, 산둥반도에 위치한 노나라[7]의 사(士) 계층 출신인 공자는 젊은 시절부터 사회공동체의 균열과 위계질서의 붕괴에 민감했다. 왜냐하면 그의 모국 노나라는 제후가 본래의 힘을 발휘하지 못한 채 제후 아래의 신분인 대부(大夫)들이 권력을 장악하고 있었기 때문이다. 왕의 권력이 약화되자 제후들이 등장한 것처럼, 이번에는 제후들의 권력이 시들해지면서 대부들이 등장한 것이다. 따라서 공자는 일찍부터 무력과 강제력이 질서를 무너뜨리고 세계를 만들어가는 과정을 직접 체험했다. 그의 사상은 이러한 정치 현실에 대한 비판과 함께 시작되었다. 도달해야 할 길, 걸어가야 할 길을 잃은 시대에 사람은 어떻게 살아야 할까? 그러한 사람들은 어떤 공동체나 국가를 만들어가야

---

7 노나라는 주나라를 세운 무왕의 동생인 주공(周公)의 아들 백금(伯禽)이 봉해진 제후국으로, 주나라 문물이 많이 남아 있었다고 전해진다. 공자가 "주나라 문화를 따르겠다"고 하며 일생 주공을 사모한 까닭도 그러한 배경 때문이다. 공자가 살았던 시대에 하와 은의 전통문화에 대해서는 증거할 만한 자료가 부족했던 듯하다. 그래서 공자는 "두 선대의 문화를 알려줄 만한 전적과 현인이 있다면 증명할 수 있을 텐데" 하고 토론한 적이 있다. 이를 통해 공자가 모델로 삼은 정치와 문화의 뿌리가 주나라에 근거하고 있었음을 알 수 있다.

할까? 폭력이 아닌 평화의 세계를 일구어내려면 어떻게 해야 할까? 이 물음은 공자가 모국을 벗어나 14년간 다른 제후국들을 주유하면서 끊임없이 되풀이했던 물음이었다. 그러나 공자는 정치적 좌절을 경험한 뒤 노년에 이르러 모국으로 귀향한다. 폭력적 세계에서 평화와 연대, 인간다움을 실현하려고 노력한 공자는 자신의 경험과 학문을 제자들에게 전수하고 세상을 떠났다.

공자는 이전 시대, 특히 주나라의 고대 문화를 전수하는 자라고 자임했다. 새로운 것을 덧붙이거나 만들려고 하지 않았다. 그는 사 계층에서 출발한 자신의 태생적 결핍을 배움(學)으로 채우고자 분투했고, 그 과정에서 희열을 만끽했다.[8] 그 학의 내용은 바로 고대 문화인 예악(禮樂), 즉 주나라의 문화와 제도였다. 그는 주나라의 문화와 제도에서 폭

공자 모든 도가 무너진 난세에 태어나 사람이 가야 할 길을 가르쳐준 위대한 철학자인 공자는 동북아 문명에 헤아릴 수 없이 큰 영향을 끼쳤다. 공자는 '만세의 사표'(萬世之師表)라 불린다.

력과 무력을 배제하면서도 사람을 이끌어갈 수 있는 힘인 '덕'(德)을 발견했고, 형벌과 강제적 법 집행이 아닌 전통 문화의 길을 실천하고자 했다. 그의 모델은 주의 예악문물을 제작했다고 전해지는 주공(周公)이었다. 주공은 그가 늘 그리워했던 인물이었고, 공자는 주나라의 문화를 현실 속에

----

8 공자와 동시대인들의 대화와 이야기를 담은 『논어』에는 호학(好學), 호고(好古), 호례(好禮) 등의 표현이 나온다.

실현해 보려고 했다. 왜냐하면 공자는 주 문화를 통해 사람다움과 평화의 길을 걸을 수 있으며 그것이 길을 잃은 불안과 폭력의 시대를 종식시킬 수 있을 것이라 확신했기 때문이다. 그에게는 '사람'이 그 길을 확장해 갈 수 있을 것이라는 믿음이 있었다.

그의 이러한 믿음은 '인'(仁)[9]에 대한 새로운 해석을 제시하도록 이끌었다. '인'은 공자 이전에 남자다움, 씩씩함이라는 의미를 갖고 있었다.[10] 그는 여기에 평화와 연대의 맥락을 추가했다. 사람과 사람 사이의 관계망이 분열된 전쟁터와도 같은 현실에서 공자는 사람과 사람을 결속하고 타인의 아픔을 나의 아픔으로 느끼는 근원으로서 인을 발견했다. 그렇다면 공자의 '인'의 발견과 재해석은 어떤 철학사적 의미를 갖는 것일까? 그것은 폭력과 무력이 아닌 사랑과 평화가 가진 힘, 그것이 인간에게 있는 숭고한 힘이라는 것을 발견했다는 데에 있다.

공자는 천(천명)을 외경하지만 사람다움의 힘을 발견하면서 사람이 걸어가야 할 길(道)을 열어놓은 것이다. 따라서 공자는 길이 사람을 넓히는 게 아니라 '사람'이 길을 넓힐 수 있다고 선언했다. 그 길은 사람이라면 누구나 걸어가야 할 길이었다. 인이란 자신을 희생하고('살신성인') 사욕을 이겨내야('극기복례') 실현되는 가치가 되었다. 그가 꿈꾼 나라는 전체를 위한 부분의 도구가 아니라 꾸밈과 바탕이 잘 조화를 이룬 군자다움이 드러나는 세상, 폭력과 강제가 아닌 관용과 배려, 공감과 연대, 사랑과 평화가 실현된 인의 나라였다고 할 수 있다.

공자의 사상은 100여 년 뒤 전국시대를 살다 간 맹자를 통해 심화된 해석과 전환을 맞이하게 되었다. 맹자는 전국시대 중기를 살았다. 전국

----

9 인은 다양한 의미를 갖고 있는 개념이다. 영어로는 'humanity', 'benevolence' 등으로 번역된다. 한국어의 맥락에서는 어짊, 인간(사람다움), 사랑, 평화, 화합, 연대감 등으로 해석되는데, 함축된 의미의 풍부함 때문에 단순히 '인'이라고 지칭하는 경우가 많다.

10 인에 대한 공자의 해석은 주로 국내 동양철학자 신정근의 연구를 참고하라. 이 장 뒤에 실린 '참고할 만한 책'을 볼 것.

시대란 글자 그대로 전쟁을 하는 나라들의 시대였다. 이런 폭력적인 세계에서 맹자는 공동체 분열의 근본적인 원인이 무엇일까를 고민했다. 제도의 개혁만으로 폭력적인 세계를 변혁할 수 있을까? 맹자는 제도의 개혁에 둔감하지는 않았지만 시선을 인간의 내부로 돌리고자 했다. 그는 인간이면 누구나 다른 사람의 고통을 함께 아파하는 마음이 있다고 확신했다. 그러나 당대에 사람들이 이 마음을 잃어버렸다고 보았다. 그는 이 '잃어버린 마음'〔放心〕을 찾고자 했다. 그 잃어버린 마음을 회복하지 않으면 세계의 구원은 불가능하다고 판단했기 때문이다. 그렇다면 그 잃어버린 마음은 무엇일까?[11]

지금도 해마다 여름이면 물에 빠진 아이를 구하려다 죽는 사람들의 안타까운 기사가 신문 지면에 실리곤 한다. 맹자는 그처럼 자기를 버리고 다른 이의 생명을 구하는 모습에서 우리가 찾아 회복해야 할 마음을 발견한다. 맹자는 우물 쪽으로 기어가는 어린아이를 보고 우물에 빠질까 봐 불쌍하고 안타까이 여기는 마음('측은지심')에서 잃어버린 마음을 찾고자 했다. 그 마음은 명예나 이익과 무관한 사심 없는 마음이다. 맹자는 부국강병을 내건 제후들에게도 그러한 마음이 싹터 움직이고 있음을 일깨워주려고 했다. 그는 사람 마음의 선한 네 가지 싹으로서 사단(四端)[12]을 보존하고 확충해야 한다고 역설했다. 사람이라면 다른 사람의 고통에 둔감하지 않고 함께 아파할 줄 아는 마음을 갖고 있으므로 이 마

----

11 동아시아 문명에서 마음〔心〕은 전국시대 사상가들에게 가장 주목받는 사상사적 과제였다. 맹자의 경우 심은 방심(放心), 조심(操心), 양심(良心), 존심(存心), 진심(盡心) 등의 개념으로 사용될 만큼 맹자의 철학을 이해하는 주요 키워드라고 할 수 있다. 이 개념들이 오늘날 한국의 일상 언어에도 살아 있다는 것을 통해 새삼 마음과 관련된 어휘들이 맹자에 기원하고 있다는 것을 확인하게 된다.

12 '사단'은 다른 사람의 아픔을 자신의 아픔으로 절절하게 느끼는 측은지심(惻隱之心), 부끄러워할 줄 아는 수오지심(羞惡之心), 사양하고 겸양하는 사양지심(辭讓之心), 옳고 그름을 분별하고 판단하는 시비지심(是非之心)을 말한다. 맹자는 이런 마음이 없으면 사람이 아니라고까지 말했다.

「자로문진도」(子路問津圖)

자로가 나룻터를 묻다. 중국 명나라 때의 화가 구영(仇英)의 그림. 자로가 초나라의 은자(隱者)들을 만났을 때, 그들은 공자의 뜻을 이해하지 못하고 그를 출세에 눈이 먼 인간이라며 비웃는다. 그러나 공자는 인간이란 인간과 더불어 살아야 하는 존재이며, 좋은 세상을 만들어나가기 위해 혼신의 힘을 다해야 한다고 믿었다.("鳥獸不可與同群, 吾非斯人之徒與而誰與? 天下有道, 丘不與易也.")

음과 본성을 잘 보존하고 길러야 한다고 강조했다.

맹자는 인의예지(仁義禮智)라는 네 가지 덕을 갖춘 인간이 본능으로만 움직이는 금수와 다르다고 하며 인간의 인간다움을 내적 영역에서 찾고자 했다. 이는 인간은 더 이상 짐승이 아니라는 그의 자각에서 비롯한다. 맹자로 인해 인간은 자신 속에 갇히지 않고, 내적 수양을 통해 하늘을 알 수 있는 숭고한 존재로 탈바꿈할 수 있게 되었다. 맹자는 그러한 신성(神性, divinity)이 인간 안에 내재해 있음을 확신했다. 그는 전쟁과 폭력의 시대에 인간이 잃어버린 마음이 무엇인지, 그리고 찾아야 할 인간다움의 힘이 무엇인지를 모색하며 인간이 쾌락과 욕망으로 치닫지 않으려면 무엇을 추구해야 할지 제시했다. 그에 따르면 인간은 곤경에 빠져 있을 때도 인간으로서 지켜야 할 본분[義]을 잃지 말아야 한다. 또한 높은 사회적 지위와 경제력을 가졌다 해도 인간으로서 걸어가야 할 길을 망각해서는 안 된다. 그렇다면 인간에 대한 이러한 이해를 토대로 제후는 어떻게 자신의 권력을 사용해야 할까? 맹자에 따르면 위정자는 무력이 아닌 덕의 힘으로 공동체를 이끌어야 한다. 그것이 최고 권력자가 지향해야 할 길('왕도')이고, 인을 실현하는 인정(仁政)이다.

맹자가 인간의 내적 수양과 내면의 신성을 확인하면서 사회와 정치 체제의 문제를 소홀히 한 것은 아니었다. 그러나 그는 사람의 변화에 비해 제도와 사회의 변화에 대해서는 이후의 순자만큼 구체적으로 사유하지 않은 듯하다. 순자는 제도와 사회의 변화를 집중적으로 사유한 사상가였다. 이는 순자가 살았던 전국시대 말기라는 시대 배경과 무관하지 않다. 전국 말기와 제국의 통일 이전 시대를 살았던 순자는 통일에 대한 각국의 열망과 민간의 기대를 염두에 두지 않을 수 없었기 때문이다. 순자는 제나라 직하학궁[13]에서 최고 책임자 역할을 수행하며, 그곳에서 다양한 사상을 흡수할 수 있었다.

맹자와 달리 순자는 전국시대 말기에 중앙집권적 국가의 기획을 염두에 두고 사유하며 글을 썼던 사상가다. 순자도 맹자처럼 인간은 더 나은 존재로 탈바꿈할 수 있다고 믿었다. 그러나 그의 초점은 다른 데에 있었다. 그는 인간의 본성이란 무엇인가에 관심을 두기보다 어떻게 하면 사회의 혼란을 다스릴 수 있을까에 집중했다. 본성에 대한 순자의 논의 역시 사회질서의 맥락과 관련되어 있었다. 그렇다면 본성에 대한 논의와 사회질서의 맥락은 어떻게 관련되는 것일까?

순자는 맹자와 달리 인간의 본성을 타고난 것, 선악의 판단이 개입되기 이전의 자연적인 것으로 보았다. 그가 말한 자연적인 것은 그 자체로 선도 악도 아니다. 그러나 그 본성의 자연적인 성향은 그대로 놓아두면

----

13 전국시대 제나라의 선왕 때 수도인 임치(臨淄) 근처에 설립되었던 학교로, 오늘날의 국립 대학과 같은 곳이었다. 각국으로부터 온 수백 명에서 수천 명에 이르는 법가, 음양가, 도가 계열의 다양한 학자들이 이곳에 모여 후한 대우를 받았다. 그들은 정치에 관여하지 않은 채 자유롭게 학문을 토론하며 자신들의 생각을 전개할 수 있었다. 그중 상대부(上大夫)로 임명되고 저택을 제공받은 76명의 학자와 사상가를 직하학사(稷下學士)라고 한다. 순자는 직하학궁에서 세 차례나 책임자 역할을 수행했다.

악한 쪽으로 흐를 경향이 있다. 인간은 사회 속에 살아가는 동안 욕망을 갖게 되고, 그 욕망을 충족시키려고 한다. 그러나 거기에 제한과 기준이 없으면 분쟁이 생길 수밖에 없다. 따라서 악한 쪽으로 흐르기 쉬운 인간의 욕망은 전통문화와 제도('예')로 규율되어야 한다. 순자가 보기에 인간의 문명은 사회적 관계망 속에서 발생한 자연적 성향과 욕망을 전통문화와 제도로 변화시켜야 세워질 수 있다.

그렇다면 이제 더 이상 하늘(자연)이 인간의 문화와 사회에 개입할 이유가 없어진 셈이다. 인간에게는 외부의 힘에 종속되지 않고 자신의 힘으로 바꾸어갈 수 있는 인식 능력이 있기 때문이다. 순자의 이러한 논리에 따라 자연과 인간의 분리('천인지분')가 가능하게 되었다. 그는 문명이란 인간의 힘으로 건설되고 발전될 수 있는 것이지 인간 밖의 초월적, 초자연적 영역의 관여로 형성되는 것이 아님을 확신했다.

공자와 맹자, 순자가 살았던 춘추전국시대는 '하늘'〔天〕이라는 절대적 존재에 대한 믿음과 회의 사이에 놓여 있었고, 천의 신성성이 희미해져 가는 시대였다. 공자와 맹자는 천에 대한 외경의 여지가 남아 있었다. 그러나 순자는 그들과 달랐다. 순자에게서 천은 인간의 영역에 적극적으로 개입하거나 외경 속에서 신비화된 힘을 발휘하는 존재가 아니었다. 이제 세계는 더 이상 신성의 현현을 발견하기 힘들 만큼 피폐해져 갔다. 그러나 공자, 맹자, 순자는 모두 자신을 돌아보는 반성적 사유의 능력을 외부가 아니라 내부로 향하도록 이끌었다. 그래서 분열되어 가는 '마음'과 본성의 문제를 두고 치열하게 사유할 수 있었다. 민주적 절차를 거쳐 시민〔民〕의 역량이 합의되는 시대가 아니라 군주 일인과 지배집단에 의존하던 시대였으므로 그들은 군주와 지배집단의 변화를 강력하게 요청했다. 민은 그들의 의사를 반란을 통해 전할 수밖에 없었기 때문이다.

이 시대는 들여다볼수록 오늘의 현실과 겹쳐진다. 2,500년 전의 사회와 오늘날의 사회에서 무엇이 반복되고 있는가? 고대의 유교가 배태

되고 형성된 춘추전국시대는 19세기 말에서 20세기 초 동북아 사회에서 유행했던 사회진화론을 연상하게 한다. 약육강식과 적자생존의 법칙이 정당화되었던 시대라고 하면 지나친 말일까? 이러한 전란의 시대에 유교는 사람이 사람다워지려면 어떻게 살아야 하는가, 그러한 사람들은 어떻게 공동체를 만들어가야 하는가, 사람과 사람의 관계는 어떻게 설정되어야 하는가를 물었다. 그리고 무엇보다 이러한 문제를 안과 밖, 내부와 외부의 현실을 아우르며 사유하고 해결하려 했다.

한 제국: 유교적 국가를 만들다
영원한 제국 만들기: 유교, 형이상학의 옷을 입다

BC 221년 중국을 통일했던 진(秦)은 15년 만에 멸망했다. 춘추전국시대의 오랜 전란과 진의 멸망 이후로 백성들은 지쳐 있는 상태였다. 한 제국은 진나라와는 다른 새로운 지배체제를 확립해야 했다. 이제 한 제국이 지속되려면 제도의 개혁이 불가피하게 되었다. 그러나 남은 과제가 있었다. 다름이 아니라 전국시대의 혼란을 종식하고 통일했던 진나라가 왜 멸망했을까 하는 물음에 대한 해답을 찾는 것이었다. 지배계층과 지식인은 이를 두고 고민을 거듭했다. 그 결과 진나라가 멸망한 것은 과도한 형법 집행과 법가주의적 시스템 때문이라고 결론을 내리게 되었다. 이 때문에 한대 초기는 '무위'(無爲)의 정치를 시행하는 데에 유효한 황로사상[14]이 유행했다. 그러나 이러한 무위의 다스림[治]으로 제국을 지속시킬 수 있을까 하는 회의적 분위기가 일자 유교가 다시 주목되었고, 한 제국을 지속시킬 수 있는 자원이 유교 안에서 새롭게 발굴되고

---

14 황로사상은 전국 말에서 전한 초에 유행한 정치술이다. 법가와 도가를 융합한 사상을 말하며, 황로(黃老)는 황제(黃帝)와 노자(老子)를 가리킨다. 황제는 고대 중국의 전설 속의 제(帝)이고, 법칙의 발견자이자 법률의 제정자로 상징되어 법가적 사고를 대표한다. 노자는 도가의 시조로서 허심(虛心)과 '무위'의 방식을 대표한다. 따라서 황로사상은 법가와 도가를 종합한 사상이다. 아울러 황로사상은 어느 특정 학파에 치우치지 않고 두루 포용하려고 하는 특징을 지닌다.

재해석되었다.

그렇다면 한 제국의 지속에 몰두한 지식인들은 유교를 어떻게 해석했을까? 한대에는 춘추전국시대 이래로 전해 오던 유가, 법가, 도가, 음양오행 등 다양한 사상이 공존하고 있었다. 이러한 사상사의 맥락을 염두에 두면 유교가 처한 상황을 짐작할 수 있을 듯하다. 먼저 무제 때의 유학자 동중서의 사상을 살펴보면서 물음을 풀어보기로 한다.[15]

동중서는 한 제국이 지속되려면 어떻게 해야 할까를 모색하다 희미해져 가던 '하늘'(천)을 다시 불러들였다. 그는 자연과 인간의 영역을 구분 지은 순자와 다른 길을 걸어가려고 했다. 나아가 동중서는 음양오행과 기(氣)로 유학을 재해석하고 재구성해 유교의 형이상학에 관한 기초 작업을 진행했다. 공자가 언급하지 않고 맹자가 관심을 기울이지 않았거나 그들이 접한 적이 없던 개념들을 한대 유교의 자장 안으로 끌어들인 것이다.

그러면 영원한 제국을 만들기 위해 동중서는 구체적으로 어떤 작업을 진행했을까? 동중서는 우선 한 제국의 영속성을 위해 강력한 왕의 힘과 교화가 필요하다고 판단했다. 왕은 하늘과 땅과 사람을 관통하며 지배하는 존재다. 반면 백성들은 그의 교화로 인도되어야 할 대상이다. 왕권의 정당성은 하늘에서 온다. 왕은 하늘을 대행하며 하늘의 뜻을 대지에 실현하는 존재다. 그런데 이는 왕권의 무제약적인 남용을 가져올 수 있다. 그렇다면 왕권의 남용을 어떻게 제어할 수 있을까? 동중서에 따르면 하늘과 인간은 서로 감응한다('천인감응'). 자연에 재앙이 일어나고 이변(災異)이 일어나는 까닭은 왕의 실정 때문이다. 따라서 하늘은 왕의 책임을 물으며 견책할 수 있다. 이처럼 동중서는 강력한 왕권을 확립하는 데에 이론적인 토대를 마련하면서 동시에 왕권을 제약하는 이론

---

15 한대 유학에 대해서는 히하라 도시쿠니, 신정근, 김동민의 연구 성과를 참고하라. 이 장 뒤에 실린 '참고할 만한 책'을 볼 것.

을 내놓았다.

나아가 그의 천인감응설은 그가 자연과 인간의 관계를 어떻게 설정하고 있는가를 보여준다. 그는 전국시대 이래로 유행한 음양오행설과 기론(氣論)을 수용해 실천윤리적 성격이 강한 유교에 자연과 인간의 연속성을 강조하는 유기체적 사유를 도입했다. 이에 근거해 군주와 신하, 아버지와 자식, 남자와 여자, 어른과 아이 등 모든 관계를 철저히 위계화해 그 틀에서 벗어날 수 없게 만들었다. 왜냐하면 동중서는 '이름'[名]에 하늘의 뜻이 들어 있다고 믿었기 때문이다. 그래서 이름과 실제를 일치시키려고 했다. 가령 사 계층에 속한 자는 그 계층에 주어진 일에 충실해야 한다는 것이다. 이는 공자가 강조한 임금, 신하, 아버지, 자식이 그 본분을 지켜야 한다는 논리를 잇는 주장이다. 다시 말해 그 신분이나 직분을 벗어나서는 안 된다는 논리로 위계질서를 공고하게 다져놓은 것이다.

한나라는 영원한 제국을 만들고자 했고, 그를 위해서는 인민을 제국에 종속시키기 위한 엄격한 질서가 요구되었다. 동중서는 바로 그러한 국가 만들기에 필요한 철학을 제시했다. 그러나 그의 제언이 무제 재위 시에 그대로 실현된 것은 아니었다. 실제로 현실에 정착되는 데에는 후한 말에 이르기까지 100여 년에 가까운 시간이 흘러야 했다. 한대 초기의 현실과 제도가 단시일에 바뀔 수는 없었기 때문이다.

경학: 고전이 아닌 경전을 확립하다

동북아 유교사에서 한 제국의 영향을 가장 선명하게 찾아볼 수 있는 것은 무엇일까? 아마도 우리가 지금 알고 있는 유교 고전(古典)들이 경전(經典)으로 정리되었다는 데에서 찾을 수 있을 듯하다. 사실 유교의 역사는 경학(經學)의 역사라고 해도 지나치지 않다. 왜냐하면 경학은 글자 그대로 '유교'라는 불변의 진리를 담은 경전에 대한 연구를 뜻하기 때문이다. 제국은 지배질서를 유지하기 위해 제도를 만들고 사람들을 하나의 통일된 이념 안으로 끌어들여야 했다.[16] 그리고 이를 위해서는 오랜 시간 흩어져 있던 지식을 규합하고 재정비해야 했다.

당시의 예서(隸書)로 쓰인 글자로 구성된 금문과 전설로 여겨지나 공자의 고택에서 나왔다는 고문으로 된 경서는 서로 차이가 있어 금고문 (今古文) 논쟁이 벌어지게 되었다. 금문경학과 고문경학은 유교의 텍스트를 두고 오랜 논전을 벌였다.[17] 금문경학은 참위설까지 흡수하면서 신비주의적인 해석도 마다하지 않았다. 따라서 유교 경전에 정치적인 해석을 덧붙이는 경향이 짙었다. 금문경학자들은 성인이 남긴 은미한 말 속의 중요한 의미를 밝히려고 했고, 공자를 성인의 반열에 올려놓았다. 반면 고문경학자들은 경전에 대한 문자 해석('훈고')에 집중하며 경전의 원의를 해석해 내고자 했고, 공자를 고대 문화를 전수하는 선사로 받아들였다.

이처럼 한대의 유교는 참위설, 음양오행설 등의 영향으로부터 자유롭지 못했다. 이 때문에 후한 때 왕충(王充)은 참위설을 수용한 금문경학의 신비주의적인 학문 성향을 비판했다. 동시대의 사상에 대한 왕충의 비판은 그가 하늘의 인격성을 부정했다는 점에서 분명하게 드러난다. 그에 따르면 천지만물의 생성에는 하늘의 목적이 개입되지 않는다. 재이와 같은 자연현상의 이변도 왕이 지닌 덕의 유무와 관계가 없다. 따라서 왕충은 천인감응설을 수용하지 않는다. 그는 천지만물은 기(氣)로 구성되어 있다고 했다. 기가 모이면 생명을 지속하고 흩어지면 죽는다. 사

----

16 이는 근대국가가 하나의 이데올로기로 국민을 통합하기 위해 국어와 국정 교과서를 만들려고 한 과정을 보면 쉽게 짐작할 수 있다.

17 금문경학은 육경(六經)(『시』(詩), 『서』(書), 『예』(禮), 『악』(樂), 『역』(易), 『춘추』(春秋)을 공자가 지은 것으로 보고 공자를 성인으로 추숭했고, 경전의 깊고 은미한 말 속에 담긴 뜻 (微言大義)을 중시했다. 금문경학 계열의 학자들은 현실 정치와 경전의 관련성을 논하면서 경전의 의미를 정치에 실현해야 한다는 입장을 취했다. 이에 비해 고문경학은 육경을 고대 역사를 기록한 텍스트로 보았다. 따라서 공자의 위상도 고대 문화를 전수한 선사(先師)로 파악했고, 경전의 정리와 훈고를 중시했다.

후세계나 귀신은 존재할 수가 없으며 영혼은 불멸하지 않는다.

인간도 천지만물처럼 기로 형성된 존재다. 그러나 기의 많고 적음에 따라 본성의 선함과 악함이 결정된다. 본성이 선한 자가 있고 악한 자가 있다. 왕충은 인간의 본성에 선과 악이 함께 있다고 했다. 그런데 인간은 꼭 그의 본성과 능력에 걸맞게 사회적 대우를 받거나 지위를 얻는 것은 아니다. 현실을 보면 선을 행해도 불행을 당하는 사람이 있고, 악을 행해도 잘되는 사람이 있다. 이 모순은 해결하기가 어렵다. 따라서 왕충은 길흉화복이 모두 명(命)의 지배 아래 있다고 보았다. 그것은 인간의 노력으로 바꿀 수가 없다. 인간의 운명은 결정되어 있기 때문이다.

동북아에서 유교적 사유의 전개

한대 이후 유교는 불교, 도교와 배타적이지 않은 공존의 길을 걸어가야 했다. 위진남북조와 수당시대를 거치기까지(3~10세기) 유교가 독존적인 위치를 점했다고 보기는 어렵다. 유불도 삼교는 어느 하나가 배타적 우위에 있기보다 교섭과 공존의 형태로 존재했다. 물론 서로 간에 갈등이 없었던 것은 아니다. 하지만 민간 사회에도 공자와 석가, 노자의 상을 함께 모신 삼교당(三敎堂)이 있었고, 유학자와 승려, 도사들은 격의 없이 교류했다. 그러나 송대에 들어와 유교는 이전과는 다른 모습을 띠게 되었다. 신진사대부들이 새로운 지배계층으로 등장하면서 성리학(性理學)으로 대표된 유교가 불교와 도교(도가)에 대해 비판적 태도를 취했기 때문이다.

성리학은 불교와 도교(도가)의 이론을 흡수하면서 형성되었다. 선진(先秦)시대 유교의 실천유학은 불교 및 도교(도가)의 세계와 만나지 않았고, 형이상학적 욕구를 충족시키기에는 부족했다. 성리학은 이처럼 선진시대 유교에 부족했던 형이상학적 측면을 보완하면서 우주와 세계,

인간에 대한 이해의 지평을 심화해 갔다. 그러나 유교 내부에서도 성리학의 난점에 대한 비판의 목소리가 양명학(陽明學)적 경향, 경세치용적인 학문 성향, 고증학(考證學)적 경향 등으로 나타났다.

이러한 유교의 전개 과정에서 한국과 일본은 유교의 제도와 전적, 학문을 수용하면서 유교의 토착화를 시도했다. 한국에서는 삼국시대에 유교가 수용된 이래로 고려시대에도 불교와 함께 영향을 끼쳤다. 그러나 고려 말 성리학이 들어온 이후에는 조선의 유학이 곧 성리학이라고 해도 과언이 아닐 만큼 성리학, 그중에서도 12세기 남송에서 활약한 주희(朱熹)의 학문을 절대적으로 여기며 주자학을 추종했다. 따라서 조선 유학은 주자학을 따르지 않으면 '사문난적'(斯文亂賊)으로 몰릴 만큼 배타적인 성격을 띠게 되었다. 이러한 주자학 중심의 학문 성향으로 인해 양명학은 중국에서와는 달리 그 영향력이 미미할 수밖에 없었다.

일본은 조선처럼 유교 교양과 지식을 쌓은 관료나 지배계층에서뿐만이 아니라 정치권력을 갖지 않은 승려나 민간인들 사이에서도 유교 연구가 이루어졌다. 수용 계층의 이와 같은 다양성은 조선과 일본 유교 문화의 차이를 낳는 근거가 되었다. 물론 유교는 일본의 정치제도와 일상 영역에 영향을 끼쳤다. 도쿠가와 시대에는 주자학이 영향을 끼쳤고, 17세기 전반 에도 막부에서 활동한 나카에 도주(中江藤樹) 등을 통해 양명학이 깊이 있게 연구되었다. 그러나 조선에서만큼 강고하게 유교의 문화와 의례가 자리 잡았다고 보기는 어렵다.[18]

이 장에서는 한대 이후 동북아의 유교적 사유가 전개되어 가는 과정

----

18 한 예를 들면 일본 교토에 위치한 에도 시대 유학자 이토 진사이(伊藤仁齋, 1627~1705)의 묘는 초라하기 그지없다. 그의 학문은 반주자학적 태도에서 공맹의 말을 직접 연구해 고의학(古義學)으로 일컬어진다. 일본 유학사의 중요한 인물인데도 아직까지 그의 저작을 집성한 온전한 전집이 출간되지 않고 있다. 한국에서 퇴계 이황이나 율곡 이이의 전집이 오래전에 간행된 것과는 큰 차이가 있다. 일본 내에서 유학자에 대한 이 같은 대우를 접한 동양철학자 한형조 교수는 한국에서 유교는 하나의 '문화'이지만 일본에서는 '학문'이라고 했는데, 이는 수긍할 만한 지적이라 하겠다.

을 통해 유교가 어떻게 다양한 사상의 흐름을 수용하고 비판하면서 정체성을 형성해 가는가를 알아보고자 한다.

유불도 삼교 교섭 속의 유교: 유교 정체성 찾기

한대 이후 유교는 신비화되는 경향을 띠고 참위설이 성행하게 되었다. 황건적의 난이 일어났을 때도 유교는 사회질서 유지를 위한 기능을 발휘하지 못했다. 반면 이러한 시대의 혼란 속에서 명가, 법가, 도가 등의 사상이 다시 세력을 얻게 되었고, 유교의 역학(易學) 사상 역시 다시 탐구의 대상으로 주목받게 되었다. 유교가 정치 현실에서 제대로 기능하지 못하게 되었지만 오히려 그 점이 위진시대(주로 3세기)의 현학(玄學)을 낳는 배경이 되었다.

위진시대에는 유교의 경학이 약화되고 현학이 새롭게 등장했다. 위진 현학은 『노자』(老子), 『장자』(莊子), 『주역』(周易) 등 삼현(三玄)으로 일컬어지는 텍스트를 연구 대상으로 삼았다. 그러나 위진 현학은 유교를 부정한 사상 체계가 아니었다. 현학은 당시 사회질서인 '명교'(名敎)로서의 유교를 노장철학을 통해 재해석하고자 했다. 현학자들 중에도 실제로 관직에 나아가 정치에 참여하면서 유교 질서와 제도를 옹호하는 입장에 선 인물들이 많았다.

예컨대 위·촉·오의 쟁투가 이어지다가 마침내 서진(西晉)에 의한 통일이 이루어지는 3세기에 활동한 하안(何晏), 왕필(王弼), 곽상(郭象) 등 현학자들이 모두 『논어』에 대한 주석서를 쓰고 『주역』을 깊이 연구한 것도 유교 질서를 뒷받침할 근거를 발견할 수 있었기 때문이다. 따라서 현학은 유교사상과 도가가 결합한 형태라고 할 수 있을 것이다. 그 결과 이 시대에 '명교와 자연' 논쟁이 일어나게 되었다. 논쟁의 핵심은 인간을 유교적 예법과 도덕, 그와 관련된 기존의 정치적 신분 질서에 적응시켜야 하는가, 아니면 이름과 명분을 부정하고 인간의 본성을 스스로 그러하도록 놓아두어야 하는가에 대한 문제였다.[19]

수당시대(7~9세기)로 들어와 유교는 유불도가 공존하며 교섭하고 있는 특징을 보여준다. 수나라 때는 불교와 도교에 비해 유교의 세력이 약한 편이었다. 불교는 해요, 도교는 달이요, 유교는 오성(五星)이라는 말은 그러한 상황을 잘 드러내는 표현이다.

당나라를 창건한 고조 이연은 노자의 성이 이(李) 씨이므로 자신의 조상이라 여겨 도교를 첫 번째로 중시했다. 따라서 유교는 두 번째, 불교는 세 번째의 위치에 자리 잡게 되었다. 이후 그의 아들 당 태종 이세민이 유교가 국가정권을 유지하는 데 절대적으로 필요한 이념이라 판단하면서 그 지위가 격상되었다. 이러한 풍토에서 유불도 삼교가 하나가 될 수 있다는 주장이 나왔으며, 유교와 불교는 내면적 수양을 강조하므로 동일한 것이라고 하는 주장도 생겨났다. 이는 유불도 삼교 합일의 주요한 흐름을 이루는 출발점이 되었다.

위진남북조와 수당시대에 걸친 이러한 유교의 흐름에서 주목할 만한 사건은 한유(韓愈)와 이고(李翱)의 등장이다. 이들은 불교와 도교(도가)를 비판하면서 유교의 본질을 밝혀 알리고자 했다. 한유는 『원도』(原道)와 『원성』(原性) 등을 지어 유교의 본질을 규명하고자 했다. 이고는 「복성서」 (復性書)를 지어 육체적 욕망을 잊고 성명의 도를 회복해야 함을 강조했다. 이들을 통해 송·명 유학의 기초가 놓였다고 할 수 있다.

성리학: 유교의 형이상학적 해석, 인간 본성과 마음의 재발견

춘추전국시대와 한대, 위진, 수당시대를 거쳐오는 동안 유교는 불교 및 도교(도가)와의 상호 교섭과 영향 아래 공존하고 있었다. 그러나 송대

---

19 국내 현학 연구자 정세근은 '명교와 자연'을 '제도와 본성'으로 풀이한다. 그에 따르면 이 문제는 '인간의 제도는 본성적인 것인가'라는 물음이다. 즉 이 논쟁에는 제도란 본성이 만든 것인가, 아니면 제도는 본성에 어긋난 것인가라는 물음이 담겨 있다. 그는 이 물음을 세 가지로 정리했다. 첫째, 제도는 본성을 바탕으로 한다. 둘째, 제도를 넘어 본성에 맡긴다. 셋째, 제도가 곧 본성이다.

유교 지식인들은 불교의 성행으로 인해 위기의식을 경험하면서 유교의 부흥과 재해석을 과제로 삼게 되었다. 송대는 신진사대부 계층이 새로운 지배계층으로 부상하던 시기였다. 이들은 문벌이나 세습이 아니라 유교 경전에 대한 철저한 이해를 토대로 세계관을 확립하고, 과거제도를 통해 정치 세계에 등장한 세력이었다. 따라서 이들은 전통문화에 대한 자신감을 가지면서 동시에 유교의 재해석을 시도하고자 했다. 문인 관료를 우대하고 과거제도를 시행한 데에는 왕권 강화를 기약한 정치적 목적도 작용했다. 유교의 진리를 배워서(學) 성인(聖人)이 될 수 있다는 성인관은 그러한 자신감에서 나온 것이라고 할 수 있다.

선진시대의 유교는 어떻게 살 것인가를 묻고 삶의 구체적 실천을 강조하는 특징을 갖고 있었다. 그러나 삶의 근거와 이유, 존재의 근원에 관한 형이상학적 물음 앞에는 불교와 도가(도교)만큼의 답변을 제시하지 못했다. 이에 비해 송대의 성리학[20]은 유교의 실천윤리적 측면에 형이상학적 토대를 뒷받침한 철학체계로 등장했다. 대표적으로 북송시대(대략 11세기)의 주돈이(周敦頤), 장재(張載), 정호(程顥), 정이(程頤) 등은 그들이 직면한 시대적 문제와 대결하면서 우주와 자연, 인간의 관계를 무극(無極)·태극(太極)·태허(太虛)·천리(天理)·성즉리(性卽理)·이일분수(理一分殊) 등의 개념으로 해명하고자 했다.

이러한 북송 유교의 영향을 흡수하면서 남송시대(대략 12세기)의 주희는 성리학의 체계를 집대성했다. 주희는 세계를 '이'(理)와 '기'(氣)로 설명하고자 했고, 인간의 본성이 곧 이라고 주장했다. 그에 따르면 자연과 인간은 인의예지와 같은 선험적 규범을 구현하도록 되어 있다. 그런데 인간은 늘 잘못을 저지르고 타락한다. 따라서 그는 인간의 본성이 선하다는 맹자의 성선설에 놓인 난점, 즉 어떻게 인간의 본성이 선한데도 악이 발생할 수 있는가를 '본연지성'(本然之性)과 '기질지성'(氣質之性)이라는 두 가지 틀로 나누어 설명하면서 인간의 악함은 기질지성에서 유래함을 역설했다. 그리고 이런 구도에 입각해 기질을 변화시켜 본성을 회복하는 공부를 강조했다. 그것은 천리를 보존하고 인욕을 제거해야 가능하며, 언제나 마음을 집중해 이치를 궁구할 때 도달할 수 있다.

주희는 이를 위해 '격물치지'(格物致知)라는 학문 방식을 제시하고, 유교 경전 중에서 『논어』, 『맹자』, 『대학』, 『중용』에 대한 해석이 담긴 『사서집주』(四書集注)를 저술했다. 그는 이 네 권에 유교의 핵심이 모두 들어 있다고 믿고 일생을 사서 주석에 전념했다. 그의 『사서집주』는 원 제국시대에 과거시험의 교과서로 채택되어 이후 유교의 관학화를 가져오는

---

20 성리학은 도학, 송학, 이학, 신유교(신유학), 주자학 등 그 특징을 살려 부르는 명칭이 다양하다. 그러나 주자학으로 더 널리 알려진 까닭은 주희가 성리학의 이론을 집대성하고 종합했기 때문이다. 원 제국시대의 과거제도에 『논어』, 『맹자』, 『대학』(大學), 『중용』(中庸)에 대한 그의 해석이 담긴 『사서집주』가 채택되어 관학이 되었다. 이후 주희의 학문과 사상은 동아시아 문명에 큰 영향을 끼쳤고, 그의 책을 읽지 않고는 관료나 지식인으로서 살아가기가 힘들었다. 물론 일본의 경우는 전통 시대의 중국 및 조선과 달리 과거제도가 없었으므로 수용 방식에 차이가 있었다.

계기가 되었다.

그러나 동시대의 육구연(陸九淵)은 주희의 학문이 요점이 없이 번쇄하다고 비판했다. 그는 육경은 모두 나(나의 마음)의 각주이며, 우주가 내 마음이고 내 마음이 바로 우주의 마음이라고 하면서 ('성즉리'가 아니라) '심즉리'(心卽理)를 주장했다.

이러한 육구연의 심학의 입장은 명대(대략 14~16세기) 왕양명(王陽明, 왕수인)에 이르러 그 의미가 확장되고 심화되었다. 왕양명이 살았던 명대는 기존의 성리학이 정치적 학문으로 관학화되고 현실에 대응하지 못하는 결과를 드러내고 있었다. 그는 젊은 날에 다양한 학문과 기예에 몰입하며 자기의 길을 모색했다. 이후 그는 관료가 되고 나서 환관 유근(劉瑾)의 탄핵 사건에 휘말려 구이저우성〔貴州省〕 룽창〔龍場〕으로 좌천당하는데, 바로 그곳에서 서른일곱의 나이에 큰 깨달음을 얻는다. 왕양명은 꿈속에서 맹자가 일러준 격물치지의 뜻을 깨닫고, 성인의 도가 자신의 본성만으로 충분하며 외물에서 이치를 구하려고 한 것이 잘못이었음을 알게 되었다. 이런 깨달음은 마음이 곧 이치('심즉리')라는 자각으로 이어졌고, 이후 그는 앎과 행함의 일치('지행합일')를 주장하게 되었다. 왕양명은 생각하지 않아도 아는 양지(良知)를 최대한 발휘하라고 주장했다. 양지는 본래 내 안에 있으며 양지를 다 발휘하면 만물과 내가 한 몸임을 자각할 수 있기 때문이다.

청대에 들어와 명의 멸망에 대해 유교 지식인들은 그 책임 소재를 규명하지 않을 수 없었다. 왜 명이 망했을까? 그들이 보기에 명대의 유교는 변화하는 현실의 요청에 응답하지 못했다. 마음을 찾고 궁극적 이치를 탐구하는 데에만 몰두하다 보니 경세치용(經世致用)의 측면, 즉 현실에 유용한 학문으로서의 측면에 소홀했다. 이에 대한 반성으로 청대(대략 17~19세기) 학자들 중 대진(戴震)은 유학자들이 이치〔理〕와 욕구를 대립적으로 보고, 이치로 사람을 죽였다고 비판했다. 그는 반주자학적 태도를 견지하면서 엄밀한 문헌 고증과 학습이 진정한 유학의 도를 드러

내는 것이라고 확신했다.[21]

유가사상(유교)의 전개

춘추시대	봉건제의 동요와 해체. 제후국의 존왕양이 표방. 철제 농기구 발달. 경제력 성장. 사 계층의 증가. **공자 탄생. 『논어』의 형성.**
전국시대	제후국의 부국강병 지향. 전쟁 규모의 확대와 장기화. 각국의 개혁. 제자백가 활약. **맹자, 순자 등 유교사상의 전개.**
진한 제국시대	분서갱유. 법가적 정책 실시. 군현제 실시. 한대 초 황로사상. 음양오행설. 재이설. 참위설 유행. **유교의 국교화.** 동중서의 유교 신학 체계화(『춘추번로』(春秋繁露)). 왕충의 동시대 사상 비판(『논형』(論衡)). 정현(鄭玄)의 유교 경전 주석과 연구. 유교 경전의 정립. 공자의 성인화. 불교 전래.
위진남북조~수당시대	도교 형성과 확립. **유불도 삼교 교섭과 공존.** 청담사상 유행. 경교(네스토리우스교) 등 외래 종교 유입. 한유와 이고의 유교 본질 천명. 불교와 도교 비판.
송원명시대	**성리학 형성과 완성.** 북송오자(주돈이, 소옹(邵雍), 장재, 정호, 정이) 활동. 주희의 성리학 집대성. 주자학의 관학화(『사서집주』 과거시험 교재 채택). 『영락대전』, 『오경대전』, 『사서대전』, 『성리대전』 편찬. **왕양명 『전습록』(傳習錄). 양명학의 형성과 전개.** 삼교합일론 유행. 마테오 리치 등 예수회 선교사들을 통한 천주교 전래. 명 멸망 반성. 황종희(黃宗義)·고염무(顧炎武)·왕부지(王夫之) 등 명대 말기 세 유로의 경세치용적 학문 경향.

---

21 청대 학풍과 대진의 철학에 대해서는 임옥균의 연구를 참고하라. '참고할 만한 책'을 볼 것.

청대	대진 등의 **반주자학적 경향**. 안원(顏元)의 실천적 유학 지향. 전례 논쟁. **고증학 발달**. 아편전쟁 발발. 태평천국운동. 양무운동. 변법운동. 담사동(譚嗣同)·캉유웨이·량치차오(梁啓超) 활동. 과거제 폐지.

유교와 근현대 세계

　　동북아 역사에서 유교의 역할과 영향은 어디까지일까? 근대에 유교
만큼 공격과 비판의 대상이 된 사상도 드문 듯하다. 동북아 세계는 무력
을 앞세운 근대 서양과의 만남과 충돌을 통해 다시금 유교 전통을 반성
해야 했다. 이럴 때 동북아 삼국은 '중체서용'(中體西用), '동도서기'(東道
西器), '화혼양재'(和魂洋才) 같은 여러 방식으로 서양을 수용하고 대면하
려 했다. 그러나 이는 서양을 물질, 동양을 정신이라고 하는 피상적인
이분법으로 대별해 서양의 실체를 직시하지 못한 채 은폐할 수 있는 구
호가 될 수 있었다. 이 장에서는 유교가 근현대의 과정에서 어떻게 서양
과 만나면서 변형, 비판, 재해석되었는가를 살펴보고자 한다.

서양과 만나다: 충돌, 대립, 수용

　　먼저 중국의 근대에서 유교가 어떻게 변형되고 비판되었는가를 두
가지 흐름으로 살펴보기로 하자.

　　첫째, 유교를 재해석하거나 공자를 종교 교주처럼 세우려는 움직임
이 있었다. 대표적 인물로 캉유웨이(康有爲)를 들 수 있다. 캉유웨이는
공교(孔敎) 운동을 통해 공자를 유교의 교주로 만들었다. 그는 유교가 공
자교단이라는 것을 밝혀 공자가 만세(萬世)의 교주라는 것을 세상에 알
리고자 하였다. 캉유웨이는 역대로 공자의 지위가 교주나 성인이 아니

『신청년』 근대 동북아 문명에서 사상지(思想誌)는 극히 중요한 역할을 했다. 새로운 시대를 맞아 계몽운동을 전개한 지식인들이 사상지를 발간해 자신들의 생각을 전파하고자 했기 때문이다.

라 스승 정도로 깎아내려졌다고 비판하면서 공자의 지위를 유교의 창시자이자 교주로 격상했다. 이를 위해 『시』, 『서』, 『예』, 『악』, 『역』, 『춘추』와 같은 육경 속에 공자의 도가 보존되어 있다는 것을 밝혔다.[22]

둘째, 유교적 전통에 대한 비판이다. 근대화 과정에서 서양과 불평등한 관계를 맺은 동북아 문명에서 유교는 가장 강도 높은 비판의 표적이 되어야 했다. 이는 5·4신문화운동(1915~27)에서 '타도공가점'(打倒孔家店)을 구호로 삼은 것을 보면 쉽게 짐작할 수 있다. 유명한 문인 루쉰(魯迅)은 유교를 사람을 잡아먹는 예교(禮教)라고 비판했고, 우위(吳虞)는 효의 이데올로기를 비판했다. 천두슈(眞獨秀)와 후스(胡適) 등은 전통문화의 세례를 받은 이들이었지만 중국의 패배 원인이 유교사상에 있다고 하면서 서양의 세계관에 대해 개방적 태도를 취했다. 그들은 유교를 불평등한 봉건시대의

----

22 한국에서는 박은식(朴殷植)의 유교 구신론(求新論), 이병헌(李炳憲)의 유교 복원론과 공자교 운동 등이 있었다. 박은식은 양명학을 주목하며 주자학의 병폐를 비판하고, 양명학의 지행합일설이 지닌 실천적 성격을 배워야 한다고 주장했다. 이병헌은 캉유웨이의 공교 운동에 영향을 받아 공자교 운동을 전개하고자 했다.

노예도덕이라고 비판했다. 이는 유교뿐만 아니라 유교를 중심으로 한 전통 중국 사회와 문화를 비판한 것이었다.

특히 천두슈는 1915년 잡지 『신청년』(新靑年)을 창간해 당시 청년들과 지식인들에게 많은 영향을 끼쳤다. 이 잡지를 통해 전해진 서구의 과학과 민주주의의 가치는 유교 전통을 비판하는 근거가 되었다.

유교의 부활과 재해석: 현대 신유학

유교에 대한 비판이 진행되는 와중에, 반대로 유교의 전통적 가치를 제시하며 그 부활을 주장한 유학자들이 있었다. 문화보수주의 진영에 속하는 이들은 개별적으로는 차이가 있지만 넓게 보아 현대 신유학이라는 이름으로 묶인다. 이들은 대체로 네 개의 세대로 구분할 수 있다. 제1세대는 량수밍(梁漱溟), 장쥔마이(張君勱), 슝스리(熊十力), 제2세대는 펑유란(馮友蘭), 허린(賀麟), 첸무(錢穆), 제3세대는 머우쭝싼(牟宗三), 탕쥔이(唐君毅), 쉬푸관(徐復觀), 제4세대는 두웨이밍(杜維明), 류수셴(劉述先), 차이런허우(蔡仁厚), 청중잉(成中英) 등이다. 제1세대와 2세대의 학자들은 서양 철학의 이론과 방법을 흡수하면서도 중국 전통 사상과 문화를 연구했다. 특히 이들은 서양의 과학과 민주주의를 전통 유학의 논리로 재해석할 수 있다고 확신했다. 이들 중에 장쥔마이는 일본과 독일에서 정치경제학과 법학을, 펑유란은 미국, 허린은 미국과 독일에 유학하여 서양 철학을 연구했고, 그에 기초하여 전통사상과 유학을 탐구했다. 펑유란은 정주이학(程朱理學)을 유학의 주류로 이해하고, 신이학(新理學)을 제시했으며, 첸무는 중국사와 사상사를 연구, 중국 역사와 유학의 가치를 제창했다. 제3세대에 속하는 이들 역시 서양 철학을 연구하면서도 육왕(육상산과 왕양명) 심학의 전통을 계승하여 서양의 물질적 가치에 대항, 중국 문화와 정신적 가치를 선양하려고 노력했다. 특히 탕쥔이와 머우쭝싼은 1세대와 2세대 학자들에 이어 육왕 심학을 계승했고, 쉬푸관의 경우는 육왕 심학보다는 주로 선진시대와 양한(兩漢)시대 사상을 깊이 연구하면서 현대 민주주의와 유가 전통의 결합에 힘을 기울였다. 제 4세대는 홍콩, 타이완, 미국에서 활동하는 학자들로 서양에 중국의 전통 문화를 알리며 현대사회에서 유학의 계승과 발전, 부흥을 모색하고 있다.[23]

이들은 근대화 과정에서 많은 병폐를 낳은 서양 문화가 아닌 중국 문화와 유교의 전통적 가치를 강조하면서 유교 부흥을 위한 입론을 제시했다. 또한 유교의 도덕이상주의가 현대 민주정치와 대화할 수 있다고 보았다. 특히 미국에서 오래도록 활동하며 보스턴 유교(Boston Confucianism)를 선도한 두웨이밍은 유교가 서양의 기독교 및 현대 여러 사조 등과도 끊임없이 대화한다면 그 생명력이 지속될 것이라는 전망을 내놓았다.

오늘 우리에게 유교란 무엇인가

'고대 중국'이라는 토양에서 BC 6세기 이래 제자백가의 한 집단에서 제국의 이데올로기로 형성된 유교는 마치 용광로처럼 한대 이후로 불교 및 도교와 공존하면서 두 종교의 철학을 흡수해 유교의 부족한 형이상학을 채워갔고, 또 다른 유교의 모습으로 자기변형을 시도했다. 성리학이나 신유학, 주자학이라고 지칭되는 사상의 체계는 그 산물이었다. 유교는 이처럼 단일한 모습이 아니라 불교와 도교(도가) 등의 종교(철학)와 대화하고 갈등하면서 상호 교섭하고 영향을 주고받으며 형성되었다. 또

---

23 이러한 세대 구분과 연구 경향에 대해서는 중국의 정자동(鄭家棟) 외에 국내 현대 신유학 연구자 송종서의 연구를 참조했다. 송종서는 현대 신유학의 특징을 다음의 네 가지로 정리했다. 첫째, 근현대 서양철학 이론과 방법 수용, 둘째, 육왕 심학 전통의 계승, 셋째 초월론적·형이상학(종교)적 경향, 넷째, 19세기 중체서용론에 근거한 중국 문화 중심과 중화주의가 그것이다.

한 유교는 기독교와 같은 서양의 종교와도 대면해야 했다. 이 과정에서도 유교는 자기변형의 길을 받아들이지 않을 수 없었다.

　그러나 동북아에서 유교는 19세기 말에서 20세기 초에 근대 서양과의 만남을 통해 전면 부정되거나 비판받는 경험을 해야 했다. 유교 전통에 대한 비판과 반성 등으로 유교는 안팎에서 도전을 받을 수밖에 없었다. 유교는 서양의 상징처럼 비쳐진 과학과 민주주의를 낳지 못한 걸림돌로 폄하되었다. 특히 유교는 황도유학과 같은 국가의 어용학문으로 기능한 그림자를 남기기도 했다. 또한 충과 효와 같은 유교적 가치가 국가와 국민 만들기에 이용된 역사적 경험도 있었다. 중국의 경우 문화대혁명을 거치면서 유교적 전통이 '비공'(批孔)이라는 이름으로 매도되었다.

　그러나 오늘날 중국에서는 유교 부흥의 움직임이 활발하게 일어나고 있다. 문화중국을 표방하면서 문화 콘텐츠와 아이콘으로서 유교와 공자를 부활시키고 있다. 한국은 유교와 관련된 고전들이 독서시장에 인문학의 이름으로 출간되고 있다. 일본은 중국과 한국에 비해 다른 유교 체험을 했지만, 유교 관련 책들이 고전의 이름으로 여전히 판을 거듭하며 출간되고 있으며 학문적으로 연구되고 있다. 이처럼 동북아 삼국은 서로 다른 유교 문화의 경험을 갖고 있지만 여전히 유교의 영향을 받고 있다는 것을 부인하기 어렵다. 이는 실체화된 유교는 더 이상 존재하지 않지만, 유교적인 정서와 문화, 생활양식이 동북아인들에게 계속해서 힘을 발휘하고 있다는 사실을 일러주는 것이기도 하다.

　그런데 이러한 현상을 꼭 긍정적으로만 볼 수 있을까? 특히 유교와 공자는 중국에서 정치적 목적을 은폐하는 문화자본으로 기능할 수도 있다. 유교 경전을 암송하는 대회까지 열고 있는 중국의 현실을 보면 그러한 우려가 들지 않을 수 없다. 유교는 국가와 같은 체제를 부정하지 않는다. 개혁도 혁명도 모두 체제 안에서 성립된다. 따라서 보수의 색채를 띨 수밖에 없는 숙명을 안고 있다. 그러나 그럼에도 불구하고 유교는 그 안에 체제의 부패와 타락을 막는 비판적 기능을 할 수 있는 힘을 갖고 있다. 이는 유교 지식인이 체제에 복무하기도 했으나 체제에 비판적인 태도를 취한 역사를 갖고 있기 때문이다. 오늘처럼 국가주의와 자본주의 경제 시스템이 완강하게 생활을 규율하고 관리하는 세계에서 유교는 어떤 역할을 할 수 있는가를 묻지 않을 수 없다. 우리의 감정마저 관리되고 통제되는 세계, '생각하지 않는 사람들'로 길들여지는 현실에서 유교가 말하는 나와 세계의 성화와 변혁('내성외왕'/'수기치인'), 이기적 자아를 넘어선 공적 평등과 정의의 실현('대동')은 얼마나 가능한 것일까.

유교에 대해서 우리는 전면 부정이나 전면 긍정의 태도보다 그 실제의 모습을 살펴보고 우리 안의 유교, 유교 안의 우리를 성찰하면서 유교가 우리의 내면을 검열하는 억압 기제인가, 아니면 우리의 삶과 문화를 풍요롭게 일궈나가는 데에 긴요한 인문적 자원이 될 수 있는가를 검토해야 할 것이다. 왜냐하면 오늘날 동북아 문명에서 유교는 전통사회의 현실과는 다른 현실의 장에 놓여 있기 때문이다.

유교는 자본주의 경제 시스템과 국가체제, 정치적 이데올로기, 인권과 정의, 페미니즘, 소수자 윤리 등 다양한 문제들과 대면하고 대화하지 않을 수 없게 되었다. 지금 우리가 유교의 형성과 전개 과정, 의미를 묻는 것은 역사적 실체로서 유교를 확인하는 작업에 그치는 것이 아니라 이러한 문제들을 풀어나가는 대화의 실마리를 마련하기 위한 일이라고 할 수 있다. 동북아 문명에서 유교는 현대에 어떠한 영향을 끼치고 있고, 그 한계는 무엇이며, 이후 동북아 문명을 넘어 세계 문명에 어떤 보편적 가치를 제시할 수 있는지 더욱 연구되어야 할 것이다. 왜냐하면 역사적으로 유교는 다양한 사상과 문화, 제도와 만나면서 변형과 반성, 갱신을 이루어왔기 때문이다.

| 참고할 만한 책 |

동북아 유교 문명과 종교·사상에 관련해서는 다음의 책들이 도움이 된다.
- 벤자민 슈워츠, 나성 옮김, 『중국 고대 사상의 세계』, 살림, 2004.
- 앤거스 그레이엄, 나성 옮김, 『도의 논쟁자들: 중국 고대 철학 논쟁』, 새물결, 2003.
- 제니퍼 올드스톤무어, 신정근 옮김, 『유교: 동아시아 문명의 열쇠』, 유토피아, 2007.
- 김승혜, 『유교의 뿌리를 찾아서: 논어·맹자·순자에 대한 해석학적 접근』, 지식의 풍경, 2001.
- 리쩌허우, 정병석 옮김, 『중국고대사상사론』, 한길사, 2005.
- 송영배, 『완정판 중국사회사상사』, 사회평론, 2012.
- 신정근, 『사람다움의 발견』, 이학사, 2005.

유교사상의 전개를 이해하기 위해서는 다음의 책들이 도움이 된다.
- 캉유웨이, 김동민 역주, 『공자개제고』, 세창출판사, 2014.
- 가지 노부유키, 김태준 옮김, 『유교란 무엇인가』, 지영사, 1996.
- 미조구치 유조 외, 이동철 옮김, 『유교사』, 이론과실천, 1990.
- 첸파핑, 최성흠 옮김, 『한 권으로 읽는 유교』, 산책자, 2008.
- 중국철학연구회, 『논쟁으로 보는 중국철학』, 예문서원, 1994.
- 이승환 외, 『역사 속의 중국철학』, 예문서원, 1999.
- 히하라 도시쿠니, 김동민 옮김, 『국가와 백성 사이의 한: 한 제국, 덕치와 형벌의 이중주』, 글항아리, 2013.
- 김동민, 『춘추논쟁: 중국 최초의 대일통제국을 탄생시킨 사유의 격돌』, 글항아리, 2014.
- 박원재, 『유학은 어떻게 현실과 만났는가』, 예문서원, 2001.
- 신정근, 『동중서: 중화주의의 개막』, 태학사, 2004.
- 임옥균, 『왕충: 한대 유학을 비판한 철학자』, 성균관대학교출판부, 2005.
- 정세근 엮음, 『위진현학』, 예문서원, 2001.
- 정세근, 『제도와 본성: 현학이란 무엇인가』, 철학과현실사, 2001.
- 시마다 겐지, 이근우 외 옮김, 『주자학과 양명학』, 까치, 2001.
- 고지마 쓰요시, 신현승 옮김, 『사대부의 시대』, 동아시아, 2004.

- 손영식, 『이성과 현실: 송대 신유학에서 철학적 쟁점의 연구』, 울산대학교출판부, 2013.
- 조남호, 『주희: 중국철학의 중심』, 태학사, 2004.
- 이용주, 『주희의 문화이데올로기』, 이학사, 2003.
- 피터 K. 볼, 김영민 옮김, 『역사 속의 성리학』, 예문서원, 2010.
- 최재목, 『내 마음이 등불이다: 왕양명의 삶과 사상』, 이학사, 2003.
- 이규성, 『내재성의 철학 황종희』, 이화여자대학교출판부, 1994.
- 이규성, 『생성의 철학 왕선산』, 이화여자대학교출판부, 2001.
- 임옥균, 『대진: 청대 중국의 고증학자이자 철학자』, 성균관대학교출판부, 2000.
- 리쩌허우, 임춘성 옮김, 『중국근대사상사론』, 한길사, 2005.
- 리쩌허우, 김형종 옮김, 『중국현대사상사론』, 한길사, 2005.
- 펑유란, 정인재 옮김, 『현대중국철학사』, 이제이북스, 2006.

한국과 일본의 유교에 대해서는 다음의 책들을 보면 도움이 된다.
- 배종호, 『한국유학사』, 연세대학교출판부, 1990.
- 김충렬, 『한국유학사 1』, 예문서원, 1998.
- 류승국, 『한국유학사』, 성균관대학교출판부, 2009.
- 최영성, 『한국유학통사』(전 3권), 심산, 2006.
- 윤사순, 『한국유학사: 한국유학의 특수성 탐구』(전 2권), 지식산업사, 2012.
- 금장태, 『한국근대의 유학사상』, 서울대학교출판부, 1999.
- 현상윤, 『조선유학사』, 심산, 2010.
- 한형조, 『조선유학의 거장들』, 문학동네, 2008.
- 한형조, 『왜 조선유학인가』, 문학동네, 2008.
- 한형조 외, 『500년 공동체를 움직인 유교의 힘』, 글항아리, 2013.
- 마루야마 마사오, 김석근 옮김, 『일본정치사상사연구』, 통나무, 1998.
- 와타나베 히로시, 박홍규 옮김, 『주자학과 근세일본사회』, 예문서원, 2004.
- 가루베 다다시 · 가타오카 류 엮음, 고희탁 외 옮김, 『교양으로 읽는 일본사상사』, 논형, 2010.

근현대 유교 문화와 담론에 대해서는 다음의 책들이 도움이 된다.
- 정가동, 한국철학사상연구회 옮김, 『현대신유학』, 예문서원, 1993.
- 한국철학사상연구회 논전사 분과, 『현대신유학 연구』, 동녘, 1994.

- 송종서, 『현대신유학의 역정: 5·4신문화운동에서 중국 특색의 사회주의까지』, 문사철, 2009.
- 양수명, 강중기 옮김, 『동서 문화와 철학』, 솔, 2005.
- 두유명, 나성 옮김, 『문명과의 대화: 유교인문주의의 현대적 변용에 관한 연구』, 철학과현실사, 2007.
- 두웨이밍, 성균관대학교 학이회 옮김, 『유학 제3기 발전에 관한 전망』, 아세아문화사, 2008.
- 이승환, 『유교 담론의 지형학: 근대 이후 유교 담론에 관한 정치철학적 고찰』, 푸른숲, 2004.
- 배병삼, 『우리에게 유교란 무엇인가: 유교 다시 읽기』, 녹색평론사, 2012.
- 조경란, 『현대 중국 지식인 지도: 신좌파·자유주의·신유가』, 글항아리, 2013.

제2장

도는 저절로 그러함이다: 노장철학

이봉호

"도는 언제나 아무것도 하지 않지만 하지 않음이 없다."(노자)

"아무것도 하지 않음으로써 함을 일러 저절로 그러함이라고 한다."(장자)

"천하를 있는 그대로 보존해 놓아둔다는 말은 들었어도

천하를 다스린다는 말은 듣지 못했다."(장자)

동아시아 문명과 사상에서 도교(道敎, Taoism)[1]는 유교, 불교와 함께 세 축을 형성하면서 면면히 이어져왔다. 또한 일상적 삶에서 민중의 구원을 담은 종교로 여전히 자리하고 있다. 노자와 장자에 의해 창시된 도가철학은 유교에 비판적인 사유를 형성하면서도 유교 및 불교와 더불어 상호 간에 영향을 주고받으면서 동아시아 문명과 사상을 꽃피웠다. 동한 시기에 도교가 형성될 때 노자[2]와 장자[3](이하 노장으로 표기)의 사상은

---

1 일반적으로 노자와 장자의 사상을 도가(Philosophical Taoism), '도'라는 개념을 중심으로 동한 시기에 성립된 교단 도교를 종교적 도교(Religious Taoism)로 구분해 왔다. 하지만 앙리 마스페로(Henri Maspero)가 이 둘을 구분하는 것은 의미가 없다고 주장한 이후로는 많은 학자들이 이 입장에 따른다. 이 글에서도 도가와 도교를 구분하지 않고 사용한다.

2 노자의 생몰 시기는 대략 BC 571~BC 472년 무렵이라고 추정한다. 『사기』(史記)의 「노자

45

주요한 철학적·신학적 배경 이론이 되었으며, 도교 안에서 노장은 여전히 주요한 신격으로 자리 잡고 있다. 노장의 사유는 현대 학자들에게 새로운 아이디어를 주어, 마르틴 하이데거(Martin Heidegger)는 자신의 후기 철학에 노장의 사유를 대폭 수용했으며, 정신분석학자 카를 구스타프 융(Carl Gustav Jung)은 노자와 도교의 사유로 심층의식을 분석하기도 했다. 이 장에서는 노장의 사유가 형성된 역사적·문화적 배경과 그 내용이 무엇인지를 알아보고, 노장의 사상이 현대에 어떻게 살아 있는지를 살펴보자.

춘추전국 시기와 도가의 탄생

노장의 사상이 탄생한 배경을 이해하기 위해서는 춘추 말기에서 전국 시기에 이르는 사상적·문화적 변화를 파악해야 한다. 춘추전국 시기는 동아시아 문명사에서 커다란 전환을 이룬 시기이기 때문이다. 이 전환에서 먼저 지적할 내용은 철기의 발명이다. 철기시대에 접어들면서

전」에 따르면, 성은 이(李) 씨이고, 이름은 이(耳)이며, 자는 담(聃)이라고 한다. 도가의 책들에서는 성은 이 씨, 이름은 이, 자는 백양(伯陽), 시호가 담이라고 하기도 하고, 성은 노씨, 이름은 담, 자는 백양이라고 한 책도 있다. 초나라 고현(古縣, 지금의 허난성(河南省) 루이현(鹿邑縣))에서 태어났고, 주나라 왕조에서 도서관 관장을 역임했다고 한다. 주나라 말기에 혼란한 상황을 보고 주나라를 떠나 진나라를 향해 가면서 함곡관이라는 관문을 지났는데, 이때 관문지기에게 『도덕경』(道德經)을 써주었다고 한다. 노자가 함곡관을 지나 서역으로 가서 부처가 되었다는 신화부터, 신선이 되었다가 800년 만에 다시 태어났다는 전설에 이르기까지 다양한 신화가 등장하는데, 이는 노자라는 인물에 대한 정보가 신비에 싸여 있기도 하거니와 노자가 초기부터 도교의 신이 되었기 때문이기도 하다.

3 장자의 생몰 시기는 대략 BC 369~BC 286년으로 본다. 전국 시기의 도가 인물로, 이름은 주(周)이고 송나라 몽(蒙, 지금의 허난성 상추현(商邱縣))에서 태어났다. 양혜왕, 제선왕과 동시대 인물로, 칠원리라는 낮은 벼슬을 한 이후 은거했다. 『장자』라는 저술을 남겼다. 『장자』는 내편·외편·잡편으로 구성되어 있는데, 장자가 지은 것은 내편뿐이라고 한다. 외편과 잡편은 장자의 제자들이나 후대의 학자들이 덧붙인 것으로 보인다.

농기구를 철로 제작해 사용하는 일은 농경 방식과 수확에서 대변혁을 이룬다. 이러한 변혁으로 각 제후국이 위치한 지리적 환경의 차이에 따라 빈국과 부국이 나뉘게 되고, 곡물을 빌리거나 교역하는 데서 빈번한 다툼이 발생한다. 또한 철을 사용한 무기의 제작은 기존의 전쟁에서 전술적인 변화를 이룬다. 제후국 간의 전쟁이 다른 양상으로 변한 것이다.

또 다른 변화는 종교적 측면에서 일어난다. 주나라는 은나라를 멸망시키면서 은나라가 신앙한 '상제'(上帝) 또는 '제'(帝)를 대신해 '천'(天)을 제시한다. 은나라의 상제는 조상신을 포함한 신격으로, 일상의 모든 일을 주재하는 인격신이었다. 그래서 상제의 의지를 파악하기 위해 모든 일에 거북점을 치거나 푸닥거리를 통해 신의 의지를 읽어내는 무축(巫祝)이 중요했다. 반면에 주나라가 신앙한 천이라는 존재는 덕을 지닌 위정자에게 통치권을 내려주는 인격신의 성격을 가지면서도, 자연의 변화와 만물의 생성 소멸의 법칙인 이법천(理法天)의 성격도 갖는다. 그래서 주나라의 천 신앙에서는 무축보다는 덕을 닦음으로써 천의 이법을 획득하는 것이 중요했다. 이러한 상황을 가장 잘 보여주는 내용이 아래에서 각각 인용하는 『논어』와 『서경』(書經)이다.

천이 무엇을 말하겠는가. 네 계절은 순조롭게 순환하고 있으며, 만물은 기운차게 생장하고 있다. 천이 무엇을 말하겠는가.(『논어』「양화편」)

하늘은 은을 불쌍히 여기지 않고 멸망을 선고했다. 은은 그 천명을 이미 상실했고, 우리의 주가 이것을 받았다. 그러나 우리의 토대가 항상 번영에 머물 것인지 또는 하늘이 우리의 정성을 도울 것인지 감히 알 수도 없고 또 말할 수도 없다. 아울러 우리가 불행으로 끝나게 될지에 대해서도 나는 감히 알 수 없고 또 말할 수 없다. 당신이 이미 모든 것이 우리에게 달려 있다고 했거늘 나는 감히 상제의 명령에 의지하지 않는다.(『서경』「군석편」)

첫 번째 인용문은 공자의 말로, 천을 자연의 순환과 운행의 법칙으로 이해한 것이다. 이를 '이법천'이라고 부른다. 두 번째 인용문은 은나라의 지상신인 상제에 대한 불신과 천이라는 새로운 신의 등장을 보여준다. 이들 글에서 천이라는 신의 성격을 읽어낼 수 있다. 천을 법칙, 이법으로 이해하면서, 천은 덕이 있는 자에게 그에 합당한 통치 권력을 내려주지만 천명의 획득과 보존이 쉽지 않다고 보는 것이다.

그렇다면 천명의 획득과 보존은 어떤 방식으로 가능한가. 『서경』과 『시경』(詩經)을 통해서 확인할 수 있는 것은 세심한 제사와 의례의 수행이 통치자의 덕을 판단하는 기준이라는 점이다. 이에 반해 은나라는 하늘에 대한 제사를 게을리했다거나 왕이 여자에 빠졌다거나 악인을 등용해 정치를 망쳤다고 기록한다.

천을 신앙하는 주나라는 봉건제를 통해 천하를 다스렸다. 봉건제는 천자국과 제후국이 강력한 종교적 뿌리, 즉 천을 신앙하는 종교를 기반으로 동일한 혈족에게 주요 영토를 나누어주어 다스리게 한 것이다. 이를 '종법제'라고 부르기도 한다. 종법제는 천자로부터 제후, 경, 대부, 사, 서인, 공, 상으로 이어지는 사회적 계급 질서이기도 했다.

춘추 중기에 이르면 천자 중심의 왕도정치가 막을 내리고 제후 중에서 힘이 센 자가 왕정을 유지하는 패도정치가 시작된다. 하지만 패도정치도 춘추 말기에 이르면 대부의 정치로 귀결된다. 이러한 상황에서 봉건제도는 붕괴하고 종법제에 기초한 계급적 질서도 무너져 사회조직의 해체가 일어난다. 이것이 제후나 대부들이 서로 천하의 주인이 되려는 무한 전쟁의 소용돌이 속에 빠지게 된 이유다.

종법적 봉건제의 붕괴에는 천이나 천명에 대한 다양한 해석들과 의문들도 한몫했다. 춘추전국 시기에 접어들면 천에 대한 신앙이 계급마다 달리 이해되고 신앙되면서 모순적인 모습으로 나타나기 시작한다. 또한 인간의 윤리적 의식이 싹트면서 인도(人道)와 천도(天道)가 분리되고, 천에 대한 회의가 시작된다. 가령 『춘추좌씨전』(春秋左氏傳)의 기록에는 불길한 징조가 나타났지만 그 행실이 나쁘지 않으면 요사스러움이 일어나지 않는다거나 천도와 인도는 별도라는 사유도 보인다. 백성들 사이에서는 전쟁으로 인한 부역과 출병 때문에 천을 원망하거나 불신하는 생각들[4]까지 팽배했다.

철기의 발명과 천에 대한 불신과 회의, 그로부터 야기된 사회적 계급의 붕괴는 제후국들을 무한 전쟁에 돌입하게 만들었다. 이러한 전쟁의 와중에서 지식인 계급이 등장한다. 종법 질서가 무너지고 제후국 간의 전쟁이 지속되면서, 위정자들은 부국강병을 위해 다양한 분야의 지식인을 끌어모았다. 이들 지식인은 사회, 문화, 외교, 행정, 군사와 전쟁의 지식으로 무장하고, 자신들의 주장을 펼쳐 제후국에서 관리가 되고자 했다. 이러한 상황들은 혈연에 의한 세습보다는 지식과 능력에 따른 인재 등용을 비교적 넓고 다양하게 이루어지게 했다. 이때 등장한 지식인들이 사(士) 계급이다.

사 계급은 지배계층에서 가장 낮은 지위에 속했지만 서주 이래의 제례와 의례를 포함하는 예악, 활쏘기, 말타기, 학문 지식과 행정 문서 작성, 수학적인 셈〔禮樂射御書數〕을 위주로 한 육예(六藝)를 학습한 집단이었다. 이들이 받은 교육은 문화 전반에 대한 이해와 전쟁의 전술, 외교술 등을 익히는 것이었다. 또 다른 측면에서 사 계급은 엄격한 종법 사회 속에서 조상을 존경하는 '존조'(尊祖), 종묘를 공경하는 '경종'(敬宗) 의식을 갖추고 일생을 경대부에 의지하며 조금도 참월하는 행위를 하지 않았다. 이러한 태도는 '사는 관직을 잃지 않는 것을 핵심으로 한다'(『예기』(禮記))거나 '충성과 순종하는 태도로 윗사람을 섬기고 자기의 녹을 잘 지켜 가문을 지키는 것이 사의 효도다'(『효경』(孝經))라는 식으로 표현되어 있다.

---

4 '父母何嘗 悠悠蒼天 曷其有常.'(부모님께서 무엇을 잡수실꼬/아득하고 아득한 푸른 하늘아/언제나 그 정상을 회복하겠는가.)

사 계급은 당시 제례와 의례의 담지자로 이해되었다. "사를 응집시키는 것은 예로써 하고, 예가 닦이면 사가 복종한다"라는 순자의 언설이 좋은 증거다. 위와 같은 예들은 모두 사 계급의 의식과 결속을 반영하는 것으로, 전통적인 의례와 예의, 교육이 그 내용이다. 바로 이것이 춘추 전국 시기에 사 계급의 절대다수가 비교적 보수적이고 소극적이며, 기존의 규범을 묵수하면서 당시의 상황에 안주해 진취적이지 않았던 이유다.

사 계급과 관련해 하나 더 지적할 것은, 이 시기의 사 계급은 세상에 등용되고자 하는 강렬한 의식이 있었다는 점이다. 『맹자』에 등장하는 "사가 벼슬하는 것은 농부가 밭을 가는 것과 같다"거나, "사가 지위를 잃는 것은 제후가 나라를 잃는 것과 같다"라는 언설이 이를 증명한다. 사인(士人)들은 벼슬하는 것이 일생의 목표였다. "천하를 평화롭게 다스리려면 지금 세상에서 나를 버려두고 누가 한단 말인가"라는 주장이 이를 반영한다. 물론 사인들은 문화 전반에 대한 지식과 함께 통치 경험을 가지고 있었다. 또한 그들은 정치적 견해를 가지고 있으면서 일을 처리하는 능력도 가지고 있었다. 그리고 이 점이 바로 패자들이 필요로 하는 재주와 능력이었다. 또한 당시에 "오직 재주 있는 사람에게 맡기고, 오직 현명한 이에게 맡겨라"라든지, "현명한 이에게 지위를, 능력 있는 자에게 관직을 주어라"라는 『묵자』(墨子)의 주장도 이러한 세태를 거들었다. 이러한 정황들이 들어맞아 학식이 풍부한 사인이 자신의 재주와 지모를 바탕으로 임금에게 아첨하고 정치에 간여하면서 열국의 정치, 경제, 군사, 외교 등 각 방면의 필요한 인재군을 형성해 갔다.

사 집단은 전국 시기에 이르면 경제, 교육, 문화 사업 등에서 대규모로 나타난다. 문화나 지식에서 모종의 능력을 갖춘 사람은 지위의 고하를 막론하고 모두 '사'라고 불렀다. 제나라 수도 임치의 직문 옆에 '다스리지 않고 논의만 하는 학사들'의 집단인 직하학파(稷下學派)가 모여든 사실이 이러한 상황을 여실히 보여준다. 이들은 자국의 부국강병을 꾀하던 제후들에게 주장을 설파해 자신의 학설이 채택되기를 희망하며

전국을 떠돌아다니면서 유세했다. 공자와 맹자가 전형적인 예에 속한
다. 초기에 이들은 유사(遊士), 즉 유세하는 사라고 불리다가 점차로 '유'
(儒), '유자'(儒者)라고 불리면서 하나의 학파로 간주되었다. 이들 유자들
은 천에 대한 신앙을 유지했다. 여기에다 인문적 자각인 인(仁)을 주장하
면서도 여전히 주나라의 문화와 지식을 보수하려는 생각을 견지했다.

노자와 장자, 사(士)가 되기를 거부하다

그러나 노장은 당시의 상황에서 사 계급이기를 거부했다. 『사기』에
따르면, 노자는 주나라의 도서관 관장으로 있다가 나라가 혼란한 것을
보고 떠나 함곡관에 이르러 관문지기인 윤희에게 『도덕경』을 써주었고,

노자와 장자 유가의 공자, 맹자, 순자와 더불어 동북아 사상사를 양분한 거장들이다. 유가의 '유
위'(有爲)의 사상에 대비되는 '무위'(無爲)의 사상을 전개했다. 노자가 전설적인 인물인 데다가, 『노
자』의 판본과 해석의 갈래 또한 다양해 오늘날까지도 열띤 논의의 대상이 되고 있다.

이후 흔적은 알 수 없다고 한다. 주나라가 혼란에 빠지고 봉건제가 무너지는 상황에서 천하의 질서를 바로잡을 생각을 하지 않고 떠난 것이다.

왜 이러한 입장을 취한 것일까? 노자가 활동했던 춘추 말기에는 전쟁이 빈번했는데, 이때의 전쟁은 경제적 착취와 영토 확대를 위한 것이었다. 백성들은 전쟁에 동원되어 목숨을 잃거나, 전쟁의 비용을 대느라 감당할 수 없는 조세와 부역에 시달렸다. 징집과 조세, 부역을 피해 백성들은 도적 떼가 되기도 했다. 그런데도 위정자는 이러한 현실을 타개할 생각은 하지 않은 채 전쟁에 몰두하고, 사 계급은 권력자에게 빌붙어 출세만을 추구한 것이다. 노자는 당시의 상황에 비분강개하며 이렇게 서술하고 있다.

> 백성이 굶주리는 것은 위정자들이 세금을 많이 먹기 때문이고, 백성을 다스리기 어려운 것은 위정자들이 일을 벌이기 때문이며, 백성들이 죽음을 가볍게 여기는 것은 위정자들이 너무 잘살려고 하기 때문이다.(『노자』 제75장)

노자는 백성들이 처한 당시의 상황에 대해, 전쟁에 끌려가 농사를 지을 수 없고, 그나마 지은 농산물도 세금으로 모두 빼앗겨 죽음을 가볍게 여기게 되었다고 보았다. 그런데도 위정자들은 아랑곳하지 않는다. 그래서 노자는 이들을 도적의 우두머리라고 한 것이다. "백성들의 논밭은 잡초만 무성하고 창고는 텅 비었는데, 위정자들은 깨끗한 조정에서 비단옷을 입고 날카로운 칼을 차고 물리도록 먹고도 재화가 남아도니, 이들이 도적의 우두머리"(제53장)라고 한다.

노자는 당시의 이러한 혼란의 원인이 바로 사를 천거하고 높이던 제도에 있다고 보았다. 사 계급은 권력자들의 부국강병책에 필요한 이론을 만들던 이데올로그였다. 노자는 이들이 전쟁을 부추기거나 백성의 삶을 피폐하게 만든다고 보았다. 그래서 사를 천거하던 제도와 당시의 사 계급을 비판한다.

현명한 이를 숭상하지 말라. 그래야 백성들은 잘나 보이기 위해 서로 다
투지 않을 것이다. …… 백성들로 하여금 무지무욕하게 하고, 저 지식 있
는 자들이 백성에게 어떻게 하지 못하도록 하라. 백성들을 자연스럽게 살
도록 내버려두라. 그러면 다스려지지 않음이 없을 것이다.(제3장)

사 계급이 관리가 되는 방법은 자신이 현명하거나 능력이 있다는 점
을 제후나 대부에게 유세하는 것이었다. 또한 당시에는 서민 중에서 현
명하거나 능력이 있는 사람을 천거해 관리로 삼기도 했다. 그래서 백성
들은 현명한 이와 능력 있는 이를 숭상하며 그들처럼 되고자 노력했다.
하지만 노자는 이것이 세상을 더욱 혼란스럽게 만드는 원인이라고 본
다. 노자는 심지어 현명하고 능력 있는 자들이 백성에게 영향을 끼치지
못하게 하라고 한다.

"뛰어난 재주인 성(聖)과 지(智)를 버리면 백성들의 이익은 백 배가
되고, 훌륭한 행실인 인과 의를 버리면 백성들이 다시 효성스럽고 자애
로워진다. 위정자들이 기교를 끊고 이익을 버리면 도적들이 없어진다"
(제19장)라거나 "관리가 되기 위해 교육하던 것을 끊어버리면 걱정할 것
이 없다"(제20장)고 한다.

장자는 노자보다 더 강도 높게 당시의 상황을 비판한다. "오늘날 형
집행으로 죽은 사람들이 서로 포개어 누워 있고, 형틀에 매인 사람이 서
로 의지해 있고, 형을 주고받아 주살된 사람이 서로 얼굴을 마주하고 쌓
여 있은 연후에야 비로소 유가, 묵가가 이러한 질곡의 사이에서 기세 부
리기 시작했다. 아! 심하도다. 나는 성인의 지혜가 형벌의 도구를 낳게
한 근원이 아닌지 모르겠다. 인의가 질곡의 수갑과 차꼬가 아닌지 모르
겠다."(『장자』「재유편」) 장자는 성인의 지혜가 형벌을 낳는 근원이고, 인
의가 손을 묶는 수갑이자 발목을 채우는 차꼬라고 보았다. 백성들이 죽

음에 내몰려 시체로 쌓인 곳을 당시의 사 계급인 유가와 묵가가 유세를 하며 다닌다고 보았다. 그러니 당시의 사들이 주장하는 인의와 시비와 예라는 것은 사람의 본성을 해치고 사람의 마음을 미혹하게 하는 것으로, 백성들의 입장에서는 자신들에게 가해지는 묵형이자 코 베는 형벌이었다. 노장은 당시의 종교였던 천과 더불어 사 계급이 지향했던 지식, 재주, 성과 지, 인과 의를 부정한다. 이러한 지식이 전쟁을 부추기고 백성들을 죽음으로 내몰고 있다고 본 것이다.

도는 의지도 목적도 없는 저절로 그러한 것이다

이러한 상황들을 타개하는 방법은 당시의 사람들을 지배하고 있던 사유를 넘어서는 새로운 사유를 제시하는 것이었다. 노장은 '도'(道)라는 개념을 재정의하는 방법으로 이를 해결하고자 했다. 노장 당시에도 이미 '도'라는 용어는 존재했다. 신앙의 대상이었던 천에 대한 개념으로 천도가 있었으며, 『논어』에 보이듯이 공자도 도라는 용어를 사용했다. 천도는 천체의 현상이나 인간사의 길흉화복을 주관하는 의지를 의미했다. 공자가 말한 도는 충서(忠恕)와 같은 당위를 의미하기도 했다.

그러나 노장은 당시에 통용되던 도의 개념을 넘어서, 사물의 존재 근거와 변화의 원리를 도에서 찾았다. 이러한 사상적 특징이 노장을 도가라고 부르는 까닭이다. 노장이 제시한 도에는 크게 두 가지 의미가 있다. 첫째는 당시의 사람들이 일반적으로 신앙하던 천과 상제에 대한 의심과 부정으로 도를 제시하면서 새로운 철학을 연 것이다. 앞서도 언급했지만 당시에 이미 인격과 의지를 가진 천에 대한 의심과 회의가 싹튼 상태였다. 그런데 노장은 천의 존재를 도의 하위에 두면서, 천을 의지나 인격을 가지지 않은 것으로 치부해 버렸다. 더 나아가 도는 무위자연(無爲自然)한 속성을 가진 것으로, 어떤 목적이나 의지가 없는 것이라고 주장한다. 이는 상제 신앙과 천 신앙에 기초한 국가적·사회적 규범들을 전면적으로 뒤엎는 시도다. 둘째는 백성들은 내버려두어도 저절로 다스려진다는 정치사상을 펼친 것이다. 다시 말해 무위정치를 주장한 것이다. 무위정치란 위정자가 인위적인 영향력을 가하지 않고 백성들에게 맡겨둔다는 뜻이지만, 그래도 이루어지지 않는 일이 없다는 의미다. 무위자연한 도의 속성에 따라 정치를 하면, 백성들이 주체적이고 자발적으로 자신의 기본적인 욕구를 채우면서 각자의 자유로운 본성을 이루게된다는 것이다.

먼저 살펴볼 것은 도를 통한 기존의 사상 뒤엎기다. "천지가 생기기 전부터 그 무언가가 혼돈 상태로 있었다. 그것은 고요하고 텅 빈 상태를 변함없이 유지했다. 그것은 계속 운동해 그침이 없다. 우리는 그것을 천하의 어머니라고 할 수 있지만, 그 이름을 알 수 없어 그냥 도라고 부르기로 한다."(『노자』 제25장) "[도는] 천지가 있기 이전인 그 옛날부터 본래 있었다. 귀신과 상제를 신령스럽게 하며 하늘과 땅을 낳았다. 태극보다 위에 놓여 있어도 높지 않고, 육극보다 아래 놓여 있어도 깊지 않다. 천지에 앞서서 생겨났어도 오래되었다고 할 수 없으며, 상고보다 오래 살았지만 늙었다고 할 수 없다."(『장자』 「대종사」)

도를 천지보다 시간적으로 앞선 존재이자 이 세상의 존재 근거인 어머니라고 규정한 말은 당시의 천 신앙에 대한 전면적인 부정을 의미한다. 이러한 부정은 천이 인격과 의지를 가졌다는 당시의 관념을 부정하는 내용으로 이어져, "천지는 어질지 않아 만물을 제사 때 쓰고 버리는 풀강아지로 본다"(『노자』 제25장)거나, "만물은 각기 다른 이치를 가지고 있지만 도는 그중 어느 하나를 편애하지 않는다"(『장자』 「측양」)고 선언한다. 물론 도는 상제보다 앞선 존재다.

상제나 천은 의지를 가진 반면에 도는 의지나 목적을 가지고 만물을 생성하거나 전개하는 것이 아니다. "도는 만물을 생성하고도 소유하지 않고, 만물을 이루어주되 자랑하지 않으며, 자라게 하고도 주재하지 않는다."(『노자』 제51장) 그러니 "하늘은 낳으려 하지 않아도 만물은 스스로 생겨나며, 땅은 키우려 하지 않아도 만물은 스스로 자란다."(『장자』 「천도』) 만물은 원래 스스로 변화한다. 그러므로 만물의 입장에서 "도가 귀한 이유는 남이 강요하는 것이 아니고 언제나 스스로 그러하게 내버려두기 때문이다."(『노자』 제51장) 도는 만물에 간섭하거나 명령하는 존재가 아니라, 만물이 스스로 생장하고 발전하게 하는 것이다. 이 도의 작동 방식은 "항상 작위를 하지 않으면서도 이루지 않는 것이 없다."(제38장)

도의 작동 방식이 무위자연한 것이기 때문에 이를 현실 정치에 적용하면 '무위정치'가 된다. 그런데도 당시의 정치는 인위적으로 진행되었다. 노자가 목격한 춘추 말기란 인위적으로 법령을 집행하고, 백성들을 동원해 전쟁을 일으킨 최악의 상황이었다. 그러한 상황을 노자는 "천하를 취해 그것을 인위로 다스리려 하는 것은 불가능한 일이라고 나는 본다. 천하란 신묘한 그릇이어서 인위로 다스릴 수가 없는 것이다. 인위로 다스리려는 자는 그것을 망치고, 거기에 집착하는 자는 그것을 잃을 것이다"(제29장)라고 규정한다.

그런데 만약 도의 작동 방식인 무위자연에 따라 정치를 펼친다면 어떻게 될까? 아마도 백성들이 스스로 조화와 균형을 이룬 사회를 건설하지 않을까? 노자는 그렇다고 답한다. 왜냐하면 백성들은 스스로 그러한 힘인 덕을 가지고 있기에 "백성들은 누가 시키지 않아도 저절로 고루 다스려지게 된다."(제32장) 이러한 도의 속성과 백성들의 덕을 이해한 군왕이라면 어떨까? 아마도 그는 백성들이 가지고 있는 저절로 그러함과 스스로 그러함을 가장 잘 드러나게 하는 사람일 것이다. "군왕이 이러한 도를 지킬 수 있다면 만물은 스스로 생성화육할 것이다."(제37장) 간섭하지 않고 명령하지 않으면 "모든 일들이 이루어지고 공이 나타나게 되는데, 백성들은 모두 다 자기가 스스로 그러했다〔自然〕고 말하게 된다."(제17장)

백성들이 가지고 있는 스스로 그러함과 저절로 그러함은 군왕이 정치적 간섭을 최대한 배제하는 데서 가능할 것이다. "그러므로 성인께서 말씀하셨다. 내가 무위하기 때문에 백성들은 저절로 교화되고, 내가 가만히 있는 것을 좋아하기 때문에 백성들은 저절로 올바르게 되고, 내가 아무 일도 안 하기 때문에 백성들은 저절로 부유해지고, 내가 욕심이 없기 때문에 백성들은 저절로 소박해진다."(제57장) 만약 위정자들의 정치적 간섭을 최대한 배제할 수 있다면, 자연의 치유 능력은 백성들이 받은 인위적인 질곡을 치유한다. 왜냐하면 자연은 자율적이고 자족적인 속성을 갖기 때문이다. "대저 본성을 따라 곧바로 가는 것은 자연의 속성이다. …… 본성이 손상되었지만 고칠 수 있는 것도 자연의 속성이다. 자신의 자연적 속성이 마땅히 묵형을 지우고 코를 붙일 것"[5]이기 때문이다.

결국 노장의 도는 스스로 그러한 것이자 저절로 그러한 것이다. 노자가 "도는 스스로 그러함을 본받는다"(제25장)고 할 때, 스스로 그러함이 도의 속성인 것이다. 여기서 '자연'은 대상 세계로서의 자연을 의미하지 않는다. 여기서 자연이란 스스로 그러함, 저절로 그러함이라는 의미이다. 저절로 그러함과 스스로 그러함이라고 자연을 이해하면, 자연은 변화와 행위의 원인을 자신이 갖는, 다시 말해 '자기이연'(自己而然)과 '자기이유'(自己而由)로 해석된다. 이 두 가지 언설은 '자기로부터 그러한', '자기로부터 말미암는'이라는 의미로 해석된다. 이러한 해석은 철학적으로 자유(freedom)의 의미와 동일하다. 자유는 그 동인이 타자에 있는 것이 아니라 자신에게 있는 것으로, 개개의 존재자가 자발적이고 자율적으로 존재하며 변화한다는 의미다. 또한 개개의 존재자가 자신에 내재하는 어떤 힘과 능력에 따라 자신의 삶을 주체적으로 살아가게 마련이라는 뜻이다. 이렇게 노장의 도를 읽어내면, 노장의 도는 다른 존재의 힘을 빌리지 않고 자신의 삶을 주체적으로 영위하는 것이 된다. 이러한 주

---

5 『장자』 「대종사」에 붙인 곽상의 주.

체적 존재들이 모여 만든 공동체는 자발적인 참여에 의해 저절로 다스려지는 이상사회가 될 것이다. 다시 말해 자연이라는 속성을 가진 노장의 도는 모든 존재의 주체성을 인정하고 자율성을 인정하는 자유의 철학이자 자유의 정치철학이 된다.

모호한 도

여전히 노장의 도 개념에서 풀어야 할 숙제는 남아 있다. 노장의 철학을 신비주의로 읽어내게 만드는 것이 도에 관한 언설이다. 도는 우주 만물이 그로부터 생겨나고, 모든 존재자들에게 깃들어 있으며, 변화의 근거에 작용한다는 점에서 실체로 읽히기도 한다. 하지만 그것은 언어를 넘어서 있다. 그러므로 도는 언설로 표현될 수 없고 인간의 지식으로 파악할 수 없는 존재이다. 이러한 도의 성격을 도불가지설(道不可知說)과 도무소부재설(道無所不在說)로 구분하기도 한다.

"천지가 생기기 전부터 그 무언가가 혼돈 상태로 있었다. …… 이름을 알 수 없어 그냥 도라고 부르기로 한다"라는 언설과 "도는 일을 낳고 일은 이를 낳으며, 이는 삼을 낳고 삼은 만물을 낳는다. 만물은 음을 지고 양을 품으며 충기(冲氣)로써 조화를 이룬다"(제42장)고 한 언설은 실체성을 갖고 우주 만물을 생성하는 존재로 도를 표현한 것 같다.

또한 "도는 텅 빈 것이지만 작용은 무궁하다. 깊기도 하구나! 마치 만물의 우두머리 같다"(제4장)라는 표현은 도의 작용에 대한 구체적인 표현이다. 도의 작용은 광범위하고 순환적이다. 그래서 "대도는 광범위하게 운행되므로 좌우 어디에고 이르지 않은 것이 없다. 만물은 그것에 의지해서 생장하고 물리치지 않는다"(제34장)거나 "도는 크므로 어디에나 번져나가고, 어디에나 번져나가므로 안 가는 곳이 없이 멀리 가고, 멀리 가므로 결국은 되돌아오게 마련이다"(제25장)라는 표현은 도의 작용과 운동이 광범위하고 어디에서나 작동하고 있음을 보여주는 언설들이다.

노장은 현상적 사물들이 상반적이고 대립적인 상태로 이루어져 있다고 보았다. 모든 사물은 대립적인 측면이 있고, 이를 통해서 변화를 이루어낸다. 유와 무, 어려움과 쉬움, 긴 것과 짧은 것, 높은 것과 낮은 것 등이 서로를 이루어 모든 존재의 현 상태를 이룬다. 인간의 가치 질서 역시 동일한 방식으로 이루어져 있다. 아름다움이라는 관념이 있어야만 추하다는 관념을 알 수 있고, 선함은 악함과 상대적으로 발생하는 것이다. 이러한 상반적이고 대립적인 상태가 변화를 추동한다. 이를 상반상성(相反相成)이라고 표현한다. 서로 대립적인 상태가 서로를 이루어 변화를 만들어낸다는 의미다.

이러한 변화는 순환적이며 지속적이다. 그리고 이러한 변화와 순환이 바로 도의 작동 방식이다. 만물은 상호 간에 영향을 주고받으면서 새로운 방향으로 전개되기도 하고, 그 상황이 끝나면 원래 상태로 돌아오기도 한다. 이러한 만물의 운동 방식이 도의 전개 방식이기도 하다. 그래서 만물은 도에서 발생한 후 널리 운동해 퍼져나가면서 점차로 도에서 멀어지지만 그 운동이 극에 이르면 다시 도에 복귀한다고 보았다. "만물이 무성하게 성장했을 때, 나는 순환하는 것을 본다. 저 만물은 무성하지만 각기 그 뿌리로 되돌아간다. 뿌리로 돌아가는 것을 정(靜)이라고 하니, 이를 일러 명(命)을 회복하는 것이라고 하고, 명을 회복하는 것을 상(常)이라고 하며, 상을 아는 것을 명(明)이라고 한다."(제16장) 이 순환성이 도의 전개이자 운동이다. 다시 말해 도에서 출발해 도에서 멀어지다가 다시 도에 복귀하는 것이 도의 운동 법칙인 것이다. 도의 전개는 도가 갖는 상반상성하는 속성들이 현상에서 드러나는 모습이다. 앞서의 인용문에서 '나는 순환하는 것을 본다'라고 했는데, 이는 순환들이 뿌리로 돌아감, 명의 회복, 상을 앎의 방식으로 전개됨을 본다는 의미이다. 도의 이러한 성격 때문에 도를 자연의 순환 원리나 법칙으로 보기도 한다.

도는 여전히 인간의 지식으로 파악하기 힘들다. 감각기관에 포착되지도 않을뿐더러, 분명한 형상을 갖춘 것도 아니고 언어로 포착할 수도 없다. 그렇다고 존재하지 않는다고 말할 수는 없다. 만물을 생성하는 존재이자 그 자체로 항구성을 갖추고 운동하는 존재로 이해되기 때문이다. "그것을 보아도 보이지 않는 것을 이(夷)라고 한다. 그것을 들어도 들리지 않는 것을 희(希)라고 한다. 그것을 만져도 만져지지 않는 것을 미(微)라고 한다. 이 세 가지는 끝까지 따져볼 수 없는 것들이다. 그것은 원래 하나에 섞여 있다. 이 하나라는 것은 그 위는 빛나지 않고 그 아래는 어둡지 않다. 끊임없이 이어지며 이름을 정할 수 없고 아무것도 없는 공허한 상태로 돌아간다. 이것이 바로 형상이 없는 형상이고 물체가 없는 형상인데, 이것을 홀황(惚恍)이라 부른다. 그것을 맞이해도 그 머리를 볼 수 없고, 그것을 따라가도 그것의 뒷모습을 볼 수 없다."(제14장) 이처럼 도의 실체는 파악할 수 없다. 도는 형상이 없는 형상이자 물체가 없는 형상이기에 규정하거나 정의할 수 없다. 다만 억지로 '도'라고 이름 붙이거나 '크다'라고 말해 왔다. 그러나 규정할 수 없고 정의할 수 없다고 해서 그것이 존재하지 않는 것은 아니다. 마치 '무'라는 말이 존재론적으로 '없다'를 의미하지만, 그것이 없다고 말할 수 없는 것과 같다. 존재론적으로 '무'를 없다고 생각하면, 어떤 것도 '유'일 수 없기 때문이다. 노자의 이러한 도에 대한 설명은 '도'를 존재론적으로 가장 높은 자리에 위치하게 했지만 가장 모호한 개념으로 이해하게 한 이유이기도 하다.

이 도라는 것은 정해진 형체가 없이 어렴풋한 것이다. 이렇게 어렴풋하지만 그 안에 형상이 있다. 이렇게 어렴풋하지만 그 안에 실재의 사물이 있다.(제14장)

지금까지의 도에 대한 서술은 일반적인 학설을 따른 것이다. 노장의 도를 실체로 파악하는 입장에 선 학자들도 있고, 원리나 법칙으로 이해하는 학자들도 있다. 이 두 가지 입장은 아직 합의되지 않았다. 두 학설

모두 일면 타당한 점도 있고, 그렇지 않은 점도 있다. 도를 실체로 보는 입장에 대한 반론은 동양 사유에서는 서양 철학에서와 같은 항구성과 불변성을 갖춘 실체라는 개념이 형성되지 않았다는 데 근거한다. 원리나 법칙으로 이해하는 입장은 노장의 도가 갖는 운동성이 어떤 원리를 지향하거나 법칙적이지 않다는 점에서 비판된다. 다시 말해 노장의 도는 무목적적이고 무의지적이므로 원리나 법칙을 지향하거나 원리나 법칙이 될 수 없다는 점에서 비판된다. 그래서 이 장에서는 두 입장을 포괄하는 방식을 취하면서도 "표현한 것 같다", "보기도 한다"라고 모호하게 표현했다. 또한 노장에 대한 새로운 학설이 아직까지는 드러나지 않았으므로 이 정도의 서술에서 그쳤다.

노자와 장자, 신이 되다

노자의 사상과 도 개념은 동아시아 문화에서 도교[6]라는 종교로 발전한다. 한대 시기에 민간에서 도교라는 교단이 형성될 때, 그 처음부터

---

6 도교는 고대사회의 원시종교에서 발전한 것으로, 하늘과 산천에 지내는 제사 의례와 무속적 성격에 기초한다. 본격적으로 도교가 형성된 것은 동한 시기다. 제사 의례와 무속적 성격의 기초 위에, 당시에 성행한 신선사상과 노자 신앙을 받아들여 교단을 형성하기 시작했다. 불교가 중국에 전래되고 나서부터는 불교의 종교적 의례나 형식을 흡수해 종교적 의식의 틀을 갖추고 신학적 체계도 정비한다. 도교를 구성하는 성격이 워낙 잡다해서 원대 시기의 마단림(馬端臨)이라는 학자는 '잡이다단'(雜而多端)이라고 표현했다.
　도교에는 무속적인 요소와 민간신앙의 여러 신들, 노장의 철학사상, 천문학, 의학, 약학, 광물학, 식물학, 인체학 등 다양한 학문적 요소가 들어 있다. 그래서 조지프 니덤(Joseph Needham)이라는 영국의 과학사학자는 동양의 과학적 사유가 온전히 도교에 들어 있다고 표현했다. 또한 도교가 중국의 역사와 문화에 끼친 영향이 워낙 지대해서 문학, 회화, 음악을 비롯한 예술 전반과 무술 등에 이르기까지 미치지 않은 곳이 없다. 그리고 중국 왕조의 변천에도 도교의 교단이 밀접하게 관련되어 있기 때문에 루쉰은 중국 역사를 제대로 이해하려면 도교에 대한 이해를 온전히 해야만 한다고 말하기도 했다.
　어쨌든 도교는 도를 신앙하는 종교이고, 그 목적은 불사를 넘어 신선이 되는 것이다. 신선을 목표로 하기에 다양한 종교적 의례와 실천, 수련을 통해 신선의 세계에 도달하려고 한다.

태상노군 고대에 등장했던 여러 철학 사상들은 중세에 이르러 종교화되는 과정을 겪는다. 이 과정에서 고대의 철학자들이 신격화되는 경우가 많았다. 노자 역시 이런 과정을 거쳐서 '태상노군'이 된다. 『서유기』에서는 거대한 용광로 안에서 불사(不死)의 약을 만드는 이미지로 나타나는데, 이는 도교가 연단술이나 신선술 같은 기법들과 연관이 있었기 때문이다.

노자는 '태상노군'(太上老君)이라는 신격으로 신봉되고, 『노자』라는 책은 오두미도(五斗米道)에서 종교적으로 해석되어 『노자상이주』(老子想爾注) 라는 경전이 된다. 장자 또한 당 현종에 의해 '남화진인'(南華眞人)이라 는 신격을 부여받고, 『장자』라는 책은 『남화진경』(南華眞經)으로 불리게 된다.

　　노장이 도교에서 주요한 신이 되고, 『노자』와 『장자』가 도교에서 주요한 경전으로 받들어지는 이유는 그들의 사상에 있다. 진나라 말기부터 한나라 초기까지 지속된 전쟁으로 인해 경제와 사회는 파탄의 지경에 이르렀다. 이러한 상황에서 한나라 초기의 통치자는 황로사상을 채택해

'여민휴식'(與民休息)의 정책을 취한다. 여기서 황로사상은 황제와 노자의 사상을 의미한다. 황로사상은 '내가 무위하기 때문에 백성들은 저절로 교화되고, 내가 가만히 있는 것을 좋아하기 때문에 백성들은 저절로 올바르게 되며, 내가 아무 일도 안 하기 때문에 백성들은 저절로 부유해지고, 내가 욕심이 없기 때문에 백성들은 저절로 소박해진다'라는 무위정치를 핵심 내용으로 하는 것이었다. 이것이 백성과 함께 쉰다라는 '여민휴식'의 정책으로 이어져, 법령을 줄이고 세금을 줄여 백성들이 스스로 삶을 영위하면서 공동체를 재건하게 만든 것이다. 한나라 초기의 여민휴식 정책은 백성들의 삶을 부유하게 만들고 국가의 재정을 튼튼하게 만든 '문경지치'(文景之治)[7]를 이룬다.

하지만 동한 시기에 접어들어 독존유술(獨尊儒術)[8]이 국가의 이념으로 자리 잡으면서 부국강병책으로 전쟁이 이어져 민중의 삶은 다시 고통 속으로 빠져들었다. 백성들은 송곳을 꽂을 땅도 없이 개돼지가 먹는 음식을 먹고, 길거리에는 시체가 널려 있는 상황이 되었다. 하층 민중은 감당할 수 없는 생활의 곤란함으로 귀족 통치자들을 증오하는 한편, 문경지치를 기억하면서 노장의 사상에서 자신들의 입장을 대변할 내용을 찾았다. 동한 말기의 민중은 노장의 사상에서 평등과 자유의 사상을 찾았는데, 이러한 사상이 도교의 형성에 주요한 밑거름이 되었다. 이렇게 동한 말기에 탄생한 도교는 태평도(太平道)[9]이든 오두미도(천사도(天師道))[10]이든 모두 노자를 존중하면서 노자의 사상을 교단의 주요한 신앙적

----

7 한나라 문제와 경제의 치세 때 이어진 60~70년간의 태평성대를 『사기』에서는 '문경지치'라고 칭한다. 한나라 초기의 이 시기에는 형벌과 세금을 줄이고 백성과 함께 쉰다는 여민휴식의 정책을 펼쳤다.

8 한 무제가 오직 유학만을 국가의 학문으로 인정하고 다른 사상들을 배척한 정책을 말한다.

9 태평도는 중국에서 후한 말기에 생겨난 최초의 도교 교단이다. 2세기에 장각(張角)이 창시했다. 『태평청령서』(太平淸領書)를 경전으로 삼고, 병의 치유와 함께 태평세(太平世)의 초래를 교법의 중심으로 삼았다.

10 오두미도(천사도)는 태평도와 함께 가장 이른 시기에 나타난 도교의 종교 교단이다. 2세

배경으로 삼았다.

다른 하나의 이유는 도 개념에서 찾을 수 있다. 노자의 도는 우주 만물의 근원자이자 만물의 생성과 발전에 관여하면서도 그 존재가 신비에 휩싸여 있기 때문에 종교적으로 해석될 여지가 있었다. 또한 도를 표현한 언설들이 신비적인 요소가 많아 종교적 해석의 여지는 충분했다. 가령 『노자』는 "곡신은 죽지 않으니 이를 일러 현빈(玄牝)[11]이라 하고, 현빈의 문을 일러 천지의 뿌리"(제6장)라고 하거나, "그러므로 능히 오래 산다"(제7장)라고 하거나, '장생구시의 도'[12]를 언급했다. 이러한 내용들이 천사도에 의해 종교적으로 재해석되었다. 오두미도(천사도)의 『노자상이주』[13]에는 "도는 지극히 존귀하고 미미하며 형상이 없는 것이다. 단지 도의 계율을 통해 알 수 있는 것이지 보아서는 알 수 없는 것"이라고 설명했다. 또한 "일이 형상을 흩으면 기가 되고 형상을 모으면 태상노군이 되어 항상 곤륜산을 다스린다"고 해석한다. 오두미도는 노자의 도를 그들의 종교적 계율을 통해서 알 수 있는 것이라고 해석하면서도, 도에서 생성된 일은 기로서 모여 있다가 흩어져 형상을 이루고, 이 형상을 다시 모으면 노자, 즉 태상노군이 된다고 보았다. 오두미도의 노자와 그의 도에 대한 종교적 해석은 이후 도교사에서 지속적으로 신앙의 대상이 되면서 주요한 경전으로 사용된다. 남북조 시기가 되면 도 자체가 신격을 갖게 된다. 도군(道君)이나 태상노군과 같은 명칭으로 도는 지상신이 되어

기 전반 동한 말기에 장릉(張陵)이 쓰촨성[四川省]에서 창시했다. 입도자에게 다섯 말의 쌀을 바치게 한 데서 오두미도라는 명칭이 붙었다. 창시자인 장릉을 천사(天師)로 숭배해 천사도 또는 천사교라고도 불렀다.

11 현빈은 인체 속에 있는 어떤 구멍이다. 이 구멍을 통해 천지의 기와 인체가 소통한다고 본다.

12 『노자』 제59장. '장생'(長生)이란 죽지 않고 오래 사는 것을 의미하고, '구시'(久視)란 장생을 위한 다양한 양생 수련법을 의미한다. 이 수련법에는 도인술, 체조, 호흡술, 명상술뿐만 아니라 불사약인 금단 제조까지 포함된다.

13 오두미도(천사도)의 경전으로, 노자를 종교신학적으로 해석한 책이다.

도교의 문헌에 등장한다. 다른 한편으로는 도를 기(氣)로 정의하는 사유가 나타난다. 동진 시기에 도와 원기(元氣)[14]를 동일한 것으로 보기 시작하면서 원기를 호흡하거나 존사(存思)[15]하는 수련법으로 발전한다. 도에 대한 이러한 다양한 해석은 그 시초를 오두미도에 두어야 할 것이다. 지금도 중국인들의 사유에서는 노자가 신이 된 태상노군, 즉 도덕천존이 대중으로부터 가장 사랑받는 신이고, 태상노군이 기로 변화해 만물을 생성한다는 사유는 도교의 다양한 종파에서 일반적으로 받아들이는 신학 체계를 형성한다.

노장의 사상은 불교가 전래될 때, 불교의 핵심 개념을 동아시아 문명에 이식하는 필터가 되기도 한다. 불교의 공(空) 개념이 노장의 무(無) 개념을 통해 이해된 사례가 그 예다. 또한 위진 시기부터 당송시대까지 도교와 불교가 사상적 투쟁을 치르며 서로의 사상을 배척하거나 흡수하는 과정을 거치면서, 도교는 종교적 의례와 신학적 체계에서 불교의 영향을 받고, 불교는 도교의 사유를 통해 중국에 토착화한다. 이러한 도불의 논쟁은 송대에 이르러 유교까지 합세해 삼교가 융합하는 형태로 전개된다.

노장의 사상이 한반도에 전래된 시기에 대한 구체적인 기록은 없지만, 도교와 관련해서 고구려 영류왕 7년에 당 고조가 파견한 도사가 원시천존상과 도법을 가지고 왔으며, 이때『노자』를 강설했다는 기록이 있다. 또한『삼국유사』에는 7세기 초에 고구려 민간에서 오두미도가 유행했다는 기록도 있다. 이렇게 보면, 노장사상이나 도교와 관련한 노자의 사상은 7세기 이전에 한반도에 전래되었다고 보아야 할 것이다.

한반도에서 노장의 사상은 다양한 유학자들에 의해 주석되면서 하나

---

14 도교의 관점에서 원기는 우주 만물의 근원자이며, 원기가 분산되어 개체 생명이 이루어진다고 본다. 원기를 도로 보기도 한다.

15 존사는 도교의 수련법으로, 몸속의 각 장기마다 신이 있는데, 이 신을 관념적으로 생각하면서 정신을 집중하는 수련법이다.

의 흐름을 형성한다.[16] 즉 성리학을 견지하려는 입장에서 이단으로 치부되어 비판을 받다가 유학의 입장에서 노장을 해석하려는 관점으로 정립되었는데, 전자를 '벽이단론'(闢異端論)[17]이라고 하고, 후자를 '이유석로'(以儒釋老)[18]라고 한다. 벽이단론은 이단인 노장의 사상을 물리치면서 성리학을 지지한다는 의미이고, 이유석로는 성리학의 입장에서 노장을 재해석해 노장의 사유 속에서 의미 있는 내용을 찾고 취해 현실에 적용하려는 시도이다.

서구 학자들의 노장 이해

노장의 사유는 동서양에서 가장 영향력 있는 사상 중의 하나이다. 서양 철학자 중에서 노장의 사유와 가장 밀접하게 관련된 사람은 하이데거이다. 이는 하이데거가 1941년 폴 샤오스이와 함께 『노자』를 번역하기 시작했다는 사실만 보아도 알 수 있다. 하이데거는 프라이부르크 교회에서 '기술과 전향'이라는 주제로 강연을 하면서 다음과 같이 노자의 도를 언급했다. "여러분이 신의 존재를 존재론적, 우주론적, 목적론적, 윤리적 방법과 같은 전통적인 방법으로 증명하려 한다면, 여러분은 신을

----

16 조선시대의 노자 주석서는 현재까지 5종이 발견되었다. 율곡 이이의 『순언』(醇言)으로부터 박세당의 『신주도덕경』(新註道德經), 서명응의 『도덕지귀』(道德指歸), 이충익의 『초원담로』(椒園談老), 홍석주의 『정로』(訂老)에 이르는 5종이다. 장자에 대한 주석은 박세당의 『남화경주해산보』(南華經註解刪補)와 한원진의 『장자변해』(莊子辨解)로 2종이 있다.

17 정도전과 권근이 제기한 학설로, 불교와 도교를 이단으로 규정하면서 유학을 밝히려는 논리이다. "이단을 물리침으로써 우리의 도(유교)가 올바름을 밝힌다"라는 명제로 제시되었다.

18 이유석로라는 명제는 유학자의 입장으로 노장의 사상을 해석한다는 뜻으로, 중국에서는 엄영봉이 사용했고 한국에서는 김길환이 사용하면서 일반화된 개념이다. 노자와 장자에 대한 조선시대 유학자들의 이해를 통칭하는 개념으로 쓰인다.

축소해 버리는 우를 범하게 될 것입니다. 왜냐하면 신은 말할 수 없는 도와 같은 어떤 것이기 때문입니다." 하이데거는 신에 대한 새로운 사유가 노자의 도와 같이 전개될 수 있다고 생각했다.

하이데거의 후기 사유를 가장 분명하게 보여주는 『숲길』(Holzwege)이라는 작품에는 노장의 사유가 다양하게 나타난다. 이는 하이데거의 후기 사유가 노장에게 영향을 받아 새로운 길로 접어들었기 때문이다. 아마도 하이데거는 노자의 무 사상에서 많은 영향을 받았고, 그 결과 그의 후기 사상의 핵심 개념인 사중설(das Geviert)[19]에 도달한 것으로 보인다. 존재를 X한 것은 도가 갖는 무의 성격으로 존재를 이해한 것으로 보인다. 하이데거는 존재를 자신은 드러나지 않으면서 모든 존재를 이루는 것으로 이해하기 때문이다. 하이데거의 작품에서 노자의 사유가 유독 두드러진 편은 『예술작품의 근원』과 『기술과 전향』이다.

정신분석학자 융도 노자의 사유에서 영향을 받았다. 융의 연구자 해럴드 카워드에 의하면, 중국의 도가사상이 융의 '자기'(Selbst) 개념 형성에 근본적인 영향을 주었다고 본다. 특히 외향성과 내향성의 조화에 대한 융의 관심은 직접적으로 'Tao'[道]에 대한 관심으로 나아갔다는 것이다.[20] 카워드에 따르면 융은 노자를 비롯한 도가사상을 '형이상학'이 아

---

19 사중설은 '하늘'과 '대지', '신들'과 '인간들'이 정사각형 위에 위치하면서 감추어진 존재를 들추어내는 구조를 말한다. 이를 도식화하면 다음과 같다. 이 구조에서 감추어진 존재나 진리가 드러나는 것, 또는 드러내는 것(aletheia)이 창작 행위라고 본다. 그리고 이러한 사중설의 구조가 바로 도(道)라고 본다.

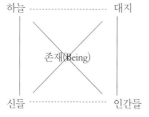

20 Harold Coward, "Taoism and Jung: Synchronicity and The Self", *Philosophy East & West*, Volume 46-no 4, University of Hawaii Press, 1996, p. 477.

닌 '심리주의'로 보았다고 한다.

　노자를 비롯한 도교에 대해 융이 본격적으로 관심을 갖게 된 것은 도교 경전『태을금화종지』(太乙金華宗旨)를 접하면서부터였다고 한다. 융은 『태을금화종지』를 참조의 틀로 삼아 무의식으로부터 나오는 '상징'의 의미를 구체적으로 갈무리하기 시작한다. 이 책은 융이 '집단 무의식' 개념을 정립하는 데 도움을 주었다. 또한 그는『태을금화종지』에 대한 해설인「서양인을 위한 심리학적 해설」에서 동양의 철학자들을 '상징'을 강조하는 심리학자들로 간주한다.[21] 융은 말한다. "우리 서양인은 도가적 사고방식을 종교적인 표현에서 생겨난 환상적인 감정에 지나지 않는다고 생각하기 때문에 동양적인 지혜를 곧잘 인용부 안에 집어넣고 신앙과 미신이 교차하는 애매한 영역으로 몰아넣기가 일쑤다."[22] 융은 처음에 '집단 무의식'을 단지 종족 본능과 같은 것으로 여기다가 도교와 인도사상을 심도 있게 연구하면서부터는 특정한 어느 종족에 국한되지 않는 보편적 심성으로서의 '원형론'의 가설에 확신을 가지게 된다. 특히 도교가 말하는 내면과 외면의 조화, 음과 양의 조화는 상반된 측면들이 '자기'의 발전에 필수적이라는 융의 생각을 확증하는 데 도움을 주었다. 융에 의하면 도교사상은 정신적 요소들 간의 균형이 한쪽으로 기울어지면 필수적으로 다른 한쪽의 강조에 의해 보상되도록 구조화되어 있다.

　융은 노장사상을 형이상학이 아니라 심리학으로 이해하면서, 노자의 도나 무 개념이 존재자 내부의 불가해한 심리적 영역을 상징화한 공간이라고 해석한다. 융은 노자의 도를 전체 정신의 상징인 자기(Selbst)에 대응시키고, 노자의 도가 갖는 심급에서 무의식적 상징들을 해석해 낸다. 융은 원형(무의식의 내용)에 대한 연구를 통해 자기실현의 인식 지형

----

21 여동빈, 이윤희·고성훈 옮김,『태을금화종지』, 여강출판사, 1994년판에 융의「서양인을 위한 심리학적 해설」이 실려 있다.

22 같은 글.

도를 새롭게 마련하고자 했는데, 이 자기의 상징을 이야기할 때 노자의 도를 제시한다. 융은 노자의 도와 자신의 '자기' 개념이 상동성(相同性, homology)을 가지며, 노자의 무에 대한 설명이 자신의 무의식의 지평과 맞는다고 본다.

| 참고할 만한 책 |

노자와 장자의 사상을 이해하는 데 다음의 저작들이 도움을 준다.
- 김경수, 『노자 생명사상의 현대적 담론』, 문사철, 2010.
- 김충렬, 『김충렬 교수의 노장철학 강의』, 예문서원, 1996.
- 이강수, 『노자와 장자』, 도서출판 길, 2005.
- 진고응, 최진석 옮김, 『노장신론』, 소나무, 1997/2013.

노자와 장자 번역서들은 다음의 책들이 도움을 준다.
- 장일순, 『무위당 장일순의 노자이야기』, 삼인, 2003.
- 김경수, 『노자역주』, 문사철, 2009.
- 안병주·전호근·김형석, 『역주 장자』(전 4권), 전통문화연구회, 2009.
- 장자, 이강수·이권 옮김, 『장자 1』, 도서출판 길, 2005.

하이데거와 융에 관한 자료들은 다음의 책을 보라.
- 마르틴 하이데거, 신상희 옮김, 『숲길』, 나남출판사, 2013.
- 마르틴 하이데거, 오병남 등 옮김, 『예술작품의 근원』, 예전사, 1995.
- 카를 구스타프 융, 이부영 외 옮김, 『융 기본 저작집 9』, 솔, 2001~2004.
- 카를 구스타프 융, 김성관 옮김, 『융 심리학과 동양종교』, 일조각, 1995.
- 이부영, 『노자와 융: '도덕경'의 분석심리학적 해석』, 한길사, 2012.
- 여동빈, 이윤희·고성훈 옮김, 『태을금화종지』, 여강출판사, 1994.

제3장

시스템과 효율성의 철학: 법가사상

윤지산

동북아의 철학적 전통은 유가사상(유교)과 도가사상(도교)으로 대변된다. 여기에 인도에서 들어온 불가사상(불교)을 합해 흔히 '유불도' 삼교라 부른다. 그러나 동북아 정치사상의 세계를 잘 들여다보면, 유교의 배면에는 항상 법가(法家)사상이 도사리고 있음을 발견할 수 있다. 이를 가리켜 '내법외유'(內法外儒)라 부른다. 유교가 인간의 선한 본성을 신뢰하면서 교육과 교화를 통해 문화 정치를 주창했다면, 법가[1]는 선한 본성을 신뢰하지 않고 타율적 통제, 즉 엄격한 법 적용이라는 법치 정치를 주창했다. 현대식으로 말해서 유교는 시민사회의 성숙을 목표로 하지만 법가사상은 정부의 통치술을 겨냥한다고 할 수 있다. 그러나 유교의 '예'와 법가사상의 '법'의 관계는 미묘하다. 두 이념은 한편으로는 서로 '대안'(alternative)을 이루어 선택지를 형성하지만, 다른 한편으로는 때로 '정도'(degree)를 이루기 때문이다. 후자의 경우에 예는 부드러워진 법이고, 법은 딱딱해진 예라고 할 수 있다. 이 때문에 유가와 법가는 늘 복잡하고

---

[1] 유가사상은 한 제국에 이르러 국교화되면서 종교적 색채를 띠기 시작해 '유교'라는 말이 일반화된다. 반면 법가사상은 종교화되지 않아 '교'(敎)가 아니라 '사상'이라 칭한다.

미묘한 관계를 맺어왔다고 할 수 있다.

　법가사상은 어떤 맥락에서 발생했는가? 그 철학적 기초는 무엇인가? 역사적으로 어떤 역할을 했고, 어떤 영향을 끼쳤는가? 오늘날 법가사상은 어떤 형태로 이어지고 있는가? 이 장에서는 이런 문제를 생각해보고자 한다.

초기 법가와 부국강병

　BC 11세기에 건국된 주나라는 넓은 영토를 통치하려 각 지역에 혈족이나 공신을 파견해 다스리는 봉건제를 채택했다. 그러나 세대를 내려오면서 유대 관계가 약해지고 중앙정부의 통치술이 발달하지 않아 지방정부를 통제하지도 못한 데다가 외적 견융이 침입해 세력이 극도로 약해진다. 이때 평왕은 수도를 호경(鎬京, 지금의 시안〔西安〕부근)에서 낙읍(洛邑, 지금의 뤄양〔洛陽〕)으로 옮기는데(BC 770), 천도 이전 시대를 서주라고 하고 이후를 동주라고 부른다. 동주 초기에서 진나라가 한·위·조의 세 나라로 나누어지는 시기(BC 476)까지를 춘추시대, 이후부터 진나라가 천하를 통일한 시기(BC 221)까지를 전국시대라고 한다.

　주나라는 천도 이후부터 멸망한 시기까지 명분상으로만 정부로 남아있었고 실권은 거의 없었다. 중앙정부의 통제를 벗어난 각국의 제후가 천하 패권을 두고 혈전을 벌였는데, 그들에게는 인재가 가장 필요했다. 제후가 신분을 막론하고 두루 인재를 구하자 세습 권력이 없는 이들에게도 차례가 돌아왔다. 능력만 있으면 관직에 나가 권력과 부를 얻을 수있게 된 것이다. 이때 난세의 혼란을 극복하려고 다양한 사상과 여러 인물이 쏟아져 나오는데, 도가·유가·묵가·법가가 대표적 학파다. 법가는 다른 학파와 달리 뚜렷한 사승(師承) 관계가 이루어지지 않아 도가의 노자, 유가의 공자, 묵가의 묵자 같은 창시자가 없다.

법가라는 이름은 『한서』(漢書) 「예문지」의 분류에 따른 것으로, 『관자』(管子) 「법법」에서 명칭을 따왔다. 『관자』는 관포지교(管鮑之交)로 잘 알려진 관중(管仲)[2]이 썼다고 한다. 그러나 실제로 관중의 저작인지 확실하지 않고 전국 말기에 단지 관중의 이름만 빌려 여러 사상을 집대성한 책이라고 보는 것이 통설이다. 관중이 학파를 형성하지는 않았지만, 춘추 시대에 제나라가 패권을 차지할 수 있었던 것이 그가 시행한 개혁 덕분이었고, 후대에서 이를 많이 추종하면서 관중을 법가의 시작으로 본다. 관중의 개혁 정치는 '절대왕권 강화'가 주 내용이다. 다음과 같은 일련의 개혁은 후대 법가가 거의 그대로 적용했다.

1) 귀족 권력을 통제하면서 전체 인구를 군대 형태로 조직하고 왕이 직접 통치할 수 있도록 한 것.
2) 소금과 철 등을 전매해 주요 수입원을 국가의 통제 아래 두는 것.
3) 왕 아래 정규군을 강화하는 것.
4) 농업 생산력을 높여 국가 세입을 확충하는 것.

관중은 왕에게 예법이나 인정(仁政)이 아닌 법과 규범을 수단으로 삼는 통제와 통치를 요구했다. 게다가 법을 제정하더라도 그것은 현대 법치국가처럼 법에 따른 통치가 목적이 아니라 법을 통치 수단으로 이용하려는 것이었다. 곧 통치가 핵심이었다. 왕은 규범, 윤리, 인정, 법에도 얽매이지 않는 절대 권력자가 되어야 한다는 것이다. 관중은 이를 성문

---

2 관중(? ~ BC 645). 절친한 친구 관계를 상징하는 관포지교라는 고사성어로 우리에게 잘 알려진 인물이다. 관중은 훗날 친구 포숙아를 두고 "나를 낳아준 사람은 부모지만, 나를 알아준 사람은 포숙아다"라고 말했다. 제나라에서 관직 생활을 하면서 관중은 공자 규(糾)를 모셨고 포숙아는 소백(小白)을 모셨는데, 제 양왕이 피살되자 규와 소백이 왕위를 놓고 골육끼리 다툼을 벌인다. 그 결과 소백이 형을 제거하고 왕위에 오르는데 이가 바로 제 환공이다. 환공은 정적인 관중을 처형하려고 하지만 포숙아가 관중이 뛰어난 인물이라고 환공에게 추천한다. 이에 환공은 관중을 받아들이고 재상으로 임명한다. 관중은 국가 주도형의 경제 정책을 펴고 왕권을 강화하고 귀족 권력을 통제하면서 내정을 안정시킨다. 또한 환공이 아홉 번이나 맹주가 되는 데에도 결정적 역할을 한다. 후대 정치가는 관중의 통치술을 많이 참고한다. 이렇게 관중은 의도하지 않았지만 법가의 창시자로 추앙받게 되었다.

법으로 제정하지 않았다. 성문법은 이후 정나라 자산(子産)³에 의해 이룩된다. 자산은 법을 제정하고 공포하면서 그 내용을 세발 솥〔鼎〕에 새겼다. 그리고 이것이 중국 역사상 최초의 성문법이라고 하여 자산을 법가의 선구로 본다. 자산도 '관'(寬)과 '맹'(猛)⁴으로 백성을 다스려야 한다고 했는데, 이는 후대에 자주 쓰는 신상필벌(信賞必罰)과 대동소이하다. 『사기』 「순리열전」에 자산에 관해 자세히 기술한 내용 속에서 공자는 그를

----

3 자산(BC 585경~BC 522). 정나라 사람이어서 정자산이라고도 한다. BC 547년부터 BC 522년까지 재상으로 재직하면서 정나라를 부강하게 만들었다. 당시 정나라는 진(晉)과 초(楚)라는 두 강대국 틈에 끼여 있어 한쪽하고만 동맹을 맺을 수 없었다. 자산은 이런 상황을 교묘하게 이용해 정나라가 독립적 지위를 유지하는 외교 정책을 펼치면서 오히려 정나라를 강국으로 만들었다. 국내에서는 난무하던 귀족 권력을 억제해 권력의 누수를 막고, 정책과 법이 지속적이고 한결같이 시행되는 체제를 다졌다. 또한 신분 질서를 바로잡고 성문법을 제정해 반포했으며, 토지제도의 개혁과 함께 경지 정리를 강제로 시행하고 세제 개혁을 단행했다. 개혁을 실시하자 초기에는 자산을 저주하는 노래가 나돌 정도로 저항이 심했으나 국가가 안정되고 소득이 증대하자 자산이 시행한 정책을 모두 따랐다고 한다.
　『사기』 「순리열전」에서는 자산을 이렇게 평가한다. "자산이 재상이 된 첫해에 아이들은 못된 장난을 치지 않았고, 노인은 무거운 짐을 지지 않았으며, 아이는 밭을 갈지 않아도 되었다. 2년이 되자 시장에서 값을 속이지 않았다. 3년이 되자 저녁에 문을 잠그지 않았고, 물건이 떨어져도 줍는 사람이 없었다. 4년이 되자 농기구를 밭에 두고 왔다. 5년이 되자 군역이 사라지고 굳이 명을 내리지 않아도 장례가 예법대로 치러졌다. 자산이 재상으로 26년간 다스리다 죽자 어른이나 아이, 노인 할 것 없이 모두 울면서 말했다. "자산이 돌아가셨으니 이제 우리는 누구에게 의지해야 할까?"

4 자산이 임종을 앞두고 후계자 자태숙(子太叔)에게 한 말에서 유래한 것으로, 자산의 정치관을 살펴볼 수 있다. 다음은 『춘추좌씨전』에 나오는 내용이다. 자산이 병이 들어 자태숙에게 말했다. "나는 곧 죽을 것이고, 이제 그대가 반드시 재상이 될 것이다. 덕 있는 사람만이 백성을 너그럽게 대해 백성을 따르게 한다. 덕이 아니면 엄하게 다스리는 것이 좋다. 불은 맹렬하고 뜨거워 백성은 쳐다보면서 두려워한다. 그래서 불 때문에 죽는 사람이 드물다. 물은 부드럽고 약해 보여 얕잡아 보고 장난치다 빠져 죽는 사람이 많다. 그러므로 너그럽게 대하면 환난이 생긴다".
　몇 개월 후 자산이 죽고 태숙이 재상이 되었다. 태숙은 엄격한 정책을 펴지 않고 관용책을 썼다. 그러자 정나라에 도둑이 들끓었다. 이에 태숙은 후회하며 이렇게 말했다. "자산이 하신 말씀을 따랐더라면 이런 일이 없었을 텐데."
　'맹'(맹렬하고 엄격함)과 '관'(너그러움)은 신상필벌과 같은 통치술의 일종이다. 『춘추좌씨전』에 따르면 자산은 백성을 엄격하게 다스려야 한다고 주장했다. 후대 법가 역시 상을 통한 격려보다는 형벌로 백성을 통제하려 했다. 이것이 법가의 대체적 경향이다.

74 동양 문명의 역사와 철학

상찬하지만, 맹자는 비판적 태도를 견지한다.

『한서』「예문지」에서는 법가를 분류하면서 이회(李悝)를 가장 먼저 언급한다.[5] 이회가 당시 제후국의 법을 참고해 『법경』(法經)을 지었으므로 반고(班固)가 첫머리에 두었던 것이다. 『법경』은 전하지 않는다. 『사기』「맹자순경열전」에는 극히 일부 사실만 나와 있다. 위(魏)나라 문후에게 등용된 이회는 여타 법가와 마찬가지로 경제 성장과 군사력 강화를 도모했다. 또한 나라에서 농민에게 토지를 분배하게 하고 곡물을 사들이며 시장 가격까지 통제하게 했다. 관중이나 자산과 달리 저술을 남겼다는 점에서 의의가 있다.

초기의 법가들, 즉 오기(吳起),[6] 상앙(商鞅), 신불해(申不害), 신도(慎

----

5 이회(BC 455~BC 395). '悝'는 독음이 '리, 괴, 회'로 세 가지다. 중국어로는 '리쿠이'라고 읽는데, 한국에서는 '이괴' 또는 '이회'라고 읽는다. 여기서는 『법가, 절대권력의 기술』(돌베개)과 『사기, 열전』(명문당)의 표기에 따라 '회'로 읽는다. 이회는 위나라 문후 때 재상으로 등용되었다. 그는 "먹으려면 일을 해야 하고, 녹봉을 받으려면 공을 세워야 한다"는 원칙을 내세워 귀족의 특권을 폐지한다. 『법경』을 저술해 법으로 통치하고자 했는데, 정나라 자산보다 더 명확하고 구체적이어서 실질적으로 성문법의 창시자로 평가된다. 이회는 위나라 전 지역을 면밀히 조사하고 위나라 상황에 맞는 경제 개혁 정책을 제시한다. "토지를 최대한 활용하라"(務盡地力)고 위 문후에게 건의했는데, 이는 생산 조건과 노동력을 여러 면에서 검토한 결과를 개혁 정책에 도입한 것이다. 당시 권력층은 세금을 거둬들이기만 했을 뿐 국가 경제를 전체적으로 바라보는 안목이 없었다. 이회는 실제 조사를 통해 국가 계획경제 정책을 입안했는데, 이런 기조는 당대와 후대에 크게 영향을 끼쳤다. 또 평적법(平糴法)이라는 곡물 수매 정책을 창안했다. 평적법은 수요와 공급에 맞게 쌀을 국가가 수매한다는 뜻으로, 풍년에 쌀값의 폭락을 막고 흉년에는 폭등을 막아 쌀값을 안정시키고, 농민의 이탈을 막으며 생산에만 집중할 수 있도록 했다. 이후의 왕조에서 집행한 균수법(均輸法)이나 상평창(常平倉) 같은 제도가 모두 이회의 정책을 따라 한 것이다. 한비자도 이회의 영향을 많이 받았다. 위나라와 한나라는 진(晉)나라에서 갈라져 나와서 뿌리가 같다.

6 오기(BC 440~BC 381). 위(衛)나라 출신으로, 공자의 제자 증자에게 배웠다. 제나라가 노나라를 공격하자 신임을 얻으려 제나라 출신의 아내를 죽이고 노나라의 장군으로 등용되었다. 또 고향 위나라에서 자신을 비웃었다고 30명을 살해하고 도망치면서 어머니에게 재상이 되지 않으면 돌아오지 않겠다고 맹세했다. 어머니가 죽었는데도 상을 치르러 돌아가지 않자 증자가 불효하다고 비난하면서 문하에서 내쫓았다. 아내를 죽인 일과 삼년상을 치르지 않은 것에 대해 늘 비난이 따라다닌다. 노나라에서 공을 세웠지만 노나라 왕이 그의 잔인한 성격을 염두에 두고 의심하며 멀리하자 위(魏)나라로 가서 문후를 섬겼다. 오기는 장군이었지만 행군도 같이 하고 음식도 같이 먹으면서 병사들과 고락을 함께했다. 어

到) 등은 정책 면에서 큰 차이가 없다. 전제 왕권을 강화하면서 부국강병을 최종 목표로 삼았다. 신도가 '권력'〔勢〕을 중시하고, 신불해가 '통치술'〔術〕을 강조한 것, 상앙이 '실증법'〔法〕에 무게를 둔 것 정도가 다르다.

'세'는 군사력과 경제력을 바탕으로 한 물리적 권력을 말한다. 『상군서』(商君書) 「거강」 편에서 이를 웅변한다. "형벌은 힘을 낳고, 힘은 세력을 낳고, 세력은 존경을 주며, 존경은 미덕이 되니, 미덕은 힘의 산물이다."

'술'은 군주의 통치 기술이다. 재상을 다루고 국가를 통치하려면 군주는 통치 기술이 뛰어나야 한다는 것이다. 사마천(司馬遷)은 신불해를 「노장신한열전」(老莊申韓列傳)으로 묶으면서 황로학파로 분류했는데, 신불해가 노자의 정치철학을 통치술로 선용했기 때문이다.

'법'은 명령으로, 곧 군주의 의지와 기호를 성문화한 것이다. 군주는 법의 입법자이자 집행자로서 절대 권위를 가진다. 모든 신민(臣民)이 공평하게 법의 적용을 받지만, 오직 군주만이 치외법권이다. 계층 간의 충돌을 막고 사회를 일사불란하게 통치하기 위한 수단으로서 상앙은 법을 중시했다.

세, 술, 법은 확연하게 구분되는 것이라 상호 절충적 성격이 짙다. 서로 물고 물리는 관계이다. 중심을 군주에 두고 전제 왕권 강화를 통한 획일적 사회를 구축하는 방편이다. 전제 왕권 강화를 위해 군주는 물리

떤 병사가 종기로 고생하자 입으로 직접 고름을 빨아냈다고 하는 유명한 고사가 있다. 위 문후가 죽고 아들 무후가 왕위에 오른 뒤 자신을 신임하지 않자, 오기는 다시 초나라로 망명했다. 초나라 도왕은 전부터 오기의 명성을 들었던 터라 오기를 바로 재상으로 임명했다. 오기는 법을 제정하고 귀족의 권력을 제한했다. 귀족의 특권을 빼앗아 국가 재정이 넉넉해지자 그것으로 군대 양성에 힘을 쏟았다. 남으로는 백월, 북으로는 진과 채를 병합했다. 한·위·조 군대를 물리쳤고 진나라를 공격했다. 오기가 재상으로 재직할 당시 초나라는 중원의 강자로 군림했다. 도왕이 죽자, 권력을 빼앗겨 앙심을 품은 귀족이 오기를 공격했다. 오기는 도왕의 시체 뒤에 숨었다가 화살을 맞고 죽었다. 저서로 실전 경험을 바탕으로 한 『오기병법』을 남겼다. 『사기』 「손자오기열전」에 자세한 기록이 나온다.

적 힘을 키우고 통치 기술을 발전시켜야 한다는 것이 이들의 한결같은 주장이다. 초기 법가의 최종 목표는 역시 부국강병이고, 그 수단으로 전제 왕권 강화를 들고 나온 것이다. 초기 법가는 사상가라기보다는 정치 개혁가 쪽에 가깝다. 반고는 이를 두고 이렇게 논평한다.

법가는 관리 출신으로 신상필벌을 내세우면서 예제를 바꾸었다. 『역』(易)에 "선왕은 형벌을 분명히 하고 법을 정리했다"라고 했는데, 이들은 이런 면에서는 잘했으나 법과 형벌을 각박하게 집행해 인의가 사라지고 백성은 교화되지 않았다. 형법을 전횡하면서 다스렸으니 부모에게까지 해가 미쳤다. 베푸는 것이 적었고 인심을 각박하게 만들었다.

법가가 이론적 틀을 갖추고 성숙하려면 시간이 더 필요했다. 이후 한비자(韓非子)가 순자 철학을 바탕으로 세, 술, 법을 통합해 법가를 최종 완성한다. 춘추 초기의 관중에서 시작해서 전국 말기의 한비자까지 약 500년에 걸쳐 이론적으로 정리된 것이다. 현실에서는 시행착오를 무수히 겪었고 사상적으로 다른 학파에게 끊임없이 비난을 받으면서 성장한 것이다. 그리고 이 같은 과정은 결국 진나라 시황제 때 이르러서야 그 결실을 본다.

인성론의 전개

법가사상을 이론적으로 정확히 이해하려면 인성론(人性論)에 대한 논의가 필요하다. 짐작하겠지만, 법가사상은 "인간은 악하다"라는 성악설의 전제 위에 서 있기 때문이다. 인간은 이기적이고 악한 존재라고 규정하므로 법가적 정치철학이 요청되는 것이다.

맹자

인성론이 종교의 인문화 과정을 거쳤지만, 철학적 테제로서 정면으로 부각된 시기는 맹자 때에 이르러서이다. 맹자 역시 현실 정치에서 이상을 실현하기 위해 끊임없이 분투하면서도 철학적 작업을 정교하게 다듬었다. 맹자는 묵자의 겸애(兼愛)나 고자(告子)[7]의 성선무선설(人性之無分於善不善也) 같은 사상으로는 전쟁 시대의 심각한 혼란을 종식시킬 수 없다고 보았다.

맹자는 인간의 본성 속에 '선'(善)이 선천적·보편적으로 내재한다고 주장했다. 이것이 금수와 차이가 나는 인간만의 고유한 본질이자 본성이라는 것이다. 맹자는 경험적 증거로 타당성을 논증하면서도 최종적 근거는 하늘에서 찾는다. 『맹자』에서 '천'은 모두 80번 언급되는데, 그중 8번은 '창천'(蒼天)을 지칭하고 나머지 72번은 궁극자를 지칭한다.[8]

맹자에게서 하늘은 자연이면서 또 동시에 인격적·의지적 존재이고, 인간은 하늘에서 선함을 부여받은 존재이므로 본성을 완전히 실현할 때 참된 인간이 된다. 맹자는 인간이 선한 본성을 사회로 확충했을 때에만 진정한 평화가 도래한다고 역설한다. 인간 본성이 왜곡되는 것은 신체의 제한이나 외적 환경이 원인이라고 본다. 군주나 고위 관리에게 선한 본성을 바탕으로 한 도덕성을 요구하는 것도 이런 이유에서다. 정치 지도자가 사회적 환경에 끼치는 영향이 지대하기 때문이다.

----

7 고자는 저서를 남기지 않아 그가 어떤 주장을 했는지 살피려면 우선 『맹자』를 통해서 볼 수밖에 없다. 『맹자』에 고자의 논변이 실려 있는데, 이 역시 『맹자』를 편집한 사람의 손을 거쳐서 왜곡되었을 가능성이 크다. 『맹자』에 따르면 고자는 인성에는 본래 선악이 없고, 외부 환경에 따라 선악이 결정된다고 주장했다. 이를 '생지위성'(生之謂性)이라고 한다. 맹자는 이를 격렬히 비난했는데, 인간에게 도덕적 본성이 없다면 인간과 금수의 차이가 없기 때문이다. 맹자는 인간과 금수의 차이를 인간의 도덕적 본성에서 구한다. 또 인간의 선악이 외부 환경으로만 결정된다면 자율이나 주체 같은 측면도 사라진다. 『맹자』를 읽어보면 맹자가 자기 주장을 강화하려 고자를 인용한다는 인상이 강하고, 실제로 고자가 왜 이런 주장을 했는지에 대해서는 나와 있지 않다.

8 김승혜, 『유교의 뿌리를 찾아서』, 지식의 풍경, 2003, 221쪽.

맹자는 묵자[9]의 겸애가 인간의 자연적 본성에 위배된다고 생각해 격렬히 반대한다. 자기 아버지를 먼저 사랑하는 것이 본성의 자연스러운 발로이며, 이 질서가 무너지면 사회 전체가 혼란에 빠진다고 본다. 고자의 성선무선설은 인간의 주체와 책임이라는 문제에서 비판의 대상이 된다. 인간이 외적 요인에 의해 좌우된다면 인간 본연의 주체는 설 자리가 없어진다. 곧 금수와 같은 피조물로 전락하는 동시에 천지 화육에도 참여할 기회를 잃게 된다.

이런 맹자의 입장은 공자를 충실히 계승한 것으로, 공자가 그랬던 것처럼 현실 정치가에게는 환영받지 못한다. 개인의 생사와 국가의 존망이 달린 현실의 문제를 인정(仁情)과 본성으로는 도무지 해결할 수 없기 때문이다. 군주는 구체적이고 실천적인 전략과 전술이 필요했다.

그래서 제나라는 수많은 학자를 수도 임치로 불러 모았다. 소금과 철 등 물산이 풍부했던 제나라는 당시 제후국 중에서 경제력이 으뜸이었다. 직하학파라는 전국 말기의 최대 학파가 이렇게 탄생했다. 또 시대가 혼란할수록 인재를 키우고 학교를 세우는 전통도 생겨났다. 전국 말기에 여기저기 산재했던 책이 정리되면서 뛰어난 학자나 사상가가 많이 나온 것도 결코 우연이 아니다.

전쟁이 극에 달해 막바지로 치달을 무렵 순자는 직하학파로 들어가 좨주(祭酒, 국립대학 총장에 해당)를 맡는다. 그리고 여기서 동북아 문명

---

9 묵자는 사회 혼란의 원인이 차별적 사랑(別愛)이라고 보았다. 자기 아버지를 사랑하듯 남의 아버지를 사랑하고, 자기 군주를 사랑하듯 남의 군주를 사랑하면 서로 이익이고 이것이 오히려 자연스러운 본성이라는 것이다. 그러면 하늘도 돕고 귀신도 돕는다고 한다. 묵자가 주장한 무차별적 사랑(겸애)은 공자나 맹자가 주장하는 차별적 사랑, 즉 자기 아버지를 사랑하고서 이웃 아버지를 사랑한다는 것과 차이가 크다. 묵자의 겸애는 자칫 신분 질서를 위협할 수가 있다. 예는 친소를 구분하는 차별에서 시작되므로 예는 곧 신분 질서의 근간이다. 예를 중시하는 유학에서는 이 때문에 묵자를 맹렬히 비난한다. 묵자의 말을 따르면 '무군무부'(無君無父)라고 맹자는 극언을 퍼붓는다. 고대 중국 사상가 중에서 묵자처럼 무차별적 사랑을 주장하는 경우는 드물다는 점에서 의의가 크다. 묵가는 한때 유가와 대등한 세력을 이룰 정도로 득세했지만, 진나라 통일 전후로 역사에서 자취를 감춘다.

의 또 하나의 축인 성악론이 탄생한다.

순자

선진시대의 문헌을 보면 은밀한 대화까지 이렇게 자세히 기록했구나 하는 느낌을 받는데 정작 당사자에 대한 소개는 잘 보이지 않는다. 우리가 알고 있는 내용은 대부분 후대에 재구성한 것이 많다. 공자와 노자, 묵자, 장자의 경우가 모두 그렇고 순자도 예외는 아니다. 그래도 『사기』 「맹자순경열전」이 가장 믿을 만하니 순자의 일생은 일단 여기서부터 시작하는 것이 좋다. 사마천이 맹자와 순자를 나란히 배열한 것도 의미심장하다. 사마천은 순자를 전국시대 최후의 유가로 본 것일까? 사마천은 순자를 이렇게 평가한다. "순경은 유가, 묵가, 도가의 성공과 실패를 분석하고 정리해서 책을 쓰고 죽었다."

사마천이 구체적으로 밝히지 않았지만, 순자는 선배 학자가 주장한 '하늘'과 '인간 본성'에 관한 논의를 비판하면서 새로운 입장을 개진한다. 첫째는 '천인지분'(天人之分)이고, 둘째는 성악론이다.

은·주 정권 교체기에 천명에 대한 이중적 태도가 나타난다. 한쪽에서는 천명을 부정 또는 불신하고, 다른 한쪽에서는 긍정하며 정권의 정당성 근거로 홍보한다. 하늘의 절대적 지위가 흔들리면서 '창천', '궁극자', '우주와 인생을 지배하는 이법' 등의 의미가 혼재한다. 순자 이전의 학자들은 거의 이 범주에서 벗어나지 않는다. 이들과 달리 순자는 '천'의 개념을 확실하게 정의한다. 소논문 「천론」은 이렇게 시작한다.

> 하늘의 운행에는 항상성이 있다. 하늘은 성왕 요임금을 위해 존재하는 것도 아니고, 폭군 걸왕 때문에 사라지지도 않는다. 좋은 정치를 하면 길하고, 나쁜 정치를 하면 흉하다.

순자는 하늘을 인간의 길흉화복과 무관한 자연(nature)으로 인식하고 그 법칙의 항상성으로만 인정한다. 길흉화복은 인간 자신의 책임이므로 주술이나 미신도 배격한다. 이것이 순자만의 독특한 사유는 아니다. 종교의 인문화 과정을 통해서 한편에서 계속 성장한 자연주의적 사유를 순자가 발전시켜 개념을 명확하게 정의한 것이다. 순자는 하늘이 만물을 주재하는 것이 아니라 객관적 자연이라고 인식을 전환하면서 나아가 인간의 '주체와 책임'라는 인문주의를 한층 더 강조한다. 인간 또한 자연의 일부에 지나지 않지만, 인간은 기(氣), 지(知), 의(義), 생명(生)을 타고난 존귀한 존재여서 외적 환경을 개선하면서 동시에 자기 자신을 변화시킬 수 있다.(『왕제』) 그래서 인간은 '사계를 질서 지우고 만물을 완성하는 존재'로 격상된다.[10]

하늘의 절대 권능을 배제했다는 점을 제외하면 맹자 전후의 학자와 큰 차이가 없다. 사마천은 이런 점에서 순자를 유가로 분류한 것 같다. 그러나 인성론에 오면 확연히 달라진다. 역사 내내 순자가 비난을 받아야 했던 이유는 인성론 때문이다. 논문 제목도 아예 「성악론」이다.

> 사람의 성(性)은 악하다. 선하게 되는 것은 작위(후천적 노력)의 결과이다. 사람의 성은 태어나면서부터 이익을 좋아하는 것으로, 그대로 살면 쟁탈이 생기고 사양하는 마음이 사라진다. …… 반드시 스승과 법도로 교화시켜야 하며 예의로 가르쳐야 한다. 그런 뒤에야 사양이 생기고 형식(예법)을 갖추며 평화로운 시대가 도래한다.

이 부분만 보면 맹자와 입론이 다른 것 같지만, 실제 구조를 살펴보면 그렇지만도 않다. 두 사람 모두 '감각'과 '심'(마음)으로 인간이 구성되었다고 본다. 맹자는 마음에 선의 단서, 즉 사단지심이 내재한다고 보는 데 비해 순자는 심이 인식능력(知)과 감각을 제어하는 기능(思慮)만 갖

---

10 우치야마 도시히코, 석하고전연구회 옮김, 『순자 교양강의』, 돌베개, 2013, 101쪽.

추고 있을 뿐 그 안에 선은 내재하지 않는다고 본다. 맹자는 이 선한 마음이 인간의 본연의 성이자 본질이라 본다. 이에 비해 순자는 심이 인식과 제어 기능을 완전히 발현하지 않은 상태를 '성'('性情'이라고 함)이라고 보는데, 여기서 성은 맹자가 의미한 본성이나 인간의 본질과 다르다. 맹자가 성이라고 했을 때는 이미 인간의 고유한 본질로서의 가치가 개입되어 있다. 순자는 인간을 자연의 일부로 보고 '성'에 가치나 의미를 부여하지 않는다. 인간의 가치는 성이 아니라 지적 능력이나 욕망을 제어하는 능력에 있다. 그래서 맹자는 본성을 기르자고 주장하고, 순자는 악한 본성을 바꾸자고 주장한다. 성왕(聖王)이 만든 법으로 가르쳐 인성을 변화시켜야 한다는 것이다. 성왕은 사려를 거듭하면서 학습을 통해 자신의 성을 완전히 바꾼 인물이다. 여기서 말하는 법은 '정치제도, 사회규범, 형법, 법령'을 포괄하는 넓은 의미이다. 물론 예의도 포함된다.

사실 맹자도 이런 입장과 크게 다르지 않다. 인간의 본성이 선하다 할지라도 외부 환경으로 인해 인성이 왜곡되어 악이 발생하게 되므로 선한 마음이 잘 발현될 수 있도록 가르쳐야 한다고 주장하기 때문이다. 감각이 마음을 이기지 못하도록 해야 한다는 것이다. 이는 심의 인식과 제어 기능을 적극 일깨워야 한다는 순자의 입장과 크게 보면 똑같다. 신체가 선한 마음을 이기는 것을 막고 마음의 선한 부분이나 마음의 인식과 제어 기능을 키우자는 것으로, 한편으로 보면 같은 말이다. 차이가 있다면 맹자가 내재적 인성이 확충되도록 하기 위해 도덕적 교화에 중점을 두었다면, 순자는 악한 본성을 제어하고 통제하는 데 중점을 둔 정도라고 하겠다. 맹자가 자율적 가능성에 무게를 두었다면, 순자는 타율적 제재에 중점을 두었다. 텍스트 『맹자』와 『순자』를 비교해 보면 이런 점들이 분명하게 구분된다. 맹자가 군주의 도덕성을 줄곧 강조한 반면, 순자는 규범(형벌 포함)과 예의[分], 제도를 많이 강조한다. 순자 자신은 부정하겠지만, 순자의 철학은 맹자의 왕도정치와 다른 패도정치 쪽으로 흐를 가능성이 잠재되어 있었다. 순자의 문하에서 이사(李斯)와 한비자 같은 법가 이론가가 나온 것은 이런 맥락이 있었기 때문이다.

잠재태(potentiality)로서 인간을 보는 것이나 누구나 성왕이 될 수 있고 또 누구나 천지 화육에 참여할 수 있다고 보는 것은 성선론과 성악론이 같다. 맹자도 순자도 이를 부정하지 않는다. 이 두 입장은 이법으로서 천이 인간에게 내재하느냐 그렇지 않느냐의 차이뿐이나, 계발하는 방법에서는 차이가 크다. 순자가 '성이 악하다'라고 규정한 탓에 역사의 흐름 속에서 계속 비난받으며 이단으로 취급받는 것은 어쩌면 불공평한 일일지 모른다. '존재'에 대한 규정이 다르다는 이유만으로 말이다.

순자가 선배 학자들의 입장을 종합해 비판하면서 인성론을 개진하자 거기에서 새로운 물결이 터진다. 이사와 한비자가 그 세례를 받는다. 전쟁은 더 격렬해지면서 막바지로 치닫고 신생 강대국인 진나라는 이사를 등용하면서 천하 통일의 야심을 불태운다.

한비자

황제가 되기 전에 진나라의 왕 정(政)이 한비자의 책을 읽고 "이 사람을 만날 수 있다면 죽어도 여한이 없겠구나"라고 감탄한 이야기는 유명하다. 한비자(BC 280년 출생설이 우세함)의 글은 비유와 은유가 풍부하며 열정과 냉정을 겸비해 지금 읽어도 생동감이 넘친다. '각주구검'(刻舟求劍)과 '수주대토'(守株待兎), '토사구팽'(兎死狗烹), '모순'(矛盾) 같은 고사성어도 모두 『한비자』에서 나왔다. 천하 제패를 꿈꾸는 스물다섯 살 남짓의 젊은 왕에게 한비자의 사상이 구미에 맞았던 모양이다.

왕의 마음을 꿰뚫고 한비자를 진나라로 부른 사람은 순자 문하의 동문인 이사였다. 이사는 초나라에서 순자와 작별하고 진나라에 들어가 처음에는 여불위 휘하에 있다가 여불위가 실각하자 다시 왕의 측근으로 들어가 객경(客卿)으로 승승장구한다. 당시 진나라는 중원에서 인재를 불러 모았는데, 객경은 외국인으로서 오를 수 있는 가장 높은 지위였다. 그러나 이사는 말은 더듬었어도 글을 잘 쓰던 한비자를 질투한 나머지

한비자 한비자는 법가사상의 태두로, 왕을 제외한 모든 인간이 완벽하게 평등해야 하며 완벽하게 법의 지배를 받아야 한다고 믿었다. 그의 사상은 잔혹한 법 사상으로서, 이후 특히 유가사상가들에게 비판을 받았다. 그러나 한비자야말로 동북아 사상사에 '공정성'이라는 개념을 도입한 대표적인 인물이라 해야 할 것이다. 물론 그의 공정성개념은 오늘날의 그것과는 적지 않게 다른 점을 가지고 있다.

젊은 왕에게 저런 인재를 살려두면 위험하다고 간언하면서 하옥시킨다. 그리고 왕도 모르게 독약을 한비자에게 보낸다. 자살하라는 뜻이었다. 한비자는 진나라의 천하 통일을 불과 2년 앞두고 이국의 감옥에서 파란만장한 삶을 마감한다.

한비자는 전 생애를 전국 말기에 보냈는데, 여러 학문을 비판하고 종합할 수 있는 시점이어서 시대적 배경이 유리했다. 순자에게 배웠는지의 여부는 지금까지도 논란의 대상이지만(『순자』「의병」을 보면 순자가 이사와 문답하는 내용은 나오는데 한비자는 언급하지 않는다), 인간 본성이 악하다고 보는 입장은 순자와 같다. 순자가 예로 교화하는 왕도정치를 역설했다면 한비자는 상보다 형벌로 통제하는 패도정치를 강조한 것이 차이다. 성악론을 토대로 한비자는 선배 학자의 다양한 학설을 종합 검토한다. 노자에서 송견(宋銒)[11]까지 이어지는 황로학파의 흐름을 잇고 관중을 위시한 초기 법가의 사상도 비판적으로 계승한다. 또 형명학파(刑

名學派)가 중시한 경험적 실증주의를 방법론으로 끌어들인다. 반면 묵가의 겸애에 대해서는 격렬하게 반대한다. 그가 바라던 것은 순자의 인성론, 노자의 자연법 및 존재론, 초기 법가의 실증법과 통치술을 합해 법가를 완성하는 것이었다.

한비자가 주장한 법은 윤리적 색채가 없는 자연법칙에 가까우며, 또 상앙과 신도 같은 극단적 법실증주의도 아니다. 그 사상적 근저에는 자연법 사상이 잠재했으며 무의식적이기는 하지만 그 속에 실정법적 권위가 놓여 있다.[12] 자연법과 실정법의 결합이 결국 한비자가 주장한 법이며, 법령을 세우고 집행해야 하는 이유와 목표를 여러 곳에서 피력하지만 결국 하나로 귀결된다. 『한비자』「궤사」에 그 일단이 보인다. "사적 욕망(私)을 막으려고 법령(法令)을 세우는 것이며, 법령이 행해지면 욕망의 출로가 사라진다."

인간은 본래 이익을 좋아하고 손해를 싫어해 자연히 자기 이익만 추구하다 분쟁이 생기게 되므로 이를 막아야 질서가 잡힌다는 것이다. 순자는 인간의 잠재적 가능성을 믿고 예를 통한 교화에 중점을 두었지만, 한비자는 교화보다는 이기적 심성을 역이용하거나 법을 통해 강제하는 데 더 무게를 둔다. 왜냐하면 상을 주면 상이라는 이익을 더 추구하게 되어 혼란이 가중되므로 형벌을 우선해야 한다는 것이다. 한비자는 그

----

11 송견(?~?). 송경(宋牼)·송영(宋榮)이라고도 한다. 생몰년대는 확실하지 않으나 맹자보다 조금 윗세대일 것으로 추정하고 있다. 윤문(尹文)과 같이 직하학파에서 유학을 연구해 송윤학파라고도 불린다. 초기에는 노자의 자연법 사상을 토대로 법가와 유가를 통합하려 했고, 이후에는 자연법칙을 사회법칙에 적용하려 했다. 주관적 편견을 버리고 객관적 법칙을 따르라고 주장했다. 또 정욕을 줄이고 전쟁을 금해야 한다고도 주장했다. 기본적으로 도가의 영향을 많이 받았지만, 묵가의 영향도 많이 받았다. 『한서』「예문지」는 송견을 소설가로 분류하며 저서가 18편이라고 했고, 윤문은 명가로 분류하고 『윤문자』 1편이 있다고 했는데 모두 전하지 않는다. 지금 전하는 『윤문자』는 위서이다. 이들에 대해서는 『맹자』「고자」편, 『장자』「천하」와 「소요유」편, 『순자』「비십이자」편, 『한비자』「현학」편, 『여씨춘추』「법유」편에 단편적으로 언급되어 있다.

12 가이즈카 시게키, 이목 옮김, 『한비자 교양강의』, 돌베개, 2012, 217쪽.

근거를 '천리'에서 찾는다. 이것이 오히려 자연적 질서에 더 가깝다는 것이다. 이는 순자가 일찍이 결별한 사유인데, 여기서 한비자는 순자와 결정적으로 갈라진다.

그래서 한비자는 노자 철학을 자기 이론의 근거로 끌어들인다. 「해로」(解老)와 「유로」(喩老)라는 소논문 두 편이 이를 증거한다. '도'가 만물의 생성과 지배 원리라고 한다면 인간 사회에서 그 위치에 해당하는 것이 군주이고 군주가 모든 것을 총괄해야 한다는 것이다. 이것은 자연의 이법에서 인간의 질서를 찾은 경우이다. "현명한 군주는 원리(始)를 지켜 만물의 근원을 캐고, 그 벼리(紀)를 다스려 성패의 실마리를 찾아낸다. 그래서 마음을 고요하게 비우고 명을 기다려 명분과 법령이 저절로 생기고 일이 저절로 성사되게 한다"라고 한다. 따라서 한비자는 군주가 '도'의 양상대로 행동해야 한다고 자주 강조한다. 이를테면 다음과 같은 주장을 들 수 있다.

> 군주는 바라는 것을 밖으로 나타내지 말아야 한다. 군주가 바라는 것을 밖으로 드러내면 신하는 거기에 맞춰 잘 보이려고 꾸민다. …… 통치의 도는 볼 수 없어야 하며, 운용을 알지 못하게 해야 한다. …… 군주가 행적을 가리고 마음을 숨겨 단서가 보이지 않게 하면 신하는 군주의 속마음을 알지 못한다.(「주도」(主道))[13]

노자의 무위자연 사상을 한비자는 군주의 통치 철학으로 변용해 이론적 근거를 찾고 구체적 실행 방안을 제시한 것이다. 이어 한비자는 초기 법가를 비판하면서 법가를 더 정교하게 발전시킨다.

신도는 세를 중시하면서 용이 구름이라는 세를 발판으로 승천한다는 비유를 들었는데, 한비자는 구름이라는 세도 중요하지만 용은 날 수 있

는 자질[才]이 있어 승천한다면서 세와 더불어 '재'도 중시한다. 군주에게 자질을 요구하는 것이다. 또 '술'과 '법'에 대해서도 정교하게 개념을 정리한다. 어떤 사람이 신불해와 상앙의 말 중에 어느 쪽이 더 중요한지를 묻자 이렇게 대답한다.

> 술이란 임금이 생사여탈권을 쥐고 능력에 따라 관직을 주고 관직에 따라 임무를 규정하며 실적을 평가하는 것으로, 신하를 장악하는 방편이다. 이것은 반드시 군주가 지녀야 한다. 법이란 관부에서 헌령(憲令)을 공표해 형벌을 백성의 마음에 각인시키는 것으로, 법을 지키면 상을 주고 어기는 자는 처벌하는 방편이다. 군주에게 술이 없으면 신하가 군주를 능멸하며, 신하에게 법이 없으면 제멋대로 행동한다. 이 둘은 모두 있어야 하는 것으로, 제왕의 통치 방편이다.(「정법」(正法))

한비자는 술과 법이 모두 필요하다고 주장하면서, 신불해는 법을 세우지 못해 실패했고, 상앙은 술을 제대로 펴지 못해 실패했다고 역사적 사실을 들어 논증한다. 더 나아가 신불해의 술이나 상앙의 법 자체에도 문제가 많다고 지적한다. 「정법」 편에 나오는 내용을 요약하면 대략 다음과 같다.

신불해가 "자기 권한을 넘어서 일하지 말고, 다른 사람의 과실을 알더라도 보고하지 말라"라고 했는데, 전자는 옳지만 후자는 그르다. 군주는 모든 것을 알고 있어야 하는데 아래에서 보고하지 않으면 어떻게 알겠는가? 상앙의 법에 "적의 머리를 둘 베어 오면 작위는 두 단계 올려주고 관직을 원한다면 백석 벼슬을 준다"라고 했는데, 공과 상은 맞아떨어진다. 그런데 관직을 함부로 주는 것이 문제다. 이를테면 '머리 둘을 베어 온 자에게는 의원이나 목수를 시켜준다'라는 법처럼 문제가 많다. 능력이 없는 사람이 갑자기 의원이나 목수가 될 수는 없지 않은가! 관직에는 지혜와 능력이 필요하며, 적을 베는 일에는 용기와 힘이 필요하다.

재질에 맞게 관직을 주어야 하는데 상앙의 법은 그렇지 않아서 문제다.

한비자는 선대의 사상이나 업적을 비판하면서 먼저 개념을 정리한 다음에 구체적 사실을 열거하는 방법을 애용한다. 이는 이론과 실제가 잘 부합하는 방법으로, 『순자』「정명」편의 영향을 받은 것 같다. 필체는 송견을 모방했다고 하는 주장도 있는데, 이처럼 『한비자』는 선대의 여러 학파와 사상가, 정치가를 종합적으로 고찰, 정리하면서 '법가'라는 새로운 비전을 제시한 책이다. 한비자의 사상은 지금의 정치로 보면 군주 일인의 독재 체제를 강조하는 것 같지만, 그것이 하나의 방편임을 놓쳐서는 안 된다. 한비자는 평화를 희구할 뿐 결코 사욕에 치우친 폭력 정치를 옹호하지 않는다. 형벌과 군주 독재정치도 결국 평화를 위한 방편으로 제시한 것에 불과하다. 문제는 그런 이상적 군주가 나오지 않는다는 사실을 한비자가 놓친 데 있다. 인간 자체가 악하다면 군주라고 악하지 않을 리가 있겠는가! 그래서 한비자의 사상에 전제정치의 어두운 그림자가 짙게 깔려 있는 것을 부인할 수 없다.

한비자의 사상을 현실 정치에 실제로 적용한 사람은 이사다. 정치가를 싫어한 사마천은 이사 같은 인물을 좋게 평가하지 않는다. 『사기』「이사열전」에 재미있는 이야기가 하나 실려 있다.

> 이사는 초나라 상채 사람이다. 젊었을 때 고향에서 말단 관리로 있다가 관청 변소에 사는 쥐가 더러운 것을 먹다가 사람이나 개가 오면 놀라 도망치는 것을 자주 보았다. 그러다 창고에 갔는데 거기에 사는 쥐는 곡식을 배불리 먹고도 사람이나 개를 무서워하지 않고 넓은 지붕에서 편하게 사는 것을 보았다. 그러자 이렇게 탄식했다.
> "쥐처럼 사람도 환경에 따라 좋거나 나쁘게 되는구나!"
> 그리고 순자에게 사사해 제왕의 술을 배우고 진나라로 들어갔다.

이후 이사가 출세에 유리한 진나라로 들어간 것은 당연한 귀결이었다. 진나라는 상앙을 등용한 효공 때부터 내실을 다지며 중원을 넘보고 있었다. 변방에 치우쳐 중원의 격전에서 한 걸음 떨어져 있었던 지리적 환경도 유리했다. 널리 인재를 모았고 또 진시황이라는 탁월한 정치가에다 법가 이론까지 가세해 천하를 통일할 수 있었다. 이사의 명문「간축객서」(諫逐客書)를 통해 알 수 있듯이 그가 천하 통일에 결정적 역할을 한 것은 틀림없다. 이제 법가사상이 꽃을 피운다. 그리고 창업(創業)이 아니라 수성(守成)이 중요하게 부각된다. 거대한 제국을 어떻게 관리하느냐 하는 것이 더 큰 관건으로 떠오른 것이다.

법가의 역사적 의의

진나라가 천하를 통일하자 이사는 법가의 충실한 계승자답게 정치제도를 먼저 정비한다. 종법제를 근간으로 한 봉건제를 폐지하고 군현제를 실시한다. 봉건제가 지방자치를 인정하는 분권제라면 군현제는 중앙에서 관리를 파견해 다스리는 중앙집권제여서 황제가 모든 것을 총괄한다. 그리하여 황제 중심의 친정 체제가 구축된다. 반면 관리를 중앙에서 직접 선발하자 귀족 세습 체제가 무너지고 새로운 권력층이 생겨난다. 이것은 인재 등용이라는 문제가 제기되면서 추천제도나 과거제도가 중국에서 일찍 발전하는 계기가 된다.

또 이사는 전국을 효율적으로 통치하기 위해 문자와 도량형을 통일하고 수레의 폭도 동일하게 규격화한다. 중앙에서 명령을 신속하고 정확하게 하달하려는 방편이다. 또 반대 세력을 없애 전제 황권을 강화하고, 중앙에서 제정한 법령에 대한 저항을 없애려 사상 탄압을 강행한다. 이른바 '분서갱유'(焚書坑儒)다. 유생을 생매장하고, 법령이나 점복, 의술, 종수(種樹) 같은 분야의 실용 서적을 제외하고는 책들을 전부 태워버리는 등 사상 통제를 강화한다. 융성했던 제자 학문 대신 법과 관리로 대신하려고 한 것이다. 이는 한비자의 사고와 일치한다. 『한비자』 「오두」 (五蠹) 편을 읽고 진시황이 무릎을 치며 경탄했다는 것도 전제 황권의 강화를 통한 획일적 통치라는 부분이 마음에 들었기 때문일 것이다.

한비자도 또한 황제 일인에 의한 획일적 통치를 지지했지만, 그것은 황제 한 사람만의 사욕을 위한 것이 아니라 사회 전체를 위한 것이었다. 즉 요순과 같은 현명한 군주도 잘 나오지 않을뿐더러 또 걸주 같은 폭군도 잇달아 출현하지 않는다. 대개 군주는 보통의 자질을 지닌 사람들이므로 법과 세를 두 축으로 삼아 다스리면 혼란이 없어지리라고 주장한

분서갱유 법가사상은 전체주의에 입각해 다른 사상들을 철저하게 탄압했다. 특히 고전을 불태우고 유학자들을 생매장하는 잔인무도한 짓을 저질렀는데, 이는 진 제국의 국운을 단축한 중요한 원인 중 하나가 되었다.

것이다. 사욕을 억제하고 공공의 이익과 질서를 위한 도구로서 황제의 절대 권력이 필요한 것이다. 그러나 한비자의 본래 취지와 달리 황제와 특권 계층이 이를 악용하면서 선의의 목적은 사라진다.

이사가 기획한 제국의 체제는 이후 중국 전 역사의 전형이 된다. 진나라의 통치 기간은 짧았지만, 그 영향력은 지대했다. 진나라는 거대한 제국을 관리할 행정 시스템이나 사회 기반 시설이 성숙하지 않았고, 또 지나친 형벌로 민심이 이탈해서 생명이 짧았다. 이 문제를 간파한 사람

이 한나라 무제였다. 한나라의 정치제도는 상당 부분 진나라의 체제를 그대로 계승했지만 동중서의 건의를 받아들여 유교를 국교화(관학화)하면서 법가의 잔혹한 정치 일면을 가렸다. 황제를 정점으로 하여 유학이 주장한 어진 정치를 내세우면서도 실제 통치는 법가 체제를 따른 것이다. 동중서는 『춘추번로』「왕도통삼」(王道通三)에서 이렇게 주장한다. "군주는 삶과 죽음을 지배하는 자리에 앉아 하늘과 같이 만물을 변화시키는 힘을 가진다." 이 역시 황제 전제정치의 전형이다. 겉은 유학, 속은 법가라 하여 외유내법 또는 양유음법(陽儒陰法)이라 하는데, 이후 이 체제는 거의 변화가 없이 후대로 전승된다.

황제권 강화에 중점을 두면서 통치 기반이 되는 소금이나 철 등의 중요 자원을 국가가 독점하고 사상 통제를 통해 반대 세력을 숙청한다. 황제가 권력을 잡든 측근이 잡든 간에 이 패턴을 거의 반복한다. 그래서 전체주의 체제에 저항하는 반역죄를 가장 엄하게 다스려왔다. 가족은 물론 사제, 동문까지 들추어내 잔혹하게 처형하는 일이 비일비재했다. 또 분서갱유 같은 사상 탄압은 위진남북조시대의 국사지옥(國事之獄), 북송의 오대시안(烏臺詩案), 명나라 주원장의 홍무 연간의 탄압, 청나라의 문자의 옥을 거쳐 현대의 문화혁명에 이르기까지 끊이지 않았다.(크게 보면 조선의 사문난적도 이 범주에 든다.) 심지어 현대 공산당은 법가의 적자로 자처한다. 마오쩌둥(毛澤東)은 진시황이 460명에 이르는 학자를 생매장한 일에 대해 오히려 그 수가 적었다고 비판하면서 이렇게 말한다.

우리는 4만 6,000명을 매장했다. …… 진의 초대 황제, 즉 신흥 봉건 지주계급의 뛰어난 지도자는 역사 발전의 교리에 따라 법가가 주장한 법을 시행하고, 전쟁으로 중국을 통일하고, 노예제도로 유지되던 봉토를 폐지하고 중앙집권적 독재를 완성했다. 진의 초대 황제는 노예제도를 부활시키려고 헛되이 노력하는 반동 유가를 무력으로 단호하게 진압했다. 이는 신흥 봉건 지주계급의 독재를 지키기 위한 혁명적 실천이었다. 게다가 진의 초대 황제는 "책을 불태우고 유학자를 산 채로 매장하라"고 명령했다. 이것은 공자와 맹자를 추종하는 자를 탄압한 혁명적 조치였다.[14]

진나라에서 현대 공산당까지 중국의 거의 모든 정부가 법가의 영향 아래 있었다. 황제를 포함한 일당 독재라는 부정적 측면도 있지만, 진나라 초기부터 중앙집권제를 시행하면서 관리를 뽑아 계층 이동의 길을 열었고 법률을 일찍부터 성문화하면서 법치의 가능성을 열어둔 긍정적 측면도 있다. 그러나 장점은 단점에 비하면 조족지혈에 지나지 않는다. 재

프레더릭 테일러(Frederic Taylor)의 테일러주의
테일러는 노동자들에게 자주 "Do not think!"라고 외쳤다고 한다. 모든 노동자들을 기계화해서 생산성을 극대화하려는 테일러주의에는 법가적인 전체주의의 그림자가 드리워져 있다.

----
14 정위안 푸, 앞의 책, 171~74쪽 참고.

의 폐해가 장점을 상회한다. 이 모두가 '인간을 욕망의 총체'로 본 순자나 한비자의 잘못이라고 할 수는 없겠지만 그들의 사유가 여기에 일조한 것은 틀림이 없다. 교화나 통제는 타율이라는 측면에서 보면 같다. 자율이나 주권은 사라지고 타율과 강압만 남을 수도 있다. 또 장빙린(章炳麟)이 지적했듯 국가와 집단만 남고 인간과 개인은 사라진다. 인성론의 차이는 결국 '자율'이나 '타율'로 나뉘고 왕도와 패도 또는 민주와 전제로 갈라진다.

이 점은 법치국가를 주장하는 현대 국가에서도 되새겨볼 만하다. 현대 정부가 상보다 형벌을 통한 제재를 더 강조하는 것도 법가와 닮은 일면이 있다. 생존을 위한 일련의 몸부림까지 권력에 도전하는 것으로 호도하면서 억압했던 것도 법가가 자주 썼던 방책이었다. 법치를 주장하면서 권력자가 법을 농단하는 것도 황제는 법을 이용해야 한다고 이미 한비자가 주장했던 일이다. 이처럼 현대 국가에서도 엿보이는 법가의 어두운 면을 걷어내야 좀 더 나은 사회로 진보할 것이다.

순자가 무엇을 의도했든 간에 '성악론'이 일으킨 파장은 크다. 이 부분도 우리 사회가 염두에 두었으면 한다. 철학을 포함한 인문학이 사회 구성원의 행복과 안녕을 결정한다는 사실을 말이다. 그래서 우리는 고전을 읽고 재해석해야 한다.

| 참고할 만한 책 |

법가사상과 관련되는 원전으로는 다음을 보라.
- 순자, 김학주 옮김, 『순자』, 을유문화사, 2008.
- 한비자, 이운구 옮김, 『한비자』, 한길사, 2002.
- 한비자, 임동석 옮김, 『한비자』, 동서문화사, 2009.

법가사상을 이해하려면 다음 문헌들을 참조하는 것이 좋다.

- 김승혜, 『유교의 뿌리를 찾아서』, 지식의 풍경, 2008.
- 가이즈카 시게키, 이목 옮김, 『한비자 교양강의』, 돌베개, 2012.
- 우치야마 도시히코, 석하고전연구회 옮김, 『순자 교양강의』, 돌베개, 2013.
- 정위안 푸, 윤지산·윤태준 옮김, 『법가, 절대권력의 기술』, 돌베개, 2011.

제4장

고뇌와 해탈: 불교의 세계

이정우

    문명과 사상의 역사에서 불교(佛敎, Buddhism)는 빼놓을 수 없는 한 갈래를 이루고 있다. 불교사상은 인도 사상사와 동북아 사상사의 한 축을 형성해 왔으며, 사찰을 비롯한 불교 문화의 여러 요소는 오늘날까지도 많은 사람들이 향유하고 있다. 불교는 인도 문명에서 탄생해 성장했으며, 후에는 동아시아 문명이라는 장으로 옮아와 다시 한 번 꽃을 피웠다. 오늘날에도 일본과 동남아시아의 여러 국가는 종교적인 측면에서 볼 때 '불교 국가'라 불릴 수 있다. 불교는 어떤 맥락에서 탄생했는가? 불교의 핵심 교리는 무엇인가? 인도 불교는 어떻게 발전되어 왔는가? 그리고 동북아 불교는 어떤 성격을 띠고 있으며, 오늘날 불교는 우리에게 어떤 의미로 다가오는가? 이 장에서는 이런 문제들에 대해 살펴볼 것이다.

인도 문명과 불교의 탄생

    불교는 '인도'라는 문명의 장에서 탄생했다. '인도'라는 말은 오늘날 우리에게 '중국'이나 '이집트' 같은 어떤 오래된 국가/민족의 이미지로 다가온다. 그러나 고대 인도는 하나의 단일한 문화가 아니라 수많은 문화들이 분포한 거대한 장이었다. 따라서 인도는 단일한 지역/국가가 아니라 다양한 지역/국가를 포함하는 '아대륙'이라고 할 수 있다.

그런데도 이 수많은 지역/국가를 '인도'라는 하나의 이름으로 묶어 부를 수 있는 이유는 이 다양한 지역/국가 또는 문화를 관류하는 공통의 기반이 분명 존재했고, 지금도 존재하기 때문이다. 이 공통의 기반이란 흔히 '힌두교'라 불리는 종교/문화이다. 불교는 힌두교를 중핵으로 하는 인도 문명이라는 장에서 태어났으나, 힌두교 일반과 다른 성격을 띠었다. 때문에 인도에서 태어났고 성장했지만, 결국에는 인도라는 장을 떠나 동아시아를 비롯한 다른 문화의 장으로 옮아오기에 이른다. 그러나 힌두교와 불교의 대립을 부각하기 전에 먼저 명심해야 할 것은 불교가 어디까지나 '인도 문명'이라는 넓은 장에서 태어났다는 점이다. 불교는 힌두교와 대립항을 이룬 것만큼이나 그 영향을 크게 받았다. 다시 말해 불교 역시 인도 문명의 정체성을 형성하는 힌두교라는 장에서 형성되었으며, 그 후 그것으로부터 벗어나면서 고유한 사유와 실천을 다듬게 되었다고 할 수 있다. 때문에 우리는 먼저 '인도적인 사유와 실천'이 전체적으로 어떤 것인지에 대해 생각해 볼 필요가 있다. 그리고 그 과정에서 붓다(Buddha, BC 563?~BC 483?)[1]의 사유와 실천에 담긴 고유함은 무엇이었는가를 함께 생각해 보아야 한다.

----

1 '붓다'는 '깨달은 이'를 뜻한다. 불교의 개조(開祖)인 고타마 싯다르타를 가리키는 여러 호칭들 중 하나이다. 한자로는 불타(佛陀)이다. 잘 알려져 있는 다른 호칭들로는 부처님, 석가세존(釋迦世尊, 또는 간단히 세존), 석가모니(釋迦牟尼), 석가여래(釋迦如來, 또는 간단히 여래) 등이 있다. 여기에서는 붓다로 칭한다. '佛陀'는 'Buddha'를 음역한 것이지만(번역할 경우에는 '각자'(覺者) 정도가 될 것 같다), 재미있는 뉘앙스를 담고 있다. '佛'에서 '弗'은 '아니다', '버리다' 등을 뜻하며, 그래서 '佛'은 인간이 아닌, 인간을 초월한 분 또는 모든 것을 내려놓은 분, 모든 실체성을 버린 분이라는 뉘앙스를 담고 있다. 또, '陀'는 언덕이 '비탈지다', '험하다' 등을 뜻하며, 붓다의 고행을 암시하고 있다. 인도 불교의 적지 않은 용어들이 음역되었으나, 음역 자체에도 의미심장한 뉘앙스를 스며들게 한 경우들이 많아 잘 음미할 필요가 있다.

인도 문명의 성격과 그 철학적 바탕

고대 세계에서 철학적 수준의 사상이 생성된 곳은 그리스, 인도, 동북아의 세 문명이다. 흥미롭게도 이 세 문명은 사상적으로 각각 상이한 실마리를 보여준다. 그리스 문명이 우주에 대한 경이에서 출발해 자연철학을 발전시켰다면, 동북아 문명은 어떻게 춘추전국시대라는 난세를 극복하고 치세를 이룰 수 있을까라는 정치철학적 고민에서 출발했다고 할 수 있다.[2] 그렇다면 인도적 사유의 실마리는 어디에 있는가? 인도에서 연원한 대부분의 종교적·철학적 사유들에서 우리는 '삶과 죽음의 고통'이라는 공통분모를 읽어낼 수 있다. 그리고 이런 생각의 밑바탕에는 '업'(業)과 '윤회'(輪廻)라는 세계관이 깔려 있다. 인간을 포함해 만물은 존재의 근본 이치인 업과 윤회를 겪을 수밖에 없고, 그 때문에 삶과 죽음의 '고'(苦)를 끝없이 순환적·반복적으로 겪을 수밖에 없다는 것이다. 바로 이런 '고'로부터 벗어나려는 의지, '해탈'(解脫)에의 의지가 인도의 종교와 철학을 탄생시켰다.

처음에 이런 시도는 순수하게 종교적인 방식으로 이루어졌다. 그리스인들이나 로마인들과 마찬가지로 고대 인도인들은 다양한 신들(불의 신 아그니, 천둥의 신 인드라, 음식의 신 소마 등)을 통해서 세계를 보았고, 자연의 위대함과 신들의 위대함에 대해 찬탄했다. 이들의 이런 찬탄은 BC 15~BC 3세기에 걸쳐 기록된 『베다』라는 문헌에 수록되었다. 그러나 긴 세월이 흐르면서 세계에 대한 이들의 인식과 그것을 기록한 『베다』의

----

2 물론 사태를 너무 단순화하면 곤란할 것이다. 그리스인들은 본격적인 철학(philosophia) — '필로소피아'란 지혜를 의미하는 '소피아'를 사랑함을 뜻한다—을 발전시키기 이전에 이미 정치적 맥락에서의 소피아를 터득했다. 그리고 이 지혜를 우주 전체로 확장했던 것이다. 그리스인들은 귀족과 평민 사이의 정치적 투쟁 과정에서 '정의'(正義)라는 소중한 가치를 얻었고, 우주 또한 정의에 의해 지배되는 것은 아닐까라는 생각에 고무되어 자연철학을 발전시켰다고 할 수 있다. 반면 동북아인들은 정치철학을 위주로 하는 사유를 발전시켰지만, 동시에 자연/우주의 이치를 파악하고 그것을 개념화하려는 이론적 사유 또한 발전시켰다.(『주역』이나 기(氣)의 탐구는 이런 경향을 대변한다.) 그리고 이 이론적 사유를 기반으로 하면서 정치적 사유를 세련해 갔다고 할 수 있다.

내용도 달라져갔다. 인도인들은 오랜 세월 자연을 접하는 과정에서 세계를 지배하는 근원적 이치와 모든 신을 지배하는 것은 단 하나의 신[3]이라는 생각에 도달했다. 곧 모든 것이 그리로 귀일(歸一)하는 '하나'를 찾은 것이다. 그러나 다시 세월이 흐르면서 인도인들은 인간이 어떤 행위를 통해서 세계에, 심지어 신들에게까지 영향을 끼칠 수 있다는 생각에 도달한다. 문명의 역사를 거칠게 보면 인간이 자신의 '주체성'을 찾게 되는 역사라고도 할 수 있거니와, 인도인들 역시 어느 단계에 이르러서는 자신들의 주체성을 발견하기에 이른 것이다. 이 행위는 바로 제식(祭式)이었다. 그래서 종교적 행위의 중심에는 장엄한 제식이 놓이게 된다. 『베다』역시 이런 내용을 담기에 이른다. 그리고 이 제식을 주관한 계급이 바로 브라만 계급이었고,[4] 이렇게 형성된 것이 힌두교의 원형을 이루는 '브라만교'다.

브라만교의 가장 중요한 원리는 '범아일여'(梵我一如) 사상이다. 우주의 근본 이치/실체인 '범=브라만'과 각 개인(더 넓게는 개체)의 이치/실체인 '아=아트만'이 사실상 하나라는 이야기다. "브라만은 우주의 아트만이고, 아트만은 우리 내면의 브라만이다." 우리는 자신의 내면을 깊이 깊이 응시함으로써 세상을 살아가는 나가 아니라 근원적인 '나=아트만'

----

3 '지배하는'이라는 표현이 부적절할 수도 있다. 인도의 유일신은 세계를 창조한 신으로 이해되는 경우도 있지만, 더 고유하게는 모든 존재가 바로 그것의 화신(化身)='아바타'인 그런 유일신이다. A가 B를 '만드는' 경우가 있고(예컨대 사람이 자동차를 제작하는 경우), A가 B를 '낳는' 경우가 있으며(예컨대 남녀가 자식을 낳는 경우), A가 B로 '화'하는 경우가 있다(예컨대 물이 얼음으로 화하는 경우). 첫 번째 경우는 외적인 관계다. 두 번째 경우는 물리적으로는 외적이지만, 의미상으로는 내적인 관계다. 세 번째 경우는 내적인 관계다. 고대 인도의 사유에서 세계의 모든 존재들은 곧 유일신과 내적인 관계를 맺고 있으며, 그의 아바타들이다.

4 잘 알려져 있듯이 인도는 브라만, 크샤트리아, 바이샤, 수드라라는 네 계층으로 이루어진 '카스트 제도'를 통해 영위되었다. 브라만은 '브라흐만'으로 표기되기도 하며, 브라만 계층을 뜻하기도 하고 이들이 제시하는 제1원리(first principle)를 뜻하기도 한다. 한자로는 '바라문'(婆羅門)이라고 한다.

을 발견할 수 있으며, 이 아트만이 바로 우주의 이법인 브라만이라는 것을 깨달을 수 있다. 브라만교는 이 사상을 통해서 **우주로부터 소외(疎外) 되어 겪어야 하는 삶과 죽음의 고통**으로부터 벗어나고자 했다. 그러나 시대가 흐르면서 브라만교는 점차 한계에 봉착한다. 브라만교의 형이상학은 새롭게 등장한 사상들에 의해 의문에 부쳐지게 된다. 제식주의는 신과 인간을 일정한 형식 속에 응고시켜 버리기에 이르렀으며, 보다 자유로운 사상적 경향들로부터 도전을 받게 되었다. 브라만 계층의 특권은 사회를 억압하는 힘으로 화했으며, 이에 저항하는 목소리들이 점차 드높아졌다. 그리스와 동북아에서 철학적 사유가 등장했던 시기와 같은 시기(대략 BC 6세기 전후)에 인도에서도 역시 기존의 전통에 도전하는 다양하고 활기찬 철학 사조들이 도래하기에 이른다.

그러나 불교를 비롯해 새롭게 등장한 각종 사조도 『베다』를 통해 이어져 내려온 인도 철학의 기저로부터 단적으로 단절되었던 것은 아니다. 이 사조들 속에도 수천 년에 걸쳐 형성되어 온 인도적 사유의 전통이 여전히 작동하고 있었다. 사실 『베다』 자체가 그 끝에 이르러서는 이미 신화·종교나 제식주의를 넘어서 철학적 사유의 수준에 도달해 있었다. 베단타(『베다』의 끝이라는 뜻)의 철학, 즉 '우파니샤드'가 그것이다. '업', '윤회', '고', '해탈'을 비롯한 인도 철학의 기초 개념들이 모두 『우파니샤드』에서 다듬어졌다.

그렇다면 '업'과 '윤회'란 무엇인가? '업'은 산스크리트어 '카르마' (karma)를 번역한 말이다. '카르마'는 '행하다'를 뜻하는 동사 원형 'k'에서 파생된 말로서 '행한 것'을 뜻한다. 한 인간(또는 다른 존재들)이 행한 것은 사라지지 않고 남으며, 그 인간에게 일정한 결과—업보—로서 힘을 행사한다는 뜻이다. 이른바 "뿌린 대로 거두리라"라든가 '자업자득'(自業自得), '인과응보'(因果應報) 같은 말들이 이 업의 개념과 통한다고 하겠다. 누군가를 도와주는 행위를 비롯해 모든 좋은 행위는 좋은 업을 남기고, 누군가를 질투하는 일을 비롯해 모든 나쁜 행위는 나쁜 업을 남긴다. 좋은 행위를 할 때나 나쁜 행위를 할 때나 우리는 '업을 쌓고 있는' 것이다. 인도적 사유에서 업의 개념은 일반적으로 생각하는 것보다 훨씬 강한 의미를 지닌다. 우리는 자신의 행위가 업이 되어 돌아온다는 것을 상식적으로 잘 알지만, 이런 인과관계는 일정한 한도 내에서 성립하며 또 때로는 성립하지 않는다고(필연적으로 성립하는 것은 아니라고) 생각한다. 그러나 인도 사유에서 업이란 우주적 이법/섭리로서 반드시 성립하는 원칙이다. 현대 인도 철학의 거장인 라다크리슈난은 업의 법칙을 "윤리 세계에 적용되는 질량불변의 법칙과 같은 것", "도덕적 에너지 보존의 법칙"으로 비유하고 있다.

'업'의 개념은 '윤회'의 개념과 맞물려 있다. 만일 윤회가 전제되지 않는다면, 업의 개념도 의미를 상실한다. 정확히 말한다면 업의 개념은 일상적 의미로는 사용될 수 있어도 인도 철학 고유의 형이상학적 원리는 될 수 없다. 만일 업이 전세와 현세 그리고 내세로 계속 이어지지 않는다면, 전세의 업이 현세에 작용할 수도 없고, 현세의 업이 내세에 작용할 수도 없을 것이다. 따라서 업의 개념과 윤회의 개념은 굳게 맞물려 있다고 할 수 있다. 그리고 끝없이 반복되는 업과 윤회는 '고'(苦)를 가져온다. 불교를 포함한 인도의 모든 종교/철학은 바로 이 '고'로부터의 벗어남, 즉 '해탈'을 목적으로 한다. 업과 윤회가 쌓음, 지음, 이어짐이라면, 고는 괴로움, 힘겨움이며, 해탈은 이로부터의 끊어짐, 잘림, 풀림이라 하겠다.

붓다(고타마 싯다르타)와 불교

붓다의 사유와 실천 역시 이런 인도 사유의 장 안에서 이루어졌다고 할 수 있다. 불교의 출발점 역시 삶과 죽음의 고뇌에 있으며, 그 궁극의 지향 역시 해탈에 있다. 붓다 사유의 중핵은 고뇌가 어디에서 오는가에 대한 그의 철학적 해명에 있다. 이 해명을 위해 그는 삶/경험의 구조를 상세하게 분석하고, 그 분석 결과들, 즉 존재 요소들 사이의 관계(생성하는 관계)를 파악하고자 했다. 이것은 붓다가 고뇌와 해탈이라는 인도 사상의 장 안에서 사유했으나, 업과 윤회의 구조와 생성을 고유한 사유로써 분석해 발전시켰음을 뜻한다.

붓다의 사유에서 삶/경험의 분석[5]은 분석의 축(맥락)에 따라서 여러 종류로 나타나는데 여기에서 특히 기초적인 것은 '5온'(五蘊)이다. 5온이란 우리의 삶/경험을 구성하는 다섯 범주로서, 색(色)·수(受)·상(想)·행(行)·식(識)이다. '색'은 물질성이다.[6] 이것은 자연과학에서 말하는 객관적 실재로서의 물질성이 아니라 우리가 경험하는 한에서의 물질성이다. '수'는 감응이나 느낌을 뜻한다. '상'은 눈·귀·코·혀·피부·마음으로 색(보이는 모든 것)·소리·냄새·맛·촉감·사유대상을 지각하는 것을 뜻한다. '수'가 정서적 차원에서 성립한다면, '상'은 인지적 차원에서 성립한다. '행'은 유위(有爲)다. 마음으로만 행한 경우[思]이든 실제 행동을 한 경우이든 인간 주체가 만들어내는 모든 것이다. '식'은 정신 작용이다. 붓다에게서 식은 독립적 실체가 아니다. 그것은 '안·이·비·설·

----

5 붓다가 분석한 것은 인식주체를 접어놓은 객관 세계의 요소들이 아니다. 이 점에서 그리스 자연철학자들로부터 오늘날의 자연과학에까지 이어져온 '~소'(素), '~자'(子) 등과 같은 존재 요소들도 아니다. 그렇다고 붓다가 순수하게 인식주체만을 분석한 것은 아니다. 저기 보이는 구름이 내가 "없어져라!"라고 외친다고 해서 없어지는 것이 아니듯이, 삶/경험을 채우는 인식 내용들이 순수하게 인식주체의 산물인 것은 아니기 때문이다. 붓다는 객관주의자/유물론자도 주관주의자/유심론자도 아니다. 붓다가 분석하려 한 것은 우리가 '경험하는 세계, 살아가는 세계' 자체이다. 그러나 불교의 출발점은 어디까지나 인간의 고뇌에 있기 때문에 방점은 주체 쪽에 찍힌다.

6 불교에서 감관은 눈·귀·코·혀·피부[眼耳鼻舌身]만이 아니라 마음[意]까지 포함한다. 이 여섯 감관과 맞물려 있는 '대상'이 색(보이는 모든 것)·소리·냄새·맛·촉감·사유대상[色聲香味觸法]이다. 전자인 6근(六根)을 '6내'로, 후자인 6경(六境)을 '6외'로 일컫기도 하며, 양자를 합해 '12처(處)'라 한다. 붓다가 분석한 경험세계는 바로 이 6근과 6경이 맞물려 있는 세계이다. 그리고 이 세계에서 우리가 확인하게 되는 경험적 사실들이 바로 5온이다. 즉 우리의 경험세계는 5온으로 분석되며, 이 5온이 성립하게 되는 인식론적 구조가 12처라고 할 수 있다. 인간은 12처로 조건 지어져 있기 때문에 5온의 세계를 살아간다고 요약할 수 있다. 붓다는 이 12처를 넘어가서 이야기하는 것을 거부하며, 이 점에서 인식론상 경험주의자라고 할 수 있다.

신·의'를 조건으로 하고 '색·성·향·미·촉·법'에 대해서 성립하는 정신 작용이다.(그래서 안식·이식·비식·설식·신식·의식이라 한다.) 이와 같이 인간의 삶/경험을 분석하면 크게 다섯 부류로 나뉜다. 붓다는 이 경험세계를 '나'의 경험세계로 보고 '나'라는 실체와 굳게 결부된 실재로 여기는 데에서 집착이 생겨난다고 본다. 때문에 나를 실체성을 갖춘 존재로 여기고(이를 '아집'(我執)이라 한다) 5온의 세계를 실재로 착각하는 것에서 벗어나 모든 것이 연기의 법칙에 따라 생성하는 것일 뿐이라는 진실을 깨닫도록 가르친다.

　　그렇다면 연기(緣起)[7]의 법칙은 어떤 것인가? 붓다는 이를 다음과 같이 정리해 준다.

　　늙음[老]과 죽음[死]은 어디에서 오는가? 태어남[生]에서 온다. 태어남은 어디에서 오는가? 존재[有]에서 온다. 존재는 어디에서 오는가? 집착[取]에서 온다. 집착은 어디에서 오는가? 갈애[愛][8]에서 온다. 갈애는 어디에서 오는가? 느낌[受]에서 온다. 느낌은 어디에서 오는가? 접촉[觸][9]에서 온다. 접촉은 어디에서 오는가? 여섯 장소[六入][10]에서 온다. 여섯 장소는 어디에서 오는가? 정신적·물질적 현상[名色]에서 온다. 명색

----

7 '연기'로 번역되는 '파티카사무파다'(paticcasamuppâda)는 '~을 향해-다가가-일어남'(pati-icca-samuppâda)을 뜻한다. 그래서 '~에-연해-일어남'[緣起]이다. 앞에서 인용한 "이것이 있으면 저것이 있고, 이것이 없으면 저것이 없다. 이것이 일어나면 저것이 일어나고, 이것이 소멸하면 저것이 소멸한다"는 구절은 붓다의 연기 개념을 잘 보여준다.

8 '갈애'(渴愛)는 '탄하'(tanhâ)의 번역어다. 욕망이라고도 할 수 있다. 이 갈애가 윤회를 가져오며, 해탈의 장애물로서 작용한다. 따라서 끊음, 자름, 풂의 가장 핵심적인 고비를 형성한다. 갈애에는 감각적 쾌락에 대한 갈애[慾愛], 있음에 대한 갈애[有愛], 없음에 대한 갈애[非有愛]가 있다.

9 접촉이란 안·이·비·설·신·의라는 조건에 입각해 색·성·향·미·촉·법에 대한 안식·이식·비식·설식·신식·의식이 발생하는 것을 뜻한다.

10 여섯 장소는 6근과 6경 그리고 6식을 합한 18계(界)를 뜻한다. 즉 근·경·식이 교직되는 여섯 장소를 뜻한다.

은 어디에서 오는가? 의식 작용〔識〕에서 온다. 의식 작용은 어디에서 오는가? 유위〔行〕에서 온다. 유위는 어디에서 오는가? 어리석음〔無明〕에서 온다. 어리석음이 모든 것의 원인이다.(『붓다차리타』, XII)

이런 연기의 법칙을 깨닫지 못하고 삶에서 경험하는 세계와 경험하는 '나'를 실체화하는 데에서 아집과 집착이 생기는 것이다. 그렇다면 이런 집착에서 어떻게 벗어날 것인가? 연기의 법칙을 반대 방향에서 생각해 보면 될 것이다. 어리석음에서 유위가 생겨나고, 유위에서 차례로 의식 작용, 심·물, 감관들, 접촉, 느낌, 갈애, 집착, 존재가 생겨나며, 결국 생(로)병사가 생겨난다고 할 수 있다. 따라서 어리석음을 끊으면 유위에서 해방되고, 유위를 끊으면 차례로 의식 작용, 심·물, 감관들, 접촉, 느낌, 갈애, 집착, 존재에서 해방되며, 마침내 생(로)병사로부터 해방될 수 있는 것이다.

그렇다면 실천적으로 어떻게 노력해야만 이런 해방을 이룰 수 있는가? 붓다는 '팔정도'(八正道)를 제시한다. 붓다의 가르침을 올바로 깨닫는 '정견'(正見), 이 깨달음을 실천으로 옮기고자 하는 의지인 '정지'(正志), 그리고 이에 입각한 바른 말〔正言〕, 바른 행동〔正業〕, 바른 생활〔正命〕, 나아가 끝없이 정진하는 '정정진'(正精進), 늘 바른 마음을 주목하면서 지켜나가는 '정념'(正念), 삼매의 경지를 이어나가는 '정정'(正定)이 곧 팔정도이다.

붓다의 이상의 가르침은 '사성제'(四聖諦)라 불린다. 처음에 우리는 '고제'(苦諦)를 보았다. 그리고 삶의 고뇌가 어떤 이치로부터 생겨나는가를 12연기설을 통해 보았다. 이것이 '집제'(集諦)다. 그리고 고뇌로부터의 벗어남을 12연기를 거꾸로 생각해 봄으로써 이해했다. 이것이 '멸제'(滅諦)다. 마지막으로 멸제를 이룰 수 있는 길로서의 팔정도를 보았다. 이것이 '도제'(道諦)다. 붓다의 이 사성제는 동시대에 나란히 등장한, 그리스 문명에서의 소크라테스, 동북아 문명에서의 공자의 가르침과 더불어 고대 세계의 가장 위대한 가르침들에 속한다.

불교적 사유의 전개

붓다의 입적(入寂) 후 불교 교단은 어미 새를 잃은 새끼 새들과 같은 처지에 놓이게 된다. 그러나 붓다는 입적하기 전에 이렇게 말했다. "아난다야, 너희들은 이렇게 생각할지도 모르겠구나. '스승님의 가르침이 이제 사라져버렸다. 이제 스승님은 떠나버리셨다.' 하지만 아난다야, 그렇게 생각하지 말거라. 내가 떠난 후에는, 내가 지금까지 가르치고 세워 놓은 법(法)과 율(律)을 너희들의 스승으로 삼으려무나." 붓다의 이런 유지를 받들어 그의 목소리를 직접 들었던 제자들은 4차에 걸쳐서 대(大) 결집을 시행하게 되었고, 이 과정을 통해서 만들어진 것이 『니카야』(와 『아함경』(阿含經))이다.

그러나 시간이 흐르면서 붓다의 법과 율에 대한 해석이 나뉘게 되고, 마침내 교단이 갈라지게 된다. 처음에는 붓다의 가르침을 액면 그대로만 따라야 한다고 주장한 '상좌부'(上座部)와 붓다의 가르침을 보다 유연하게 해석할 것을 주장한 '대중부'(大衆部)로 갈라졌으며, 이후 여러 갈래들로 더욱 세분된다. 이렇게 다원화된 불교를 '부파불교'(部派佛敎)라 부르며, 내용상으로는 아비달마 불교라고 부른다.[11] 아비달마 불교는 붓다의 가르침을 철학적으로 더 파고들었으며, 이로써 '경'과 '율' 외에 많은 '논'(論)들이 성립하기에 이른다. 셋을 합해 '삼장'(三藏)이라 부른다.

----

11 '아비달마'(阿毘達磨)는 '아비다르마'(abhidharma)를 음역한 것이다. '다르마'(法)는 'being' 또는 'reality'라 할 수 있으며, '아비-다르마'는 'on being' 또는 'on reality'라 할 수 있다. 결국 아비달마 불교는 '존재-론'이라 할 수 있다.
부파불교는 때로 '소승불교'라 불린다. 이른바 '대승불교'가 성립한 이후, 부파불교는 대승불교에 의해 '소승불교'로 폄하되어 불렸다. 그러나 이는 한쪽에서 일방적으로 부르는 이름이므로 학술적/객관적 용어로는 적합하지 않은 말이다.

아비달마 불교의 발달

부파불교는 18개(세분하면 20개)에 달하는 부파로 분열되었으나, 상좌부가 철학적 성격이 강해 많은 논서들을 남긴 데 비해 대중부는 종교적 성격이 강한 갈래로서 이어지게 된다. 상좌부의 갈래들 중 큰 족적을 남긴 갈래는 상좌부(좁은 의미), 설일체유부(說一體有部), 경량부(經量部), 독자부(犢子部) 등이다. 상좌부와 설일체유부는 붓다의 사유에서 분석적인 측면을 이어받아 발전시켰다. 붓다가 '5온' 등으로 삶의 세계를 분석해 보았다면, 이들은 훨씬 세부적인 분석을 추구했다. 더 이상 분석할 수 없는 존재 요소는 다르마='법'으로 불렸으며, 법의 존재와 법들 사이의 관계에 대한 분석이 이들 사유의 중추를 형성했다. 설일체유부라는 말이 시사하듯이 이들은 '일체유', 즉 모든 존재를 분석하고자 한 것이다.[12] 이들의 사유는 붓다의 생성존재론을 그대로 따르기보다 생성하는 가운데 생성하지 않는 실체들을 추구했다는 점에서 실체주의(substantialism) 또는 현상의 깊은 곳에는 불변의 본질들이 존재한다고 믿은 점에서 본질주의(essentialism)라 불릴 수 있으며, "'나'는 공에 불과하지만 '법'들은 실재한다〔我空法有〕"의 입장을 취했다.

이에 비해 경량부와 독자부는 상좌부와 설일체유부가 붓다의 본지를 배반하고 실체주의로 빠졌음을 비판했다. 이들은 삼세(현재, 과거, 미래)에 걸쳐서 항존(恒存)하는 법들의 존재를 부정했으며, 오로지 현재 생성하는 세계만을 인정했다. 이렇게 함으로써 붓다의 반실체주의로 회귀하고자 했다. 그러나 철저한 반실체주의로 갈 경우 업과 윤회를 설명하지 못하는 것은 물론, '세계' 그 자체가 환각으로 화해 버리는 결과를 낳는

----

12 상좌부는 신체의 차원에서 성립하는 28색법(色法)과 정신의 차원에서 성립하는 52심소법(心所法)을 상세하게 분석했으며, 여기에 마음 자체('식'(識)의 작용)인 심법을 합해 81가지의 유위법을 제시했다. 그리고 열반이라는 하나의 무위법을 더해 결국 82가지 법으로 모든 것을 분석했다. 설일체유부는 (『구사론』의 예를 든다면) 11색법, 46심소법, 1심법, 14심불상응행법(心不相應行法)의 72가지 유위법과 3가지 무위법으로 분석해 총 75가지 법으로 모든 것을 분석했다.

다.(예컨대 세계는 매 순간 생성하므로 지금 내가 보는 것들은 사실 내가 조금 전에 본 것의 그림자에 불과하게 된다.) 때문에 이들은 다시 생성의 밑바닥에서 어떤 '식'을 읽어내려 하기에 이른다.(이런 경향은 훗날 '유식불교'로 이어지게 된다.) 여기에서 볼 수 있듯이 불교의 사유에서는 늘 세계의 근본 실체를 인정하려는 **'실체론적' 경향**과 철저한 생성존재론으로 가려는 **'생성론적' 경향**이, 그리고 다른 축에서 보면 객관적인 차원을 인정하려는 **'실재론적' 경향**과 모든 것을 마음의 문제로 보려는 **'유심론적' 경향**이 긴장을 형성하게 되며(반드시 그런 것은 아니지만, 실체론과 실재론이 잘 결합한다면 다른 한편에서는 생성론과 유심론이 잘 결합한다), 이런 긴장은 이후 전개되는 불교의 역사 내내 이어진다.

반야 계통 대승불교의 발달

이는 부파불교/아비달마 불교가 어느 정도 진행된 후에, 붓다의 입적(BC 400년 전후로 추정) 후 약 400년이 지나 이런 흐름을 '소승불교'라고 비판하면서 (스스로를 '대승불교'라 일컬은) 새로운 흐름이 등장하게 된 점에서 확인된다. 붓다의 가르침은 본래 생성존재론의 성격을 띠고 있다. 일반적으로 말하는 '집착하지 말라', '아집을 버려라' 같은 생각은 보다 이론적으로(존재론적으로) 말하면 이 세계에는 영원한 실체가 없다는 뜻이다. '아집'이라는 말은 일상 어법으로는 심리적·윤리적인 표현이지만, 이론적으로는(존재론적으로는) '나'라는 실체 같은 것이 존재하지 않는다는 뜻이다. 붓다는 이런 논의를 전개하면서 철저한 생성존재론의 입장을 취했다. 그러나 아비달마 불교는 '아'의 실체성은 부정하되 이 세계를 구성하는 실체들로서의 '법=다르마'들을 논한다. 대승불교 계통은 이런 아비달마 불교의 분석적 탐구를 비판하면서 철저한 생성존재론, 즉 모든 것은 '공'(空)이라는 생각을 전개하게 된다. '공'이란 '없다'는 뜻이 아니다. 이 세계가 없다고 말하는 것이 아니라, 사람들이 실체라고 생각하는 것들이 사실은 '연기의 법칙'에 따라 생성하고 있는 세계의 단편적 모습일 뿐임을 역설하는 것이다. 다른 한편으로 대승불교의 주창자들은 '소승불교'가 자비의 정신으로 중생을 구제하지 않고 자신의 안심(安心)만을 추구한다고 비판했다. 이 점에서 대승불교는 윤리적·사회적 성격을 띤 종교이기도 하며, 진리의 깨달음만을 목표로 하는 '아라한'(阿羅漢)이 아니라 중생의 구제도 목표로 하는 '보살'(菩薩)이 되고자 했다. 이렇게 '공' 사상을 기반으로 하는 대승불교가 이후 수백 년에 걸쳐서 다채롭게 전개된다.

아비달마 불교가 수준 높은 진리의 세계를 추구한다면, 대승불교는 보다 대중적인 세계를 추구한다고 할 수 있다. 우선 대승불교는 붓다에 대해 다소 상상적인 생각, 즉 역사적 붓다 외에도 초월적인 붓다를 상정하는 입장을 전개했다. 또한 붓다 외에도 다른 많은 보살들(관세음보살, 문수보살, 보현보살 등)에 대한 신앙을 전개했으며, 모든 사람들이 '성불'할 수 있다는 생각으로까지 나아갔다. 또 '보시'〔布施〕 개념을 중심으로 하는 윤리적·사회적 운동을 전개해 나가기도 했다. 나아가 아비달마 불교가 순수한 깨달음의 세계를 추구했다면, 보다 대중적이었던 대승불교는 이미지의 차원에서 진리에 접촉하고자 다양한 문화적 장치들(불탑, 불상, 불화 등)을 만들어내기도 했다. 대승불교는 '공'에 대한 깨달음, 즉 '반야'(般若)[13]의 진리를 기초로 삼았지만, 이 계통이 널리 확산될 수 있었던 것은 이 교리 외에도 특히 이런 대중적 성격에 힘입어서였다고 할 수 있다. 그러나 이 과정에서 아비달마 불교가 갖추고 있던 수준 높은 이론적 엄밀성과 지적 정직함이 적지 않게 훼손된 점도 사실이다.

대승불교의 입장을 간명하게 전달해 주는 개념은 '반야바라밀다'(般若波羅密多)이다. 이는 '아'는 실체가 아니지만 '법'은 실체라는 아비달마 불교의 입장에 대해 '아'와 '법'이 모두 공이라는 대승의 입장을 말한

----

13 '반야'는 '프라즈냐'(prajñā)를 음역한 말이다. '프라'(pra)는 '앞으로'를 뜻하며, '즈냐'(jñā)는 '알다'를 뜻한다. 공의 진리를 깨닫는 '지혜' 또는 '통찰'을 뜻한다.

관세음보살(觀世音菩薩) 관자재보살 (觀自在菩薩)이라고도 한다. 석가모니 의 입적 이후 미륵(彌勒)이 출현할 때까 지 중생을 고통으로부터 지켜주는 대자 대비(大慈大悲)의 보살이다. 여성적인 이미지로 표상되며, 대중에게 가장 친 근한 보살이기도 하다.

다.[14] 철저한 공 사상을 추구하는 이 반야 계통의 경전들에는 길이가 다 른 여러 가지가 있으나, 그중 가장 긴 것이 『대품반야』(大品般若)이고 가 장 짧은 것은 『마하반야바라밀다심경』(줄여서 『반야심경』(般若心經))이다. 『반야심경』은 짧으면서도 공 사상을 온축하고 있어 널리 암송되며, 이보 다 약간 긴 『금강반야바라밀다경』(줄여서 『금강경』(金剛經)) 또한 많이 읽 히는 경전이다. 아래는 『반야심경』이다.

> 觀自在菩薩 行深般若波羅蜜多時 照見 五蘊皆空 度一切苦厄.
> 관자재보살이 깊은 '반야바라밀다'를 행할 때, 5온이 모두 공한 것을 비추 어 보고 온갖 괴로움과 재앙을 멸도(滅度)했느니.

---

14 '반야바라밀다'는 '프라즈냐파라미타'(prajnâpâramitâ)를 음역한 것이다. '무상정득각'(無上 正等覺), 즉 "위 없이 높은 깨달음"으로 번역되기도 한다. '파라미타'(pâramittâ)는 '피안' (彼岸)에 이른다는 뜻으로, 바로 위 없이 높은 깨달음에 도달하는 것을 의미한다. 팔정도 에 해당하는 것이 육바라밀로서, '보시', '지계'(持戒), '인욕'(忍辱), '정진'(精進), '선정'(禪 定), '지혜'(智惠)를 말한다.

舍利子 色不異空 空不異色 色卽是空 空卽是色 受想行識 亦復如是.

사리자[사리푸트라]여! 색은 공과 다른 것이 아니고 공 자체는 색과 다른 것이 아니니, 색이 곧 공이요 공 자체가 곧 색이로다. 수·상·행·식이 모두 또한 마찬가지로다.[15]

舍利子 是諸法空相 不生不滅 不垢不淨 不增不減.

사리자여! 이 모든 법들이 공의 성격을 띠기에, 생겨나는 것도 아니고 없어지는 것도 아니요, 더러운 것도 아니고 깨끗한 것도 아니요, 늘어나는 것도 아니고 줄어드는 것도 아니로다.[16]

是故 空中無色 無受想行識, 無眼耳鼻舌身意 無色聲香味觸法 無眼界 乃至 無意識界, 無無明 亦無無明盡 乃至 無老死 亦無老死盡, 無苦集滅道 無智 亦無得.

하여 공의 차원에서는 색도 없고 수·상·행·식도 없으며, 안·이·비·설·신·의도 없고 색·성·향·미·촉·법도 없고 또 안계에서 의식계까지도 모두 없으며,[17] 발생하는 무명도 소멸하는 무명도 없고 또한 발생하는 노사도 소멸하는 노사도 없으며,[18] 나아가 '고집멸도'조차도 없고 또한 지혜·득도조차도 없도다.[19]

----

15 '아'를 5온의 모임으로서 해체한다고 해서 5온 자체를 실체로 여겨도 되는가? 5온 자체도 실체가 아님을 말하고 있다.

16 생멸(生滅), 구정(垢淨), 증감(增減)이 모두 실체를 전제했을 때 성립하는 것들이기 때문이다.

17 아비달마 불교, 특히 설일체유부에서 말하는 '일체', 즉 6근, 6경, 6식의 18계가 모두 실체가 없음을 말하고 있다.

18 12연기설을 말한다고 해서 12연기의 요소들(무명→노사, 노사→무명) 자체를 실체로 여겨서는 안 됨을 말하고 있다. '발생하는 무명'이란 집도의 순서에서의 무명이며, '소멸하는 무명'이란 멸도에서의 무명이다. 그다음의 '발생하는 노사'와 '소멸하는 노사'도 마찬가지다.

以無所得故 菩提薩埵 依般若波羅蜜多故 心無罣礙 無罣礙故 無有恐怖 遠
離顚倒夢想 究竟涅槃.

득도에의 집착조차 넘어섰기에 보리살타(보살)는 오로지 반야바라밀다에
의거할 뿐이므로 마음에 거리낌이 없고, 거리낌이 없기에 공포도 사라지
며, 전도몽상[20]을 멀리 떠나 마침내 열반에 드나니.[21]

三世諸佛 依般若波羅蜜多故 得阿耨多羅三藐三菩提.

시방삼세의 모든 부처님들이 반야바라밀다에 의거해 위 없이 높은 깨달음
을 얻었나니.

故知 般若波羅蜜多 是大神呪 是大明呪 是無上呪 是無等等呪 能除一切苦
眞實不虛 故說般若波羅蜜多呪 卽說呪曰.

하니 알지어다 반야바라밀다는 신성한 주문이요, 무명을 떨어낸 주문이
요, 위 없이 높은 주문이요, 비할 바가 없는 주문임을. 모든 고뇌를 떨쳐
버릴 수 있어 진실하여 허망하지 않으니, 이에 반야바라밀다의 주문을 설
하노라. 바로 이렇게 설하나니.

揭諦揭諦 波羅揭諦 波羅僧揭諦 菩提娑婆訶.

아제아제 바라아제 바라승아제 모지사바하.[22]

　　그리고 아미타불을 모시는 정토(淨土)신앙의 경전인 『대무량수경』(大

----

19 깨달음을 추구한다고 해서 깨달음 자체에 집착하면 안 된다는 것을 말하고 있다. 『금강
경』과 함께 음미하면 좋다.

20 '전도몽상'(顚倒夢想)은 그릇된 생각을 말한다.

21 '구경열반'은 명사적으로 이해하면 바로 아래에 나오는 '아눅다라삼먁삼보리'(阿耨多羅三
藐三菩提), 즉 위 없이 높은 깨달음을 말한다. '아눅다라삼먁삼보리'는 '아누타라사미아크
삼보디'(anuttarâ samyaksambodhi)의 음역이며, '무상정득각'으로 번역한다.

無量壽經), 불교의 실천적인 측면과 '불이'(不二)의 사상이 들어 있는『유마힐소설경』(줄여서『유마경』(維摩經)), 다양하게 갈라진 불교사상들을 화합시키고 통일한『묘법연화경』(줄여서『법화경』(法華經)), 불교적 깨달음의 길을 극적으로 보여주는『대방광불화엄경』(줄여서『화엄경』(華嚴經)) 같은 경전들이 나왔으며, 이 경전들은 훗날 여러 종파의 성경, 즉 '소의경전'(所依經典)이 되어 널리 읽히게 된다.

실재론적 경향들(유식사상, 여래장사상)

대승불교는 본래 아비달마 불교의 실체론적 분석을 비판하면서 공사상을 전개했지만, 어느 정도 시간이 흐르자 자신들의 공 사상 또한 이론적으로 뒷받침되어야 한다고 생각하게 되었다.『금강경』,『유마경』,『법화경』,『화엄경』 등을 비롯한 대승불교 경전들은 불교적 깨달음의 경지를 문학적으로 잘 표현하고 있지만, 철학적인 정치한 분석에서는 한계를 띠었다. 2~3세기에 활동한 것으로 추정되는 나가르주나는 대승불교 경전들을 빼어나게 분석해 대승불교를 반석 위에 올려놓은 최고의 논사다. 그는 공 사상의 핵심을 다룬 여러 저작을 남겼으며, 후에는 '중관철학'(中觀哲學)이라 불린 그의 사상 자체가 연구와 주석의 대상이 된다.[23] 나가르주나는 치밀한 논의를 통해서 본래 실체론과 단멸론을 모두 거부했던 붓다의 입장—비유(非有)·비무(非無)의 존재론—을 다시 세우고자 했다. 공은 단순한 없음이 아니다. 공 사상은 이 세계의 존재를 부정하지 않는다. 세계의 존재자들이 **실체론적으로 집착하는 것을 비판할**

----

22 원어는 "gate gate pâragate pârasamgate bodhi svâhâ"(가테 가테 파라가테 파라삼가테 보디 스바하)이다.

23 중관철학의 핵을 이루는 나가르주나의『중론』(中論),『대지도론』(大智度論)과 그의 제자인 아리아데바가 쓴『백론』(百論)은 '삼론'으로 불렸으며, 중국에서는 이 세 경전을 중심으로 하는 삼론종(三論宗)이 생겨나기도 했다. 그러나 명가(名家)사상이 곧 쇠퇴한 것과 마찬가지로, 논리적 분석을 선호하지 않는 동북아 사유의 풍토에서 삼론종은 이내 시들해졌다.

뿐이다. '색즉시공'(色卽是空)이지만 또한 '공즉시색'이기도 한 것이다. 나가르주나는 경험세계의 차원에서 성립하는 '속제'(俗諦)로서의 진리와 "5온이 모두 공함"의 차원에서 성립하는 '진제'(眞諦)를 구분함으로써 현실의 삶과 깨달음의 세계를 화해시키고자 했다. 나가르주나를 통해서 대승불교는 아비달마 불교에 맞설 수 있는 확고한 존재론을 세울 수 있었으며, 더욱 널리 퍼져나갔다.

불교가 활짝 꽃핌에 따라 전통 종교의 신봉자들은 스스로를 재정립해야 한다는 절박한 필요에 봉착하게 된다. 320년경에 성립한 굽타 왕조는 당대의 다양한 국가/문화들을 통합하면서 인도의 고전문화를 집성했다. 이 굽타 왕조에서 이런 경향이 두드러지게 나타났고, 그 결과 바라문교를 새롭게 재창조한 힌두교가 탄생하게 된다. 힌두교는 불교가 부정한 신화적 세계를 부활시켰으며, 다신교적이면서도 일신교적인 종교를 재정립했다.[24] 그러나 굽타 왕조는 불교를 배척하지 않았으며, 이런 분위기에서 힌두교와 불교가 서로 영향을 주고받으면서 발전하기에 이른다. 이 시대의 대승불교를 '후기 대승불교'라 부르며, 그 핵심으로는 유식(唯識)사상과 여래장(如來藏)사상을 들 수 있다. 두 사조는 공히 한편으로는 나가르주나에 의해 다시 세워진 불교적 생성존재론을 이어가면서도 동시에 다른 한편으로는 (힌두교의 영향을 받아) 실재론적 경향을 띤다. 힌두교의 아트만에 대응하는 '불성'(佛性)의 개념이라든가, 윤회의 주체로서 이해된 '아뢰야식'(阿賴耶識) 같은 개념들이 이를 잘 보여준다.

----

24 힌두교는 종교의 다원성을 인정하는 다신교이면서도 모든 신들의 배후에는 그 모두가 귀일하는 유일신이 존재한다고 보았다. '다즉일 일즉다'(多卽一 一卽多)의 사유이다. 특히 브라만=비슈누=시바라는 삼신일체(三神一體)의 구도가 기본적이다.(브라만은 우주의 창조자이고, 비슈누는 우주의 보존자이며, 시바는 우주의 파괴자이지만, 이들은 별개의 신들이 아니라 유일신의 상이한 아바타들일 뿐이다.) 이런 구도가 인도 문명이 그토록 다원적이면서도 동시에 그 중심을 잃지 않으면서 지속되도록 만든 중요한 원동력이 된다.(붓다는 객관적 존재들로서 상상된 신들은 인정하지 않았다. 그러나 신들이라는 관념 또는 문화에 관련된 언급들은 종종 발견된다. 붓다는 모든 것을 '신의 뜻'으로 돌리는 생각에 대해서는 명시적으로 비판한다.)

유식사상은 『해심밀경』(解深密經)을 기초로 한다.[25] 아비달마 불교가 '유'를 설했고 나가르주나의 중관사상이 '공'을 설했다면, 유식사상은 스스로 그 중용을 취해 '중'(中)을 설한다고 한다. 이는 곧 유식사상이 붓다의 생성존재론을 이어가면서도 철저한 공 사상으로 가기보다는 공의 밑바탕을 이루고 있는 어떤 실재—이름이 시사하듯이 '식'[26]—가 존재한다고 본다는 점을 가리킨다. 이 생각은 앞에서 언급했던 난점, 즉 철저한 생성존재론으로 간다면 업과 윤회를 설명하기 힘들다는 사실에 대한 대응이라고 할 수 있다. 유식사상은 객관적인 실체로서의 '법'을 부정하고 어디까지나 '마음'을 사유하고자 한다. '일체유심조'(一切唯心造), 즉 "모든 것은 오로지 마음이 빚어낸 것들일 뿐이다." 유식사상은 이렇게 유심론의 입장을 취하지만, 그러나 '심' 가운데에서는 어떤 실재를 발견하고자 한다는 점에 주안점을 둔다. 이후 유식사상은 마이트레야, 아승가, 바수반두 같은 빼어난 논사들에 의해 '유가행(瑜伽行)철학'의 사유로 발전한다.[27] 유식사상에 의하면 모든 것은 마음이 빚어낸 것들이며, 따라

----

25 『해심밀경』은 동북아에서는 '법상종'(法相宗)의 소의경전이 된다. 논리적이고 치밀한 법상종 역시 동북아에서는 그리 오래가지 못한다.

26 '식'은 불교에서 여러 맥락으로 사용된다. 지금까지의 논의에서 이미 나왔듯이 식은 우선 5온의 하나로서 경험세계를 구성하는 다섯 범주들 중 하나이며, 또 12연기의 한 단계(의식작용)로서 무명→유위(行)에 이어 나타나는 세 번째 단계(전생과 후생을 이어주는 매듭)이다. 그리고 지금의 '식'은 마음의 근저에 존재하는 어떤 실재를 가리키고 있다. '식'은 부동의 '실체'가 아니기 때문에 '실재'라는 말이 더 적절할 듯하다.

27 마이트레야의 저작들 중 특히 중요한 것은 『유가사지론』(瑜伽師地論)(줄여서 『유가론』)으로, 요가와 유가행철학의 관계를 밝히면서 유가행철학의 기초를 놓았다.('유가행'이라는 말 자체가 이 저서에서 유래한다.) 아승가의 핵심 저작은 『섭대승론』이다. 제목 그대로 대승불교의 사상을 종합적으로 정리한 저작이며, 역시 유식사상에 입각하고 있다. 바수반두는 처음에 아비달마 불교에 천착해 『구사론』(俱舍論)을 썼으나, 형인 아승가의 영향을 받아 대승불교로 나아가 『유식이십론』과 『유식삼십송』을 통해 유식사상을 집대성했다. 바수반두는 '일체유심조'인데도 어떻게 일정한 '객관세계'가 성립하는 듯이 보이는가를 아뢰야식으로부터 시작해 총 8식(안식·이식·비식·설식·신식의 5식, 그리고 의식까지 포함해 6식, 제7식인 말나식(末那識), 제8식인 아뢰야식)이 전변(轉變)해 가는 과정을 추적해 설명했다.

서 진리를 얻기 위해서는 바깥으로 나갈 것이 아니라 안으로(내면으로) 들어가야 한다. 이렇게 하는 것을 도와주는 실행 기법이 '요가'이며, 이런 실천적 기반 위에서 유가행철학이 성립하게 된다. 이로써 유식사상은 정치한 논리 체계를 갖추게 된다. 유식사상과 유가행철학의 관계는 반야사상과 중관철학의 관계와 같다.[28]

불교사상, 특히 유식철학은 6~8세기에 걸쳐 더욱 정교해진다. 유식철학의 입장은 객관세계에 대한 탐구를 인식주관에 대한 탐구, 즉 '식'에 대한 탐구로 환원하기 때문에, 이후의 발달은 주로 유식의 인식론과 논리학[29]을 정교하게 다듬는 방향으로 전개된다. 이 과정에서 불교사상은 힌두교사상과 치열한 논전을 주고받게 되며, 이 점에서 6~8세기는 인도의 철학적 사유가 그 정점에 달한 시기였다고 할 수 있다. 바수반두를 이은 디그나가, 다르마키르티를 비롯한 많은 논사가 정치한 논변들을 전개했다. 그러나 이렇게 정점에 달한 불교는 인도 자체 내에서는 점차 쇠퇴하게 되고,[30] 그 대신 동아시아에서 활짝 꽃피게 된다. 다른 한편, 불교와의 논전을 통해 스스로를 계속 세련해 간 힌두교는 9세기 이후에도 계속 발전했고, 여러 변동(11세기 이후의 이슬람의 지배와 18세기 이후의 서구의 지배)에도 불구하고 인도의 정통 사상으로서 오늘날까지 이어

----

28 유식 계통의 불교와 더불어 실재론적 경향을 보이는 또 하나의 흐름은 여래장사상이다. 여래장사상에서는 모든 사람이 성불할 수 있다고 주장했는데, 이것을 보다 이론적으로 말하면 모든 사람의 마음속에는 불성, 즉 여래장(如來藏)이 내장되어 있다는 것을 뜻한다. 『열반경』에서는 이를 "일체중생 실유불성"(一切衆生悉有佛性)이라 표현하고 있다. 여래장사상은 동북아에 특히 큰 영향을 끼친 사상이기도 하다.
아울러 유식사상과 여래장사상을 통합하려 한 시도들도 있었다. 이런 경향은 특히 『능가경』(楞伽經)과 『대승기신론』(大乘起信論) 같은 저작들에 잘 나타나 있다.

29 불교적 맥락에서 말한다면 인식론은 '식' 자체에 대한 탐구라 할 수 있고, 논리학은 이 탐구에서 나타나는 논리적 형식(logical form)에 대한 탐구라 할 수 있다.

30 유식·여래장 이후에는 밀교(密敎)가 등장하는데, 그 핵심 경전은 『대일경』(大日經)과 『금강정경』(金剛頂經)이다. 헤이안 시대에 일본 불교를 흥기시킨 사이초(最澄)와 구카이(空海)가 중국 당나라 유학을 통해 밀교를 들여와, 밀교는 일본 귀족들 사이에서 크게 유행하게 된다.

져오고 있다. 출발점에서 '이단 사상'이었던 불교는 인도에서 1,000년이 넘는 세월 동안 발전했으나, 결국 인도 본토에서는 사라지고 만다.

우리에게 불교란 무엇인가?

불교라는 종교/철학은 우리─넓게는 한자 문명권에 속한 사람들, 좁게는 한글을 통해 사유하고 생활하는 사람들─의 문화에서도 큰 비중을 차지하고 있다. 서구화되기 이전의 전통 사상은 흔히 '유불도'로 칭해진다. 한자 문명권의 전통 사상은 유가사상과 도가사상이 핵심을 이루었으나(법가·묵가·음양가·병가 등도 큰 영향을 끼쳤다), 여기에 불가사상이 들어와 삼교정립(三敎鼎立)을 이루었다.

불교가 인도로부터 동북아로 본격적으로 들어온 시기는 한나라가 멸망한 이후의 혼란기인 3세기부터이며, 본격적으로 발전하기 시작한 때는 중원의 남북조시대와 동방의 삼국시대인 4~6세기이고, 전성기를 이룬 시기는 중원의 당 제국시대, 동방의 통일신라와 고려시대, 일본의 헤이안시대인 7~9세기이다. 그러다가 10세기 이후부터는 신유학의 도래로 인해 이론적으로 쇠퇴했지만, 그 종교적·문화적 영향력은 오늘날까지 계속 이어져 오고 있다.

불교가 처음 들어오기 시작한 때는 중원의 한 제국이 멸망하고 천하를 다시 통일하려는 군웅(조조, 유비, 손권 등)이 할거하던 시대였다. 280년에 사마염이 위·촉·오 3국을 통일해 진(晉) 왕조를 세웠으나 오래가지 못하고, 숱한 왕조가 명멸하는 혼란기가 300년 이상 계속되었다. 중원의 당과 동방의 통일신라가 확고한 천하 통일을 이루는 7세기까지 이런 상태가 지속되었다.[31] 계속되는 전쟁으로 백성들은 도탄에 빠지고,

----

31 이 시대는 중원과 변방의 경계가 허물어지고 다양한 이민족이 혼재되어 활동한 시대였으

유교적 사상과 질서가 무너져 사상적·사회적으로도 다원화의 시대가 도래했다. 반대로 외래 사상인 불교의 입장에서 보면 이 시기는 동북아 지역에 터를 잡기에 좋은 환경이었다고 할 수 있다. 이 혼란의 시대에 불교가 제시하는 해탈의 가치는 많은 사람들의 관심을 끌었다. 동북아에 들어온 불교[32]는 처음에는 도교와 유사한 것으로 받아들여졌으며(3세기는 도교가 성립한 시대이기도 하다), 이렇게 한자 문명권의 사유를 투영해서 받아들여진 불교를 '격의불교'(格義佛敎)라 한다. 예컨대 붓다는 '황로불타'(黃老佛陀)[33]라는 신으로 이해되었고, 다르마(법)는 '도'로, 니르바나(해탈)는 '무위'로, 아르하트(아라한)는 '진인'(眞人)으로 이해되었다. 불교를 노자와 장자를 투영해 이해한 것이다. 또한 불교가 본래의 철학적 깊이에서 이해된 것이 아니라 다분히 주술적이고 기복적인 방식으로 받아들여졌다.

이런 수준을 넘어 불교가 본격적으로 이해되고 연구되려면 먼저 번역이라는 과정을 거쳐야 했다. 하나의 문명/문화가 다른 문명/문화를 수용할 때면 반드시 '번역'이라는 지난한 과정을 거쳐야 한다. 인도 불경의 한역(漢譯)은 이슬람 저작들의 라틴어 번역이라든가 서양 저작들의 일본어 번역 등과 더불어 인류 역사에서 가장 중요하고 거대한 번역 사업의

며, 또 중원의 힘이 약화된 틈을 타서 중원 바깥에서 여러 국가가 세워진 시대이기도 했다. 이 점에서 '다원화'의 시대라고도 할 수 있다. 중심의 와해가 오히려 다원화의 흐름을 가능케 한 것이다. 다른 한편, 이 시대는 '혼돈'과 '파괴'의 시대이기도 했지만, 또한 동시에 '생성'과 '창조'의 시대이기도 했다. 이 시대에 오히려 동북아 문화의 잠재력이 활짝 피어났기 때문이다. 같은 시기에 역시 혼돈의 시대('암흑시대')를 맞이했던 유럽이 문자 그대로 암흑시대를 보낸 것과 대조적이다. 어떻게 이런 혼란의 시대에 유럽과 대조적으로 오히려 찬란한 문화의 꽃이 필 수 있었는지는 매우 흥미로운 문제다.

32 불교는 또한 동남아시아에도 전파되었다. 특히 『니카야』가 동남아시아로 전파되어 많이 읽혔고, 동남아시아가 불교화되는 데에 지대한 공헌을 했다. 그러나 동남아시아의 불교는 별다른 학문적 발전을 이루지 못했다.

33 '황로'란 황제(黃帝)와 노자(老子)를 말한다. 한 제국 초기에 유행했던 사조가 '황로지학'이며, 이후 유교사회가 도래한 뒤에도 일정한 영향력을 유지했다.

하나로 손꼽힌다. 중원이 양쯔강〔揚子江〕 이북과 이남으로 쪼개진 채 역사가 전개된 남북조시대(대략 4~6세기)에 불교 경전들은 풍부하게 번역되었고, 불교사상도 수준 높게 이해되기 시작했다. 그러나 번역은 순조롭지 않았다. 인도의 언어인 산스크리트어와 팔리어 등은 인도유럽어족에 속하며, 기본적으로 서양 언어들과 같은 부류에 속한다. 인도어는 그 자체로서는 아무 의미도 없는 기호들의 조합을 통해서 사물이나 사태를 추상적으로 표상한다. 반면 한문은 상형문자다. 한문은 일종의 그림으로서, 사물이나 사태를 그림이 그렇게 하듯이 하나의 글자 속에 총체적으로 표상한다. 한문은 엄격한 통사론에 따르기보다는 작은 그림들을 모아서 큰 그림을 만들 듯이 문장을 구성하지만, 인도어는 일정한 통사론을 통해서 조합의 방식으로 문장을 구성한다. 전자가 직관적이라면 후자는 분석적이다. 그리고 한자는 인도어와는 달리 매우 심미적이다.(불경이 번역되던 시기는 왕희지 등에 의해 서예가 크게 발흥한 시대이기도 하다.) 이런 여러 차이 때문에 인도 불경을 한역하는 일은 지난한 작업이었다. 가장 결정적인 한역은 구마라습(鳩摩羅什, 쿠마라지바의 음역)에 의해 이루어졌고, 그 후에는 현장법사(玄奘法師)에 의한 한역도 이루어졌다. 현장의 번역이 원문에 충실하고 언어가 치밀해 철학적으로 수준 높은 번역이라면, 구마라습의 번역은 간명하고 문학성이 뛰어난 번역이다. 이후 특히 구마라습의 번역서들은 한자 문명권에서 그 자체가 원전으로 자리 잡게 된다.

한자의 이런 성격 때문이기도 하겠지만, 동북아의 사유는 추상적 분석보다는 구체적 직관을 향한다.[34] 제자백가 중에서 서양의 논리학파에 해당하는 명가가 별다른 발전을 보지 못했던 이유도 이 때문이다. 같

---

34 이는 번역어들에서도 잘 나타난다. 예컨대 '인간의 참된 본성'이라는 철학적 표현은 '본래면목'(本來面目)/'진면목'(眞面目), 즉 '참된 얼굴과 눈'으로 번역되었다. 또한 '본질'이나 '실체' 같은 전문 용어들은 '안정'(眼睛), 즉 '눈동자'로 번역되었다.

은 맥락에서 인도에서 들어온 논리학('인명'(因明)이라 불렸다) 역시 크게 관심을 끌지 못했다. 더 넓게 보아서 분석적이고 치밀한 인도적인 사상은 동북아에서는 그다지 환영받지 못했으며, 앞에서 언급했던 삼론종이라든가 법상종 같은 종파는 이내 쇠퇴해 버렸다. 그 대신 다소 대중적이고 직관적이고 문학적인 대승 경전들은 널리 읽히고 연구되었다. 동북아 사유의 이런 성향은 마침내 그 고유한 불교, 즉 '선종'(禪宗)[35]을 낳기에 이른다. 선종은 복잡하기 이를 데 없이 얽힌 이론적 언어들—갈등(葛藤)—을 끊어버리고 '불립문자'(不立文字)를 주장하기에 이르며, 서적에 얽매이지 않고 불교적 진리를 직접 찾아가는 길을 추구했다. 선불교는 언어를 초탈하고자 했기 때문에 스승과 제자 사이의 '이심전심'(以心傳心)을 통해서 이어지는 에피소드들의 역사, 즉 '전등'(傳燈)의 역사를 이루어갔다.[36] 아울러 액면 그대로 표현하기 힘든 깨달음의 경지를 예술로 표현한 선시, 선화 등을 비롯한 많은 문화유산을 남기기도 했다.

선종 외에도 동북아 불교의 굵직한 흐름을 이루는 것은 실재론적 경향과 종합적 경향 그리고 타율적 경향이다. 실재론적 경향 역시 동북아 사유의 근본 성격에서 기인한다고 할 수 있다. 그리스에서 연원한 철학 전통과 인도에서 연원한 철학 전통은 공히 현실적으로 존재하는 세계를 의심하는 데에서 출발했으며, 궁극의 존재/실체/실재(Being/Substance/Reality)를 찾았다. 이런 경향은 경험세계를 가현(假現)/가상(假象)/가짜로 보는 생각을 밑바탕에 깔고 있다. 이에 비해서 동북아의 철학 전통은 현실적으로 존재하는 세계 그대로를 실재로 생각하는 경향을 띤다. 동

---

35 '선'은 명상을 뜻하는 '디야나'(dhyâna)를 음역한 '선나'(禪那)에서 '나'(那)가 탈락한 것이다. 불교의 삼학(三學)인 계(戒)·정(定)·혜(慧) 중에서 '정'과 통한다. 그래서 '선정'이라는 말이 자주 쓰이기도 한다.

36 선종의 실질적인 시조는 제6대 조사 혜능(慧能, 638~713)이다. 선종은 혜능의 남종과 신수(神秀, ?~706)의 북종으로 나뉘어 전개되었으며, 이후 임제종(臨濟宗), 조동종(曹洞宗)을 비롯한 많은 종파로 나뉘어 만개했다. 선사들은 저작 활동을 하지 않았으나, 이들이 남긴 어록들이 『경덕전등록』, 『벽암록』, 『무문관』 같은 책들에 수록되어 있다.

달마대사(達磨大師) 달마대사는 중국의 선불교를 창시한 인물로 간주되지만, 역사적 실체를 알기는 힘든 전설적인 인물이다. 그와 양혜왕(梁惠王)의 만남이라든가 소림사에서의 9년에 걸친 면벽(面壁) 등을 비롯한 여러 이야기는 훗날 소설적으로 각색된 것이다. 그가 『능가경』(楞伽經)을 중시했다는 이야기가 남아 있는데, 이는 어느 정도 사실에 가까울 듯하다.

북아의 철학이 형이상학보다는 정치철학을 발전시켜 온 것도 이 때문이다. '일장춘몽'(一場春夢)이라든가 장자의 '나비의 꿈' 같은 경우들도 있지만, 동북아인들은 인도의 사유를 접하면서 처음으로 현실을 가현으로 보는 법, 곧 '일체유심조'의 관점을 배웠다고 할 수 있다. 그러나 아니나 다를까, 이런 식의 관점은 역시 동북아인들에게는 적응하기 힘든 것이었다. 그래서 동북아에서는 여래장사상 같은 실재론이 좀 더 설득력 있게 다가왔고, 현상과 본질—상(相)과 성(性) 또는 사(事)와 리(理)—사이에는 단절이 없다는 입장을 취하게 된다. 이런 실재론적 특징은 선종에서는 고원(高遠)한 곳에서 진리를 추구하기보다는 일상 자체를 중시하는 전통으로 표현되기도 했다.

동북아 불교의 중요한 또 하나의 특징으로서 종합적인 특징을 들 수 있다. 이는 동북아 불교가 이미 1,000년이 넘는 세월에 걸쳐 발전해 온 인도 불교의 연장선상에서 성립했기 때문에 형성된 특징이다. 즉 어떤

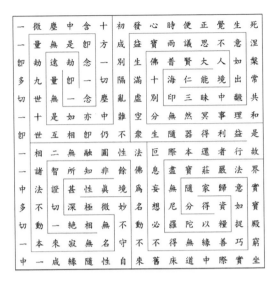

일승법계도(一乘法界圖) 신라의 의상대사(義湘大師)는 화엄의 세계를 도장 모양의 도식 속에 210자로 정리해 넣었다.

새로운 학문을 전개하기보다는 이미 이루어진 성과들을 일정한 틀로 종합하고 정리하는 경향—'교상판석'(敎相判釋)—이라고 할 수 있다. 이는 특히 천태종(天台宗)과 화엄종에서 잘 드러난다. 천태종은 불교의 역사를 붓다의 일생에 걸친 설법으로 압축해서 재구성했다. 즉 붓다의 설법 인생을 5시(時)로 나누어, 12년간의 『아함경』, 8년간의 『유마경』과 『승만경』(勝鬘經), 22년간의 각종 『반야경』, 마지막 8년간의 『법화경』, 그리고 임종 직전에는 『열반경』(涅槃經)을 설한 것으로 재구성한 것이다. 역으로 보면, 불교의 역사는 붓다의 삶과 설법에 함축된 내용들이 펼쳐져 나온 것이라는 것이다. 또, 화엄종은 깨달음의 단계를 '환희지'(歡喜地)로부터 '법운지'(法雲地)에 이르기까지의 열 단계, 즉 10지(十地)로 정리해서 표현한다. 이렇게 동북아 불교는 이미 이루어진 불교사상들을 종합하고 정리하는 작업에 많은 노력을 쏟았다.

　마지막으로 동북아 불교를 특징짓는 또 하나의 측면은 타율적 경향이다. 본래 불교는 신과 같은 어떤 존재를 상정하고 그 존재의 도움으로 구원을 얻는 종교가 아니다. 스스로 깨달아가는 종교다. 이 점에서 불교

만다라 만다라(曼陀羅, mantala)는 원을 뜻하며, 불교(특히 화엄종)의 중요한 가치인 '원융'(圓融)함을 시각적으로 표현한다.

는 자율적 종교이다. 그러나 동북아의 불교, 특히 정토종 계통의 불교는 타율적 구원을 추구하는 성격이 강하다. 이는 강한 대중성을 특징으로 하는데, 이런저런 이유로 자율적 깨달음의 능력이 부족한 대중의 경우에는 어떤 타율적 힘에 의해 구원받기를 갈구하기 때문이다. 이 계통에서는 기독교의 천국에 해당하는 아미타불의 '극락세계'라든가 미륵불의 '도솔천'(兜率天)[37]을 갈망하며, 인간으로서는 이를 수 없는 그곳에 부처님의 자비로 도달하기를 열망한다. 정토종은 중생의 구원을 최고의 가치로 치며, 기초 경전인 『무량수경』에서는 아미타불이 중생을 구제하지 못할 바에는 붓다가 되지 않겠다고 맹세하는 구절들이 많이 등장한다. 그래서 대중은 극락세계를 희구하면서 '나무아미타불 관세음보살!'이라고 염불(念佛)을 외우곤 했다.('나무'는 'namo'를 음역한 것으로, '귀의한다'는 뜻이다.) 이런 정토종은 통일신라와 가마쿠라 막부 등에서 널리 퍼진다.

----

37 도솔천은 도교의 신인 태상노군의 거처이기도 하다. 타율적 형태의 불교는 자연스럽게 도교에 접근한다.

이런 정토 계통의 불교는 널리 중생을 구원해 준다는 긍정적 측면도 있지만, 본래 처절할 정도의 지적 정직성을 가지고서 진리를 탐구하는 불교의 성격을 탈락시켜 버린다는 문제점도 내포한다.

불교사상은 이렇게 동북아 문명에 심대한 발자취를 남겼고, 문화적으로도 많은 성취를 이루었다. 그러나 동북아 불교는 몇 가지 문제점도 안고 있다. 첫 번째는 선종이 주류를 이룸으로써 자칫 '반(反)지성주의'의 흐름으로 빠질 위험을 안고 있다는 점이다. '깨달음'을 신비화함으로써 본래 불교가 내포하고 있는 정직하고 치밀한 사유에서 멀어지는 일에 유의해야 할 것이다. 두 번째로 불교는 얼핏 모든 존재가 평등하다고 말하고 있는 것 같지만 사실은 그 평등을 통해서 현실적인 불평등을 묵인하는 결과를 가져온다는 점이다. 차별을 피상적인 것으로 만듦으로써 오히려 실제로 벌어지고 있는 차별에 둔감하게 만드는 것이다. 한국 현대사에서 불교가 소극적 역할밖에 하지 못한 사실도 이 점과 관련된다고 할 수 있을 것이다. 세 번째로 이는 종교 일반, 특히 기독교에서 잘 나타나는 것으로서 본래의 종교적 가치를 추구하기보다는 기복적 경향이 강한 대중과 영합하면서 종교의 본질에서 벗어나 일종의 '비즈니스'나 '네트워크'가 되어버린다는 점이다. 종교란 본래 삶과 죽음의 고뇌로부터 벗어나려는 그리고 헐벗은 민중의 고통을 구원하려는 동기에서 생겨나는 것인데, 오늘날에는 이미 거대한 기득권이자 자본으로서 기능하고 있음이 사실이다. 이 점에서 불교의 엄격한 지적 추구와 보살 운동의 본래적 의미, 그리고 최초로 불교가 성립되었을 때의 의미 등을 되돌아보면서 늘 초심으로 돌아갈 필요가 있을 것이다.

| 참고할 만한 책 |

인도의 문명과 종교/사상과 관련해서는 다음의 책들이 도움을 준다.
- 길희성, 『인도철학사』, 민음사, 1984/2004.
- 라다크리슈난, 이거룡 옮김, 『인도 철학사』(전 4권), 한길사, 1999.
- 이명권, 『우파니샤드: 궁극적 진리에 이르는 길』, 한길사, 2011.

초기의 불교에 대해서는 다음을 보라.
- 라훌라, 전재성 옮김, 『붓다의 가르침과 팔정도』, 한국빠알리성전협회, 2005.
- 이중표, 『근본불교』, 민족사, 2002.
- 일아 역편, 『한 권으로 읽는 빠알리 경전』, 민족사, 2013.
- 임승택, 『초기불교, 94가지 주제로 풀다』, 종이거울, 2013.

불교사상의 전개를 이해하기 위해서는 다음의 저작들을 보라.
- 권오민, 『인도 철학과 불교』, 민족사, 2004.
- 노리모토 준이치로, 김석근·이근우 옮김, 『일본 사상사』, 이론과실천, 1988.
- 불교신문사 편, 『불교경전의 이해』, 불교시대사, 1997.
- 오경웅, 이남영 외 옮김, 『선학의 황금시대』, 천지, 1997.
- 요코야마 고이치, 묘주 옮김, 『유식철학』, 경서원, 1989.
- 이종철, 『중국 불경의 탄생』, 창비, 2008.
- 최영진 외, 『한국 철학사』, 새문사, 2009.

제5장

'천인합일'에의 이상: 성리학

모영환

유가사상은 한 제국에서 국교화되면서 동북아 문명의 중추적인 사상으로 자리 잡았지만, 사실 철학적 창조성의 측면에서 본다면 3~10세기 내내 침체를 겪었다고 할 수 있다. 이 시대를 이끌어간 것은 오히려 정치적으로는 법가사상이었고, 철학적으로는 도가사상(도교)과 불가사상(불교)이었다. 물론 이런 상황에서 공자의 본래 가르침을 회복하고 유교의 의미를 다시 세우려 한 유학자들도 적지 않았다. 그러나 전반적으로 본다면 유교의 철학적 위상은 도교와 불교에 비해 낮았다. 이런 상황은 수 제국시대에 나왔던 "불교가 해요 도교가 달이라면 유교는 별"이라는 말에 잘 나타나 있다. 송 제국에 이르러 유학자들은 이런 상황을 극복하고 유학을 새로운 토대 위에 세우고자 했다. 그 과정에서 한편으로는 도교 및 불교와 대결하고 다른 한편으로는 두 사상의 장점을 흡수하면서 새로운 유교 형이상학을 구축하고자 한 것이다. 이는 공자의 사상을 새로운 형태로 재정립하는 것을 뜻했다.

유학을 창시한 인물이 공자라는 사실은 누구나 알고 있다. 그러나 공자 당시의 유학과 후대의 성리학은 사실 많은 차이를 보이고 있다. 따라서 공자의 유학을 계승하면서도 전혀 새로운 특징들을 보여주는 성리학을 흔히 신유학(新儒學, Neo-Confucianism)이라 부르곤 한다. 공자는 동아시아 사상계의 가장 중요한 인물 중 한 명이지만, 동아시아의 사상과 문명에 끼친 성리학의 영향 또한 매우 크다. 그렇다면 공자의 유학은 왜 성리학으로 나아가야만 했고, 성리학의 특징은 무엇이며, 현재의 우리에게 어떤 모습으로 정착되었는가? 이 장에서는 성리학이 탄생한 시기의 여건과 주요 인물들을 중심으로 이러한 문제들에 대해 알아보고자 한다.

성리학 탄생의 배경

먼저 성리학이 형성된 시기와 공자의 유학[1]이 탄생한 시기가 어떻게 달랐는지 알아보자. 공자가 살던 때가 주나라의 정치적 지배력이 약화되면서 내적 혼란이 차츰 커져가던 시기였다면, 성리학이 태동하던 때의 송(宋, 960~1279)은 정치적 안정을 바탕으로 내적 단결을 모색하고 있었다.

공자가 살던 춘추 시기는 주나라의 지배력이 약화되면서 각 제후국들이 독자적인 체제 구축과 발전을 모색하던 때였다. 공자는 느슨해진 내부 결속력의 재정비와 사회적·문화적 통일을 염원했다. 그가 만년에 이르도록 정치가의 꿈을 버리지 못했던 이유도 그 때문이다. 공자의 유학은 이러한 혼란을 추스르고 사회의 안정과 화합을 가져올 인재 양성에 공헌했다. 교육자로서의 공자의 역량이 여기에서 크게 발휘되었다.

반면에 성리학이 태동하던 북송 시기(960~1126)는 북방 유목민들

----

1 공자 당시의 유학은 '원시유학'(原始儒學, Primitive Confucianism)이라고도 불린다. 또 일반적인 용어로는 '선진유학'(先秦儒學)이라고도 하는데, 이는 중국 최초의 통일 왕조인 진(秦, BC 221~BC 206) 이전의 유학임을 뜻한다.

이 중국 대륙을 유린했던 오대(907~960)의 혼란기를 정리한 새로운 통일 왕조의 성립으로 안정된 정치체제가 들어선 때다. 그러나 이러한 정치체제를 통해 강력한 이민족의 위협을 해소하고 사회적·문화적 결속을 뒷받침할 정치적 이데올로기는 아직 부재했다. 이 시기에 유학은 이 틈을 비집고 들어와 자기 혁신을 통한 사회적 영향력의 강화를 도모했던 것이다.

원시유학과 성리학의 출발은 공자의 이념 계승이라는 바탕 위에서 이처럼 '교육'과 '정치'라는 서로 다른 지향점을 가졌다는 차이점을 보인다. 그러나 원시유학과 성리학 모두 궁극적인 목표는 '유가 이념의 사회적 구현'이었다. 또한 원시유학에서도 정치는 유가사상의 사회적 구현을 위해 매우 중요하게 인식되었다. 다만 공자는 실패한 정치가로서, 후대에 끼친 그의 교육자로서의 영향과는 비교하기 어려울 따름이다. 성리학에서도 교육은 특히 중요했다. 이는 절제와 수양이라는 개인 영역에 대한 성리학의 공헌과 밀접하게 연관되어 있다. 원시유학과 성리학은 성립된 배경의 측면에서도 유사점과 차이점을 찾아볼 수 있다. 유학은 춘추전국시대를 거치면서 제자백가의 하나로 형성되었다. 북송 초기에도 제2의 제자백가라 할 정도로 여러 주장이 대두했다. 다만 이러한 양상이 주로 유가 내의 여러 학파로 구체화되었고, 그중 하나가 나머지 학파들을 압도하면서 남송 때에 성리학으로 완성되었다는 차이점을 보일 뿐이다.

송의 문치주의와 그 영향

당과 송의 왕조 교체는 여러 중요한 변화를 야기했다. '당송 교체기'나 '당 말의 오대'라는 용어가 그 중요성을 보여준다. 이 시기는 남북조 시기(420~589)에 맞먹는 큰 혼란기였으며, 이 시기를 거치면서 당 왕조의 지배계층인 귀족 세력이 몰락하게 된다. 귀족 세력의 몰락은 그들이 가진 경제력의 바탕이었던 대토지소유제의 붕괴를 동반했다. 이에 따라 송 왕조에서는 중소 지주 출신의 새로운 지배계층, 즉 사대부 세력이 정치 무대에 등장하게 되었다. 새로 등장한 사대부 계층은 송대 문치주의의 토대이자 최대 수혜자가 되었다. 그리고 송대 문치주의의 또 다른 한 축은 바로 왕조 통치의 공식적인 대표자라 할 수 있는 황제였다. 그중 송을 세우고 오대 시기의 혼란을 안정시켰던 태조 조광윤(재위 960~976)은 문치주의의 단초를 마련한 인물이다. 이른바 '배주석병권'(杯酒釋兵權)[2]은 새 왕조를 개창할 당시의 그의 입지와 함께 개인적인 성품까지도 보여주는 일화다.

사대부와 황제의 만남은 새로운 정치체제의 수립으로 이어졌다. 이들은 당 왕조의 멸망을 타산지석으로 삼아 강력한 중앙집권 체제를 확립하고, 이를 근간으로 하여 사회의 결속을 강화할 수 있는 정치체제를 모색했다. 그 결과가 바로 절대군주 체제의 확립이었고, 이를 주도한 사람들은 황제가 아닌 사대부 계층이었다. 그렇다면 사대부 계층이 절대군주 체제의 확립에 힘썼던 이유는 무엇일까?

첫째로는 사대부 계층의 지위 확보를 들 수 있다. 이전 왕조의 귀족 세력이 사라진 후, 새로 등장한 사대부 계층은 아직 사회적 지위를 인정받지 못하는 상황이었다. 이들은 절대군주제의 확립을 주장하고 그 실현을 담당함으로써 자신들의 정치적 지위를 보장받고자 했던 것이다. 둘째로는 절대군주제의 확립에 의해 향후 왕조의 2인자로서 실질적인 통치권을 장악할 수 있다는 점을 들 수 있다. 송 왕조의 공식적인 통치

----

2 '배주석병권'은 술잔을 돌려 병권(兵權)을 내려놓게 한다는 뜻이다. 당 중기 이후의 혼란과 왕조의 멸망은 현종(재위 712~756) 이후 전국을 동요시켰던 안녹산의 난으로부터 비롯되었다. 안녹산의 난은 당의 황제들이 군사 지휘권을 온전히 장악하지 못하고 지방의 절도사들이 각자의 병력을 소유하고 있었기에 가능했다. 새 왕조를 열었지만 아직 완전한 통일을 이루지도 못했고 또 절도사들의 독자적인 군사력 보유도 바꿀 수 없었던 송 태조 조광윤에게 이러한 사정은 가장 큰 고민거리일 수밖에 없었다. 태조는 세력을 가진 장수들을 불러 주연을 베푼 자리에서 직접 술을 권하면서 각자 병권을 내려놓고 편히 여생을 보내도록 설득했다. 이렇게 지방 세력들의 병권을 회수한 태조는 새로운 군사제도를 만들 수 있었고, 이는 새 왕조의 안정에 큰 도움이 되었다.

자는 한 사람의 황제이다. 그러나 사대부들은 황제 뒤에서 황제의 정치 행위를 조정하며 실질적인 통치권을 발휘하고자 했다. 사대부들은 황제가 공식적인 통치자이자 형식적인 정치권력을 갖는 존재이길 바랐던 것이다. 이러한 목적을 이루려면 황제를 실질적으로 제어할 수 있는 장치가 필요하다. 문치주의는 그 바탕이 되었고, 이러한 필요성에 의해서 성리학이라는 이데올로기가 성립할 수 있었다.

절대군주제의 확립과 사대부 계층의 안정

송의 문치주의는 결과적으로 대외관계에서 송의 약세를 초래했다. 북송은 북쪽으로는 거란족이 세운 요(遼, 907~1125)와 서쪽으로는 티베트 계통의 탕구트족이 세운 서하(西夏, 1038~1227)에 의해 군사적인 압박을 받았다. 오대 시기에 거란에 넘어갔던 연운 16주[3]의 수복은 태조 이래의 염원이었다. 그러나 두 차례에 걸친 태조의 군사적 행동은 성공하지 못했고, 오히려 북송의 제3대 황제인 진종(재위 997~1022) 때에는 '전연의 맹'(澶淵之盟)[4]이라는 굴욕적인 조약을 맺어야 했다. 내내 군사적으로 약세였던 북송은 결국 옛 영토의 수복에 실패했고, 대외관계에서 무역 품목의 제한 등 경제적인 압박을 취하는 데 만족할 수밖에 없었다.

남송 때에는 다시 여진족이 세운 금(金, 1115~1234)과 몽골족이 세운 원(元, 1271~1368)에 의해 북쪽과 서쪽에서 끊임없이 시달렸으며,

----

3 연운 16주는 오대 시기에 후진(後晉, 936~946)을 세운 석경당(石敬瑭)이 요의 군사 원조를 받아 후당(932~936)을 멸망시킨 대가로 요에 넘겨준 땅이다. 현재의 베이징과 다퉁〔大同〕을 중심으로 한 16개 주는 만리장성 이남에 속한 지역이어서, 북방 민족이 손쉽게 중원으로 진출할 수 있는 요지를 넘겨준 셈이었다. 이후 후주(後周)와 북송은 연운 16주의 수복을 위해 여러 번 군사를 일으켰으나 여의치 않았다.

4 '전연의 맹'은 북송 진종 때에 침입한 요와 체결한 강화조약이다. 전연은 북송의 전주(澶州)를 말한다. 요의 대군이 북송의 수도 카이펑〔開封〕과 가까운 곳까지 침입하자, 다급해진 송은 요에게 매년 비단 20만 필과 은 10만 냥을 세폐(歲幣)로 바치고 양국은 형제의 의를 맺는다는 내용의 굴욕적인 조약을 맺었다.

결국 원에 의해 멸망하게 된다. 반면에 고려와는 우호적인 관계를 유지했다. 북송은 멸망의 계기가 된 '정강(靖康)의 변'[5]이 일어나자 고려에 도움을 요청하기도 했다. 그러나 소식(蘇軾)[6]과 같은 이는 고려 또한 위험한 이민족이므로 서적 등의 유출을 막아야 한다고 강력히 주장했다.

문치주의의 또 다른 특징으로는 사회의 안정과 경제적 발전을 들 수 있다. 이 두 가지는 문치주의와 맞물려 서로를 지탱하는 배경이 되었다. 문치주의는 사대부 지식인 계층이 정권을 담당하는 토대가 되었고, 정권이 어느 정도 안정되자 경제와 문화 면에서의 지속적인 성장이 가능하게 되었다. 또 관료로 진출하는 일이 좌절된 사대부 지식인들의 수가 점차 늘어나면서 이들이 향촌사회에 끼치는 영향력 또한 차츰 커져갔다. 즉 사대부들은 처음에 목표로 했던 정치적 지위가 공고해지자 다시 향촌자치의 중심적 역할을 하는 사회적 지위까지 확보하게 된 것이다.

송 왕조가 대외관계의 약세에 따라 엄청난 세폐를 지불하면서도 정권을 유지할 수 있었던 이유는 바로 송대에 비약적으로 발전한 경제력이 있었기 때문이다. 또, 태조의 유훈으로 알려져 있는 '문관을 함부로 죽이지 말라'는 지침은 관료 체제를 위축시킬 수 있는 황제의 간섭을 어느 정도 완화해 주는 역할을 했다. 아울러 사대부 지식인들이 관리로 나아가는 관문이었던 과거제도는 한편으로는 관리 조직의 전반적인 충실화에 기여했고, 또 한편으로는 과거에 급제하지 못하더라도 지식인들이 학문

----

5 정강의 변은 금나라가 북송의 수도인 카이펑을 함락시키고 두 황제인 휘종(재위 1100~25)과 흠종(재위 1125~27)을 볼모로 잡아간 사건이다. 정강의 변은 정치에 소홀하고 대외관계에 제대로 대처하지 못했던 북송의 안일함을 보여주는 사건이다. 이로 인해 결국 북송은 멸망했고, 이후 간신히 남쪽으로 달아난 황족에 의해 남송이 세워지게 된다.

6 소식은 '동파'(東坡)라는 호로 잘 알려져 있다. 아버지인 소순(蘇洵), 동생인 소철(蘇轍)과 함께 당송팔대가(唐宋八大家)에 속하는 문장가이다. 북송 시기에 촉학(蜀學)의 영수였던 소식의 문장은 당시 고려에서도 큰 인기를 끌었다. 송나라의 사신으로 고려를 방문했던 서긍(徐兢)이 남긴 『고려도경』에는 『삼국사기』를 지은 김부식(金富軾)의 아버지인 김근(金覲)이 소식 형제의 문장을 사모해 두 아들의 이름을 김부식과 김부철(金富轍)로 지었다는 일화가 실려 있다.

과 사상의 발전에 기여하게 되는 동인이 되었다. 이러한 몇 가지 요인은 사대부 계층이 짧은 기간에 사회적 지위를 확보할 수 있도록 해주었다. 북송 초기 유가 지식인들의 양산은 이후 사상 면에서 유가 내의 제자백 가라 할 수 있는 여러 학파의 형성으로 이어졌고, 이는 남송 시기에 성 리학 탄생의 단초가 되었다.

송대 유가 내의 제자백가

『십삼경주소』(十三經注疏)[7]는 유가를 대표하는 경전과 그에 관한 주석을 모아놓은 전서(全書)다. 『십삼경주소』에는 우리가 잘 아는 『논어』와 『맹자』 등 13종의 경전이 포함되어 있다. 그중 가장 마지막으로 남송 시기에 유가 경전의 반열에 든 서적이 『맹자』다. 이는 북송 시기의 유가 사상가들이 특히 『맹자』를 중시했던 결과였다. 맹자는 공자가 크게 중시하지 않았던 성, 심, 기 등의 형이상학적인 개념에 주목했던 인물이다. 북송 시기에 유가 내에서 각기 이, 기, 심 등을 중시하는 학파가 형성된 과정에서 맹자는 중요한 역할을 했다.

유가 내의 여러 학파의 형성은 유가사상의 제2의 부흥을 반영한다. 그 첫 번째 요인으로는 앞서 언급한 문치주의와 이에 따른 사대부 계층의 등장을 들 수 있다. 두 번째 요인으로는 절실하게 개혁의 필요성을 인식하던 유가 내부의 사정을 들 수 있다. 세 번째 요인으로는 불교와 도교 등 유가사상에서 이른바 '이단'으로 취급해 온 사상들의 영향을 들 수 있다. 이 가운데 두 번째 요인은 당과 오대를 거치면서 불교와 도교의 세력이 크게 확산된 반면, 유가의 영향력과 지위는 크게 위축되었다는 위기의식을 반영한다. 이렇게 형성된 유가 개혁의 공감대는 첫 번째

----

7 『십삼경주소』는 유가의 대표적인 경전 13종에 대한 주석서다. 13경은 『주역』, 『상서』, 『모시』, 『주례』, 『의례』, 『예기』, 『춘추좌씨전』, 『춘추공양전』, 『춘추곡량전』, 『논어』, 『맹자』, 『효경』, 『이아』이다.

요인인 사대부 계층의 공고화로 혁신을 추진할 힘을 얻게 된다. 세 번째 요인은 곧 유가사상 개혁의 중요한 수단이 되었다.

북송의 유가사상가들은 먼저 사상의 새로운 동인이 될 주요 개념을 유가의 경전에서 찾아냈다. 이렇게 발굴해 낸 개념들의 보완과 재해석은 다시 유가 이외의 사상들에서 도움을 받았다. 하나는『맹자』를 중심으로 한 이, 기, 심 등의 주요 개념으로 압축되었고, 다른 하나는 유가사상에 부족한 부분들을 불교와 도교 등 그간 이단시했던 사상들에서 도입하는 방식이었다.

이상을 요약해 보면 사대부들은 북송 시기에 유가 내에 제2의 제자백가를 만들어낸 사람들이고, 그 결과물은 이, 기, 심 등을 중심 사상으로 삼은 이학(理學), 기학(氣學), 심학(心學) 등 여러 학파의 형성이다. 그러나 이들 학파의 형성은 아직 최종적인 성과가 아니었고, 다시 한 인물과 한 학파를 중심으로 종합하는 과정을 남겨두고 있었다. 아울러 왕조또한 북송에서 남송으로의 전환을 거쳐야 했다.

성리학의 주요 인물들

북송에서 남송에 이르는 성리학의 형성 과정을 학자와 학파를 중심으로 보면 크게 네 단계로 구분할 수 있다. 첫 번째 단계에서는 송대 학술의 선구자라 할 수 있는 몇몇 중요한 학자들이 활동했다. 두 번째 단계에서는 학자와 정치가로서 중요한 업적을 남긴 이들이 활동했다. 이들은 앞 단계 학자들의 뒤를 이어 학자나 정치가로 활동했지만, 후대에 끼친 영향력은 훨씬 크다. 세 번째 단계에서는 학파들의 형성을 볼 수 있다. 학파의 형성에는 여러 요인을 들 수 있지만, 특히 과거제도의 정착을 가장 먼저 언급할 수 있다. 이상은 북송 시기에 진행된 과정들이었고, 세 단계의 연속선상에서 조화와 종합을 시도한 성리학의 완성은 남송 때에 이루어졌다. 이제 이 네 단계의 주요 인물들에 대해 알아보도록 하자.

사대부의 표상이 된 인물들

첫 번째 단계의 인물로는 호원(胡瑗, 993~1059), 손복(孫復, 992~1057), 석개(石介, 1005~45)가 있다. 이들은 송 초의 '세 선생'이라 불린다. 세 사람 모두 학문에 전념하면서도 처신이 청렴하고 의기가 있었다. 이러한 점은 이후 사대부가 갖추어야 할 기본적인 소양이 되었다. 세 사람은 유교 경전을 깊이 연구해 학술적 성과를 드러냈지만, 아직 사상에서의 진전은 크게 눈에 띄지 않았다.

호원은 자신이 살던 오(吳)라는 지방에서 제자들을 가르치며 명성을 얻었고, 후에는 태학에서 학생들을 가르쳤다. 많은 제자를 두었던 호원은 공부해서 성인이 될 수 있다는 견해를 제시했다.[8] 첫 번째 단계에서 호원이 제자 육성에 공헌했다면, 손복은 경전 연구에 이바지한 바가 크다. 손복은 유가 경전 중에서도 『춘추』와 『주역』을 중시했는데, 그의 춘추 해석은 독특해 후대의 해석에 영향을 주었다.

손복은 『춘추』가 포폄, 즉 칭찬과 비난의 말로 구성되었다는 기존의 견해에 반대하고, 『춘추』는 옛 제도와 윤리를 어지럽혔던 일들만 기록했기 때문에 칭찬의 말은 없다고 주장했다. 이러한 주장은 그가 지은 『춘추존왕발미』(春秋尊王發微)(전 12권)에 실려 있다. 손복의 제자인 석개는 젊은 나이에 죽었으며, 불교와 도교를 비판한 「괴설」(怪說)이라는 글을 남겼다. 첫 번째 단계의 호원은 인재 양성에 평생을 바쳐 교육자로서의 모범을 보였다. 손복은 자신만의 견해로 경전을 해석해 학자로서의 모

---

8 이전까지의 유가에서는 감히 성인인 공자와 같은 지위를 꿈꾸기가 어려웠다. 다만 당의 이고와 한유 등 일부에게서 그러한 사고의 단초를 발견할 수 있을 뿐이었다. 누구나 배워서 성인이 될 수 있다는 생각은 호원 이후 주돈이에 이르러 보다 명확하게 제시되었다. 이는 주돈이의 저서인 『통서』(通書)에서 찾아볼 수 있다.

범이 되었고, 석개에게서는 현실적이고 실천적인 면모를 볼 수 있다.

송 초 '세 선생'의 뒤를 이어 주목해야 할 인물들 중에서는 시기적으로 범중엄(范仲淹)이 가장 앞선다. 범중엄은 호원과 손복 이후의 인물은 아니다. 그러나 학자와 정치가의 양면에서 두각을 나타내 이후 사대부의 존경을 받게 되었다. 그가 지은 「악양루기」(岳陽樓記)에 실린 "세상이 근심하기에 앞서 근심하고, 세상이 즐거워한 후에야 즐거워한다"[9]라는 구절은 이후에 사대부들이 그 처신에서 늘 염두에 두는 명제가 되었다.

다음으로 구양수(歐陽脩)는 사대부의 전형이라 할 수 있는 인물이다. 구양수도 범중엄처럼 고위 관직을 지내고 학자로서도 탁월한 인물이었다. 그는 인종(재위 1022~1063)의 명으로 『당서』(唐書)[10] 편찬에 참여할 정도로 학식이 높았다. 그는 또 「붕당론」(朋黨論)을 짓기도 했는데, 이는 당파의 정치적 장점과 긍정적 효과를 주장하는 내용이었다. 구양수의 정치 생활 또한 잘못된 일은 반드시 지적하고 이를 바로잡기 위해 행동에 옮기는 것이어서 내내 탄핵과 좌천이 반복되었다. 그러나 구양수를 사대부의 전형이라고 한 것은 학자나 관료로서가 아닌, 그의 개인적인 취향과 성품을 두고 한 말이다. 서예에 일가견이 있었던 그는 해서체의 독특한 구양수체를 만들어냈다. 고대의 기물이나 비석에 적힌 문장을 연구하는 금석학에도 조예가 깊어 『집고록발미』(集古錄跋尾) 10권을 저술하기도 했다. 정치가나 학자로서 소신을 굽히지 않았던 구양수는 장서 1만 권, 금석문에 관한 문헌 1,000권, 금(琴) 한 대, 바둑판 하나, 술 한 단지 등과 함께 자신의 늙은 몸을 묶어 '육일거사'(六一居士)[11]라는 호를

---

9 "先天下之憂而憂, 後天下之樂而樂." 이를 흔히 '선우후락'(先憂後樂)이라는 성어로 줄여 사용하곤 한다.

10 『당서』는 곧 『신당서』를 말한다. 오대 시기에 처음 편찬된 『당서』는 잘못된 내용이 많고 부실했다. 이에 북송 인종 때에 구양수가 송기(宋祁) 등과 함께 다시 편찬하게 되었다. 이후 먼저 편찬된 것을 『구당서』라 부르고, 구양수 등이 편찬한 것을 『신당서』라 부르게 되었다.

짓기도 할 정도로 낭만적이고 소탈한 면모가 있었다.

두 번째 단계의 인물들은 크게 독창적인 사상을 드러내지는 못했다. 그렇지만 이들은 대체로 관료와 학자라는 두 가지 신분을 가진 학자적 관료로서, 외교와 경제 등의 현실에도 결코 소홀하지 않았다. 또 관직에서 물러난 뒤에는 정치에 관여하지 않고 취미 생활을 즐기는 은자로서의 삶을 살았다. 『자치통감』(資治通鑑)[12]을 지은 사마광(司馬光), 제도 개혁을 도모해 한 시대의 거센 풍랑을 몰고 왔던 왕안석(王安石) 등도 이 단계에 속하는 대표적인 인물들이다.

북송 시기 '다섯 명의 큰 선생님들'

다음 단계에서는 '북송오자', 즉 '북송 시기(대략 11세기) 다섯 명의 큰 선생들'이 등장한다. 이들은 성리학의 탄생과 직접적인 관련이 있다.[13] 북송오자는 주돈이(1017~73), 장재(1020~77), 정호(1032~85), 정이(1033~1107), 소옹(1011~77)을 말한다. 그중 주돈이는 은자와도 같은 삶을 살았던 인물이다. 그에게서 배운 정호와 정이가 아니었더라면 언행과 사상이 전해지기 어려웠을 정도로, 살아 있던 동안에는 세상에 크게 이름을 떨친 인물이 아니었다.

북송의 황정견(黃庭堅)은 '비 갠 뒤의 맑은 바람과 깨끗한 달'이라는 뜻의 '광풍제월'(光風霽月)이라는 말로 주돈이의 인품을 표현했다. 「애련설」(愛蓮說)은 이러한 그의 성품을 알 수 있는 대표적인 작품이다.

----

11 『문충집』(文忠集) 권44에 실린 「육일거사전」에 보인다.

12 『자치통감』은 『통감』이라고도 하며, 총 294권으로 이루어진 편년체 역사서이다. 주(周) 위열왕 때인 BC 403년부터 후주 세종 때인 960년에 이르는 1,362년간의 역사가 기술되어 있다.

13 주희가 지은 『이락연원록』(伊洛淵源錄)은 본격적인 철학사를 다룬 최초의 저술이다.(『장자』 「천하」에도 일종의 철학사와 같은 내용들이 기술되어 있기는 하다.) 『이락연원록』은 주돈이, 정호, 정이 등 이학의 선구자들과 그 제자들의 언행을 기술해 성리학의 연원을 밝힌 책이다.

물과 뭍에서 나는 풀과 나무의 꽃 중에는 사랑할 만한 것이 매우 많다. 진(晉)의 도연명은 홀로 국화를 사랑했고, 당나라 이래로 세상 사람들은 모란을 크게 사랑했다. 나는 홀로, 연꽃이 진흙에서 나오지만 더럽혀지지 않고, 맑은 물에 씻기어도 요염하지 않고, 가운데는 비어 있고 바깥은 곧으며, 넝쿨지지도 않고 가지도 뻗지 않고, 향기가 멀리 가는 데다가 맑기까지 하며, 꼿꼿이 맑게 서 있어서, 멀리서 바라볼 수는 있지만 손에 쥐고 희롱할 수는 없음을 사랑한다. 내 말하길, 국화는 꽃 중의 은자요, 모란은 부귀한 꽃이라면, 연꽃은 꽃 중의 군자이다. 아! 국화를 사랑한다는 사람은 도연명 이후로 거의 듣지 못했는데, 나와 함께 연꽃을 사랑할 이는 누구인가? 모란을 사랑할 사람들은 당연히 많으리라.[14]

주돈이는 또 "성인은 하늘과 같아지기를 바라고, 현인은 성인이 되기를 바라고, 선비는 현인이 되기를 바란다"[15]라고 하여 누구나 공부의 목표를 성인의 추구에 두어야 한다고 생각했다. 또 그가 가르치던 정호와 정이 형제에게도 "늘 안회와 공자가 어느 부분에서 즐거워하고 어떤 일을 즐거워했는지를 찾아보라"고 했다.[16] 주돈이가 지은 「태극도설」(太極圖說)과 「태극도」는 도교로부터 영향을 받았음을 부정할 수 없다. 그러나 주돈이를 이학의 선구자로 추존하면서 「태극도」와 「태극도설」의 가치를 중시했던 주희는 도교와의 관련성을 인정하지 않았다. 이는 「태극도설」이 성리학의 우주론 구축에서 결코 포기할 수 없는 내용이었으나 다른 한편 새로운 유학의 정립을 위해 도교와 불교를 배척해야만 했던 주자학

---

14 水陸草木之花, 可愛者甚蕃. 晉陶淵明獨愛菊, 自李唐來, 世人盛愛牡丹. 子獨愛蓮之出淤泥而不染, 濯淸漣而不妖, 中通外直, 不蔓不枝, 香遠益淸, 亭亭靜植, 可遠觀而不可褻玩焉. 子謂菊, 花之隱逸者也, 牡丹, 花之富貴者也, 蓮, 花之君子者也. 噫! 菊之愛, 陶後鮮有聞, 蓮之愛, 同子者何人? 牡丹之愛, 宜乎衆矣.

15 『통서』: 聖希天, 賢希聖, 士希賢.

16 『정씨유서』(程氏遺書): 每令尋顔子 · 仲尼樂處, 所樂何事.

(성리학)의 갈등이 반영된 결과다.

장재는 '기'(氣)를 중심으로 만물의 생성과 소멸의 원리뿐 아니라 인성까지도 설명하는 새로운 틀을 제시했다. 그는 자신이 이러한 사상 체계를 누구에게 배운 것이 아니라 "고심 끝에 스스로 터득한 것"이라고 주장했다.[17] 그의 저서인 『정몽』(正蒙)에는 '기'를 중심으로 전개되는 독특한 사상 체계가 담겨 있다. 장재는 "태허(太虛)에는 기가 없을 수 없고, 기는 모여서 만물이 되지 않을 수 없으며, 만물은 흩어져서 태허로 되지 않을 수 없다"고 말했다. 이는 기가 가득한 '태허'라는 공간으로부터의 기의 유출과 유입이 만물의 생성과 소멸의 근원이며, 이것은 필연적인 과정이라고 말하는 것이다. 그는 기의 연쇄적인 움직임에 따라 만물이 생겨나고 소멸하는 과정을 얼음과 물의 변화에 비유하기도 했다. "기가 태허에서 모이고 흩어지는 것은 얼음이 물에서 얼고 녹는 것과도 같으니, 태허가 곧 기임을 알면 무(無)란 없는 것이다." 이러한 이론은 "천하의 만물은 유(有)로부터 생겨나고, 유는 무로부터 생겨난다"(『노자』 제40장)고 하는 도가의 사상을 유가의 논리로써 반박할 근거를 제공한 셈이었다.

장재는 인간의 본성에 관한 문제 역시 '기'로써 해결하고자 했다. 그는 인간이 하늘로부터 부여받은 본래의 성품은 극히 선한 것이라고 보았다. 그러나 현실의 인간들은 제각기 나름대로의 성품을 가진 듯이 보인다. 장재는 이 문제를 해결하기 위해서 '성'(性)을 두 가지로 구분했다. 즉 본래 하늘이 부여한 지극히 선한 본성은 '천지지성'이다. 또 기에 의해 인간의 육체가 만들어지면서 기의 각기 다른 작용에 따라 개인들이

---

17 정호와 정이의 제자인 양시(楊時)는 장재의 학문이 정씨(程氏)에게서 나왔다고 주장한다. 또 장재의 제자인 여대림(呂大臨) 역시 장재가 정씨 형제와 만나 담론한 후 자신의 학술을 모두 버리고 정씨 형제의 학문을 배웠다고 말한다. 그러나 양시는 본래 정씨 형제의 제자이고, 여대림은 장재가 죽은 후에 정씨 형제의 문하에 들어가 큰 제자로 인정받았던 인물이다. 따라서 두 사람의 주장은 자신의 스승을 높이기 위한 것이라고 볼 수 있다. 주희 또한 장재의 학문이 스스로 고심 끝에 얻은 것이라 말하고 있다.

차별적으로 부여받은 성은 '기질지성'이다. 이와 같은 '성'의 이원화는 '이'를 중심으로 한 학파의 반대를 야기했다. 그러나 성의 이원화는 첫째로 천지와 인간의 관계에 입각한 이상과 현실의 문제점을 논리적으로 해결할 수 있었고, 둘째로는 기질지성으로부터 천지지성으로의 회복, 즉 '수양'의 당위성에 대한 합당한 설명을 가능하게 했다. 기를 중심으로 한 장재의 우주론과 인성론은 생존 시에는 크게 인정받지 못했고, 계승자도 없었다. 그러나 '기 중심론'이 주희에 의해 유가사상의 미비한 부분들을 보완할 수 있는 내용들 위주로 받아들여지면서, 성에 대한 이원적 시각과 수양론은 성리학의 중요한 토대로 활용되게 되었다.

장재의 '기 중심론'은 현실적으로는 옛 주나라 제도의 회복으로 제시되었다. 구체적으로는 종법제, 정전제, 봉건제 등의 회복을 주장했다. 그러나 이러한 제도들이 현실적으로 실현되기는 어려웠다. 옛 제도와 예법을 회복하자는 주장은 결국 현실에서 유가의 이상사회 구현을 목표로 삼는 것이었다. 장재의 다음과 같은 언급은 방법론적 현실성은 차치하더라도, 그의 이념이 지향하는 이상사회가 분명한 목표 의식에 따른 것이었음을 보여준다. "천지를 위해 마음을 세우고, 백성들을 위해 도를 세우고, 옛 성인들을 위해 끊어진 학문을 잇고, 후세를 위해 태평한 세상을 연다."(『근사록』(近思錄))

장재의 기 중심적 세계관은 형제 철학자인 정호와 정이에게서는 환영받지 못했다. '이'를 중심에 둔 정씨 형제의 사상 체계에서는 '기' 중심의 사상을 받아들이기가 어려웠던 것이다. 형인 정호는 도를 밝혔다는 의미로 '명도선생'(明道先生)이라 불렸고, 동생인 정이는 '이천선생'(伊川先生)이라 불렸다. 또 두 사람을 함께 '이정자'라 부르기도 한다. 두 사람은 북송의 이학을 대표하는 인물이고, 정이는 자신과 형의 사상이 한 치도 다르지 않다고 말했다. 그러나 정호와 정이의 사상은 공통점과 차이점을 갖는다. 정호는 "나의 학문이 비록 전수받은 바가 있기는 하지만, '천리'(天理)라는 두 글자는 나 스스로 체득한 것이다"(『이정외서』(二程外

書))라고 말했다. 정호의 '천리'가 선과 악 모두를 아우르는 것이라면, 정이의 '이'는 보다 엄격하고 단호하다.

정이는 "성은 곧 이다"라고 단정한다. 정이의 '이'에 악이 들어갈 소지는 없다. 따라서 정호가 "타고난 그대로를 성이라고 한다. …… 선은 본래 성이다. 그러나 악 또한 성이 아니라고 할 수는 없다"라고 말한 데 반해, 정이는 인간의 본성은 하늘이 부여한 것이라는 전제 위에서 인간의 성은 반드시 선한 것이라고 주장한다. 이처럼 철저한 '이 중심적' 사고는 인간 개개인에게도 엄격하고 철저할 수밖에 없다. 따라서 정이는 의탁할 곳 없는 과부의 재혼 여부를 묻는 질문에 대해 "굶어 죽는 것은 지극히 작은 일이고, 절개를 잃는 것은 지극히 커다란 일"이라고 대답했던 것이다.

정호와 정이는 성품과 기질 또한 서로 달랐다. 정호가 온화하고 너그러운 데 반해 정이는 매사에 원리를 따지고 자신에게나 타인에게나 엄격했다. 두 사람이 함께 제자들을 이끌고 유숙할 적에 모든 제자들이 정호를 따라가고 정이를 좇는 이는 아무도 없었다는 일화가 전한다. 두 사람의 이러한 성품의 차이는 그들의 수양론에서도 드러난다. 정호는 만물과 일체가 되는 '인'(仁)의 체득을 강조한다. 이는 하늘과 사람의 구분을 반대하는 다분히 직관적인 수양론이다. 그러나 정이는 끊임없는 마음의 절제와 이치의 탐구를 통한 본성의 회복을 주장한다. 이때의 본성은 곧 '이'다. 이와 같은 차이점들이 정호가 심학에 영향을 끼치고 정이가 이학에 영향을 끼치는 방향으로 각기 다르게 발전했다고 보는 학자들도 있다. 그렇지만 주희가 정씨 형제 모두를 성리학의 선구자로 존중하면서도 특히 정이를 중심으로 성리학을 종합한 것은 틀림없는 사실이다.

성리학의 완성자 주희

주희(1130~1200)가 나고 자란 곳은 지금의 푸젠성(福建省)에 해당하는 민(閩) 지역이다. 14세에 아버지를 여읜 주희는 아버지의 유언에 따

겸재(謙齋) 정선(鄭敾, 1676~1759)의 「정문입설도」(程門立雪圖) 정이의 제자인 유작(游酢)과 양시가 스승에게 인사를 드리러 갔는데, 마침 정이는 눈을 감고 사색에 몰두하고 있었다. 한참 후에야 눈을 뜬 정이가 바라보니, 서 있는 두 제자의 무릎까지 눈이 쌓여 있었다는 고사가 '정문입설'이다.(국립중앙박물관 소장)

라 충안(崇安)의 세 선생[18]을 찾아 이주했다. 이들은 주희의 아버지 주송(朱松)과 함께 공부했던 사이였다. 그러나 주희에게 큰 영향을 끼친 스승은 주송의 또 다른 동문인 연평(延平) 이통(李侗, 1093~1163)이었다. 북송 정이의 학문을 계승한 이통 또한 만년에 얻은 제자가 남다름을 알고 큰 기대를 걸었다. 주희의 사상은 일생을 두고 몇몇 인물들의 계발과

----

18 호헌(胡憲, 1086~1162)과 유면지(劉勉之, 1091~1149), 유자휘(劉子翬, 1101~47) 세 사람을 말한다. 주희는 유면지의 장녀와 혼인하고 3남 5녀를 두었다.

교유에 의해 다음 단계로 나아가는 성장의 발판을 마련할 수 있었다. 이통이 그 첫 번째 인물이었다면, 이후의 인물로는 남헌(南軒) 장식(張栻, 1133~80)과 여조겸(呂祖謙, 1137~81), 육구연(陸九淵, 1139~92) 등을 들 수 있다.

1148년에 19세의 나이로 과거에 급제한 주희는 이후 24세 때에 취안저우〔泉州〕 퉁안현의 주부로 관직 생활을 시작했다.[19] 퉁안현의 주부로는 4년간 재임했다. 주희는 이후 49세의 나이에 남강군의 지사로 부임하기 전까지 약 20년간 사록관을 지냈다. 사록관은 도교 사원을 관리하는 직책인데, 실제로 부임하지 않아도 봉급을 받을 수 있었기 때문에 주희는 대부분의 시간을 학문과 교육에 전념할 수 있었다. 다시 외직으로 나가 남강군 지사로 부임했을 때에는 폐허가 된 백록동서원을 복구하고 학생들을 가르쳤다. 서원에서의 가르침의 대강을 규정한 「백록동서원게시」는 주희가 직접 옛글에서 핵심이 되는 내용들을 뽑아 작성한 것으로, 이후 서원들의 학규 제정에 모범이 되었다. 주희는 백록동서원에 육구연을 초청해 강연을 듣기도 했다.

육구연은 주희의 이학과 달리 마음에 근간한 심학을 주장한 인물이다. 주희와 육구연의 만남은 여조겸의 주선으로 이루어졌다. 북송 때부터 여러 재상을 배출한 명문가 출신인 여조겸은 너그러운 성품으로 당시의 많은 인물들과 교유했다. 주희와는 1175년에 만나 함께 40여 일을 지내며 북송 시기 네 선생(주돈이, 정호, 정이, 장재)의 어록을 발췌한 『근사록』을 편찬하기도 했다. 주희는 지금의 장시성〔江西省〕 남단에 위치한 아호사(鵝湖寺)에서 육구연을 만날 수 있었다. 정이의 '성즉리'를 계승한

----

19 퉁안현은 지금의 샤먼〔厦門〕에 속하며, 푸젠성의 남동쪽 해안에 자리 잡고 있다. 주희가 살던 건주(建州)는 푸젠성의 정중앙에서 위쪽에 위치한다. 주희는 건주에서 퉁안현으로 부임하러 가는 길에 처음으로 이통을 만나 가르침을 받았는데, 그때 이통의 나이는 61세였다. 이통과는 이후 주희가 31세 때와 33세 때 등 모두 세 차례의 만남을 갖고 가르침을 받았다.

주희에게, 마음이 곧 이치라는 '심즉리'를 주장하는 육구연은 최대의 논적이었다. 아호사에서 펼친 두 사람의 논쟁은 결국 서로의 사상적 차이만을 확인한 채 끝났지만, 만남의 가장 큰 성과는 두 사람이 서로를 인정했다는 점이다. 아호사의 논쟁 후 다시 6년이 지나 주희의 초청으로 백록동서원을 찾은 육구연은 『논어』의 "군자는 의에 밝고 소인은 이익에 밝다"라는 문장을 주제로 강의했다. 서원의 학생들과 주희는 육구연의 강연에 감동을 받아 그 내용을 적은 비석을 만들기도 했다.

장식은 주희에게 가장 큰 학문적 계발을 가져다준 동료였다. 장식의 아버지는 승상을 지낸 장준(張浚)이었다. 장식은 당시 호상학파(湖湘學派)의 영수였던 호굉(胡宏)에게서 배웠는데, 북송의 정씨 형제 중 형인 정호의 입장에 가까웠던 호상학의 이론은 장식에 의해 주희가 장년을 전후해 학문적인 성장을 하는 데에 큰 영향을 주었다. 주희는 장식, 여조겸, 육구연 등과 학문적으로 교유하며 독자적인 사상 체계를 정립할 수 있었으나, 만년에는 그의 사상에 대한 탄압으로 불우한 나날을 보내야 했다. 그러나 불우했던 만년에도 젊은 시절부터 지속해 온 경전의 연구와 저술은 중단하지 않았다.

이렇게 집대성한 주희의 사상 체계는 여러 제자가 있어 계승될 수 있었다. 주희보다 다섯 살 연하로 제자이자 친구이며 사돈을 맺기까지 한 채원정(蔡元定)은 특히 『주역』에 밝았다. 채원정의 아들이자 주희의 셋째 사위인 채침(蔡沈)은 4서 3경 중 주희가 미처 주석을 완성하지 못한 『서집전』(書集傳)을 뒤이어 완성했다. 주희의 글을 보고 주희의 사상에 매료되었던 북계(北溪) 진순(陳淳)은 비록 주희에게 직접 가르침을 받은 기간은 짧지만, 주희의 사상을 가장 잘 이해한 인물이었다. 그가 성, 명, 도, 경 등 성리학의 주요 26개 범주에 대해 해설한 『북계자의』(北溪字義)(『성리자의』(性理字義)라고도 한다)는 성리학의 개념뿐 아니라 주희가 주석한 『사서집주』의 이해에도 큰 도움이 된다.

중년까지의 공부와 깨달음을 성리학으로 집대성하고 만년에 이르도

주희의 글씨 탁본 주희는 글씨에도 능했고 시도 많이 남겼다. 이러한 점은 정이를 계승했으면서도 정이와는 크게 다른 모습이다.

록 제자들과 함께 연구하던 주희는 재상인 한탁주(韓侂胄)에 의해 '경원당금'(慶元黨禁)이라는 탄압을 받았고, 그의 사상은 '위학', 즉 '거짓된 학문'이라 하여 탄핵의 대상이 되었다. 그 와중에 유배된 채원정이 죽고 제자들 중에서도 교류를 끊는 이들이 나타나는 등 결코 순탄치 못한 상황 속에서 주희는 죽었다. 그러나 그가 종합한 성리학은, 이후 원나라에서 과거시험의 교재로 주희의『사서집주』등을 채택하면서 공식적으로 인정받게 되었다.

성리학의 주요 이론들

남송의 성리학은 북송의 이학을 계승하면서 다른 사상과 주장들을 종합한 것이다. 이러한 성리학의 연원은 일종의 도통(道統) 의식과 맞물려 매우 중요한 문제로 다루어졌다. 따라서 성리학은 여러 다른 명칭으로 불리기도 한다. 유학자들의 도통 의식은 이미 맹자와 한유 등에게서 보이기도 하지만, 불교나 도교의 영향을 받는 한편으로 불교와 도교를 견제하기 위한 목적도 있었다. 후자는 불교와 도교에 대한 강한 배척 의식으로 이어지며, 성리학의 주요한 이론 중의 하나가 되었다. 또한 주희는 정이의 '성'(性)과 '이'(理)를 '성리학'으로 종합하면서, 정이가 탐탁찮게 여겼던 '기'나 '심'의 이론 또한 균형적인 시각에서 일정 부분 받아들였다. 아래에서는 위와 같은 성리학 이론의 주요 특징들에 대해 알아보고자 한다.

성리학의 여러 명칭과 사상의 전수 과정

'성리학'은 '주자학'과 함께 사용되는 용어다. 전자는 이 학문이 성과 이에 관한 것임을 뜻하고, 후자는 성리학이 주자, 곧 주희가 종합한 것임을 뜻한다. '도학'은 보다 포괄적인 의미에서 사용하던 용어였다. 북송 시기에는 이학뿐 아니라 심학이나 기학 등 유가 내의 다른 학파들까지도 모두 '도학'에 포함된 것으로 보았다. 그러나 성리학이 중심적인 지위를 차지하게 되면서, 차츰 '도학' 내지 '도학자'는 곧 주자학과 그 신봉자들을 가리키는 용어가 되었다. '정주학'이라는 용어는 주희가 정씨 형제의 이학을 중심으로 성리학을 종합한 사실을 부각한 것이다.

'민학'은 성리학이 민 지역에서 종합된 것을 부각한 용어다. 정씨 형제의 제자인 양시가 자신의 고향인 민 지방으로 내려온 후, 동향의 제자들에게 전수되어 역시 동향인 주희에게까지 이른 것이다. 성리학은 또 '도남학'(道南學)이라는 용어로 지칭되기도 한다. 이는 정호가 고향으로 돌아가는 제자 양시를 전송하면서 "내 도가 남쪽으로 가는구나"라고 말한 데서 연유한다. 따라서 '도남학'은 북방에서 발생한 이학이 남방으로 전파된 것을 상징하는 말이기도 하다. 그러나 정호는 사실 후한 말기의 학자인 마융(馬融)이 제자 정현(鄭玄)을 전송하면서 했던 말을 그대로 따라한 것이었다.

양시는 호가 구산(龜山)이어서 구산 선생이라 불렸다. 그는 정씨 형제의 제자들 중에서도 가장 뛰어난 네 제자들[20] 중 한 명이었고, 장수한

덕에 북송과 남송을 거치며 제자들을 가르칠 수 있었다. 양시가 민 지역으로 돌아오자 많은 이들이 찾아왔는데, 그중에서도 양시의 인정을 받았던 제자는 나종언(羅從彦)이다. 나종언은 이미 마음을 고요하게 하여 이치를 궁구하는 방법을 공부했는데, 이러한 방식은 그의 제자인 연평 이통에게로 이어진다. 이통은 젊은 시절에 혈기가 넘치고 술도 잘 마셨으나, 나종언에게 배운 이후로는 아예 세상과 단절된 생활을 하며 내면의 공부에 힘썼다. 처음 북송에서 시작된 정씨 형제의 이학은 양시를 통해 남쪽으로 전해졌고, 다시 나종언과 이통을 거쳐 주희에게로 전해졌던 것이다.

불교 및 도교와의 관계

성리학은 불교와 도교의 사상을 끌어들여 유가사상을 혁신한 것이었다. 그 배경으로는 사상으로서 유가에 미비한 부분들이 불교와 도교에는 있었다는 점과 새로운 변화를 강구할 만큼 유가사상이 위축되어 있었다는 점을 들 수 있다. 이미 당 왕조의 전성기에 불교와 도교는 세력을 크게 키워갔다. 도교는 당 황실에 의해 숭상되었다. 불교는 기원 전후에 대승불교와 소승불교가 뒤섞여 유입되며 아직 체계적인 사상 정비에 눈을 돌릴 여유가 없었는데, 당 왕조에 와서는 활발한 역경 사업과 경제적 지원 등을 등에 업고 자체적으로 선종을 만들어낼 정도가 되었다. 특히 당 말 오대를 거치면서 선종이 크게 유행했다. 이는 제식을 위한 특별한 기물이나 심지어는 사찰, 불상조차 없더라도 마음만 깨달으면 누구나 부처라는 선종의 교리가 전쟁으로 인해 궁핍할 수밖에 없는 시대상과 맞아떨어졌기 때문이다. 반면에 이 시기를 거치면서 유가는 자연히 더욱

----

20 정씨 형제의 가장 뛰어난 네 제자로는 사량좌(謝良佐), 양시, 유작, 여대림을 꼽는다. 이 중 사량좌는 주로 정호의 사상을 계승했고, 여대림은 본래 장재의 제자였다가 장재가 죽은 뒤에 정씨 문하로 들어왔다.

위축될 수밖에 없었다. 한마디로 유가는 혁신이 필요했다.

송대의 유가사상은 불교와 도교의 영향에 힘입은 바가 크다. 그러나 많은 유가사상가는 유가가 이단의 사상을 차용했다는 지적에 대해 적극적으로 부정했다. 나아가 이단 사상의 폐해와 잘못에 대한 지적에 사명감을 갖고 적극적인 의사를 표명하곤 했다. 이미 당 왕조의 한유가 「논불골표」(論佛骨表)라는 불교 배척의 상소문을 지었고, 북송의 구양수는 한유를 이어 「본론」(本論)을 지었다. 전자는 불교 숭상에 따른 민생의 어려움, 사리를 숭상하는 불교 교리의 어리석음 등을 들어 강한 어조로 비판했다. 후자는 불교와 유가의 차이점을 예(禮)로 규정하고 유가가 중시하는 인륜의 가치를 강조했다.

정호와 정이, 주희 등은 모두 한때 불교의 교리와 선승의 어록 등을 공부하기도 했다. 따라서 이들은 자신들의 불교 비판이 불교에 대한 정확한 이해에 근거한 것이라고 주장했다. 정호는 불교가 사람의 탄생과 노화 및 죽음 등을 두려워하고 초월하려는 자세를 비판한다. 삶과 죽음은 자연스러운 현상이니 그 이치를 알면 두려워할 것이 없는데, 이를 모르는 부처는 죽음을 두려워해 피하려 한다는 것이다. 이러한 비판은 특히 당시에 유행했던 선종을 중심으로 한다. 초목과 짐승이 모두 환상이고 인생은 헛되다는 선종의 교리는 세상을 제대로 보지 못하는 것이라고 말한다. 이처럼 불교 경전과 교리에 조예가 있는 이들 또한 인륜에 근거한 비판을 중시했다. 이민족의 옷을 입고 부모와 자식 사이의 관계를 끊는 불교는 인간이 지켜야 할 윤리를 파괴해 사회의 보존에 해악이 될 뿐이라는 것이다.

주돈이의 「태극도」와 「태극도설」은 공자가 만든 원시유가가 미비한 우주와 본체에 관한 이론으로 발전했다. 우주론이나 본체론의 제시는 사회규범으로서의 유가가 한 단계 도약해 사상으로서의 면모를 갖추는 데 일조했다. 따라서 성리학자들은 「태극도」와 「태극도설」을 이용해 형이상학적 이론의 구축에 매진하는 한편, 「태극도」와 「태극도설」의 유래가 도교라는 사실을 부정하는 데도 열심이었다. 이는 주희 역시 마찬가지였다. 주돈이는 「태극도설」의 서두에서 "무극으로부터 태극이 나온다"라는 명제를 제시했다. 「태극도」와 「태극도설」은 여러 판본이 존재했는데, 후에 주희에 의해 확정된 하나의 판본으로 통일되어 유통되었다. 여기서 위의 명제는 "무극이 태극이다"로 바뀌게 된다. 이는 주돈이의 언급이 태극 이전에 무극이 존재함을 말함으로써 마치 무로부터 유가 생겨난다는 도가의 주장과도 같아 보임을 염려한 결과로 볼 수 있다. 성리학이 불교와 도교라는 이단 비판에 온 힘을 쏟고 또 그로부터 자기 혁신의 원동력이 될 내용들을 끊임없이 염탐했던 사실은 어쨌거나 유가가 불교 및 도교와 줄곧 어깨를 맞대고 상대하며 서로 의식했음을 반영하는 것이다. 유불도 각각의 사상 일각에서 삼교 융합의 주장이 생겨나곤 했던 것 또한 마찬가지의 이유에서 발생한 일이다.

성(性)과 이(理), 인성론과 지식론에의 적용

정이가 제시한 '이 중심론'은 눈에 보이는 사물이나 육체가 아닌 무형의 '이'가 진정한 본체라고 주장한다. 이에 따르면 '기'는 단지 사물의 형체를 구성하는 물질일 뿐이지 본체는 아닌 것이다. '기 중심론'인 장재의 입장은 이와 반대라고 할 수 있다. 반면에 주희는 만물의 물질적 구성은 '기'가 담당하지만 '기'는 본체인 '이'가 지배한다고 보았다. 이는 기와 이 어느 한쪽을 배제하지 않으면서 이 중심으로 기의 장점을 포섭한 것이다. 정이의 사상이 "성은 곧 이다"라는 주장을 중심으로 한다면, 주희의 주장은 '성은 곧 이다'라는 명제를 '이일분수'(理一分殊)의 문제와 함께 보려는 것이다.

'이일분수'는 북송 때에 처음으로 사용된 용어로, 불교 화엄종의 사상을 반영해 전체와 부분을 통일적으로 보려는 것이었다. 성리학에서 '이일'(理一), 즉 '하나의 이'는 곧 본체로서 절대적인 지위를 갖는 이를 말하는 것이다. 이 '하나의 이'는 '분수'(分殊), 즉 분화된 만물과 별개의 것이 아니라 그 원리로서 늘 함께 작용한다.

인성론은 인간의 본질에 관한 논의와 현실에서의 모순 및 그 해결 방안까지 관련된 종합적인 문제이다. 정이에게서는 아직 인간이 품부한 본성이 곧 지극히 선한 하늘의 성으로부터 나왔다는 사실만이 주로 강조된다. 그러나 장재가 성을 '기질에 따른 성'과 '하늘이 부여한 성'의 두 가지로 구분하자, 절대적인 '이'가 개별 인간들에게 각기 다른 양상으로 드러나는 이유에 대한 설명이 가능해졌고, 이는 자연스럽게 수양론에 대한 인식과 집중으로 이어졌다. 물론 정이는 기가 만물의 본체여서 한 번 만물로 분화된 기가 흩어졌다가 다시 모여 만물을 이룬다는 이론에 반대했을 뿐만 아니라, 성을 두 가지로 나누려는 생각에도 반대했다. 그러나 '성즉리'가 '이일분수'까지도 고려하고 이원화된 성이 수양론의 중시로 이어지자, 다시 자연스럽게 유가 윤리의 절대적인 가치가 확인되는 결과를 낳게 되었다. 이는 주희뿐만 아니라 정호와 정이 등도 그토록 염원했던 유가 윤리의 사회적 실현이라는 유가의 이상사회에 한 걸음 가까워진 것이었다.

성리학의 지식론 역시 유가 윤리의 사회적 실현과 관련이 깊다. 앎은 실천으로 옮겨져야 하기 때문이다. 알기만 하고 실천하지 않는다면 알지 못하는 것과 다를 바 없다. 따라서 성리학의 지식론은 그 자체로서도 진전된 의미를 갖지만, 또 유가 윤리의 실천이라는 다음 단계의 목표와도 밀접한 관련이 있다. 성리학자들은 대개 전자에 보다 이끌리는 모습을 보이지만, 양명학자들에게는 '앎과 실천의 합일'〔知行合一〕이라는 후자의 문제가 중요했다. 그러나 주희의 경우에는 '앎과 실천'을 함께 강조하는 모습이 보이기도 한다.

이후 성리학의 전승과 의의

주희 이후의 성리학은 원(元, 1271~1368)에 와서 관학의 지위에 올랐다. 이데올로기가 실질적인 힘을 얻게 된 이후로 성리학은 사상 면에서 큰 발전을 이루지 못하게 되었으며, 오히려 명 왕조를 거치며 양명학이 크게 유행하게 되었다. 그러나 고려 때에 원으로부터 수입되어 조선에서 이데올로기로서의 권위를 확보하게 된 성리학은 사상의 이론 면에서도 보다 정치한 연구가 나오면서 사회와 문화 전반에서의 영향력 또한 크게 강화되었다.

조선의 성리학

조선의 성리학은 크게 세 차례의 눈에 띄는 시기를 거치며 명실상부한 조선의 학문으로 자리를 잡았다. 첫 번째 시기는 성리학의 이념화 작업이 진행되던 때다. 이 시기는 조선 왕조의 건국 세력과 밀접한 관련이 있다. 대토지를 소유하던 고려의 귀족 사회가 해체되고 중소 지주층을 기반으로 한 사대부 세력이 조선에서 등장하는 양상은 흡사 당이 몰락하고 송이 등장하던 시기와도 유사하다. 이 시기에 송에서는 사대부의 등장과 함께, 유가사상 내의 다양한 주장들이 제기되는 제2의 제자백가 시대를 맞았다. 앞서 살펴본 바와 같이 그 현실적인 목적은 아직 안정되지 못한 사대부 계층이 지위를 공고하게 하려는 것이었다. 그렇다면 조선 왕조의 건국 세력은 어떠했을까? 이들 역시 목적은 새 왕조에 걸맞은 새로운 사회체제의 구성과 건국 세력의 계층적 지위 확보였다고 할 수 있다. 성리학은 그 수단이었던 셈이다.

두 번째 시기는 성리학이 사회적·문화적으로 권위를 확보하는 때다. 대체로 임진왜란을 전후해 사회적·문화적 변화가 컸으며, 이 시기를 틈타 성리학의 사회적·문화적 권위는 보다 적극적인 양상으로 변해 갔다. 가령 제사나 재산 분배 등 종족 내의 질서는 임진왜란 이후에 보다 보수적인 양상을 보인다. 뒤집어 생각해 보면, 우리가 현재 알고 있는 유교 예법과 제도 등의 고지식한 측면이 사실 임진왜란 이후부터 시작된 것으로, 생각보다 짧은 역사를 가진다는 것을 알 수 있다. 이 시기의 조선 성리학은 마치 북송의 여러 유가 학파가 북송의 멸망을 거친 후 성리학으로 종합되어 보다 안정적인 틀을 갖게 되듯이 임진왜란 이후의 불안정한 사회에서 보다 영향력을 갖게 되었다.

첫 번째 시기의 주요 인물들은 곧 조선 왕조의 개국공신들이며, 정도전(鄭道傳), 조준(趙浚), 권근(權近), 하륜(河崙) 등을 대표적으로 들 수 있다. 이들은 서로 상황에 따라 협력 또는 대립하며 조선의 개국과 왕조 초기의 정권 안정에 공을 세웠다. 이들은 새 왕조 건설이라는 실질적인 사업을 우선적으로 진행했는데, 이 과정에서 조선 초기 성리학의 이데올로기화와 실권의 확보는 새 왕조 건설의 부차적인 내용이었다. 사대부 세력의 공고화는 사대부 전체의 지위 향상을 도모했다기보다는 개별

매천(梅泉) 황현(黃玹, 1855~1910)의 초상 보물 제1494호. 대한제국을 전후한 시기에 최고의 초상화가로 알려진 채용신(蔡龍臣, 1850~1941)의 그림이다. 황현은 대한제국이 멸망하자 유서를 남기고 자결했다. 그림 속의 황현이 쓰고 있는 것은 정자관(程子冠)이다. 정자관이라는 명칭은 북송의 정호, 정이 형제가 늘 쓰고 있던 데에서 유래했다. 정자관은 특히 조선의 양반들이 평상시에 애용했다.

적인 야심가와 파벌들 간의 협력과 제압이라는 형태로 진행되었다. 이는 북송 초기 사대부 계층과의 차이점이다.

두 번째 시기에는 퇴계(退溪) 이황(李滉), 율곡(栗谷) 이이(李珥), 남명(南冥) 조식(曺植) 등 걸출한 사상가들의 등장으로 성리학 이론이 보다 세밀해지고 분화되는 한편, 의례와 보학(譜學) 등 예와 관련된 학문도 유행했다. 보학은 종법제와 관련이 있고, 의례에는 각종 제례와 사회제도가 포함된다. 종법제와 각종 제례, 사회제도 등은 성리학의 사회적 실천과 관련이 있다. 따라서 임진왜란 이후의 조선 사회에서는 성리학이 단지 이념과 학문으로서가 아니라 실제 제도로서 사회 전반에 녹아들기 시작했음을 알 수 있다. 제사와 재산 상속 등에서 여성에 대한 차별이 심해지고 장자 중심의 제사문화가 고착된 것 역시 이 시기를 전후한 일이다.

첫 번째 시기에 이념의 정착을 도모했던 조선의 성리학은 두 번째 시기에 와서 사회제도와 문화로서의 역량을 크게 키웠다. 마지막으로 지금까지와는 전혀 다른 문제인 외세와의 대립 속에서, 이념과 사회적 실천의 양면 모두에서 누적된 스스로의 문제점을 노출하게 된 때가 세 번째 시기이다.

현대 동아시아 사회와 성리학

한때 동아시아 각국이 급속한 경제 발전을 이룬 추동력을 전통의 유교문화에서 찾는 이론이 있었다. 이는 유교와 자본주의를 결합해 설명하려 했기에 '유교자본주의론'이라 불렸다. 유교자본주의론에 앞서서는 '유교망국론'이 이야기되기도 했다. 이는 사대주의와 허례허식 등 안팎에서 나라를 멸망으로 이끈 각종 요인에 유교의 책임을 물으려는 것이었다. 유교망국론이나 유교자본주의론 모두 공자의 원시유학이 아닌 주희에 의해 종합된 성리학을 대상으로 한다. 또 성리학을 긍정하는 입장에서 성리학의 이념을 현대 사회에서 재해석하자고 주장하는 일군의 학파를 '현대 신유가'라 부른다. 현대 신유가의 인물들은 전통 사회에서 성리학의 공고화나 사회적 실천을 주장하던 이들과는 다르다. 즉 현대 신유가는 주로 학문의 영역으로 제한된다.

유교망국론이나 유교자본주의론은 결국 성리학의 제도적, 사회 실천적 측면에만 주목한 것이다. 따라서 결과에 따라 그 본래의 이념마저 가치 없는 것으로 여겨질 수 있다. 이념과 실천 사이에는 인간이 있다. 성리학 사상 또한 본래 인성론과 수양론을 중시했다. 그렇다면 인간의 본성에 대한 의문에서 출발한 성리학이 결국 그것에만 집착한 나머지 인간의 다른 측면을 소홀히 했던 것은 아닐까? 그리고 현대 신유가의 사례에서 보듯이 오늘을 사는 지금 이 시점에서 성리학은 이념이나 학문으로만 남게 되는 것은 아닐까?

| 참고할 만한 책 |

성리학이 전개된 양상과 역사적 맥락에 관해서는 다음의 책들이 도움이 된다.
- 한국철학사연구회, 『주자학의 형성과 전개』, 심산, 2005.
- 우노 데쓰야, 손영식 옮김, 『송대 성리학사』(전 2권), 울산대학교출판부, 2005.
- 쓰치다 겐지로, 성현창 옮김, 『북송 도학사』, 예문서원, 2006.
- 마르티나 도이힐러, 이훈상 옮김, 『한국의 유교화 과정』, 너머북스, 2013.

성리학의 주요 인물에 관해서는 다음의 책들이 도움이 된다.
- 미우라 쿠니오, 김영식·이승연 옮김, 『인간 주자』, 창작과비평사, 1996.
- 함현찬, 『장재』, 성균관대학교출판부, 2003.
- 미우라 쿠니오, 이승연 옮김, 『왕안석, 황하를 거스른 개혁가』, 책세상, 2005.
- 호이트 틸만, 김병환 옮김, 『주희의 사유세계』, 교육과학사, 2010.
- 안은수, 『정이』, 성균관대학교출판부, 2012.

성리학과 기학 등의 사상에 관해서는 다음의 책들이 도움이 된다.

- 오하마 아키라, 이형성 옮김, 『범주로 보는 주자학』, 예문서원, 1997.
- 장입문 주편, 김교빈 옮김, 『기의 철학』, 예문서원, 2004.
- 북계 진순, 박완식 옮김, 『성리자의』, 여강, 2005.
- 몽배원, 홍원식 · 황지원 · 이기훈 · 이상호 옮김, 『성리학의 개념들』, 예문서원, 2008.
- 피터 K. 볼, 김영민 옮김, 『역사 속의 성리학』, 예문서원, 2010.
- 이상돈, 『주자의 수양론』, 문사철, 2013.

제6장

성인 되기의 학문:
양명학

선병삼

유학이 한·중·일을 중심으로 하는 이른바 동아시아 문명권의 공통
분모라는 견해는 낯선 주장이 아니다. 한때 동아시아 경제성장의 모델
로 회자되던 '유교자본주의'는 사실 이와 같은 이해를 전제하지 않으면
애초부터 성립하지 않는 가설이다. 이런 맥락에서 유학에 대한 정통한
이해는 동아시아 문명과 역사에 대한 깊고 넓은 성찰의 시야를 확보하기
위한 주요한 단서임에 틀림없다.

통상적으로 유학사에서 가장 주목하는 두 시기는 선진유학과 송명
이학이다. 선진유학이 말 그대로 진나라 이전의 유학으로서 공자, 맹자,
순자라는 걸출한 사상가들이 '내성외왕'(內聖外王)의 인문정신을 바탕으
로 유가의 터전을 마련한 시기라면, 송명이학은 송대와 명대에 출현한
신유학(이학)으로서 도가(도교), 불교, 속학(俗學) 등을 반대하면서 내성
외왕의 도학정신을 근본으로 하여 유가를 반석 위에 확고하게 세운 시
기라고 할 수 있다. 송명이학을 반석 위에 세우기 위해 무수한 유학자가
양지와 음지에서 노력했는데, 그중에서도 송대의 주희와 명대의 왕수인
(王守仁, 1472~1528)을 대표자로 꼽을 수 있다.

사상사적으로 살펴보면, 주희의 주자학과 왕수인의 양명학 양 진영

은 타협과 조화를 시도한 노력이 없었던 것은 아니지만 전반적으로는 한 치의 양보도 없는 치열한 혈전을 펼쳤다. 학계에서는 통상 주자학을 이학(理學)이라고 하고 양명학을 심학(心學)이라고 하여 구별하고 있는데, 동일한 신유학(이학)에 속하면서도 한 치의 양보 없는 대결을 벌인 이유가 무엇인지 자못 궁금하다. 이 문제는 결국 양명학은 어떤 맥락에서 탄생했으며 그 핵심 사상은 무엇인가라는 질문에 대한 답을 찾는 과정에서 설명될 수 있을 것이다. 아울러 왕수인이 죽은 뒤 그의 학문의 종지를 계승한 양명학파가 형성되고 제자들에 의해 양명학이 명대 중후기를 풍미하는 데에는 양명학이 표방한 대중적 학문 성향이 이른바 중국적 자본주의 맹아기라는 시대 조류와 맞아떨어졌다는 평가에도 주목할 필요가 있다.

주자학 비판

송대에 새롭게 등장한 유학인 이학을 세운 집단은 사대부 계층이다. 사대부는 본래 고대로부터 존재하던 신분이었지만, 당나라의 멸망과 곧이어 출현한 5대10국시대를 지나면서 쇠퇴한 세습귀족 세력을 대신해 역사의 전면에 등장한다. 특히 소지주 계층을 중심으로 한 송대의 선비〔士〕들은 과거시험을 통해 관계에 진출하는 일이 일반적이었기 때문에 이들은 전대 왕조의 세습귀족에 비해 학문적 소양을 강조하는 특색을 지닌다.

선비 계층은 당시 송나라 사회에 대한 강한 책임감을 견지하고 있었는데, 이는 범중엄이 쓴 「악양루기」에 잘 나타난다. 그는 송나라 초기의 유명한 유학자들인 손복, 석개, 호원을 정부에 추천했으며 경력 연간의 정치 개혁을 주도해 후대 송대 유학자들로부터 극진한 추숭을 받은 인물로, 천하와 백성을 먼저 근심하는 '선우후락'(先憂後樂)의 정신을 이 글에

악양루 중국의 3대 명루로 꼽히는 악양루는 화려한 외관과 시원스럽게 펼쳐진 풍경과 더불어 범중엄의 「악양루기」가 널리 알려져 동아시아 문인들이 흠모하는 누각이 되었다.

서 선명하게 밝히고 있다.[1]

송대 유학자들의 강한 실천 의식이 유학사상의 핵심인 내성외왕 중 외왕의 발현이라면, 그들이 제창한 성학(聖學)은 외왕의 실천이 내성 학문을 근본으로 하고 있음을 천명한 것이다. 이것이 자신의 몸을 수양한 후에 세상을 다스린다는 『대학』의 "수신제가 치국평천하"의 사상이다.

성학과 관련해 주목할 것은 주돈이의 현창(顯彰)이다. 주희는 이학을 세우는 데 혁혁한 공로를 세운 북송의 다섯 선생 가운데 첫 번째로 주돈이를 들고 있는데, 주돈이는 그의 주요 저작인 『통서』에서 성인은 배워서 이를 수 있다는 것을 분명히 밝히고 있다. 주희는 주돈이의 이 주장을 『근사록』에 기록해 훗날 도학파(道學派)로 불리는 자신들이 표방한 신유학(이학)의 근본 모토로 제시한다.

----

1 범중엄의 「악양루기」: "관료가 되어서는 백성의 일을 걱정하고, 재야에 있을 때는 군주의 일을 걱정한다. 나아가도 근심하고, 물러나서도 근심한다. 그러면 언제 즐거워한다는 말인가? 천하의 사람들이 근심하는 것보다 먼저 근심하고, 천하의 사람들이 즐거워한 이후에 즐거워하는 것이다."

송대 이학을 집대성한 주희의 사상은 거짓 학문이라는 평가를 받고 박해를 받기도 했지만, 원나라가 과거시험 텍스트로 주희의 사서 주석을 본격적으로 채택하면서 도학파의 학문은 명실상부한 관학으로 떠받들어진다. 이런 와중에 주자학은 자연스레 관료가 되기 위한 시험을 목적으로 하는 공부 내용으로 변질되어 그 본래의 위상을 잃고 도학이 표방했던 강한 실천 정신을 점차 상실하게 되는데, 이후 명대에 이르러 이에 대한 반성이 유학 내부에서 발생한다.

명대의 왕수인은 세속의 학문이 되어버린 공리주의적 주자학을 비판하면서 유학(이학)이 본래 표방한 성학을 회복할 것을 주장한다. 물론 왕수인이 이와 같은 강력한 메시지를 들고 나올 수 있었던 데에는 주자학이 제시한 '성즉리'와 다른 '심즉리'에 대한 깨달음이 안쪽에 자리하고 있다.

학문의 목표는 성인 되기

관직 생활을 시작한 아버지를 따라 베이징에 온 열한 살 소년 왕수인은 어느 날 훈장 선생에게 "세상에서 무엇이 제일 중요한 일입니까?" 하고 질문을 던지는데, 이 당돌한 질문에 훈장 선생은 "공부해서 과거에 합격하는 것이지" 하고 극히 상식적으로 답한다. 왕수인의 아버지는 과거시험에 장원급제한 인물이었다. 그런데 왕수인은 뜻밖의 소견을 피력한다. "과거에 합격하는 것이 가장 중요한 일은 아닐 것입니다. 공부를 통해 성현을 배울 뿐입니다!"

열한 살짜리 어린아이의 말이라고는 믿기 어려울 정도로 당찬 대답은 왕수인이 훗날 위대한 인물이 될 것이라는 위인전 식의 이해 외에 중요한 내용을 함축하고 있다. 그것은 왕수인이 사람은 누구나 "배워서 성인의 도에 다다를 수 있다"라는 송명이학의 대전통을 분명히 천명하고 있다는 점이며, 또한 왕수인이 훗날 주자학을 과감하게 비판하는 가장 기본적인 근거가 무엇인지를 상징적으로 보여준다는 점이다.

물론 당시 어린 왕수인이 생각한 성인의 모습이 반드시 유가적 성인이라고 단정하기는 어려울 것이다. 가령 왕수인의 외우로서 함께 성학을 제창했던 담약수(湛若水)는 다섯 번의 곡절을 거쳐 그의 나이 35세에 성현의 학으로 돌아왔다고 하고, 왕수인 만년의 수제자이자 그의 문집 편찬에 가장 혁혁한 공을 세운 전덕홍(錢德洪)이 편한 『연보』(年譜)에는 양명의 나이 18세에 광신에서 주자학의 계보를 잇고 있는 누량(婁諒)을 만나고서 "성학을 비로소 사모하게 되었다"라고 적고 있다. 담약수와 전덕홍의 말에 근거하면, 소년 왕수인이 유학적 성현을 가슴에 확실히 각인했던 것 같지는 않다. 그렇지만 왕수인이 어린 시절부터 현실의 자신에 안주하지 않고 이상적 자아상을 추구했다는 점은 분명해 보인다. 성현을 꿈꾸는 자라면 나이에 상관없이 누구에게나 자기 초월의 욕망이 강하게 꿈틀거리는 법이다.

속학은 죽은 학문

성인이 되기 위한 공부인 구성지학(求聖之學)에 대한 강한 염원은 실로 왕수인의 전 생애를 관통하는데, 바로 이런 배경에서 성학을 포기한 속학, 곧 세속의 학문을 왕수인은 매우 강한 어조로 비판한다. 37세 때 룽창(龍場)에서 그의 인생을 통틀어 가장 극적인 전환이자 양명학 탄생의 신호탄으로 평가받는 용장오도(龍場悟道)를 겪은 후에, 베이징에서 재회한 사상적 동지인 담약수에게 보낸 아래의 편지는 그의 이런 심정을 여실히 보여준다. 조금 긴 감이 있지만 왕수인의 생각을 잘 표현한 글로 자주 인용되는 대목이다.

지금의 학자들은 모두 공자와 맹자를 정통으로 삼고 양주와 묵적을 천하게 생각하며 불교와 노장을 물리치니 성인의 도가 세상에 밝게 빛날 것 같습니다. 그러나 제가 이를 궁구했지만 성인의 도를 보지 못했습니다. 그들이 능히 묵씨와 같은 겸애가 있습니까? 양씨와 같은 위아(爲我)가 있습니까? 노씨와 같은 청정자수(淸淨自守)가 있습니까? 석씨와 같이 성명(性命)을 궁구하는 것이 있습니까? 제가 어찌 양주와 묵적과 노장과 불교를 생각하겠습니까? 저들은 성인의 도와는 다릅니다. 그러나 오히려 자득처(自得處)가 있습니다.

세상의 학자들은 문장을 조탁하면서 세상에 과시합니다. 진심이 아니고 겉으로만 서로 꾸미고 속이면서 성인의 도는 노력하더라도 이룰 수 없는 것이니 우리 능력으로는 할 수 없다고 합니다. 단지 말로만 논쟁할 뿐입니다. 고인들이 평생 해도 궁구하지 못한 것을 지금 우리 모두는 능히 그 대략을 말할 수 있어서 이만하면 족하다고 생각하지만 정작 성인의 학문은 마침내 닫혀버렸습니다.

지금 가장 근심되는 것은 어찌 기송사장(記誦辭章)의 악습이 아니겠습니까? 이 폐단의 원인을 따져보면 말이 너무 상세하고, 분석한 것이 너무 정밀한 점이 병폐입니다. 무릇 양주, 묵적, 노장, 불교는 인의를 배우고 성명을 궁구했으나 정도를 얻지 못해 치우친 바가 있습니다. 그러나 지금 학자들이 인의는 배울 수 없고 성명은 무익하다고 하는 것과는 결코 같지 않습니다.

왕수인이 가장 경계한 학문은 '성인 되기'를 포기한 학문이다. 성인 되기를 포기한 학문이자 기송사장(記誦詞章)에 빠진 학문인 속학은 바로 유학이 이단시하는 노·불보다 훨씬 더 심각하게 죽은 학문이다. 그렇다면 어떻게 해서 성인 되기를 포기한 학문이 세상에 횡행하게 되었는가? 그것은 말이 너무 상세하고, 분석한 것이 너무 정밀한 데에 치우친 병폐 때문이다. 이와 같은 학문은 도덕적 실천과는 무관한 지식 축적의 학문일 뿐이다. 도대체 이와 같이 잘못된 학문 풍토가 어디에서 연유한 것이란 말인가? 바로 공리주의적 주자학이다.

속학의 배후에 드리운 주자학의 검은 그림자

본래 송명이학의 특징을 경학적으로 설명하면 『시』, 『상서』, 『주역』, 『춘추』, 『예기』의 '오경'에서 『논어』, 『맹자』, 『대학』, 『중용』을 통칭한 '사서'로의 전환이라고 할 수 있다. 이 전환은 선배들의 제설을 집대성한 주희의 이른바 『사서집주』를 통해 완성된다. 주희는 이 사서 중에서도 『대학』에 가장 심혈을 기울여서 일명 「보망장」(補亡章)으로 불리는 '치지재격물'(致知在格物)에 대한 보전(補傳)을 완성한다. 거칠게 말하면 주자학은 『사서집주』로 씨앗을 뿌리고, 『대학』에서 꽃을 피우며, 「보망장」에서 열매를 맺었다고 할 수 있다.

「보망장」의 가장 큰 특색은 "나의 앎을 이루려면 사물에 나아가서 그것의 이치를 투철히 밝혀야 한다"라고 하여 '치지격물'의 의미를 '즉물궁리'(卽物窮理)로 해석한 점이다. 그렇다면 주희가 「보망장」을 이처럼 해석한 가장 근본적인 이유는 무엇이었을까? 그것은 불교, 특히 당시 사상계의 영원한 라이벌인 선불교에 대한 불만이었다. 불가에서는 마음공부를 논하면서 수양의 기초를 오로지 청정한 마음에서만 찾기 때문에 도덕의 보편적 근거를 마련할 수 없었다. 따라서 주관적인 마음만이 아니라 객관세계에서 도덕률의 보편 근거가 요청되었고, 그것이 바로 주희가 「보망장」을 해석한 방식이다.

그런데 왕수인은 주희의 『대학』 해석인 '즉물궁리'적 입장을 반대하면서 팔조목 가운데 성의(誠意)를 『대학』의 핵심 공부론으로 내세운다. 『대학』에 대한 주희의 이해가 보편적 도덕률에 대한 지적 추구에 치우친다는 판단에서 왕수인은 생각을 정성스럽게 갖는 성의 공부에 초점을 맞추고 도덕 실천을 강조한 것이다. 이 과정에서 왕수인은 주희가 본래 『예기』의 한 편으로 들어 있던 『대학』이 착간이 있다고 하여 새롭게 재편한 『대학장구』(大學章句)는 틀렸고, 『예기』에 수록된 『고본(古本) 대학』은 착간되지 않았다고 주장한다. 후자는 순서상 성의 공부가 중심에 위치한다.

결론적으로 왕수인은 주희가 주석에서 의리와 심성 공부를 연결하기 위해 경(敬) 공부를 제출했지만 이는 심신을 수양하는 공부가 아니기 때문에 공부의 핵심을 잡지 못했다고 비판한다.[2] 주희의 공부론은 의리(학술) 공부에 치중되어 있을 뿐 심성(인격) 공부는 무시하고 있다는 주장이다. 바로 이것이 말이 너무 상세하고 분석한 것이 너무 정밀한 데에 치우친 병폐를 조장하는 것이 아니고 무엇이겠는가?

심즉리

심즉리설의 제출

어느 봄날 왕수인은 남방의 오지인 구이저우[貴州]의 룽창에 도착한다. 두 해 전의 상소가 빌미가 되어 궁정에서 40대의 곤장을 맞고 거의 죽을 지경이 되었다가 되살아난 후에 귀양지에 도착한 것이다. 당시 그가 올린 상소는, 새로 등극한 무종 밑에서 정권을 농단하는 환관 유근을 탄핵한 상소문을 올린 관리들을 하옥한 것에 대해서 선처를 요구하는 내용이었다.

구이저우의 서북부에 위치한 룽창은 겹겹이 산으로 둘러싸인 곳으로, 남방의 습한 기후 때문에 독충과 풍토병이 창궐했으며 원주민들과는 의사소통이 되지 않았다. 더욱이 유근이 보낸 자객을 용케 기지로 따돌리고 천신만고 끝에 룽창에 도착하기는 했지만 여전히 마음을 놓을 수 없었다. 참담한 상황에서 세속적인 부귀와 명예를 바라는 마음이야 이

---

2 왕수인의 『전습록』 상권, 129조목 : 신본 『대학장구』처럼 먼저 사물의 이치를 궁구한다고 하면 막막해서 공부를 착수할 곳이 없게 된다. 그래서 경(敬) 자를 첨가해야만 비로소 심신에서 하는 공부가 되는데 결국에는 근원이 없는 것이다. …… 『중용』의 공부는 몸을 정성스럽게 하는 것이고, 이것이 지극한 것이 지성(至誠)이다. 『대학』 공부는 단지 성의일 뿐이며 성의가 지극한 것이 지선이다. 공부는 매한가지다. 지금 경 자를 첨가하고 성(誠) 자를 보충하는 것은 화사첨족의 병폐를 면하기 어렵다.

미 비웠지만 그래도 생사에 대한 미련은 도무지 버릴 수 없었다.

마침내 왕수인은 죽으면 죽으리라는 각오로 석곽에서 주야로 묵상하기 시작한다. 차츰 마음이 편안해지면서 점차 오지의 생활에 익숙해 가는 중에 문득 '성인이 이런 상황이라면 어떻게 했을까?'라는 의문을 품게 된다. 가령 공자가 나와 같은 처지라면 어떻게 대처했을까? 밤낮으로 이 문제를 가지고 씨름하는 중에 문득 비몽사몽간에 누군가가 "성인의 도는 내 본성 안에 이미 갖추어져 있다. 전에 외부 사물에서 이치를 찾은 것은 잘못이다"라고 말해 주는 것 같았다. 불현듯 깨달음이 엄습했다. 이상은 『연보』에 기록된 내용이다. 왕수인의 일생에서 가장 중요한 첫 번째 전기인 이 체험을, 통상적으로는 룽창에서 도를 깨달았다 하여 '용장오도'라고 부른다. 그의 나이 37세, 이때부터 왕수인은 심즉리설을 제창한다.

왕수인은 이 깨달음을 통해서 주희의 즉물궁리가 틀렸다는 입장에 확신을 가지게 된다. 이는 사물에 나아가서 이치를 궁구해야 한다는 주희의 즉물궁리에 근거해 대나무의 이치를 탐구하다가 결국 병이 들었던 왕수인의 개인적인 경험 이래로 이미 예정된 것이었지만, 이때에 이르러 주희의 즉물궁리론은 마음과 이치를 둘로 나누는 것이라는 의심이 틀리지 않았다는 확신에 도달하게 된다. 주희는 마음과 이치를 둘로 나누기 때문에 외부에서 정리(定理)를 찾는다고 하지만 성인의 도는 이미 내 마음에 갖추어져 있기 때문에 외부에서 이치를 찾는 것은 분명히 틀린 것이다. 가령 내가 성인처럼 하면 바로 성인이 되는 것이니, 공자가 이 상황에서 하는 대로 내가 그렇게 한다면 내가 바로 공자가 되는 것이다. 공자가 공자 되는 이치가 어디 내 마음 밖에 있는가?

심즉리라는 말은 원래 육구연에게 그 연원이 있다. 주희는 정이의 입장을 계승해 불교의 성론(性論)을 '작용위성'(作用爲性)이라고 규정하고 이에 대한 반대로 성즉리를 주장하지만, 육구연은 주희의 성즉리에 반대하며 심즉리를 주장한다. 다만 육구연은 심즉리라는 말을 이재(李材)

에게 보낸 편지에서 한 번 언급하고 있을 뿐이고, 주희와의 논쟁 또한 『중용』의 존덕성과 도문학을 통해서 펼쳐졌다는 점을 고려한다면 주희의 성즉리를 직접적으로 비판하면서 심즉리를 제시하고 이에 대한 논리적 변론을 전개하기에 이르기까지는 왕수인을 기다려야 했다.

심즉리설의 내용

왕수인이 제시한 심즉리를 직역하면 "마음이 곧 천리다"라는 말이다. 이 말은 심외무리(心外無理), 즉 "마음 밖에 천리가 없다"는 데에 일차적인 강조점이 있다. 그렇기 때문에 왕수인이 룽창에서 심즉리를 깨달으면서 한 말에 "전에 외부 사물에서 이치를 찾은 것은 잘못이다"라고 분명히 밝히고 있다.

왕수인은 여러 곳에서 심즉리가 무엇인지 설명하고 있는데, 『전습록』 상권에 실린 서애(徐愛)와 토론하는 대목이 아마도 심즉리를 체계적으로 밝힌 최초의 자료일 것이다. 애초에 왕수인 문하의 안연(顏淵)이라고 불리는 서애는 왕수인의 강학 어록을 간행하면서 "선생(왕수인)은 『대학』의 격물 등에 관한 설을 모두 구본(고본)을 정본으로 삼았는데 이는 선유(주희)가 틀렸다고 한 것이다"라고 서론 부분에서 밝히고 있는데, 여기서 왕수인의 학설이 『대학』의 해석과 밀접한 관련이 있음을 알 수 있다.

본래 심즉리란 천리가 내 마음에 내재한다는 주장인데, 이 관점이 『대학』에서는 '지선(至善)에 대한 해석'에 반영된다. 주희는 『대학장구』에서 지선을 "사물의 이치의 당연한 표준"이라고 해석하는 데 반해 왕수인은 "마음의 본체"라고 한다. 따라서 왕수인은 사물에서 지선을 구하는 것은 맹자가 고자의 '인내의외'(仁內義外, 인의 사랑은 내면에 있지만 의의 판단은 밖에 있다)설을 비판한 것과 같은 비난을 받을 수 있다고 말한다. 왜냐하면 왕수인의 관점에 의하면 지선은 마음에 본래 내재한 것이기 때문이다.

그렇지만 상식적으로 생각해 보면 지선(보편적 도덕률)을 마음에서 구하는 것으로 충분할까라는 의문을 가질 수 있다. 도덕적 실천을 예로 들면, 아버지를 섬기는 효도나 임금을 섬기는 충성, 친구와 맺은 신의, 백성을 다스리는 인정(仁政) 등은 그 가운데 허다한 구체적인 절차와 도리가 없을 수 없기 때문이다.

이에 대한 왕수인의 기본 생각은, 가령 효라는 천리는 내가 부모를 섬길 때 극진한 마음을 다하는 것이 바로 효이지, 효라는 것이 나의 마음을 떠나서 부모에게 있는 것이 아니라는 입장이다. 그래서 "이 마음이 부모를 섬기는 데에 있으면 효가 되고, 임금을 섬기는 데에 있으면 충이 된다"라고 말한다. 애초에 왕수인이 상정한 이치는 과학적인 원리나 법칙이 아니라 도덕적 이치인 효, 충, 신, 인 등의 윤리 덕목이다. 이런 윤리 덕목을 실천하는 일은 진실한 마음에서 나온 것이어야 한다. 그렇지 않다면 마치 배우가 효도를 공연하는 것과 다를 바가 없다는 주장이다.

그렇다면 앞에서 말한 효도, 충성, 신의, 인정 등의 실천 덕목들에 관한 도리와 절차를 객관적으로 궁구할 필요가 전혀 없다는 말인가? 물론 그렇지는 않다. "어째서 강구하지 않겠느냐. 다만 두뇌(頭腦, 근본)가 있어야 하는 법이다. 단지 이 마음의 존천리거인욕(存天理去人欲, 천리를 보존하고 인욕을 제거하는 공부)에서 강구할 뿐이다. …… 만약 이 마음이 인욕이 없이 순전한 천리라면 이는 부모에게 효도하는 정성스러운 마음으로 겨울에는 자연스레 부모가 추울 것을 염려해 따뜻하게 하는 도리를 구하게 되고, 여름에는 자연스레 부모가 더울 것을 염려해 시원하게 하는 도리를 구할 것이다. 이것들은 모두 효에 정성스러운 마음이 발휘된 구체적인 행동들이다."

심즉리설을 비판하는 입장에서 보면, 도덕적 행위에서 도덕적 동기를 중시하는 동기론적 윤리설은 충분히 이해가 가지만 구체적인 행위 차원에서 도덕적 지식은 도덕적 동기가 도덕적 행위로 완성되기 위해서 필수불가결한 것이다. 그런데 심즉리설은 이 점을 간과하는 인상을 준다. 바로 이것이 고래로 양명학이 공부를 방치했다는 비판과 연결되는 점이다.

그렇지만 왕수인이 주장한 심즉리설은 도덕적 지식의 탐구를 방해하거나 무시하는 것이 아니라 도덕적 지식을 탐구하기 이전에 도덕적 동기가 일차적으로 우선해야 한다는 점을 강조한다. 가령 부모에게 효도할 마음이 있다면 여름에는 당연히 시원하게 해드리고 차가운 빙수를 드리겠지만 너무 연로하셨다면 빙수가 해로울 수도 있다는 데에 생각이 미쳐서 온수의 효능을 알아보고 온수를 드릴 것이다. 바로 빙수가 되었든 온수가 되었든 이 모든 도덕적인 구체적 행위는 순수한 도덕적 동기에 의해 추동된다는 사실을 잊지 말아야 한다는 것이 왕수인의 종지다.

한편 왕수인은 심즉리를 논하면서 늘 "마음 밖에 사물이 없다", "마음 밖에 이(理)가 없다"를 거론한다. 여기서 "마음 밖에 사물이 없다"는 비교적 이해하기 쉬운데, 왕수인이 말한 물(物)은 사(事)의 개념으로 사용됨을 알면 된다. 물(物, 존재물)은 객관적으로 존재하는 외물(thing)이고, 사(事, 행위물)는 주체가 대상과 관계를 맺는 모든 것(event)이다. 따라서 후자의 관점에서 보면 내 마음 밖에 사물이 있을 수 없는 것이다. 또한 "마음 밖에 이가 없다"에 대해서는 이에 대한 개념적 분류를 먼저 이해할 필요가 있다. 바로 '정리'(定理, 외물에 정해진 이치), '물리'(物理, 사물의 이치), '조리'(條理, 구체적인 조목으로 드러난 이치)를 구분하는 것이다. '정리'와 '물리'는 애초에 주희가 외물에 고정되어 있는 이치라는 뜻으로 사용하고 있는데, 왕수인은 주희의 즉물궁리 공부론을 비판하면서 '물리'와 '정리'를 반대하고 '조리'를 강조한다. 조리란 우리 마음에 갖추어진 이치가 나의 진실한 마음과 대상이 관계를 이룰 때 각각의 이치로 드러난 것이다.[3]

역대로 왕수인의 심즉리설은 불교의 심즉불(心卽佛)설과 유사하다는

----

3 이치라는 것은 마음의 조리다. 이 이치가 부모를 섬기는 데에 발동하면 효도가 되고, 임금을 섬기는 데에 발동하면 충성이 되며, 친구를 사귀는 데에 발동하면 신의가 된다.

비판을 끊임없이 받았다. 앞에서도 언급했지만 주희가 성즉리를 주장한 이면에는 불교의 '작용위성'에 대한 비판이 깔려 있었다. 불교에서 말하는 작용위성의 본의는 "일상 안에 진리가 있다"는 의미이지만, 주자학에서 비판한 '작용위성'은 본성을 작용의 측면으로 끌어내린 것으로, 구체적으로 말하면 지각 작용의 주체인 심(心)을 본체인 성(性)과 동일한 것으로 삼았다고 비판한다. 이는 주희 사상의 핵심 개념을 일목요연하게 정리한 주희 만년의 고족제자 진순(陳淳)이『북계자의』의 '심'을 설명한 조목에서 "불가에서 말하는 성이란 유가에서 말하는 심일 뿐이다. 그들은 마음의 허령지각(虛靈智覺)하는 작용을 성이라고 한다"라고 지적하는 대목에서 잘 알 수 있다.

이런 맥락에서 왕수인이 주장한 심즉리는 늘 불교의 '작용위성'이 아닌가라는 비판을 받았다. 그렇다면 왕수인의 심즉리는 과연 작용위성인가? 이에 대해 올바른 답을 내리기 위해서는 마음에 대한 양현(兩賢)의 이해가 서로 다르다는 점을 명심해야 한다. 주희는 마음이 이랬다저랬다 하는 믿을 수 없는 점에 주목하고, 왕수인은 양심이 늘 우리를 눈동자처럼 지켜보고 있다는 마음의 활발성을 드러내고자 했다. 양현의 이와 같은 입장 차이는『맹자』에 나오는 "잡으면 보존되고 놓으면 잃어버리나니 들고 나는 것이 때가 없고 그 향방을 알 수 없는 것이 마음인저!"에 대한 해석에서 일단을 엿볼 수 있다.

주희: 맹자가 공자의 이 말을 인용해 마음의 움직임〔신명〕은 예상할 수 없어서 잃어버리기는 쉽고 간직하기는 어려운 것이니 잠시라도 마음을 보양하는 공부를 하지 않으면 안 된다는 것을 밝혔다.(『맹자집주』)

왕수인: "때도 없이 이랬다저랬다 하여 어디로 향하는지 모른다"는 이 말은 비록 일반인들의 마음을 말한 것이지만 학자들은 마음의 본래 모습이 원래 이렇다는 것을 알아야 한다. 그래야 마음을 지키는 공부가 병통

이 없게 된다. 또한 마음이 나갔다고 잃어버리는 것이 아니요, 들어왔다고 보존하는 것이 아니다. 마음의 본체를 논할 것 같으면 본래 출입이 없는 것이다. 마음의 출입을 논할 것 같으면 그것은 생각이 활동하는 것이다. 그러나 주재하는 마음은 늘 마음에서 밝게 빛나고 있는데 어디를 나간다는 것이며, 이미 나간 적이 없는데 들어온다는 것이 무슨 말이냐!(『전습록』)

주희는 마음은 이랬다저랬다 하는 것이기 때문에 마음을 바로잡아야 한다는 입장이지만, 왕수인은 일반인들이 마음이 이랬다저랬다 하는 것이야 사실이지만 마음의 본래 모습은 언제나 두 눈을 부릅뜨고 우리를 쳐다보고 있다고 말한다. 박은식이 『양명학실기』(陽明學實記)에서 양지(良知)를 감찰관이라고 한 의미가 바로 이것이고, 우리가 흔히 말하는 양심이 바로 이것이다. 이러한 차이를 충분히 이해한다면 주희가 성즉리를 긍정하고 심즉리를 부정하며, 왕수인이 성즉리도 긍정하고 심즉리도 긍정하는 이유를 대강 알 수 있을 것이다.

지행합일

지행합일설의 제출

왕수인은 용장오도를 겪고 난 다음해에 유배지인 구이저우의 구이양〔貴陽〕에 소재한 서원에서 학생들에게 행한 강의 중에 지행합일(知行合一)을 제창한다. 그의 나이 38세 때의 일이다. 이 강의는 당시 이 지역의 교육을 담당하고 있던 석서(席書)의 요청에 의한 것이었다. 『연보』에는 이때에 지행합일을 제창했다고는 하는데, 정작 당시에 왕수인이 어떤 식으로 지행합일을 설했는지는 적고 있지 않다. 다만 왕수인이 이후에 서애와 지행합일을 논한 『전습록』의 기록을 전재하고 있을 뿐이다. 추측해 보건대 왕수인은 당시의 강의에서 자신이 깨달은 심즉리를 바탕으로 하여 주희의 격물치지설을 비판적인 어조로 논했을 것이다. 그랬기 때문에 『연보』에 석서가 주희와 육구연 학문의 동이(同異)를 묻는 내용을 기록하고 있는지 모른다.

그렇다면 심즉리와 지행합일은 어떻게 연결될 것인가? 왕수인은 말년에 제자와의 문답에서 자신이 심즉리설을 제창한 이유를 밝히고 있는데, "내가 심즉리를 주장하는 것은 세상에서 마음과 이치를 둘로 나눔으로써 무수한 병폐가 발생하기 때문이다. 가령 춘추시대의 다섯 패자가 오랑캐를 몰아내고 주나라를 높인 일은 모두 사리사욕에서 나온 것으로, 결코 이치에 합당한 일이 아님에도 불구하고 사람들은 도리어 그들의 행위는 이치에 합당한데 단지 동기가 완전히 순수하지 못했을 뿐이라고 한다. 그리하여 그들의 업적을 흠모하면서 외면적으로 타당하면 됐지 마음과는 상관이 없다고 종종 생각한다. 이는 마음과 이치를 둘로 나눔으로써 위선적인 패도임에도 불구하고 자각하지 못하는 것이다. …… 이것이 내가 심즉리를 주장한 종지다"라고 밝히고 있다.

한편 왕수인이 지행합일을 주장한 이유를 밝힌 제자와의 문답을 살펴보면, "내가 지행합일을 주장한 종지를 분명히 알아야 한다. 지금 공부하는 사람들이 지와 행을 둘로 나누어 생각하기 때문에 어떤 좋지 않은 생각이 발동했더라도 아직 행동으로 옮기지 않은 것이라면 굳이 금할 필요가 없다고 생각한다. 내가 지금 지행합일을 말하는 것은 생각이 발동하면 이미 행동이라는 점을 깨닫게 하고자 한 것이다. 선하지 않는 생각이 들면 바로 이 잘못된 생각을 제거해야 한다. 터럭만큼이라도 나쁜 생각이 마음에 발붙이지 못하게 해야 한다. 이것이 내가 지행합일을 주장한 종지다"라고 밝히고 있다.

이 두 이야기를 정리해 보면 심즉리와 지행합일이 내적 연관성을 가지고 있음을 알 수 있다. 즉 왕수인은 심즉리에서 도덕 행위의 동기를 중시함으로써 도덕 실천의 순수성을 강조한 것처럼 지행합일을 주장할 때에도 또한 도덕 실천의 중요성을 강조한 것이다. 이런 맥락에서 보자면 심즉리를 깨달은 후에 행한 아마도 최초의 중요한 강연에서 제창한 지행합일은 전혀 색다른 것이 아니라 심즉리의 핵심을 더욱 구체화한 것이라고 평가할 수 있을 것이다.

지행합일설의 정당화

본래 왕수인이 지행합일을 주장한 이유는 지와 행을 둘로 보는 선지후행(先知後行)의 지행론을 비판하기 위한 것이다. 선지후행의 지행론을 비판하는 이유는 일차적으로는 알면서도 실천하지 않는 당시의 병폐를 시정하기 위한 것이지만, 좀 더 깊게는 송대 유자들이 주장한 이래로 유자들 사이에서 당연시되었던 이 지행관을 바로잡고자 한 것이다. 물론 송대 유자를 대표하는 주희의 지행론은 일반적으로 잘 알려져 있듯이 '선지후행', '행중지경'(行重知輕), '지행상수'(知行相須)/'지행병진'(知行竝進)의 지행론을 모두 가지고 있다. 지식론의 입장에서는 선지후행을 주장하고, 실천론의 입장에서는 행중지경을 주장하며, 원리적으로는 지행병진을 주장한다. 그렇지만 왕수인은 주희의 지행병진론이 여전히 지와 행을 둘로 보는 견해에서 벗어나지 못했다고 평가한다.

한편 왕수인이 지행합일을 주장하는 이유에 대해서는 충분히 납득이 가지만 지행이 합일된다는 것은 상식적인 선에서 쉽게 이해하기 어려운 점이 있다. 상식에 비추어봤을 때 의문은 두 가지로 요약할 수 있다. 첫째, '알아도 안 한다.' 둘째, '알아야 할 수 있다.' 이런 의문을 왕수인의 제자들이 동일하게 가졌으리라는 점은 쉽사리 추측이 간다. 왕수인이 제자인 서애와 지행합일에 대해 문답하는 내용이 『전습록』 상권에 실려 있는데, 아마도 이 기록이 지행합일에 대해서 체계적으로 밝힌 최초의 자료일 것이다. 서애의 질문은 첫 번째 의문을 다루고 있다.

서애가 말하길, "가령 어떤 사람이 아버지에게 효도하는 것이 당연하고 형에게 공손한 것이 당연한 것을 분명히 알고 있는데도 불구하고 효도하지 않고 공손하지 않은 것을 예로 살펴보면 지와 행은 분명 두 가지인 것 같습니다."

왕수인이 말하길, "이는 이미 사욕 때문에 지와 행에 균열이 생긴 것이지 지행의 본래 모습이 아니다. 알면서 행동하지 않은 적은 없다. 안다고 하면서 행동하지 않는 것은 아는 것이 아니다. 성인이 지행을 가르치는 것은 이 지행의 본래 모습을 회복하기를 바라는 것이지 잘못된 현재 모습을 묵인하는 것이 아니다. 『대학』에서 진정한 지행의 본보기를 보여주고 있다. 즉 '아름다운 여색을 좋아하듯이 하고 고약한 냄새를 미워하는 것같이 한다.' 아름다운 여색을 보는 것은 지에 속하고, 좋아하는 것은 행에 속한다. 아름다운 여색을 보면 자동으로 좋아하는 것이지 본 이후에 결심하여 좋아하는 것이 아니다. 마찬가지로 고약한 냄새를 맡는 것은 지에 속하고 싫어하는 것은 행에 속한다. 고약한 냄새를 맡으면 자동으로 싫어하는 것이지 맡은 후에 결심하여 싫어하는 것이 아니다."(『전습록』)

서애의 질문은 명쾌하다. "알아도 하지 않는데 어떻게 지행합일이라고 할 수 있는가?" 상식에 빗댄 날카로운 질문이다. 이에 대해서 왕수인은 "지행의 본래 모습이 아니다!"라고 답한다. 그러면서 "알면서 행동하지 않은 적은 없다. 안다고 하면서 행동하지 않는 것은 아는 것이 아니다"라고 답변한다. 이게 무슨 말인가. 이미 서애가 알아도 하지 않는 예를 들어 질문했는데 '알면서 행동하지 않은 적이 없다니' 쉽사리 이해가 가지 않는다.

왕수인의 입장은 이렇다. 가령 고층빌딩에서 열린 파티에 참가한 사람들에게 어떤 사람이 헐레벌떡 뛰어 들어와서 "이 건물이 10분 후에 무너집니다"라고 한다면 사람들의 반응은 어떨까? 멀쩡한 건물이 10분 후에 무너진다니 참 말도 안 된다고 생각하는 사람들이 대부분일 것이다. 그렇지만 그중에는 서둘러 건물을 빠져나가는 사람도 있을 것이다. 그런데 정말로 10분 후에 빌딩이 폭음과 함께 무너져내렸다면 어떻게 될까? 어떤 사람이 알려준 이야기를 확실히 안(믿은) 사람은 나갔을 것이고,[4] 자신의 상식을 믿은 사람은 그 자리에 있었을 것이다. 바로 "알면서 행동하지 않은 적은 없다. 안다고 하면서 행동하지 않는 것은 아는 것이 아니다"라는 말이 이 뜻이다.

아울러 지행의 본체가 합일되었다는 말은 왕수인이 『대학』의 성의(誠意) 조목을 인용해 설명하고 있는 것처럼 본질적으로 인간의 마음은 지(知)·정(情)·의(意)가 서로 연결되어 있다는 이야기이다. 즉 인지적인 것과 정감적인 것, 의지적인 것은 벤다이어그램처럼 서로 맞물려 있는 것이다. 『대학』의 「성의장」에서 "좋은 색을 좋아하고 악취를 싫어하는 것같이 한다"를 예로 들어서 지와 행의 즉자적 합일을 설명하는 것처럼 인간의 마음은 어린아이가 우물에 빠지려는 모습을 보는 것과 동시에 깜짝 놀라 구하려고 하는 마음이 즉각적으로 발동하는 것이다.

이제는 두 번째로 '알아야 할 수 있다'에 대해 살펴보자. 왕수인은 말년에 주수해(朱守諧)에게 써준 글에서 이에 대한 입장을 고스란히 드러낸다.

수해가 말하길, "사람들이 말하길 '확실히 알지도 못하고 행동이 추진력이 없다'고 하는데, 내가 제대로 알지도 못하면서 어떻게 행할 수 있겠습니까?" 내(왕수인)가 말하길, "시비를 판단하는 마음이 앎이다. 사람들은 누구나 알고 있다. 그대는 알지 못하는 것을 걱정하지 말고 알려고 하지 않는 것을 걱정하라. 마찬가지로 앎이 지극하지 않은 것을 근심하지 말고 자신이 가지고 있는 본래의 앎을 온전히 펼치지 못할까 근심하라. 그러므로 '아는 것이 어려운 것이 아니라 행하는 것이 어렵다'라고 한다. …… 앎

---

4 물론 현실적으로는 정보 제공자의 말을 확실히 신뢰해 나간 사람 외에도 꺼림칙하게 생각해서 나간 사람도 있을 수 있는데, 이 경우는 논외로 한다.

172 동양 문명의 역사와 철학

은 물과 같다. 내 마음이 모르는 것이 없는 것이 물이 아래로 흐르는 것과 같다. 그러므로 물을 터주면 아래로 흐르지 않는 것이 없다. 물을 터주는 것이 치지(致知)라는 것이다. 이것이 내가 말하는 지행합일이다.(『왕양명전서』)

왕수인은 "알아야 할 수 있다"라는 문제 제기에 대해서 "우리는 이미 알고 있다"라고 답하고 있다. 구체적으로 설명하면, 가령 '부모에게 효도하는 것을 배워야 효도를 제대로 할 수 있지 않는가'라는 질문에 대해서 '네 스스로 곰곰이 생각해 보면 무엇이 진정한 효도인지를 잘 알고 있다'라고 답해 주는 것과 같다.

결론적으로 왕수인이 이런 논리를 전개하는 이유는 이미 예상할 수 있는 것처럼 알고도 실천하지 않는 병폐를 시정하기 위한 것이다. 다시 말하면, 가령 어떤 것이 올바른 것인가를 두고 이리저리 논리적으로 타당성을 따지는 것보다는 지금 자신의 마음에서 우러나는 정의감을 실천하는 것이 중요하다는 점을 말하는 것이다. 바로 실천하지 않는 앎은 진정한 앎이 아니다!

치양지

치양지설의 제출

왕수인은 50세 무렵에 이르러 자신의 종설이라고 할 수 있는 치양지(致良知)를 제창한다. 앞서 48세 때인 1519년에 푸젠성〔福建省〕 지역의 도적을 토벌하라는 명을 받고 출정했는데, 무종의 숙부뻘 되는 영왕 신호(宸濠)가 반란을 일으켰다는 소식을 펑청〔豊城〕에 도착했을 무렵에 접하게 된다. 이때가 6월 15일경이다. 명대의 왕 중에서 가장 황음무도하다는 평가를 받는 무종은 또한 자식이 없었다. 왕위를 호시탐탐 노리던

신호는 자신의 자식을 무종의 후계자로 삼고자 다각도로 술수를 부렸지만 상황이 어렵게 되자 자신의 생일날을 기해 반란을 일으킨 것이다. 오랫동안 만전을 기했던 반란은 다행히도 왕수인의 뛰어난 지략과 판단으로 초반의 승세를 밀어붙여 신호를 사로잡으면서 일단락된다. 이때가 대략 8월경이다.

국가의 명운이 갈릴 뻔했던 반란을 과단성과 지략으로 해결한 왕수인이지만 이번에는 전혀 다른 곳에서 생명을 위협받게 된다. 왕수인이 반란 소식을 접한 무종에게 이미 신호를 사로잡았으니 굳이 출정할 필요가 없다는 상소를 올리지만 무종은 자기 자신을 위무대장군진국공으로 호칭하며 친정(親征)을 결행한다. 게다가 환관들은 왕수인에게 사로잡은 신호를 풀어주고 무종이 직접 잡을 수 있도록 하라고 협박까지 한다. 이런 와중에서 왕수인의 공훈을 시기하고 두려워한 무리에 의해 생명의 위협을 받게 되고, 심지어는 반란 음모를 염탐하기 위해 신호에게 보냈던 애제자 기원형(冀元亨)이 감옥에 갇혔다가 출옥 후에 숨지게 된다. 바로 이런 생사를 넘나드는 시간을 보내면서 치양지가 선포되는 것이다. 『연보』에 신호와 장충(張忠), 허태(許泰)의 변고를 겪으면서 양지 하나면 환난을 능히 잊을 수 있고 생사의 미련을 떨칠 수 있다는 것을 확실히 믿게 되었다고 하는 대목과 이 양지설을 백사천난(百死千難)에서 얻었다고 하는 대목에서 이를 여실히 살필 수 있다.

그렇다면 왕수인의 전 생애를 두고 중요한 사상적 전환은 두 부분으로 볼 수 있을 것이다. 첫째는 심즉리를 깨달은 용장오도요, 둘째는 신호의 난을 진압하고 처리하는 과정에서 치양지를 깨달은 것이다. 심즉리는 천리(양지)가 자신에게 있음을 깨달은 것이요, 치양지는 자신 안에 있는 양지가 절대적임을 믿는 것이다. 양지가 자신 안에 있음을 설한 입장에서 심즉리와 치양지는 같은 선상에 있지만 능동성과 자발성을 믿고 따르는 깊이는 당연히 차이가 날 수밖에 없을 것이다. 이는 또한 연륜의 깊이와도 무관하지 않을 것이다.

그런데 치양지설이 제창되는 데에는 위의 개인사적인 맥락 외에도 학술적인 맥락이 있다. 앞서 언급한 대로 왕수인은 주희의 즉물궁리 공부에 대해 성의 공부를 주장함으로써 공부의 귀착점을 분명히 밝혔지만 이론화 과정에서 한 가지 문제에 부닥친다. 성의 공부 중 무엇을 통해 의념(意念)의 성실 여부를 보증할 것인가라는 문제다. 의념이라는 것은 이미 마음이 발동한 상태여서 의념이 의념 자신을 보증할 수 없기 때문이다. 또한 『고본 대학』의 순서는 통상 말하는 경1장에 바로 이어서 성의 조목이 나오기 때문에 성의가 『대학』의 근본이라는 주장이 설득력을 얻기는 하지만 이른바 팔조목의 순서는 '성의' 뒤에 엄연히 '치지'가 있기 때문에 치지에 대해서도 분명한 설명이 필요했다. 왕수인은 아마도 이 문제에 대해서 『대학고본방석』(大學古本旁釋)을 간행할 때까지도 분명하게 자신의 견해를 제시하지 못했다가 50세를 전후해 치양지설을 제창하면서 적극적으로 표명한 것 같다. 이 변화의 과정은 『대학고본서』(大學古本序)의 개작을 통해서 알 수 있다.[5]

구체적으로 『대학고본서』에서 "치지 공부가 성의 공부의 근본이고 격물은 치지 공부를 착수하는 곳"이라는 대목과 "치양지에 근본하지 않고 다만 격물과 성의만을 논하는 것은 허망하다"는 대목을 살펴보면 치지 공부가 성의 공부의 근본으로 인식되고 있음을 확인할 수 있다. 이처럼 치지가 성의의 근본으로 제출되는 이유는 바로 마음이 발동한 후에 불선한 것이 있게 되고 의념은 이미 발동한 마음이어서 이 발동한 의념을 통찰하는 앎인 '양지'가 요구되기 때문이다. 게다가 이렇게 했을 때에야 팔조목에서 성의 공부의 전 단계로 등장하는 치지 공부의 의의를 제대로 설명할 수 있다.

양지와 치양지

왕수인이 제창한 양지라는 말의 학술적 연원 관계에 대해서는 통상적으로 맹자가 말한 "사람이 배우지 않고도 능한 것은 양능(良能)이고, 생각하지 않고도 아는 것은 양지(良知)다"에서 말한 '양지'를 꼽는다. 아울러 맹자는 측은·수오·사양·시비의 사단을 통해 인의예지의 사덕을 갖춘 성선설을 논증한다.

왕수인이 양지를 설명하는 방식은 다양하지만 통상적으로 시비지심을 즐겨 사용한다. 가령 "시비를 판단하는 마음은 생각하지 않고도 알고 배우지 않고도 능한 것으로 양지다"라는 식이다. 이 또한 맹자의 사단에서 논한 시비지심을 차용한 것을 알 수 있다. 양지를 현대적 철학 용어로 치환하면 '선천(험)적 도덕 판단 능력' 정도가 될 터인데, 여기서 주의할 사항은 시비지심은 본연성과 현성성(現成性, 현전성(現前性))을 동시에 구비하고 있다는 점이다. 양지는 본래적으로 인간 주체가 구비한 선천

---

5 통행본에 무인년(왕수인 47세)으로 되어 있는 『대학고본서』는 52세 때인 1523년(가정 2)에 개작한 것이고, 상해고적출판사본 『왕양명전집』에 실린 「대학고본원서」는 47세 때인 1518년(정덕 13)에 작성된 것이다.

적 도덕 판단 능력임과 동시에 현실적으로 어떤 상황에서도 인간 주체의 도덕 판단을 주관한다.[6]

양명학의 바이블인 『전습록』 하권에는 그의 나이 49세 때에 뛰어난 제자인 진구천(陳九川)이 첸저우(虔州)로 왕수인을 방문했을 때 나눈 대화가 기록되어 있는데, 이 대화 중에 앞에서 언급한 양지의 본연성과 현성성을 이해하는 단서가 보인다. 진구천이 공부의 핵심은 대체로 알았지만 여전히 편안하게 공부를 해나가지 못한다는 심경을 토로하자, 왕수인은 천리를 대상화해 이를 추구하는 이장(理障) 때문에 생긴 병폐라며 치양지 공부면 거뜬히 타개할 수 있다고 답변한다. 재차 어떻게 치양지를 해야 하는가를 묻는 진구천에게 왕수인은 양지에 순종할 것을 종용한다.

> 너의 양지가 바로 너의 준칙이 된다. 양지는 의념이 발동한 곳에서 올바른 것은 올바르다고 알고, 잘못된 것은 잘못되었다고 알아서 결코 속일 수 없는 것이다. 네가 양지를 속이지 않고 착실하게 양지에 의지해서 선을 보존하고 악을 제거해 나간다면 양지대로 하는 것이 정말로 편안하고 즐거운 것이다.(『전습록』)

양지가 의념이 발동했을 때 시비를 판단하는 준칙이라는 것은 시비지심이 본래적으로 주체에 구비된 도덕 판단 능력이면서 동시에 현실적으로 주체의 도덕 판단을 주관한다는 것을 분명히 설명해 준다. 바로 이것이 왕수인이 말한 "양지는 천리가 영각(靈覺)하는 곳이다. 그러므로 양지는 천리다"라는 말의 의미다.

----

6 양지가 본연성과 현성성의 통일자라는 이해는 양명후학의 분화와 전개 과정을 파악하는 데 핵심적인 열쇠 역할을 한다. 따라서 양명후학에 대한 정통한 이해를 위해서는 양지의 이러한 특성에 대한 적확한 이해가 전제되어야 한다.

한 발 더 나아가 바로 여기가 주희가 말한 성즉리와 왕수인이 말한 심즉리가 갈리는 분기점이다. 즉 마음에 성으로 갖추어진 천리의 본연에 중점을 둔 주자의 입장과 성이 마음의 영각으로 발현된다는 천리의 실연(實然)에 중점을 둔 입장으로 나눌 수 있다. 이것이 이른바 "존재하기는 하지만 활동하지 않는다"와 "존재하면서 활동한다"의 차이이자 "성은 선하지 않은 것이 없기 때문에 지는 현량(現良)하지 않은 적이 없다"는 말이다. 다시 말하면 심즉리이기 때문에 선한 성은 늘 양지로 발현된다는 것이다. 그렇기 때문에 왕수인의 입장은 '즉존유즉활동'(卽存有卽活動)이라고 할 수 있다.

위의 내용을 얼추 이해했다면 왕수인의 치양지설에 대해서 가장 쉽게 범하는 오해를 풀 단계에 도달한 셈이다. 사실 왕수인의 치양지설을 본체와 공부의 입장에서 나누자면 본체인 양지와 공부인 치양지로 구분할 수 있다. 통상적 이해에 근거하면 본체는 원래의 체단(體段, 상태)이고, 공부는 원래의 상태를 회복하는 수양이다. 이를 그대로 적용하면 양지 본체는 원래의 상태이고, 치양지 공부는 원래의 상태를 회복하는 수양이다. 따라서 양지만을 말하고 치양지를 논하지 않는다면 공부에 무익하고 공부를 버리는 것이라는 결론에 도달한다.

바로 이런 이해가 치양지에 대한 가장 흔한 상견이다. 상식적으로 충분히 납득이 간다. 그러나 만약 양지가 치양지 공부를 주재한다는 것을 무시하고 단지 이렇게만 말한다면 이는 치양지설의 본지에 위배된다. 방금 위에서 살펴본 것처럼 왕수인이 말한 치양지의 본의는 양지 본체는 원래의 상태이고 치양지 공부는 양지 본체의 주재(명령)에 근거해 원래의 상태를 회복하거나 확충하는 수양이기 때문이다. 바로 이 문제는 양지가 본연성과 현성성의 통일자라는 점을 명확히 이해해야만 벗어날 수 있는 상식의 오해다.

이제까지 양지는 천리의 영각이며, 이 영각이 시비지심인 자기준칙이고, 치양지는 양지의 명령에 순종하는 것임을 살펴보았다. 그렇다면 자기준칙으로서의 양지의 명령에 순종하는 치양지가 과연 보편성과 타당성을 보장할 수 있는가라는 의문이 들 수 있다. 이 논의는 왕수인이 내세운 양지학의 존립 여부와 밀접한 관계가 있다. 즉 도덕의 실천성은 보편성을 전제로 해야만 성립할 수 있다는 점에 주목한다면, 이 문제는 '도덕의 보편성' 확립에 중점을 둔 주희의『대학』관을 반성하면서 '도덕의 주체' 확립을 내세운 양지학의 성립 여부와 직결되기 때문이다. 이에 대해서는 양지의 진성측달(眞誠惻怛)을 통해서 설명이 가능하다.

　본래 양명학의 목표는 성인의 경지에 도달하는 것이지 성인의 경지를 이해하려는 것이 아니다. 이런 맥락에서 왕수인의 치양지론은 이론적인 면에 강점이 있는 것이 아니라 실천적인 면에 강점이 있다. 진성측달을 강조하는 것도 바로 이런 이유에서다.

> 양지는 단지 천리입니다. 천리가 자연히 발현한 곳이 진성측달로, 양지의 본체입니다. 따라서 양지의 진성측달을 지극히 하여 부모를 섬기는 것이 효도이고, 양지의 진성측달을 제대로 하여 형을 따르는 것이 우애이며, 이러한 양지의 진성측달을 지극히 하여 임금을 섬기는 것이 충성입니다. 단지 하나의 양지이고, 하나의 진성측달입니다.(『전습록』)

　왕수인은 만년에 큰 기대를 걸었던 섭표(聶豹)에게 보낸 이 글에서 양지가 진성측달이라는 것을 소상히 밝히고 있다. 부모에게 효도하고 형에게 우애하며 임금에게 충성하는 구체적인 방법과 절차는 구체적인 상황이나 행위자의 인격적 완성 정도에 따라 다를 수 있지만 양지의 명령에 순종했다면 모두가 치양지가 되는 것이니 그 이유는 진성측달한 마음으로 했기 때문이다. 바로 "우리가 치양지하는 것은 단지 자신의 능력에 따라 해나가는 것이다. 오늘 양지가 지금 여기까지이면 단지 오늘 아는 바에 따라서 끝까지 확충하고 내일 양지가 또 깨달은 것이 있다면 내일 깨달은 바에서 끝까지 확충해 나가는 것이 정일(精一) 공부다"라는 말에서 밝히고 있듯이 치양지는 한편으로는 상대적이고 주관적인 성격을 갖지만 진성측달한 양지의 명령에 순종하는 한 보편적이고 안정적인 성격을 갖게 된다고 할 수 있다.

아울러 진실한 마음을 다하는 치양지의 공부론은 후대에 양명학에 대한 이중의 이해가 가능하도록 해주었다. 바로 실천가(도덕주의자)로서의 양명학과 광자(狂者, 자유주의자)로서의 양명학이다. 자세히 말하면, 본래 왕수인이 주희의 경 공부를 비판했을 때 그 이면에는 외면적으로 경건한 척할 뿐 진심이 없는 허위적인 도덕군자를 비판하려는 의도가 있었다. 이때 진실한 마음을 다한다는 것은 강한 실천가(도덕주의자)의 면모를 띤다고 할 수 있다. 또한 진실한 마음을 다한다는 것은 사회적 규범이나 절차에 배인 허식과 가식을 무시하고 주체의 정감이나 개체의 의견 등을 중시하게 된다. 이런 정신이 예술정신 및 근대적 개인의 탄생과 밀접한 연관을 갖는다고 할 수 있다. 물론 왕수인 자체로 보자면 실천가(도덕주의자)의 면모가 강하면서도 송대 유자들의 엄숙주의와 다른 명대 유자들의 생기발랄함을 가지고 있다고 할 수 있다.

만약 양명학의 다중성을 양지의 진실함(誠)을 통해 설명할 수 있다면 마찬가지로 양명후학과 이후 양명학의 전개 양상을 이에 비추어 설명할 수도 있을 것이다. 크게 세 가지로 분류하면 첫 번째는 도덕주의의 방향, 두 번째는 개성주의의 방향, 세 번째는 대중교화의 방향이다.

첫 번째 도덕주의의 방향에서 볼 때 양지의 진실함은 어떤 거짓도 용납하지 않는다는 강한 도덕주의의 실천을 강조하게 된다. 가령 유종주(劉宗周)의 '신독설'(愼獨說)이 전형적인 입장이며, 추수익(鄒守益)의 '계신공구'(戒愼恐懼) 공부론, 구양덕(歐陽德)의 '의양지'(依良知) 공부론 등을 꼽을 수 있다. 물론 이 안에서 양지의 직접적 주재를 긍정하는 입장과 성체(性體) 함양 공부를 통한 양지 주재를 주장하는 입장으로 갈리는데, 후자의 경우는 섭표와 나홍선(羅洪先)을 대표로 꼽을 수 있다. 이들은 왕양명에게 직접 배우지 않았다는 공통점을 가지며 머우쭝싼의 평가에 의

하면 주자학으로 복귀하는 경향이 강하다고 한다. 조선시대 양명학의 태두인 정제두(鄭齊斗)는 한국적 양명학이 도덕주의적 토대에 기반을 두도록 했다.

두 번째 개성주의의 방향에서 볼 때 양지의 진실함은 순수함을 추구한다. 어떤 형식과 틀에 매이는 것도 순수한 양지가 아닐 수 있다. 가령 이지(李贄)의 '동심설'(童心說)이 전형적인 입장이며, 예교를 무시한 왕기(王畿)의 발언들은 동일한 맥락에서 읽힐 수 있다. 이런 입장들은 이후 공안파(公安派)의 성령주의(性靈主義) 문학관으로 꽃을 피운다.

세 번째 대중교화의 방향에서 볼 때 양지의 진실함은 절대성을 동반한다. 어떤 상황과 조건 속에서도 진실한 양지는 우리를 속이지 않는다. 그렇기 때문에 우리는 이 양지에 의지해서 자기 완성의 공부를 수행할 수 있는 것이다. 가령 왕간(王艮)의 '낙(樂)의 정신'이 전형적인 입장으로, 왕간 계열에서 강학운동이 흥성한 까닭은 이와 무관하지 않을 것이다. 이는 오늘날 교회(기독교)에서 율법주의와 복음주의를 대비하면서 '원죄의 인간'과 '하나님의 형상으로 만든 인간'이라는 두 가지의 인간상 중에서 하나님의 형상으로 지어진 인간을 강조하는 것과도 일맥상통한다고 할 수 있다.

| 참고할 만한 책 |

왕수인의 생애와 관련해서는 다음의 책들이 도움이 된다.
- 박은식, 이종란 옮김, 『왕양명실기』, 한길사, 2010.
- 최재목, 『내 마음이 등불이다』, 이학사, 2005.
- 뚜웨이밍, 권미숙 옮김, 『한 젊은 유학자의 초상』, 통나무, 1994.

양명학의 성립과 발전 및 다른 사상과의 비교에 관해서는 다음의 책들이 도움이 된다.

- 김길락, 『상산학과 양명학』, 예문서원, 1995.
- 시마다 겐지, 김석근 외 옮김, 『주자학과 양명학』, 까치, 1994.
- 고지마 쓰요시, 신현승 옮김, 『사대부의 시대』, 동아시아, 2004.
- 야스다 지로, 이원석 옮김, 『주자와 양명의 철학』, 논형, 2012.
- 미조구치 유조, 김용천 옮김, 『중국전근대사상의 굴절과 전개』, 동과서, 1999.

양명사상에 대한 세밀한 이해에 관해서는 다음의 책들이 도움이 된다.
- 왕수인, 한정길 외 역주, 『전습록』, 청계, 2001.
- 유명종, 『왕양명과 양명학』, 청계, 2002.
- 송재운, 『양명철학의 연구』, 사사연, 1991.
- 박연수, 『양명학의 이해』, 집문당, 1999.
- 채인후, 황갑연 옮김, 『왕양명철학』, 서광사, 1996.
- 진래, 전병욱 옮김, 『양명철학』, 예문서원, 2003.

한국의 양명학과 동아시아의 양명학 전개에 대한 이해에 관해서는 다음의 책들이 도움이 된다.
- 정인보, 홍이섭 해제, 『양명학연론』, 삼성문화재단, 1972.
- 김길환, 『한국양명학 연구』, 일지사, 1981.
- 최재목, 『동아시아의 양명학』, 예문서원, 1996.
- 요시다 코헤이, 정지욱 옮김, 『일본 양명학』, 청계, 2004.

제7장

동북아적인 '근대성': 실학/고증학의 세계

정석도

고증학과 실학(實學)은 동아시아 문명의 전환이 시작되는 16세기 말에서 17세기 초에 등장해 당시의 조선과 청과 일본이 각기 서구적 근대로 편입될 때까지 유행한 동아시아 전통 학문 분과 가운데 하나다. 고증학은 본래 송명이학 등의 사변적인 학풍에 반기를 든 실증적 실학의 한 가지 방법이었다. 하지만 18세기에 이르면 당시의 모든 유학의 경향을 아우르는 주류 학문으로 독립하게 되며, 그 연구 방법은 오늘날 동아시아 전통 철학사상의 연구에서도 알게 모르게 활용되고 있을 정도로 뿌리가 깊다. 실학의 정신에 담긴 근대적 요소 또한 동아시아의 근대를 논할 때 빠짐없이 등장하는 주제이기도 하다. 이 장에서는 먼저 서구 근대를 수용하는 동아시아 삼국의 자기방어적 문화 논리를 살펴볼 것이다. 다음으로 청대에 고증학이 번성하게 된 배경과 전개 양상 및 학문적 성취와 문제점을 비롯해서 동아시아 삼국에서 실학이 등장하는 배경과 전개 과정 및 공통점과 차이점에 대해 살펴볼 것이다. 마지막으로 실학에 내재한 동아시아 근대성의 요소를 살펴보고, 이어 오늘날의 시각에서 바라본 동아시아 근대성의 한계와 의미를 살펴보고자 한다.

동아시아의 근대 수용 논리

과학의 발달과 산업혁명으로부터 비롯한 생산성의 증대에 기초해 서구 사회의 구조가 변하고 자본주의가 정착하기 시작한다. 자본주의의 정착은 기존의 사회 계급 체계를 허물고 사적 이익 추구의 정당성과 합리성이 보장받는 계기를 수반한다. 그럼으로써 계몽주의에 기초한 개체 의식 성장의 물질적 토대로서 작용하게 된다. 자본주의는 전근대와 구분되는 근대의 가장 포괄적인 특징 가운데 하나다.[1]

동아시아의 근대는 세계 자본주의 시장에 강제로 편입되는 것에서 시작한다. 즉 동아시아 국가들은 서구의 충격 속에서 서구 열강의 직접 침탈을 받거나 '아시아를 넘어 서구에 편입한다'(脫亞入歐)는 기치를 내건 일본에 의해 식민지화됨으로써 비자발적으로 근대를 경험한다. 그러나 동아시아 국가 가운데서도 가장 먼저 근대를 받아들인 일본을 비롯해서 조선과 중국 모두 공통적으로 서구로부터 충격으로 다가온 근대를 맹

----

[1] 서구의 근대는 무엇보다 세계관의 전환을 토대로 성립된다. 신 중심의 세계관에서 인간 중심 내지 이성 중심의 세계관으로의 전환이 그것이다. 사유의 주체가 신에서 인간으로 바뀜에 따라 봉건제 사회는 자본주의 체제를 수반한 시민사회로 이행하게 된다. 시민사회를 성장하게 한 동력은 자본주의 체제하의 생산력 향상 및 이성과 과학을 모토로 하는 18세기 계몽주의다. 계몽주의 사상의 영향 아래 시민계급은 마침내 프랑스 혁명을 일으켜 근대의 주역이 된다. 프랑스 혁명은 생산력과 생산관계의 자본주의적 전환을 불러온 산업혁명과 함께 근대의 보편적 지표로 인식된다. 근대(modern)라는 표현은 5세기 무렵부터 사용된 것으로 보이지만, 시대 구분으로서 근대는 유럽에서 중세 봉건시대의 폐막과 함께 등장한다. 그러므로 통상적으로 르네상스와 종교개혁 및 지리상의 발견과 상업의 발전 등의 사회적·문화적 일대 변혁이 일어난 16세기 이후를 근대의 개막으로 본다. 16세기경 서유럽에서 근대사회가 출현했지만 근대성 자체는 18세기 계몽주의 철학 속에서 이념적 내용을 확실하게 갖추게 되며, 이어 19세기에 이르면 산업주의에 뿌리를 둔 사회적·경제적·문화적 변동의 의미를 함축하게 됨으로써 이후 전 지구적 현상으로 확산된다. 근대와 근대성은 의미를 부여하는 방식과 관점에 따라 다양한 정의가 가능하지만 주로 문화사적이고 사회이론적인 차원에서 이해할 수 있다. 사회이론의 차원에서 이해한 근대의 성격 가운데 중심적인 것으로 공동사회의 해체와 이익사회의 등장을 들 수 있다. 여기서 이익사회는 바로 자본주의 사회와 의미가 통한다.

목적으로 수용하지는 않았다.[2]

서구의 충격에 대응하는 초기의 방식은 전통을 중심으로 서구 문화를 선택적으로 받아들이는 노선이었다. 즉 유가적 전통문화에 서구의 실용문화(과학기술)를 접목하는 형태로 대응했다. 그러한 동아시아에서의 근대화 기획이 중국에서는 '중국 전통문화의 가치를 바탕으로 서구의 과학기술을 흡수하자'(중체서용)는 문화 논리로 구체화되었다. 일본에서는 '일본의 정신(전통 도덕)에 기초해서 서양의 실용문화를 받아들이자'(화혼양재)는 논리로 드러났으며, 조선에서는 '동양의 전통문화에 서양의 기

----

2 박상환 외, 『동아시아 근대성에 관한 물음들: 형식의 과잉』, 도서출판 상, 2011, 12~13쪽 참조. '근대'라는 용어는 현대의 우리에게 어떤 의미나 이미지로 다가올까? 아마도 무언가 역동적인 것이 아닐까! 한국 사회에서 근대는 단지 책 속에 활자의 상태로 박혀 있었던 것이 아니라 현실의 경제적·사회적·문화적 발전을 뜻하는 '근대화'로 많이 쓰였다. 즉 근대는 '근대화의 기수', '근대화의 역군', '근대화의 아버지'라는 표현에서와 같이 근대화라는 보다 실천적이며 확장된 언어로 우리 앞에 다가왔다. 이와 같이 한국 사회의 전개 과정에서 근대라는 용어가 은유적인 표어의 형식으로 소비된 방식을 떠올린다면 근대의 의미를 생각할 때 먼저 역동적 이미지를 상상할 수 있다. 근대(화)와 짝을 이룬 '기수', '역군', '아버지' 같은 계몽적인 단어들은 '앞장서고', '힘쓰고', '주도하는' 등의 의미를 함축하기 때문이다. 위의 표어들은 마치 바로크 시대의 낭만파 화가 들라크루아가 그린 「민중을 이끄는 자유의 여신」이라는 그림에서처럼, 깃발을 들고 앞장서서 사람들을 인도하는 이미지를 연상하게 한다. 한편, '근대'는 현재 우리의 일상적 언어생활에서 주로 문화적 의미로 많이 쓰이고 있다. 그러한 것은 근대의 원어인 '모던'의 의미가 일상적으로 이해되는 방식에서 알 수 있다. 이른바 '모던하다'라고 할 때 '모던'의 의미는 상대적으로 단순하고 세련되며 의미와 상징에 크게 집착하지 않는 조형성을 함축한다. 전통 건축과 회화의 양식 변천을 예로 들어보자. 동서양을 막론하고 일정한 시대를 상징하는 고전적인 건축양식이 종교적 장식성을 강조했다면, 그래서 은유적 의미가 구축된 장소를 만들어냈다면, 모던한 건축의 의미는 상징과 은유를 탈피해 순수한 조형요소의 아름다움과 기하학적 공간감이 돋보이는 것과 관계 깊다. 회화에서 모던하다고 할 때의 의미 역시 건축에서와 비슷하다. 대체로 장식성이 배제된 이미지로서 미니멀리즘과 추상적인 경향에 가까운 의미를 내포한다. 그런 면에서 예술 장르에서의 근대(모던)의 의미는 곧 근대성(모더니티)을 뜻한다. 역사적 시대 구분을 넘어 문화적인 개념으로 정초된 근대에서 주목하는 것은 근대의 근대다움, 즉 근대의 가치론적 특성으로서의 근대성이다. 지금(현대)의 시각에서 보면 근대는 과거의 시간을 의미하지만, 근대성은 과거나 현재라는 시간을 초월해 존재할 수 있는 성질을 가진다. 근대성은 전근대사회에서도 존재할 수 있는 것이다. 마찬가지로 현대사회에서도 전근대성이 여전히 존재한다. 그러한 맥락에서 근대는 시간적 의미를 초월하고 동양과 서양이라는 공간적 제한을 넘어서는 보편성과 맞닿는다.

술을 접목하자'(동도서기)는 문화론으로 나타났다.

19세기 조선의 지식인들이 서구의 충격에 대응한 방법은 크게 개화와 척사로 나뉜다. 개화는 18세기 말에 대두된 북학론을 이어받아 청나라의 선진 문물을 받아들이자는 논리에서 문물 수입의 대상국을 서양과 일본으로 바꾼 것이다. 척사는 17세기에 형성된 북벌론을 계승하고 있다. 이 가운데 개화사상의 논리가 바로 '동도서기'다. 동도서기는 전통유학의 '도기론'(道器論)에 기초하고 있다. 도기론에서 '도'는 가시적 형상을 초월한 사물을 뜻하고, '기'는 형상을 가진 사물을 뜻한다. 동도서기는 전통 유학을 '도'에 배당하고, 서양의 과학기술을 '기'에 배당해 전통 유학 문화를 거스르지 않은 가운데 선택적으로 서양의 근대 과학기술을 받아들이자는 논리로서, 1882년 고종의 교서를 통해 정부의 근대화 정책으로 공식화되기에 이른다.[3]

중체서용의 논리는 조선의 동도서기나 일본의 화혼양재에 비해 시대적 변화의 과정이 뚜렷한 동아시아 근대화 논리의 상징이라 말할 수 있다. 개혁 사상가들은 전통문화를 철저하게 보존하는 바탕 위에 상업과 공업 부문에서의 진흥 및 과거제도의 폐지와 근대적 의회제도의 도입 등을 내세웠다. 그러나 초기에 그들은 강국을 지향하기 위해 서구의 기술에 주목하면서도 서구 사회의 정치와 사상 문화는 단호히 배격하는 태도를 보인다. 캉유웨이[4]로 대표되는 변법 사상가들은 개혁 사상가들에 비해 상대적으로 서구의 사상에 관대한 편이었다. 그렇지만 그들 또한 전통의 창을 통해 서구 학문과 문화의 장점을 바라보았으며, 되레 전통 속에서 서양 문화의 요소들을 '발견'하려 하기도 했다.

서양의 충격에 대한 사상적·문화적 대응으로서 일본의 화혼양재는

----

3 같은 책, 79쪽 참조.

4 캉유웨이(康有爲, 1858~1927). 중국 청나라 말기에서 중화민국 초기의 정치가·학자. 열강의 중국 침략에 맞섰으며, 광서제(光緖帝)를 옹립해 개혁을 꾀했으나 서태후를 비롯한 보수파에 밀려 실패했다.

본래 헤이안〔平安〕 시대(794~1185) 중기의 '화혼한재'(和魂漢才)가 시대적 상황에 맞게 변형된 형태다. 화혼한재에서 '한재'는 중국의 실용적 기술을 의미한다. 화혼한재에는 일본의 도덕규범과 당시에 학문 자체로 인식되던 중국 학문 사이의 대립 구도가 가미되어 있다. 화혼한재에서의 대립 구도는 화혼양재에 와서 화혼이 어떻게 양재와 모순되지 않는가에 대한 논의로 이어진다. 그렇기 때문에 화혼양재의 논리는 표면적으로나 기본적으로는 조선의 동도서기나 중국의 중체서용과 같이 전통을 중심으로 근대를 통합하는 구도를 갖지만 통합의 태도에서는 차이가 있다. 동도서기의 논리에서는 도와 기가 본래 다른 것이어서 단지 서양의 기술만을 가져와 활용하면 된다는 경향이 강했다. 중체서용의 논리에서도 고유 사상의 뿌리가 워낙 강고하게 작용하는 가운데 외래 사상의 수용은 수준이 낮았다고 평가된다. 이와 같은 맥락으로 근대 중국의 철학자들이 현실의 정치적 수요를 위해 서양의 자연과학을 서둘러 흡수했지만 그것을 완전히 이해하지 못하고 중국 전통의 사상체계 안에 수렴하려 했다는 평가를 받는다. 반면 화혼양재의 논리는 기본적으로 서양의 정신적 가치에 대한 적극적인 의미 부여를 포함하고 있다는 것이 위의 두 논리와 다른 점이다. 서양 기술의 실용성을 받치고 있는 자연과학적 학문과 과학 정신, 즉 기술을 가능하게 하는 이론에 대해서 진지하게 접근하고자 했다는 점에서 다르다.[5]

한편, 서구 근대의 충격에서 비롯된 동아시아 삼국의 근대화 논리는 비록 태도 등에서 상대적인 차이가 있다 해도 그 본질에서는 다를 것이 없었다. 즉 삼국 모두 전통의 틀 안에 서구 근대의 문화를 엮어 넣으려 했다는 것이다. 그러한 대응은 어쩌면 당연한 것인지도 모른다. 왜냐하면 서구의 발전된 문화 앞에 굴복하고 전통 정신마저 내주는 것을 선택하기는 상식적으로도 어려울 것이기 때문이다.[6] 유교 전통에 기초한 도

---

5 같은 책, 70~80쪽 참조.

덕적 사회질서는 서양의 과학기술과 다른 정신적 가치로서, 어쩌면 서구의 기술과 동등한 가치를 가진 유일한 대립물이었을 것이다. 동도서기와 중체서용, 화혼양재와 다른 각도이기는 하지만, 현대에도 유교와 동아시아 근대화의 상관성은 동아시아의 근대를 이야기할 때 빠짐없이 등장하는 주제 가운데 하나다.[7]

청대의 고증학

고증학은 청대의 건륭 연간과 가경 연간에 특히 성행했던 동아시아 전통 학문의 분과이다. 고증학의 연구 범위는 경학, 사학, 문학, 명물학

----

6 세 가지 대응 논리 가운데 문화적 자존심이 가장 긴밀하게 작용한 것은 중체서용이다. 중체서용은 체용론(體用論)의 형식에다 기존 '화이론'(華夷論)의 전통을 결합한 것이다. 화이론은 고대의 화하족(華夏族)이 거주하던 '중원의 문화 습속'〔華〕을 중심으로 문화가 다른 변방의 이민족을 '야만'〔夷〕으로 규정하던 일종의 민족주의 관념이다. 문화인으로서의 '화'와 야만인으로서의 '이'를 구분하는 기준은 '혈연'에서 시작해 '지역'으로 확대되었으며, 최종적으로는 『춘추』, 『의례』, 『예기』, 『상서』 등에 기초한 의례의 유무, 즉 '문화'의 동일성과 차이로 확장되었다. 중체서용이 화이론에 기초한다는 점에서 중체의 범주에는 여전히 문화적 우월성으로서 '화하'나 '중화'의 의미가, 서용의 범주에는 문화적 열등이나 야만으로서의 '서양 이민족'〔洋夷〕의 의미가 내포되어 있었다. 화혼양재의 경우는 본문에서 언급한 바와 같이 화혼과 양재의 모순을 극복하기 위한 고민이 가장 진지했으며, 기술 이면의 이론에 관심을 기울임으로써 상대적으로 문화적 자존심의 측면이 덜 강조되는 경향으로 나아간다. 가장 느슨한 것은 조선의 동도서기 논리다. 그 표현에서부터 '동양'이라는 다소 포괄적인 공간 범주를 내세우고 있을 뿐 아니라 논의의 지속과 변화 또한 상대적으로 치열하지 않았다고 평가할 수 있기 때문이다.

7 유교와 동아시아 근대화의 상관성을 대표하는 담론이 바로 막스 베버(Max Weber)의 이론을 모델로 삼고 있는 '유교자본주의론'이다. 그런데 유교자본주의론에서 주목하는 1970년대 동아시아 자본주의의 발전에 끼친 유교의 영향은 사실상 베버의 이론에 들어맞지 않는 것이었다. 동아시아 각국의 급속한 자본주의 성장의 이면에는 노동자의 삶이 비인간화·기계화되는 노동환경과 저임금 시스템이 있었기 때문이다. 그러한 시스템에서 발생하는 정치와 경제의 비윤리적 결합과 인간 소외의 문제 등은 또한 유교 본래의 이념과도 전혀 어울리지 않는 것이다.(이 각주의 내용은 박용태 박사의 의견을 수용한 것이다.)

(名物學),[8] 역산학(曆算學), 지리학, 교감학(校勘學),[9] 목록학, 음악학 등에 이르며, 개별 연구 범위는 모두 경학의 응용과 실천을 위한 것이었다. 기본적인 방법은 문헌에 기재된 기록을 근거로 문헌의 진위 여부를 가려내는 등 직접 오래된 경전 가운데에서 진리를 찾는 것이었다. 객관성과 실천을 중시하는 학풍이라는 의미에서 '박학'(樸學)이라고도 칭했다. 또한 학문의 방법 면에서 양한(전한과 후한) 시기의 경학을 계승하고 송명 이학과 거리를 두었기 때문에 '한학'(漢學)이라고도 불렀다.

먼저 고증학이 번성한 배경을 살펴보자. 고증학은 원대와 명대 유학자들의 공리공담(空理空談)을 배척하고 고문헌에서 근거를 찾아 기존 이론을 재정립하려 한 순수학문적 성격이 돋보이는 청대의 복고적 학문 경향으로서, 학술사상이 시대를 거스를 수 없다는 배경과 청대의 특수한 시대적 상황 아래 성립된 것이다. 고증학 번성의 배경은 대체로 정치적 배경과 학술적 배경, 경제적 배경으로 나눌 수 있다.

정치적 배경으로는 무엇보다 만주족의 청조가 한족 지식인에 대해 의심의 눈길을 완전히 거둘 수 없었다는 점을 말할 수 있다. 청 왕실은 한인들이 모여서 학문을 논할 때 군중을 선동해 반청 의식을 불러일으킬 수 있다는 위기의식이 있었다. 청조는 고염무,[10] 왕부지,[11] 황종희,[12] 안

---

8 사물의 이름에 대해 그 유래와 별칭, 이름과 사물의 실재 사이의 관계, 원류와 변천, 문화적 함의 등을 탐구하는 학문 분과를 말한다. 명물이라는 낱말이 처음 출현하는 곳은 『주례』(周禮)이며, 대체로 훈고학적 명물학과 고증학적 명물학으로 나뉜다.

9 경전(經典)의 문장과 문자 가운데 잘못 기입되거나 잘못 전해진 것 등을 다른 책과 대조해 바로잡는 것을 위주로 하는 학문 분과를 말한다.

10 고염무(顧炎武, 1613~82). 중국 명나라 말에서 청나라 초의 사상가. 명나라 말기의 양명학이 공리공론에 치우치자 경세치용의 실학에 뜻을 두어 실증적 학풍의 기초를 닦았다. 황종희, 왕부지와 함께 청조의 삼대사(三大師)로 꼽힌다. 저서에 『일지록』(日知錄), 『금석문자기』(金石文字記) 등이 있다.

11 왕부지(王夫之, 1619~92). 청나라 초기의 철학자·사학자. 화이변별의 사상을 강조했으며, 청나라 말기의 혁명 사상에 자극을 주었다. 저서에 『독통감론』(讀通鑑論), 『송론』(宋論) 등이 있다.

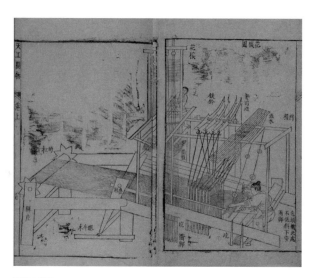

『천공개물』

중국 명나라 말기의 관리이자 저술가였던 송응성(宋應星, 1587~1661)이 1637년에 지은 농업과 수공업 등에 관한 백과전서 형식의 저작이다. 각종 농업용 기계와 공구, 도자기 제조, 제지 관련 기술을 비롯해 병기와 화약제조법, 방직과 염색법 등에 관해 그림을 곁들여 세밀하게 설명하고 있기 때문에 자본주의 맹아기로서의 명대 말기의 생산력을 반영한다는 평가를 받고 있다.

원[13] 등으로 대표되는 당시 사상가들의 민족의식을 특히 용납할 수 없는 것으로 인식했다.[14] 반청에 대한 위기의식은 날로 커져 유학자들의 단체

----

12 황종희(黃宗羲, 1610~95). 청나라 초기의 학자·개혁가. 실증주의를 강조했으며, 저서에 『명이대방록』(明夷待訪錄), 『역학상수론』(易學象數論), 『명유학안』(明儒學案), 『송원학안』(宋元學案) 등이 있다.

13 안원(顏元, 1635~1704). 청나라의 사상가·교육자. 그의 학문은 양명학에서 출발하였지만 이에 만족하지 않고 극단적인 공리주의(실리주의)를 제창했다. 그가 주장하는 실리 실행은 청나라의 전반적인 학풍과 상충되었고, 널리 전해지지 않았다.

14 강희, 옹정, 건륭 시기의 '문자의 옥'은 그러한 인식의 결과였다. 문자옥으로 대변되는 학문 검열의 목적은 유학자들이 저술을 통해 자기 사상을 설파하지 못하게 하는 것, 즉 반청의식의 확산을 방지하는 것이었다. 문자옥은 진시황의 분서갱유에 비교될 수 있는 학문 탄압으로, 통치 권력이 지식인들의 사상에 속속들이 관여함으로써 지식인들로 하여금 화를 피하기 위해 현실의 문제에 관해 입을 닫게 하는 효과를 가져왔다. 당시의 지식인들은 민감한 의견을 제출할 생각을 못하고 단지 고대 경사(經史)의 고증과 장구(章句)의 훈

강학이나 모임을 금지하는 데까지 이르게 되었다.[15] 청대 초기 경세치용의 학문 경향은 청 왕실의 관점에서 보면 결코 이로운 것이 아니었으며, 청조의 정책으로 송명이학의 사변철학도 토론의 대상과 공간을 상실하게 된다. 이러한 정치적 배경 아래에서 끝까지 학문 활동을 하고자 한 유학자들의 선택은 개인적으로 고립되어 연구하는 방법이었다.

학술적 배경으로는 특히 명대 말기에 왕학, 즉 왕양명 심학의 사변성과 상반되는 자연과학 관련 저작의 출현을 꼽을 수 있다. 예컨대 『천공개물』(天工開物)의 출현은 공소하지 않고 경험적이며 객관적인 학풍을 추동한 사건 가운데 하나였다. 그 밖에 명 말 청 초에 이르면 예수회 선교사들이 들어와 서양의 과학을 전파하게 된다. 중국 학자들이 그들과 교류해 서양의 과학 서적을 번역해서 소개하는 과정에서 자연스레 과학적 연구 방법이 중국에 전해짐으로써 고증학의 방법과 그 번성에까지 영향을 끼치게 된 것이다.

경제적인 배경으로는 통상 강절(江浙) 일대(192쪽의 권역도 참조)의 경제 발달이 거론된다. 강절 일대는 토양이 비옥하고 기후가 농사에 알맞아 경제가 발달하고 민생이 안정된 지역이었다. 그러한 풍족한 환경이 당시 지식인들에게 일상생활에서의 여러 부담을 넘어 평생 순수학문에 종사할 수 있는 분위기를 마련해 주었던 것이다. 예컨대 청대의 양저우(揚洲)는 소금 상인들이 모이던 곳이었으며, 『사고전서』(四庫全書) 7부 가운데 3부가 강절 일대에 소장되어 있었을 정도로 인문(人文)이 집결된 곳이었다. 강절 지역에 장서가가 많았다는 것 또한 고증학의 번성과 관계가 깊다.[16]

고, 금석문(金石文)의 해석 등에 몰두하게 된 것이다.

15 현대사회로 말하자면 대학에서 특정 강의 개설을 금지하거나 강의의 권한을 박탈하는 경우에 해당할 것이다. 어떤 측면에서는 언론 통제와 같다고도 말할 수 있을 것이다.

16 그 밖에 농업을 장려한 경제 정책과 주자학을 장려한 문화 정책 및 청 중기에 이르러 서학(西學)을 통한 문화 교류가 소원해진 점 또한 고증학이 번성하게 된 배경으로 거론되고

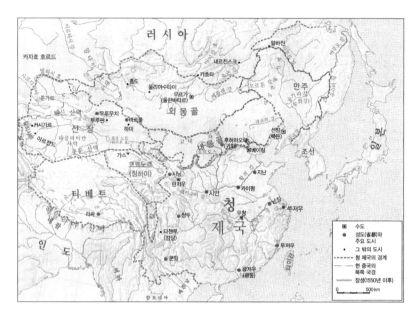

청대 가경 연간(1800년대 초)의 권역도

강절 지역은 역사적으로 장쑤성(江蘇省) 남부 지역과 저장성(浙江省)의 북부 지역 및 상하이(上海) 일대를 가리키는 용어로서 통상 강남(江南) 지역이라고 말하는 곳이 바로 이곳이다. 명나라 때인 1578년을 예로 들자면, 전국 호구의 6분의 1이 강절 일대에 모여 있었을 정도로 인구밀도가 높은 지역이었다. 그만큼 물산이 풍부했다는 뜻이기도 하다.

    다음으로 고증학의 전개 과정을 살펴보자. 청대 고증학의 전개 과정 또한 크게 세 단계로 나누어볼 수 있다. 첫 번째 단계는 통상 고증학

있다. 청 조정에서 실시한 농업 장려는 상대적으로 상공업 경시로 이어졌고, 농촌 경제의 활성화에 비해 상공업을 기본으로 하는 자본주의적 발전이 저하됨으로써 실학적 토대가 마련될 수 없었다는 것이다. 또한 청 조정은 적극적으로 주자학을 권장했는데, 그 이유가 청 왕조의 통치를 옹호하는 입장과 통하기 때문이었다. 즉 주자학의 대일통(大一統) 사상이 청 왕조의 봉건적 전제군주제를 옹호하는 입장이 될 수 있었기 때문이다. 통치를 순조롭게 한다는 공리적 차원에서 주자학을 장려한 것과 달리 그 밖의 사상에 대해서는 탄압 일변도의 정책을 고수했다. 청 초기에는 서학과의 교류가 활발했지만 중기에는 되레 쇄국의 경향으로 나아가면서 서학의 자극에 의해 고조되었던 실학사상이 침체기에 접어들게 되었다는 점 또한 고증학이 번성하게 된 원인으로 지목된다.

의 개창자로 알려진 고염무의 학문 경향이다. 고염무는 "경학이 바로 이
학"이라는 천명과 함께 당시의 학자들에게 송명이학의 속박에서 벗어나
직접 육경을 공부해야 한다고 주장했다. 그의 학문 연구의 특징은 객관
을 대단히 중시해 서적에서 근거를 찾는 것뿐만 아니라 직접 조사를 통
해 자료를 수집해 종합하는 방식으로 연구를 진행한 점이다. 한 가지 사
례를 논구할 때에도 다방면에서 자료를 수집하는 것을 기본으로 삼았으
며, 경전 공부는 반드시 문자와 훈고, 전장(典章) 등 여러 측면으로부터
나아가 문장의 본뜻을 이해해야 한다고 특히 강조했다. 30여 년을 음운
학과 언어학에 전념해 완성한 대표작이자 그가 추구한 객관적 학문 방법
을 대변하는 『음학오서』(音學五書)가 유명하다.

두 번째 단계의 대표로 고증학의 선구자라고 지칭되는 염약거[17]와
호위[18]를 들 수 있다. 이들은 한대의 자료를 이용해 주자학 이론이 의존
하고 있던 경전인 『고문상서』(古文尙書)와 『주역』의 일부분에 대해 각기
『상서고문소증』(尙書古文疏證)과 『역도명변』(易圖明辨)을 지어 위작임을
고증함으로써 고증학의 존재를 확립한 선구자로 알려져 있다.[19]

----

17 염약거(閻若璩, 1636~1704). 청나라 초기의 학자. 『상서고문소증』 8권을 저술해 유교
경전에 대한 실증적 연구의 선구가 되었다. 다른 저서로 『사서석지』(四書釋地) 등이 있다.

18 호위(胡渭, 1633~1714). 청나라 초기의 학자. 경사에 밝았으며 특히 지리학에 연구가
깊어 『우공』을 읽고 공영달(孔穎達)의 정의가 틀렸음을 지적했다. 『역도명변』은 또한 송
명이학의 오류를 지적한 것이다.

19 고증학은 청의 문화적 탄압에 대한 반동으로 부각되는 학문이지만, 그것은 이미 청 초 사
상가들의 경세학(經世學)을 위한 도구로 개칙되어 있었다. 흔히 고염무를 고증학의 개창
자라고 하지만 그가 활동한 시기에는 고증학이 독자적인 학문으로 인정되지 않았다. 고
증학이 독자적인 학문으로 등장한 시기는 바로 18세기 중엽 주자학에 대항하는 세력으
로서 역할을 하면서부터이다. 청대 초기의 학자들은 대부분 명대 말기에 출생해 청대 초
기에 학술 활동에 종사한 인물들인데, 이들은 신유학과 밀접한 관련이 있었다. 고염무는
고증학의 시조가 되었지만 그 역시 주자학을 바탕으로 하여 양명학을 배척하자고 주장한
것일 뿐이었으며, 황종희 역시 양명학에서 시작해 경세치용의 학문을 창시했을 뿐이었
다. 결국 그들은 신유학자 출신이면서 신유학을 수정하거나 비판했지만 동시에 주자학이
나 양명학의 뿌리 깊은 그림자에서 벗어나지는 못했다.

세 번째 단계가 바로 고증학이 온전히 성립되는 단계다. 건륭·가경 연간에 출현한 오파(吳派)와 환파(皖派)라는 두 학파에 의해서 고증학은 비로소 독립된 학문으로 자리 잡는다. 고증학이 명백히 송대 주자학, 즉 송학에 대항하는 한학의 이름으로 역사에 등장한 시기는 18세기 중엽 장쑤성 쑤저우〔蘇州〕 지역에서 혜동[20]을 중심으로 하는 오파의 고증학이 제창된 다음부터였다. 이 학파는 반송(反宋)적 급진파로서『주역』과『상서』를 많이 연구하는 가운데 한대 학자들의 학설을 추종하는 경향이 강했다.

환파는 안후이성 슈닝〔休寧〕 지역을 중심으로 하는 학파로서 오파에 비해 조금 늦게 출현했지만 학술적 성취는 오파에 비해 더 높다고 평가된다. 그 이유는 환파가 한대의 전주(傳注)를 이용하면서도 사실의 탐구에 목적을 두고 있었기에 때로 한학마저 객관적 거리를 두고 비판적으로 바라보았기 때문이다. 강영[21]과 대진[22]을 중심으로『예기』,『주례』,『의례』를 많이 연구했으며, 문자학·음운학·훈고학이라는 학문 방법을 비롯해 예학과 천문학에도 정통했다.

마지막으로 청대 고증학의 학문적 성취와 문제점은 대체로 이러하다. 고증학은 정치적인 관심으로부터 거리를 두고 학문을 위한 학문에 몰두하는 경향을 가지고 있었다. 그래서 일반적으로 고대의 경서를 정

----

20 혜동(惠棟, 1697~1758). 중국 청대의 학자. 경사와 제자에 정통했고, 특히 역학 연구에 힘썼으며, 고증학의 기초를 확립했다. 저서에『주역술』(周易述),『역한학』(易漢學) 등이 있다.

21 강영(江永, 1681~1762). 중국 청대의 학자. 명학(明學)을 배제하고 정주학을 평가한 『고정주자세가』(考訂朱子世家),『근사록집해』(近思錄集解) 등을 남겼다. 『고운표준』(古韻標準)에서는 고염무의 고운십부설(古韻十部說)을 더 정밀하게 13부로 나누었다. 음운 등 다방면에 해박한 실증적 학문은 문하생 대진을 통해서 환파 고증학으로 발전했다.

22 대진(戴震, 1723~77). 중국 청대의 경험론적 철학자·고증학자·역사지리학자. 고증학에서 특히 문자 훈고(訓詁)의 연구보다 경서를 해명하는 방법을 제창했다. 저서에『모정시고정』(毛鄭詩考正),『맹자자의소증』(孟子字義疏證),『대동원집』(戴東原集) 등이 있다.

리하고 고증하는 가운데 고적에 대한 교감과 변위(辨僞)에서의 성과를 인정받고 있다. 그 밖에 문자학과 음운학에서의 성과와 잃어버렸던 고전 문헌의 내용을 찾아 복원한 일 등에서 학술적 성과를 인정받고 있다. 또한 객관적이고 실증적인 학문 연구 방법으로 다른 학문의 발달을 선도했다고 볼 수 있다. 가령 지리학이나 음성학, 문자학, 금석학, 천문학 등의 발달은 고증학의 번성에 수반한 것이다. 그러나 실증적인 고증에만 매달림으로써 사상적인 빈곤을 초래하게 되었다. 그리하여 훗날 자구의 해석에서 나아가 고증을 위한 고증에 집착하느라 사상성이 결여된 학문, 현실이 반영되지 않은 학문이라는 평가를 받게 된다.[23]

동아시아 실학의 양상

실학이란 사변적인 논쟁을 위주로 하는 학문과 달리 현실에 기초해서 실제적으로 현실의 문제를 해결하려는 학문적 경향이라 말할 수 있다.[24] 동아시아 사상사에서 이는 특히 조선 후기 사상사의 경향을 대변한다. 물론 조선뿐만 아니라 청과 일본 또한 비슷한 시기에 실학 사조가 등장한다. 당시의 학자들은 주자학의 사변주의가 정점에 이르러 더 이

---

23 물론 이러한 후대의 평가에 문제가 없는 것은 아니다. 왜냐하면 당시의 학자들이 고증학에 매달린 것이 단지 개인적 취향의 문제에서 비롯한 것이 아니라 청조의 정치적 의도가 개입한 결과이기 때문이다.

24 고증학이 본래 학문의 방법에서 비롯한 명칭인 데 반해 실학은 학문적 내용에 주목한 명칭이다. 따라서 두 가지를 수평적 비교의 대상으로 보기에는 무리가 있다. 논리적으로 분별하자면 고증학은 실학에 포함되는 것으로, 실학의 방법 가운데 하나라고 해야 한다. 가령 청대의 실학이 초기의 경세적 실학에서 고증적 실학을 거쳐 다시금 경세적 실학으로 되돌아가는 것으로 파악되곤 하는데, 그러한 과정에서 고증(학)이 실학 연구의 한 가지 방법이었음을 알 수 있다. 그러나 역사적으로 볼 때, 건륭·가경 연간에 이르러 방법으로서의 고증학이 기존의 이학과 실학 등을 아우르고 대체하는 독립된 형식으로서의 학문 분과로 부각되었던 것이다.

상 현실을 이끌어갈 수 없다는 위기의식과 함께 대안을 모색하기 시작한다. 그러한 시점에 기존의 주자학적 도덕주의와 전혀 다른 사유 체계를 기반으로 한 서학이라는 문화를 접하게 된다.

어떤 문화권이든 이질적인 문화를 곧이곧대로 받아들이지는 않는 것이 보통이겠지만, 사회의 변혁에 관심이 있고 계몽적 성향을 가진 학자들에게는 서학의 문화적 흡인력이 상당한 것이었다. 서학은 기존의 주자학과 완전히 다른 과학적 사유 체계를 기초로 현실의 다양한 문제를 해결할 수 있는 실용성을 갖추었기 때문이었다. 서학이 유입된 초기에 동아시아 삼국은 모두 전통문화의 바탕 위에 서학의 실용성을 가미하는 방식을 고수한다.[25] 하지만 후대로 갈수록 서학이 중심이 되는 형태로 변모하게 된다. 동아시아 삼국의 실학의 시대는 기존 사상의 도덕적 사변주의가 더 이상 현실을 이끌지 못할 때 등장한 서학의 영향을 기반으로 당시 각국의 지식인들의 현실 개혁 의지가 맞물려 개시되었다.

동아시아 삼국 가운데 중국에서 실학 사조가 개시된 것은 명 말 청 초의 변혁기에 해당하며, 이후 청대 사회의 변화에 따라 번성과 침체를 거듭했다. 청 초의 지식인들은 명나라의 멸망 원인이 송대 이학 등의 공리공담에 있었다는 반성과 함께 사변에 치우친 언변보다는 '수기치인'(修己治人) 위주의 실학이 중요함을 깊이 깨닫게 된다. 청 초의 실학자들은 '세상과 백성을 구제한다'는 슬로건 아래 당시의 모순에 대해 때로는 직접적으로 저항하고, 때로는 은둔과 저술로써 간접적으로 대응했다. 그러다가 건륭·가경 연간에 이르면 실학은 고증학으로 바뀌게 되며 침체기에 접어든다.[26]

----

25 먼저 살펴본 동아시아 삼국의 근대 수용의 논리이자 근대 기획의 논리인 '중체서용', '화혼양재', '동도서기'를 말한다.

26 결과적으로 실학이 침체된 이유는 앞에서 살펴본 고증학이 번성한 이유와 크게 다르지 않다. 정리하자면 다음의 세 가지와 관계가 있다. 첫째, 청조에서 실시한 중농경상(重農輕商) 정책과 관계가 있다. 상공업을 경시함으로써 강남 지역에서 싹트고 있던 자본주의

이후 가경 후기부터 청조의 정치가 혼란해지면서 실학은 다시금 번성하게 된다. 통치자들의 문화 정책은 느슨해지고 지식인들은 비교적 자유롭게 사회에 대한 의견을 교환할 수 있게 되었다. 그 결과 평생 한 가지 경전을 놓고 씨름하던 고증학적 연구 방법은 시들해지고 순수한 한학의 연구에서 경세적 실학 연구로 방향이 바뀌게 된다. 그리하여 청 초의 경세 사상과 비판 정신을 회복한다. 번성기뿐만 아니라 침체기에도 청대의 실학은 사회와 정치의 영역에서 영향을 끼쳤을 뿐 아니라 사회적 관념의 변화를 추동했다. 당시의 철학을 비롯해 사학, 문예, 고증, 과학, 윤리와 도덕 분야에 모두 실학의 정신이 반영되었다.

총괄적으로 볼 때, 번성과 침체의 과정을 거치기는 했지만 청대의 실학 사조는 분명히 역사적 흐름과 호흡을 같이하면서 당시의 학문을 주도하는 사조였다. 순치·강희 연간의 실학이 건륭·가경 연간에 이르면 고증(적 실)학으로 바뀌게 된다. 건륭·가경 연간의 고증학은 도광·함풍 연간에 이르면 경세적 실학으로 복귀한다. 그러면서 도광 이후의 실학은 청 초의 경세적 실학을 반복하는 데 그치지 않고 변방의 역사를 연구한 변방사지학(邊方史地學)과 해부학의 발달 등을 포함한 분야로 진일보한 것으로 평가된다. 근대적 실학 또한 경세에 그 뿌리를 두고 공자진[27]과 위원[28] 등에 의해 전개된다.

적 생산양식이 타격을 받게 되었고, 그로 인해 실학의 사회적 토대가 흔들리게 된 것이다. 둘째, 청조의 문화 정책과 관계가 있다. 청조는 실학과 거리가 먼 주자학을 부활시키기 위해 『주자전서』(朱子全書)를 편찬해 전국에 보급하기도 했다. 또한 문자옥의 실시와 『사고전서』의 편찬 등을 통해 강력한 지식 통제와 회유라는 양면 정책을 실시했다. 즉 국가가 주도적으로 지식을 관리해 반청 의식과 반봉건 의식을 차단하려고 함으로써 실학사상의 발전을 가로막았던 것이다. 셋째, 서학의 유입과 관계가 있다. 청 초의 강희제가 서학을 옹호해 교류가 활성화되었지만, 옹정제 이후 통치자들은 쇄국의 입장을 천명함으로써 실학이 외부로부터 학문적 내용을 충실히 할 계기를 상실하게 되었던 것이다.

27 공자진(龔自珍, 1792~1841). 중국 청대의 학자·시인. 훈고학·음운학·문자학에 능했으며, 공양학(公羊學)을 주장해 청나라 말기의 개혁·혁명 사상에 영향을 주었다. 저서에 『정암문집』(定庵文集), 『시집』(詩集) 등이 있다.

일본에서의 실학 연구는 실학 개념의 유래를 중심으로 크게 두 갈래
로 나눌 수 있다. 그중 하나는 후쿠자와 유키치(福澤諭吉)가 『학문의 권
유』(學文のすすめ)에서 주장한 '실업지학'(實業之學), 즉 실제로 도움이 되
는 학문으로서의 실학이다. 후쿠자와는 일본 근대 여명기에 '실학'이라
는 이름을 알린 인물로서, 그가 주장한 실업학으로서의 실학은 전후 마
루야마 마사오(丸山眞男)에 의해 재해석된다. 마루야마는 후쿠자와의 실
학에 대해 '윤리학에서 물리학으로의 전회'라는 표현으로써 그 비약적
변화에 의미를 부여한다. 다음으로 마루야마가 재해석한 실학 개념에
반론을 제기하고 유학적 입장에서 실학을 정의한 미나모토 료엔(源了圓)
의 주장을 들 수 있다. 그는 유학을 근세의 사상적 동력으로 보아 일본
사상사에서 나타나는 합리주의적 · 경험주의적 · 실증적 경향에서 일본
실학의 면모를 정립한다. 그리고 이 과정에서 일본의 실학은 주자학을
기점으로 비판과 수정이라는 과정을 통해 전개된다.[29]

조선이 주자학만을 수용해 당시의 지식인들이 선택의 여지 없이 주
자학에 몰입한 상황과 달리, 일본은 주자학을 수용하는 단계에서 송의
주자학에다 명학과 조선의 유학까지 수용함으로써 일본의 지식인들은
선택적으로 또는 두 가지 이상을 병행해서 학문을 연구할 수 있었다. 그

----

28 위원(魏源, 1794~1857). 중국 청대의 역사학자, 금문학파의 지도자. 처음에는 송학을
배웠으나 후에 유봉록(劉逢祿)에게 공양학을 사사했고, 이후 금문학파의 대표자 중 한 사
람이 되었다. 전한의 동중서의 학문을 존중하고 경서의 미언대의(微言大義)를 탐구해 이
상을 논했다. 중국의 민족적 위기를 자각해 많은 책을 저술했다. 저서로 『성무기』(聖武
記), 『해국도지』(海國圖志) 등이 있다.

29 일본에 주자학이 들어온 시기는 중세 후기다. 중세 후기 이전의 일본 사회는 종교와 학문
모두 불교의 총괄적 영향권 아래 있었다. 그러다 주자학이 수용되면서 비로소 종교의 영
역과 학문의 영역이 분리되기에 이른다. 즉 주자학이 일본에 수용되면서 기존의 종교로
서의 불교와 학문으로서의 주자학이라는 이원적 사상체계가 자리 잡게 된다. 근세 일본
에서 주자학은 불교와 노장의 허(虛)한 세계와 다른 실(實)의 세계나 실의 학문으로 이해
되었다. 주자학을 실학으로 보는 입장은 북송시대의 학자들에게서부터 나타나는 현상이
지만 일본에서는 주자학을 수용한 초기부터 그러한 현상이 나타나고 있다. 본문과 각주
는 한예원, 「일본의 실학자 계보」, 『일본사상연구』 제9호, 29~31쪽 참조.

런 까닭에 근세에 정립된 일본의 실학 개념은 그것을 주장한 학자의 학문적 배후, 즉 사상과 가치관에 따라 다양한 형태로 표현되었다. 그러한 다양성을 아우르는 공통성은 역시 주자로부터 근거를 찾을 수 있는 '허학'(虛學)에 반하는 학문으로서의 '실학'이라는 개념이다. 즉 주자가 불교와 노장의 사유에 대해 초월성을 강조하는 비현실적 '허학'이라고 규정함으로써 이후의 유학자들 또한 자신들의 학문을 실학으로 인식하곤 했다. 그러나 문제는 어떤 것이 '실'이고 어떤 것이 '허'인가에 관한 객관적 기준이 없다는 것이다. 따라서 주자의 논리에서 비롯한 일본의 실학 개념 또한 유동적이며 상황적인 개념으로 이해될 수 있다. 그러면서도 한 가지 분명한 것은 불교를 허학으로 규정한 데서 볼 수 있듯이 인간의 내면세계를 다루는 데에서도 초월적이지 않고 세속적이라는 점, 나아가 인간 외부의 질서로 관심의 영역이 확장되었다는 점이다. 그럼으로써 학문의 방법적 측면에서 실증성과 합리성이 강조되었다. 특히 일본이 근대로 이행하는 시기의 실학에는 서학의 영향이 가미되어 실용성이 더욱 강조되는 경향을 보이게 된다.

동아시아 삼국 가운데 조선은 실학이 가장 번성한 나라였다. 조선의 실학은 대략 17세기 중기에 등장해 19세기 초반까지 지속된 사조로서, 성리학 일변도의 기존 학문 연구 경향을 극복하려는 움직임으로부터 시작되었으며, 사변적 논쟁에 치우친 성리학이 현실의 문제와 점점 멀어지는 가운데 청나라의 문물과 합리주의적 사유, 과학적 탐구 방법을 수반한 서학이 이입되는 문화사적 배경 속에서 번성하게 된다. 조선 실학의 등장과 번성에 관한 연구의 초기에는 대체로 서학의 전래와 청나라로부터의 고증학 유입에 따른 학문 방법의 전환 등 외래적 요인을 강조하는 경향이 강했다. 그러나 근래에는 내재적 요인을 강조하는 경향이 부각되고 있다. 내재적 요인이라는 것은 다름 아닌 조선 왕조 통치 질서의 와해 현상과 그 당시의 지배 원리였던 성리학의 형식주의로 인한 폐해, 거기에다 조선 후기 사회적·경제적 체계의 변화에 따른 개혁 의지의 심화 등을 말한다.

조선 실학의 성격은 전기의 성리학(주자학)에 비해 무엇보다 근대 지향적이고 자주의식이 돋보인다는 데에 있다. 그러한 맥락에서 조선의 실학을 민중 사회의 이익을 대변하는 사상으로 이해할 수 있다. 성리학이 조선 왕조를 이끈 지배계층의 지도 원리였다면 실학사상은 민중의 편에 선 지식인들의 개혁 사상이라 말할 수 있기 때문이다. 그 구체적인 근거로서 실학자들이 농민에 대한 토지 분배를 포함한 토지 개혁을 주장한 것이나 양민의 군역을 시정하도록 요구한 것 등을 들 수 있다.[30]

조선 실학자들의 연구 범위는 특히 넓어 백과사전적 경향을 보인다. 실학이 현실의 문제를 해결하기 위한 목적에서 등장했으므로 실학자들의 연구 분야는 곧 그들의 개혁 의지를 반영한 것으로 이해할 수 있다. 개혁의 대상은 과거제도 및 신분제도를 포함한 토지제도와 상공업 분야, 그리고 과학기술 분야를 꼽을 수 있다.

토지제도의 개혁에서는 직접 생산자인 농민에게 땅을 돌려주는 것을 중심 과제로 삼아 토지 겸병과 소작 제도가 확대되는 일을 막고자 했다. 이와 같은 토지개혁론은 단지 농업생산력의 확대라는 문제를 넘어 조세제도와 신분제도의 문제를 포괄하는 것으로, 사회계층과 경제 상황에 대한 실학자들의 깊이 있는 관심의 산물이라 평가할 수 있다. 상공업 분야에서의 개혁안을 보면, 청나라와 마찬가지로 조선 왕조 역시 후기에 이르러서도 초기와 다름없이 농업 생산에 기초해서 국가재정을 확보

---

30 물론 위에서 간단히 언급한 조선 실학의 성격을 조선 후기에 통째로 적용할 수는 없다. 왜냐하면 17세기 후반기에 실학사상의 발전이 가속화되어 19세기 초기에 이르기까지의 기간이 대체로 250여 년인데 그동안 단계적으로 발전해 가는 모습을 보이고 있기 때문이다. 대체로 17세기 후반부터 18세기 전반까지를 정립기라 말하고, 18세기 전반부터 18세기 후반까지를 발전기, 19세기 전반을 성숙기로 파악한다. 그러한 단계 설정과 다르게 과도기, 완성기, 전환기로 구분하기도 한다. 또한 학파적 분화로서 정립기에 활약한 유형원(柳馨遠), 이익(李瀷) 등을 경세치용학파, 발전기에 활동한 박지원(朴趾源), 박제가(朴齊家) 등을 이용후생학파, 성숙기에 활동한 김정희(金正喜) 등을 실사구시학파로 나누기도 한다.

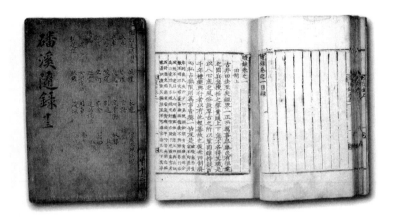

『반계수록』(磻溪隨錄)　토지개혁에 특별히 관심을 보인 중농주의 실학자로 유형원(1622~73)을 꼽을 수 있다. 그는 자신이 지은 『반계수록』의 서문에서 조선 개혁의 필연성을 강조하고, 이어 본문에서는 토지제도와 인재의 등용. 관리의 선출. 교육제도, 군사. 녹봉 지급 등 여섯 부문으로 나누어 개혁적 주장과 그 근거를 역설하고 있는데, 눈여겨볼 만한 것은 토지 문제가 본문의 전체 내용에서 3분의 1을 차지하고 있다는 점이다. 그는 토지를 국가의 근본으로 보았으며, 토지를 농민에게 고르게 분배하는 균전제(均田制) 시행해 자영농을 육성해야 한다고 주장했다.

하는 중농억상 정책을 고수하려고 했다. 반면 실학자들은 상공업 중흥을 통한 국가재정 수입의 증대를 주장했다. 그리고 거기서 더 나아가 신분제의 문제점을 직접 비판하고 사농공상의 각 계층이 지닌 유기적 기능성을 강조해 신분제적 직업 구분의 관념을 타파하려고 했다.

　무엇보다 조선의 실학자들을 특징짓는 것은 과학기술에 대한 관심이었다. 실학에서 강조하는 실용성이란 과학기술과 밀접한 연관이 있다. 바꿔 말하면 실학의 실용성이란 무엇보다 과학기술에서 가장 잘 드러난다고 할 수 있다. 조선의 실학자들은 과학기술에 관심을 갖고 적극 수용하는 것을 넘어 마침내 그러한 기술을 떠받치고 있는 과학적 사고와 이론에로 관심의 영역을 확장했다. 특히 관심을 끈 영역은 천문, 역법, 수학, 의학 등이었다.

실학의 근대성

　여기에서는 먼저 조선 실학이 지닌 근대성의 일면과 동아시아 삼국의 실학의 주체 문제에 관해 압축한 다음, 명 말 삼대 유로(遺老)라 불렸고 청 초의 실학과 고증학의 형성에 상당한 영향을 끼친 황종희·고염무·왕부지의 사상을 통해 실학 사조에 내재한 근대성의 일면을 엿보고자 한다.[31]

　조선 실학의 근대성은 통상적으로 서학의 영향 등으로 인해 현실의 문제와 결부된 학문 연구가 진행되는 가운데서 발견된다. 다시 말해 성리학(주자학)적 도덕주의를 넘어 실용적 기술과 자연과학적 지식이 도입되고 재생산되는 과정에서 발견된다. 그러나 그러한 사실과 조금 다른 각도에서도 조선 실학의 근대성을 밝힐 수 있다. 바로 조선 실학자들이 품은 현실 개혁의 의지에서부터 근대성의 싹을 발견할 수 있다는 것이다. 예컨대 조선 실학자들의 개혁 의지는 자주의식으로 귀결되는데, 초기의 민족적 자주의식은 계급적 자주의식, 즉 같은 사회 안에서의 주체의 자각에까지 이르게 된다. 그 밖에 조선의 실학에서 주목할 수 있는 것으로서 경제적 주체의 재발견을 꼽을 수 있다. 농민이 경작권을 가져야 한다고 주장한 점이나 상공업을 강조해서 기존의 신분제적 직업 구조에 대해 비판적 문제 제기를 했다는 점 등이 그것이다. 이와 같은 계급적 주체의 자각과 경제적 주체의 재발견을 통해 조선 실학에 내재한 근

----

31 실학의 근대성을 포함해 동아시아의 근대성은 크게 '내재적 발전론'과 '충격–반응론'이라는 두 가지 관점에서 논의된다. '내재적 발전론'은 동아시아의 전통 사상과 서구에서 유입된 사상 사이의 연결과 공통성에 주목하는 것이고, '충격–반응론'은 동아시아 전통과 서구의 근대 사이의 단절과 차별성에 주목하는 관점이다. 외부, 즉 서구 문화의 충격에서 비롯한 반응으로서의 근대냐 아니면 전통 가운데 이미 근대적 요소가 내재되어 있었느냐 하는 것은 동아시아의 근대 이행과 관련한 논의에서 빠뜨릴 수 없는 부분이다. 여기에서 살펴보고자 하는 것은 비록 내재적 발전론과 통할 수 있는 명 말 삼대 유로의 개혁적 사고에 한정되지만, 이들의 사고를 계기로 한층 확장된 토론을 이어갈 수 있을 것이라는 점에서 선택했다.

대적 사유의 계기를 발견할 수 있다.[32]

실학의 등장과 발전 과정이 근대화를 수반한 것은 문명 전환기에 놓인 동아시아 삼국의 공통점이지만, 실학의 주체 문제에서는 약간의 차이가 있다. 조선 실학의 주체는 중인 계급의 일부를 포함하면서도 실질적으로는 양반 계급에 의해 주도되었다. 청나라의 경우는 사대부 계급이 주도했다. 조선과 청나라에서 유학적 소양에 기초한 지식인 위주로 실학사상이 전개된 반면, 일본의 경우는 이와 달랐다. 유학자를 포함하면서도 무사와 상인 및 농민까지 실학사상을 전개하는 주체로 참여했다. 주체의 차이는 실학의 내용을 비롯해서 현실에서의 적용과 실천에까지 영향을 끼칠 수밖에 없었다. 조선과 청나라는 당시의 지식인이었던 유학자가 주체였기 때문에 개혁적인 사고의 전개에서 계몽적 성향이 강했다고 말할 수 있다. 일본의 경우는 사회적 생산의 주체가 곧 실학사상을 전개하는 주체였기 때문에 상대적으로 경험에 기초한 현장 개혁적 성향이 돋보인다고 말할 수 있다. 그렇다면 명 말 삼대 유로의 개혁적 사고는 어떠했을까? 삼대 유로의 사상에서 엿볼 수 있는 근대성 가운데 돋보이는 것은 어떤 것일까?

먼저 황종희는 근본을 중시하고 말단을 억제한다는 전통 관념을 비판하고 공업과 상업이 모두 근본이라는 사상을 제시한다. 지식인들이 기존의 전통 관념인 근본을 숭상하고 말단을 배척하는 정신〔崇本抑末之道〕의 의미를 오해함으로써 공업과 상업을 하찮은 일로 치부하고 그 활

---

32 근대성의 발견은 곧 '변화'로부터 시작된다. 경제와 사회와 정치를 비롯해서 문화와 과학 등 우리가 사는 세계의 모든 영역에서의 바람직한 변화로부터 근대라는 사회적·역사적 용어의 의미가 산출될 수 있기 때문이다. 근대적 변화는 또한 '자각'을 수반함으로써 현실화된다. 근대는 외톨이 개념이 아니며, 늘 근대 이전, 즉 전근대라는 단짝 개념을 전제로 성립할 수 있는 개념이다. 전근대가 근대의 단짝이기는 하지만 그 개념적 역할은 악역이다. 거기에 반해 근대는 말하자면 정의로운 역할을 맡은 개념으로서, 그 의미의 존재감은 '개인', '자유', '주체'의 자각을 통해 정초된다. 조선 실학자들의 개혁 사상에서 나타나는 계급적 주체의 자각과 경제적 주체의 재발견 또한 근대성의 계기로 볼 수 있다.

성화를 방해했다고 판단한다. 그는 공인과 상인은 국가적으로 꼭 필요한 존재이며, 공업과 상업이 국가의 근본임을 역설한다. 그의 이러한 주장에 대해 청 초 상품경제의 발전과 시민계급의 지위 향상을 이론적으로 반영한 것이라는 평가가 있다.[33] 근대 계몽사상의 특색을 함축한 그의 사상은 당시의 사회 현실로부터 유래한 근대성의 표출이라 말할 수 있다.

황종희는 또한 민본주의에 기초해 봉건적 군주권을 비판했다. 『명이대방록』에서 그는 신하와 백성이 군주에게 절대적으로 복종해야 한다는 것에 반대하며 천하가 주인이고 군주는 손님이라는 관점을 제시한다. 군주야말로 천하에 해악을 끼치는 자라고 지적하고, 신하가 관직에 나아가는 것은 군주 개인과 한 가문을 위해서가 아니라 세상과 만민을 위해서라는 주장을 펼친다. 이러한 주장은 전통적 유학의 민본주의에 기초하면서도 근대적 '민주' 관념으로 해석할 수 있는 계기를 엿볼 수 있다는 점에서 실학적 근대성의 표지라 할 만하다.

민본사상에서 민은 여전히 통치의 대상으로 자리매김되어 있는 데 반해 황종희의 관념 가운데 발견할 수 있는 것은 민이 단지 통치의 대상이기만 한 것이 아니라 권력의 정당성이 민으로부터 비롯한다는 관념상의 전회다. 또한 그는 군신 관계를 명령과 복종으로 체계화된 수직적 관계로 보지 않고 동일한 목적을 가지고 같은 일에 종사하는 수평적 관계로 보기도 했다. 여기에서도 근대성의 표지라 할 수 있는 평등 관념과 주체 관념 등의 탄생을 엿볼 수 있다.

청대 고증학의 개창자로 일컬어지는 고염무의 실학이 지닌 근대성은 독재를 반대하는 데서 두드러진다. 『일지록』에서 그가 주장한 '중치'(衆治)는 군주 일인 독재에 대한 반대로서, 황종희의 사상에서도 보이는 것

----

33 갈영진, 「청대 실학사상의 역사적 변천」, 『동아문화』 제28집, 서울대학교 인문과학 동아문화연구소, 1990, 78쪽 참조.

과 같은 전통 유학의 '민본' 관념을 넘어 '민주' 관념을 표현한 것으로 해석할 수 있는 대목이다. 그는 독재가 필연적으로 복잡한 형벌을 통한 통치를 수반할 수밖에 없는 데 반해 여러 의견을 조율해 정치를 하게 되면 형벌이 비로소 이치에 맞아 사람들이 납득할 수 있게 된다는 취지의 주장을 펼친다. 형벌이 이치에 맞게 된다는 의미는 법이 정당하게 집행된다는 것과 통한다. 따라서 그의 비판은 형벌을 매개로 정치적 권력의 정당성 문제를 제기하는 것으로 해석할 수 있다.

마지막으로 왕부지 또한 고염무와 마찬가지로 군주전제주의에 대한 비판으로서, 한 가문의 흥망은 사적인 것에 불과하며 백성의 생사가 공적인 것(『독통감론』 권17)이라고 주장한다. 공과 사의 관계에서 기존 관념에서는 군주를 포함한 가문을 보다 큰 범주로 보아 공적인 것으로 그리고 백성은 사적인 사유의 범주에 배당되었다. 하지만 왕부지의 사유에서는 공과 사의 관념이 역전된 것이다. 사적이라고 하는 것이 가치의 측면에서 의미가 덜한 것을 뜻하고, 공적인 것은 가치의 차원에서 보다 의미 있는 것을 뜻한다고 할 때, 왕부지의 사유가 백성의 생사를 공적 영역으로 규정했다는 것은 다시 말해 백성의 주체적 삶에 주목하고 군주전제를 비판한 것으로 볼 수 있다. 그는 또한 이상사회와 관련해 천하는 한 사람의 사유물이 되지 않는 것(『황서』(黃書))이라 말함으로써 군주전제에 대한 비판을 거듭 표현하고 있다. 군주전제와 봉건사회 체계를 비판한 왕부지의 시선이 근대적 세계를 향해 있다는 것을 충분히 짐작할 수 있는 대목이다.

오늘날에서 본 동아시아 근대성의 한계와 의미

근대성은 그것이 다만 해석의 차원이라 하더라도 동아시아의 전통에서 충분히 발견할 수 있는 것이다. 그러나 결과적으로 동아시아의 근대는 서구의 강제에서 비롯되었다는 것 또한 되돌릴 수 없는 사실이다. 동아시아 근대화의 강제적·물질적 계기로서의 아편전쟁은 서구의 충격을 상징하는 하나의 사건이다. 아편전쟁의 패배는 동아시아인으로 하여금 실질적 근대화를 수용하게 한 도화선 가운데 하나였다. 동아시아인이 목도한 서양의 힘은 당시의 동아시아와 비교할 수 없을 정도로 발달된 과학기술에 기초하고 있었으며, 또한 그것은 자본과 물질에 기초하고 있는 것이었다. 물질의 힘과 자본의 힘, 과학기술의 힘 앞에 굴복한 동아시아는 그러한 패배와 굴욕으로부터 '서양의 물질'이나 '서양의 실용성'에 굴하지 않는 심리적 방어기제로서 '동양의 정신'이나 '동양의 도덕

아편전쟁

광둥성 둥관시(東莞市)에는 아편전쟁 박물관이 있는데, 임칙서 기념관이라고도 한다. 중국 무협영화 「황비홍」 시리즈에도 등장하는 임칙서(林則徐, 1785~1850)는 중국인들에게 민족의 영웅으로 각인된 인물이다. 1839년에 그가 아편의 유입과 확산을 차단하기 위해 당시 유통되던 아편을 몰수해 불살라버린 사건이 중국과 영국 간에 일어난 아편전쟁의 도화선이 되었다. 중국과 영국 간의 무역 마찰로 야기된 아편전쟁은 두 차례에 걸쳐 일어났는데, 통상적으로 제1차 아편전쟁이 일어난 1840년을 중국 근대사의 개막으로 본다. 영국에서는 제1차 아편전쟁을 제1차 영중전쟁(First Anglo-Chinese War)이라 부른다.

을 재정립하게 된다. 다시 말해 19세기 아편전쟁의 패배로부터 피할 수 없는 근대화의 길목에 맞닥뜨린 동아시아 삼국은 문화적 자주권과 관련한 심리적 상처를 최소화하는 논리를 계발하게 되며, 그것이 바로 '중체서용'과 '동도서기'와 '화혼양재'라는 동아시아 삼국의 근대화 논리였다.

화혼양재의 경우 상대적으로 빨리 양혼양재로 나아갔다. 즉 서양의 정신과 서양의 실용적 기술을 모두 인정하고 그것을 수용하기 위해 적극적 학습의 단계로 나아간 것이다. 그러나 서구의 충격에 대한 동아시아 삼국의 초기 반응은 공통적으로 전통의 틀을 유지한 채 실용적인 기술을 선택적으로 흡수하는 방식이었다. 그러한 근대화 기획은 무엇보다 힘과 기술을 앞세운 서구 제국주의의 확장에 맞선 문화적 자주권의 수호와 관계가 깊다. 하지만 그러한 방어적 논리는 동아시아인의 의식이 근대화의 초점을 부강한 나라의 건설에만 맞추게 하는 계기가 되기도 했다. 다시 말해서 아편전쟁 이후의 동아시아에서 근대화는 곧 부국강병을 추구하는 것이라는 인식이 자리 잡게 됨으로써 결과적으로 동양의 정신이나 도덕에 대립하는 서양의 물질이나 실용성을 비윤리적인 것으로 인식하게 되었던 것이다.[34]

부국강병이라는 것은, 고대 동아시아의 철학자인 노자가 주장했던 '나라의 크기와 인구를 줄이라'는 축소 지향의 논리와 상반되는 확장 지향의 논리다. 말하자면 부국강병을 추구하는 것은 소국과민(小國寡民)과 정반대로 '영토를 확장하고 인구를 늘리라'는 '대국다민'(大國多民)과 통하는 것으로, 당시의 동아시아에서는 자주권을 지키기 위한 방법으로서 선택의 여지가 없는 것이었다. 현실적으로 다가온 것은 서구의 과학기술에 기초한 강력한 군사력이었다. 때문에 그것에 대응하기 위해서 역시 군사력으로 탈바꿈할 수 있는 과학기술을 배우는 데 힘을 쏟은 것이 자연스러운 반응일 수 있다. 그러나 자주권 수호라는 방어적 계기에서

---

34 위의 내용은 박용태 박사의 의견을 포함하고 있다.

비롯한 것이든 동아시아의 전통 정신을 지키기 위한 것이든, 군사적 기술을 비롯해 겉으로 드러난 서구의 실용성(用)에만 주목함으로써 결과적으로 근대성의 본질(體)과 통하는 합리주의 등을 등한시하는 결과를 빚게 되었다.

한편, 위와 같이 실용성에 치중함으로써 본질에 주목하지 못한 것과는 달리 실용성을 매개로 근대의 본질을 지향한 사례가 있다. 바로 동아시아 실학이 그것이다. 실학사상은 동아시아의 근대성 가운데 내재적 발전론의 사례로서 많이 연구되었다. 그 가운데서도 실학사상에서 근대의 특징인 자본주의의 맹아를 발견할 수 있는가 하는 점이 많이 주목되었다. 그러나 결론적으로 실학사상은 서구 자본주의의 원칙인 사적 소유에 대해 부정적인 경향이 있다. 성리학에서 강조하는 공적 윤리를 벗어나지 않고 되레 그것의 연장선상에 있는 것이다. 말하자면 실학 또한 유학의 범주에 속한다는 것이다. 그것은 마치 고증학이 실학의 범주에 속하는 것과 마찬가지로 이해할 수 있다. 이렇게 볼 때 실학의 근대성은 동아시아의 고유성과 맞닿을 여지가 충분하면서도 실질적인 차원에서는 여전히 미완의 상태인 셈이다. 그러나 앞서 언급한 명 말 삼대 유로의 실학에 내재한 근대적 요소에서 보듯이 비록 미완의 상태이기는 해도 그 근대성의 함축마저 부정할 수는 없다.

이제 마지막으로 실학이 오늘날 우리에게 어떤 의미가 있는지를 생각해 보자. 역사적으로 볼 때, 실학이 공'허'한 신유학을 비판하는 가운데 동서 융합의 성격마저 갖춘 '실'한 학문 분과로서 자리 잡은 것은 당시의 사회적·경제적 토대에 말미암은 것이었다. 즉 농업 위주의 경제를 넘어 상업 경제가 활성화되기 시작하는 것에 수반해 실학이 발전하게 되었다. 그렇다면 고도로 상업화된 사회인 현대 자본주의 사회는 실학의 사회, 실학의 세상이 될 수밖에 없을 것이다.

사실상 자연과학의 발달을 비롯해서 실용학문을 기초로 유지되는 사회가 현대사회라는 점에서 현대를 새로운 실학의 시대라고 말할 수 있다. 현대사회는 '실'학이 넘쳐 되레 공'허'한 사회인지도 모른다. 그러나 이와 같은 현대적 비유가 아닌 역사적 실체로서의 '실학'에서 중요한 것은 정신(과 사상성)이라는 점을 상기할 필요가 있다. 실학의 정신은 바로 실학에 내재한 근대다움, 즉 실학의 근대성이다. 그렇다면 문명 전환기 또는 전통과 근대의 전환기에 활동한 동아시아 실학자들이 제기한 실학의 정신 가운데 현대에 되살릴 수 있는 가장 중요한 것은 무엇일까? 무엇보다 그것은 현실 개혁의 정신이 아닐까! 동아시아 실학자들이 실학을 통해 현실을 개혁하려 했던 것처럼 현대에서도 보다 합리적인 사회를 만들기 위해 고민하는 현실 개혁의 정신이야말로 실용성이 넘쳐 '공허'(空虛)한 실학이 범람하는 가운데 실용성을 넘어 '공허'(公許)한 실학의 정신을 되살리는 길일 것이다.

| 참고할 만한 책 |

동아시아의 근대성에 대한 이해에 관해서는 다음의 책들이 도움이 된다.
– 박상환 외, 『동아시아 근대성에 관한 물음들: 형식의 과잉』, 도서출판 상, 2011.
– 양일모, 『옌푸: 중국의 근대성과 서양사상』, 태학사, 2008.
– 이용주, 『동아시아 근대사상론』, 이학사, 2009.

청대 학문의 변천에 관해서는 다음의 책들을 참고하면 좋다.
– 류명종, 『청대철학사』, 이문출판사, 1989.
– 양계초, 이기동·최일범 옮김, 『청대학술개론』, 여강출판사, 1987.
– 왕마오 외, 김동휘 옮김, 『청대철학』(전 3권), 신원문화사, 1995.

고증학의 이해를 위해 다음의 책들을 참고하면 좋다.
– 벤저민 엘먼, 양휘웅 옮김, 『성리학에서 고증학으로』, 예문서원, 2004.
– 장유교, 고재욱 옮김, 『중국근대철학사』, 서광사, 1989.

- 존 헨더슨, 문중양 옮김, 『중국의 우주론과 청대의 과학혁명』, 소명출판, 2004.

동아시아의 실학에 관해 다음의 책들을 참고할 만하다.
- 경기문화재단 실학박물관 지음, 『동아시아 실학, 그 의미와 발전』, 제2권, 경인
  문화사, 2012.
- 배종호, 『한국유학의 철학적 전개』, 원광대학교출판부, 1989.
- 임형택, 『문명의식과 실학』, 돌베개, 2009.

실학을 포함한 일본 사상의 흐름에 관해서 다음의 책들을 읽어볼 만하다.
- 가루베 다다시/가타오카 류, 고희탁·박홍규·송완범 옮김, 『교양으로 읽는 일
  본사상사』, 논형, 2010.
- 나가오 다케시, 박규태 옮김, 『일본사상이야기 40』, 예문서원, 2002.
- 이에나가 사부로, 연구공간 '수유+너머' 일본근대사상팀 옮김, 『근대일본사상
  사』, 소명출판, 2006.

제2부

서양 문명의 역사와 철학

제8장

이성의 빛을 발견하다: 그리스 정신

김주일

비극(tragedy), 극장(theatre), 민주주의(democracy), 역사(history), 정치학(politics), 천문학(astronomy), 수학(mathematics), 철학(philosophy). 이 모든 것의 공통점은? 이것들은 모두 고대 그리스어에서 온 말이자 고대 그리스가 인류에게 남긴 위대한 유산들이다. 고대 그리스에서 처음으로 비극이 극장에서 상연되었고, 민주주의가 등장해 다른 정치체제들과 역사의 공간 속에서 옳고 그름을 겨루었다. 사람이 모여 사는 도리의 문제는 그리스에서 처음으로 정치학이라는 이름을 얻었고, 해와 달과 별들을 관측해 일기와 기후를 예측하던 고대인들의 지혜와 물건의 수를 정확히 헤아리고 경작지의 크기를 측정해야 했던 삶의 고민은 각기 천문학과 수학이라는 이름을 부여받았다.

그리스인들은 어떻게 해서 이 모든 것을 이룰 수 있었을까? 이 질문에 대한 답은 '이 모든 것의 공통점은?'이라는 물음에 답해 가면서 찾을 수 있다. 공통점이란 여러 가지 것들이 서로 같이 갖고 있는 특징이라는 뜻일 것이다. 그리스인들은 바로 이 공통점을 찾아가는 노력을 통해 인류 문화에 커다란 업적을 남겼다. 신화나 전설 속의 인물들이 겪은 이야기를 그저 한 개인이 겪은 신기하고 기막힌 사연 정도로 치부하지 않고,

인간의 보편적 삶의 조건 속에서 나에게도 일어날 수 있는 공통된 사건으로 이해할 때 비극이라는 드라마가 상연될 수 있었다. 한두 사람의 특출하거나 편중된 의견이 아니라 공동체 전체를 위한 공통된 의견이 가능하다는 믿음에서 민주주의는 출발했으며, 일어난 사건들은 그저 일회적인 사건에 그치는 것이 아니라 시간의 흐름 속에서 보편적인 형태로 재현되고 반복되리라는 생각이 역사학을 탄생시켰다. 학문이란 개별적인 문제들이 안고 있는 보편적이고 공통된 사안들을 도출하고 보편화하는 것이니 최초의 학문들은 이렇게 그리스에서 출발하게 되었다.

그리스 문명의 조건

지금은 그리스가 터키와 국경을 접하고 있어서 불가리아와 더불어 유럽의 입구 노릇을 하고 있지만, 그리스 문명이 가장 찬란했던 시절에는 유럽이 존재하지 않았다. 그리스 또한 수백 개의 크고 작은 폴리스[1]로 나뉘어 있었을 뿐 통일된 하나의 나라가 아니었다. 그리스의 고대문명이 찬란했던 만큼 그리스가 일찍부터 문명의 요람이었으리라 짐작하겠지만, 실제로는 고대문명의 후발주자에 불과했다. 유럽이라는 지리적 개념이 성립되기 이전, 그리스를 둘러싼 지역이 지중해 지역으로 이해되던 시절에 그리스 주변은 서쪽으로는 이집트와 리비아 왕국이, 동쪽으로는 수메르의 고대문명[2]이 융성해 있었다. 그리스는 이집트로부터는

----

1 폴리스는 보통 '나라'라고 번역하는데, 이 번역을 받아들이기 위해서는 사전에 알아두어야 할 사항이 있다. 그 첫 번째는 폴리스가 우리가 일반적으로 생각하는 국가와 달리 도시를 중심으로 형성되었다는 점이다.

2 수메르 문명을 가리키는 말에는 메소포타미아 문명이라는 이름과 바빌론 문명이라는 이름이 있다. 메소포타미아는 티그리스 강과 유프라테스 강 사이에 있는 지역을 가리키는 말로, 그리스어로 '강 사이에 있는 곳'이라는 뜻이다. 이 지역에는 범람하는 홍수로 인해 기름진 평야지대가 형성되었는데, 이 강 사이의 남쪽 지역에 형성되었던 여러 도성국가의 연

발달된 기하학과 조각을 비롯한 조형예술을, 수메르로부터는 천문학과 산술을 받아들였다. 그런데 문명의 후발주자로서 이집트와 같은 강력한 전제정치와 오랜 역사를 갖춘 나라도 아니고, 수메르 문명처럼 비옥한 토지를 토대로 풍성한 물산을 자랑하던 문명도 아닌, 땅도 척박하고 역사도 짧으며 BC 4세기 후반까지 통일국가도 이루지 못한 채 자잘한 나라들로 나뉘어 있던 곳에서 어떻게 학문과 문화와 철학의 꽃이 처음으로 활짝 피어났던 것일까?

그리스 문명의 비밀, 폴리스의 성립

그리스가 철학과 문화의 발상지가 될 수 있었던 원인으로는 기후, 지리, 역사, 기질 등 여러 가지를 제시할 수 있다. 하지만 그중 중요한 한 가지를 꼽는다면, 그리스 문명의 비밀은 바로 폴리스에 있다고 말할 수 있다. 사실 그리스가 내내 폴리스로 이루어졌던 것은 아니고, 그 이전에는 펠로폰네소스 반도에 있던 미케네 왕국과 같은 왕권 국가들의 시대가 있었다. 하지만 이 왕국들은 대체로 BC 12세기경에 붕괴되고 약 400년간 문자와 문명이 없는 역사의 공백기가 이어지다가 BC 8, 9세기에 폴리스를 단위로 하는 새로운 문명이 시작되었다. 왕국들이 무너진 후 가족이나 촌락 단위로 흩어져 살던 그리스인들이 다시 모여들어 형성한 사회 형태가 폴리스다. 왕국의 시대 이후 300~400년간의 이른바 암흑의 시기에 그리스 본토에 살던 사람들의 삶은 풍요롭지 못했다. 이 시기에 해당하는 큰 유적이나 문자 기록이 출토되지 않는다는 고고학적 사실이, 그 당시 사람들이 기념비적인 건물을 만들거나 창고에 비축되는 생산물을 문자로 기록해 두어야 할 정도로 풍족한 삶을 살지 못했다는 사실을

합을 수메르라고 부른다. 이들은 같은 수메르어를 사용하는 사람들이었다. 바빌로니아는 셈어를 사용하는 아모리족이 BC 20세기 이후에 메소포타미아 지역을 장악하고 세운 문명이다. 넓은 의미에서 수메르 문명에 포함된다.

방증한다. 그리고 이렇게 대다수의 사람들이 가난했던 출발점에서 점차 기술과 농경술이 발전해 경제 상황이 호전되고 인구가 늘면서 다시금 집단적인 사회 체제를 구성한 것이 폴리스다. 이 폴리스들은 어떤 강력한 세력에 의해 무력으로 통일되었다기보다는 서로의 필요에 의해 결집되었던 것으로 보이며, 따라서 폴리스를 이룬 집단들 사이에는 힘의 균형이 있었고, 이것은 폴리스 구성원들의 동등한 권리가 보장되는 독특한 형태의 사회 구조를 이루는 바탕이 되었다.

폴리스의 특징[3]

구성원들의 기본적인 권리가 보장되는 시민사회의 원형을 갖춘 폴리스에서 눈여겨봐야 할 특징 중 하나는 연설의 중요성이다. BC 8세기에 등장한 신흥 귀족이 옛 왕권국가에 대해 품고 있던 동경을 잘 담고 있는 호메로스의 『일리아스』에 이미 연설의 중요성이 잘 나타나 있다. 빈부의 격차는 있으나 신분의 차이는 없는 동등한 시민들의 사회에서 의사결정을 하는 가장 중요한 수단은 토론이었고, 이 토론에서 자신의 의견을 관철하기 위해 필요했던 능력은 타인을 설득할 수 있는 말솜씨, 즉 연설 능력이었다. 이제 나라의 명령이 갖추어야 할 합리성은 권력과 권위가 아니라 말의 설득력으로 바뀐다. 결정해야 될 사안을 놓고 대중 앞에서 토론을 벌여 대중의 의견을 통해서 검증을 받는 과정이 폴리스에서는 정치였다. 이 과정에서 대중의 호응을 불러일으키는 솜씨는 연설기술(수사술)의 연구로 이어졌고, 말을 조리 있고 앞뒤가 맞게 하는 솜씨는 논리학의 탐구로 연결되었다.

폴리스가 갖는 또 다른 특징은 '지식의 공개'에 대한 강조다. 꼭 민주

---

3 이 장의 내용은 프랑스의 신화학자 장 피에르 베르낭(Jean-Pierre Vernant)의 『그리스 사유의 기원』(Les origines de la Pensee grecque)을 토대로 구성한 것이다. 구체적인 내용은 이 책의 제4장을 참고하기 바란다.

주의가 아니더라도 동등한 자격을 갖는 것으로 이해되는 시민들 사이에서 법적인 분쟁이 생길 경우 문제가 되는 것은 그 소송 절차가 공정해야 한다는 점이다. 이것은 곧 판결의 근거가 되는 법이 공개되어 있어야 한다는 결론을 낳는다. 또한 법은 판결의 근거로서 원고와 피고 모두가 수긍할 만한 합리성을 갖고 있어야 한다. 상반되는 입장에서 다투는 원고와 피고가 수긍할 수 있는 합리성이란 양자의 입장의 차이를 넘어설 수 있는 합리성이어야 할 것이다. 이것은 곧 인간이라면 수긍할 수 있는 공통의 합리성을 가리킨다. 이러한 합리성을 갖춘 판단과 의사결정을 우리가 지식이라고 부른다면, 법은 바로 공적 영역의 지식이 된다.

이런 공적 영역에서 지식을 요구하는 폴리스의 특성은 그 영역을 종교와 지혜의 영역으로 확대한다. 왕국 시기 또는 그 이전부터 시작되었을 종교적 전통이나 사람들이 폴리스 시대 이전부터 삶을 영위하면서 쌓아온 지혜의 전통은 종교가 갖는 비밀주의이거나 지혜로운 자들의 심오한 생각으로, 공개된 지식의 영역이 아니었다. 그러나 폴리스는 이런 영역까지 공개된 공간으로 나올 것을 요구했다. 따라서 은밀한 종교적 의례들은 도시가 공적으로 벌이는 종교행사와 축제의 마당으로 점차 이끌려 나오게 되었다. 다른 한편으로 현자들의 지혜는 공개된 저술의 형태로 발표되거나 신전에 헌정됨으로써 공개된 지식의 영역으로 나왔고, 그래서 지혜는 진리가 되었다.

더 나아가 공개된 지식 추구는 그저 단순히 지식의 공개만 요구하는 것이 아니라 그 지식이 모두가 공유할 수 있는, 즉 누구나 이해할 수 있는 형태일 것을 요구한다. 이것은 인간이 갖는 기본적인 이해능력에 대한 신뢰이면서 또한 지식의 발견이 직관이나 신적 영감 또는 계시에 의한 것이 아니라 인간이 가질 수 있는 능력을 토대로 차근차근 진행되어야 한다는 것을 전제하기도 한다. 이것은 이후 진행되는 학문들의 방법론이 되는 것일 뿐만 아니라 지식의 조건과 한계에 대한 이해로서 인식론의 출발이 되는 것이기도 하다.

철학의 탄생과 전개

그리스는 주변 나라로부터 다양한 문화를 받아들였다. 예컨대 이집트로부터는 기하학을,[4] 수메르로부터는 천문학을 받아들였다. 그러나 이집트의 기하학은 실용적인 문제에 집중되어 있어 보편성이 떨어졌다. 그들은 여러 도형의 기하학적 관계에 대해서 알았고 그것들을 이용했지만, 그것을 증명할 생각은 안 했고 하지도 못했다. 수메르도 마찬가지였다.[5] 그러나 그리스에서 와서 이것들은 정치와 연결된 폐쇄된 지식과 직관적 앎의 형태를 벗어나 공개된 지식으로서 누구나 다 이해할 수 있는 증명의 형태로 공개될 필요가 있었다. 또 이 공개에 대한 열망은 기존의 정해진 앎을 증명하는 형태로 전개되어, 천문학의 경우 그것을 점성술과 역법의 차원에서 학문의 차원으로 올려놓았다. 기하학에서도 역시 땅의 넓이를 잰다는 실용적인 목적은 공개된 지식에 대한 추구를 통해 보편적인 지식과 증명의 학문으로 고양되었다. 그리고 이러한 증명의 요구는 철학의 탄생으로 이어졌다. 당연해 보이는 것을 증명해 보이려는 욕구는 원리의 원리를 거슬러 올라가 증명할 것을 요구해 결국에는 궁극적인 질문에 이르게 하기 때문이고, 궁극적인 질문에 대한 답을 찾는 과정이 철학이기 때문이다. 이 모든 것을 이루는 기본적인 것은 대체 무엇인가? 이것이 철학을 시작하는 그리스인들의 질문이었다.

----

4 이집트는 해마다 봄이면 나일 강에 홍수가 나서 주변 농경지가 잠기는 침수 피해가 심했다. 물론 이것이 나쁜 일만은 아니었다. 사막지대인 이집트에서는 홍수에 밀려 온 흙이 토지를 비옥하게 했고, 그것이 바로 이집트 문명이 일찌감치 나일 강 유역에 자리 잡고 발전하게 된 원인이었다. 그런데 다른 한편 범람한 강물은 토지의 경계를 지웠다. 그래서 홍수가 지나가고 난 뒤에 이집트에서는 토지를 다시 구획해야 할 필요가 있었다. 이에 따라 땅의 크기를 재는 현실적인 문제가 발생해 실용적인 기하학이 발달했다.

5 수메르에서는 일찍부터 농경 발달에 따라 기후를 예측하기 위한 천문 관측이 이루어졌다. 일식을 예언할 수 있을 정도의 축적된 자료를 갖고 있었으나, 수메르에서 천문 관측은 정치적인 권력과 연결되어 일반인들이 알 수 있는 공개된 지식이 아니었다.

철학의 출발: 소크라테스 이전 철학자들

밀레토스학파

밀레토스[6]의 탈레스로부터 시작된 고대 그리스 철학은[7] 자연을 철학적 성찰의 대상으로 삼았다고 해서 자연철학이라 불린다. 이 자연철학의 전통은 대략 소크라테스의 시대 이전까지 진행되기 때문에 '소크라테스 이전 철학'이라고도 불린다.[8] 탈레스를 비롯해서 밀레토스에서 철학

---

6 그리스의 철학자 아리스토텔레스는 철학이 처음 밀레토스라는 폴리스의 탈레스로부터 시작되었다고 말했다. 그는 또한 학문은 여가가 있는 삶을 누릴 수 있어야 가능하다고 했다. 밀레토스는 지금의 터키 연안에 있던 폴리스였다. BC 9세기경부터 그리스 본토의 그리스인들은 척박한 토지와 불어나는 인구를 감당하지 못해 그리스 바깥에 식민도시를 개척하기 시작했다. 그중에 에게 해 동쪽의 터키 연안에 있던 이오니아라는 지역에 여러 개의 식민도시를 세웠다. 이 폴리스들은 에게 해를 이용한 해상무역에 종사해 상당한 부를 축적했고, 해상 교통로를 통해 지중해 전역의 발달된 문화를 받아들였다. 그리스에서 식민도시들은 우리가 생각하는 식민지와는 달리 모국으로부터 정치적으로나 경제적으로 자유로웠다. 이런 자유로운 풍토와 여유를 갖고 세계를 바라볼 수 있는 여건, 그리고 활발한 교류가 철학이 출발할 수 있는 토대가 되었다. 다른 한편으로 밀레토스를 비롯한 이오니아의 폴리스들은 새로운 땅에 자신들의 나라를 세우고 경영한 경험을 통해 세계에 대한 자신감을 키웠다. 이들의 이러한 자신감은 신화적으로 이해해 왔던 세계 전체를 자신들의 경험으로 이해하려는 시도로 이어졌다.

7 보통 철학의 출발은 기존의 신화적 사고에서 벗어나는 신호탄이 되었다고 한다. 하지만 신화적 사고와 철학적 사고가 하루아침에 갈라서는 것은 아니다. 또한 신화적 사고의 단계에서도 모든 일을 다 신화적으로 이해하는 것은 아니다. 신화적 사고는 인간이 자신의 힘으로 지배할 수 없고, 자신의 머리로 이해할 수 없는 대상에 대해서 한정적으로 적용된다. 예컨대 땅에 씨를 뿌리고 수확하며, 동물을 잡기 위해 창을 던지는 일은 인간이 자신의 힘으로 해결하거나 통제할 수 있고 이해할 수 있는 일이다. 하지만 사냥을 나가서 돌발적으로 일어날 수 있는 사고의 위험, 승패를 알 수 없는 전쟁에 나가는 일, 속수무책으로 쏟아지는 폭우나 끝날 줄 모르는 가뭄에 대해서 신화시대의 인간은 무력했다. 이런 무력함에 대한 탈출구로 신화적 사고는 싹트게 된다. 비를 내리는 신적 존재에게 기원을 한다거나 전쟁의 신에게 무사함을 빌고 사냥의 성공을 기원하며 벽에 그린 동물 그림에 돌도끼를 던지는 것이 그 예다. 이렇게 신화적 세계에서는 인간이 이해할 수 있는 세계와 이해할 수 없는 세계의 경계가 있었다. 말하자면 지상의 언어와 천상의 언어가 분리되어 있었다. 이 분리된 세계를 하나로 통합해서 이해하고자 한 위대한 시도가 바로 밀레토스에서 이루어졌고, 이것을 아리스토텔레스는 철학의 시초라고 보았다.

8 이 시기의 철학자들은 글을 남기지 않았거나 남겼다고 해도 그 글이 완전한 형태로 전해지지 않고 이후의 철학자들의 글에 단편적으로 인용되는 형태로 전해진다. 따라서 그 전해지는 정도에 따라 해당 철학자의 생각을 때로는 추측하고 때로는 다른 철학자가 전해 주는

을 시작한 사람들의 관심사는 지금 현재 질서와 조화를 이루고 있는 이 세계가 무엇으로 이루어졌는가라는 문제였다. 이것은 달리 말해서 지금의 이 세계가 어디서부터 생겨났는가라는 문제이기도 했다.[9] 탈레스는 우주 만물이 '물'에서 비롯되었다고 생각했다. 우리가 일상생활에서 늘 접하는 물이라는 구체적인 물질로 우주 만물의 구성원리를 상정했다는 것이 바로 탈레스를 철학의 시조로 보게 하는 위대한 발상이다. 탈레스가 왜 만물의 원리를 물이라고 보았는지는 전해지는 것이 없기 때문에 확실하게 알 수는 없다.[10] 어쨌든 탈레스는 이 물을 만물이 구성되는 원리로 보았고, 더 나아가 인간이 살고 있는 지구가 이 물 위에 떠 있다고도 생각했다. 물을 통해서 지상과 천상의 모든 현상을 이해해 보려고 한 것이다.

같은 밀레토스 출신이자 탈레스의 제자로 알려진 아낙시만드로스(BC 610~BC 546?)는 스승의 생각을 그저 물려받지 않고 비판적으로 검토했다. '물'은 이미 물이라는 특정한 성질을 갖고 있는데 어떻게 불, 공기, 흙 등과 같은 다른 성질들이 이것에서 나올 수 있을까? 이 질문을 집요하게 파고든 아낙시만드로스는 탈레스의 최초의 시도를 발판 삼아 다시 한 번 놀라운 도약을 한다. 이미 특정한 어떤 성질을 가진 것들은 다른 성질을 가진 것들의 원리가 될 수 없다. 원리가 될 수 있는 것은 특정한 성질에 한정되어 있지 않은 '어떤 것'이다. 이 어떤 것에 그는 '무한정한 것'(apeiron)이라는 이름을 붙였다.[11] 그리고 이 무한정한 것으로부터

해설에 의지해 파악해야 한다.

9 물론 신화에서도 이에 대한 설명을 하기는 했다. 하지만 그리스의 자연철학자들은 제우스니 크로노스니 하는, 자신들이 이해할 수 없는 신적인 존재들의 초인간적 행위에 의한 우주발생설에서 벗어나고자 했다.

10 물이 기체, 액체, 고체로 형태를 바꿀 수 있다거나 모든 생물은 수분을 포함하고 있기 때문에 생명의 원리로 보게 되었을 것이라는 등의 추측을 해볼 수 있을 뿐이다.

11 다른 한편으로 한정되어 있지 않다는 의미는 성질이 아니라 양이 한정되어 있지 않다는 뜻으로 해석할 수도 있다. 이렇게 되면 우주는 무진장한 양이 있는 어떤 것으로부터 생겨

원초적인 대립자들이[12] 분리되어 나오고, 이 대립자들이 서로 대립해 이기기도 하고 지기도 하면서 변화를 일으켜 우주를 발생시켰다가 다시 이 우주가 대립자들로 돌아간다는 것이 그의 설명이다.[13]

아낙시만드로스의 뒤를 이은 아낙시메네스(BC 585?~BC 528?) 역시 탈레스에 대한 아낙시만드로스의 태도를 이어받아 아낙시만드로스의 생각을 비판적으로 검토했다. 아낙시만드로스는 과감하다는 면에서 참신하기는 하나, 너무도 과감해 그 설명이 모호하고 경험적으로 가늠하기 어려웠다. 그가 선택한 후보는 '공기'였다. 이는 얼핏 탈레스로 퇴보한 것처럼 보이지만, 공기는 눈에 보이지 않는다는 점에서 모든 현상의 배후에 있는 것으로 보기에 적합하다. 중요한 진전은 그가 우주의 모든 것이 도출되어 나오는 것은 그 자체의 성질은 변하지 않은 채 다양한 현상들을 낳을 수 있어야 한다고 생각한 점이다. 그래서 그는 '공기' 이외에 변화의 원리를 별도로 도입한다. 그것은 바로 '응축과 희박화'이다. 그에 따르면 공기는 그 자체로 성질을 유지하면서도 응축이 되면 바람이 되거나 물, 흙, 돌이 되며, 반대로 희박화가 되면 불이 된다.[14]

났다는 뜻이 되기도 한다.

12 아낙시만드로스는 그 대립자들이 뜨거운 것과 차가운 것이라 했는데, 이는 아마 불과 공기이거나 불과 흙을 뜻했을 것이다.

13 아낙시만드로스가 놀라운 또 다른 측면은 천문학에 대한 그의 이해다. 탈레스는 우리가 사는 땅이 물 위에 놓여 있어서 가끔 물이 출렁이면 지진이 일어나곤 한다고 설명했다. 그러나 이런 설명은 바로 '그러면 물은 어떤 것에 담겨 있는가?'라는 질문을 낳는다. 이 문제를 해결하기 위해 아낙시만드로스는 과감하게 '우리가 사는 땅은 그 어떤 것 위에도 놓여 있지 않다'라고 말했다. 왜냐하면 우주의 중심에 우리가 사는 땅이 있고, 우주는 무한하기 때문에 그런 조건에서는 위와 아래 따위의 구분이 없기 때문이라는 것이다. 곧 위와 아래가 없어 떨어질 곳도 없으니 우리의 땅은 우주의 중심에 그대로 머물러 있다는 것이다. 이렇게 당장 눈앞에 주어진 현실의 논리에 얽매이지 않고 과감한 추측을 하고 일관된 설명을 하려는 시도가 바로 그리스 철학의 중심을 이룬다.

14 그는 우리가 입김을 불 때, 세게 불면 시원한 바람이 나오고 살살 불면 따뜻한 바람이 나오는 것이 바로 응축과 희박화의 원리라고 설명한다. 또한 탈레스의 입장으로 돌아가서 우리가 사는 땅은 공기가 응축되어 생성되었고, 공기 위에 놓여 있는 것이라고 보았다.

밀레토스학파에서 찾고자 했던 것을 아리스토텔레스는 '근원'(archē)이라고 이름 붙였다. 그리고 그는 그것이 기본적으로 우주를 이루고 있는 재료(질료)를 찾는 것이라 생각했다. 그렇게 되면 이 근원은 어떻게 변화를 유발할 수 있는가라는 문제가 생긴다. 상식적으로 생각하기에 재료가 되는 것이 물질이라서 스스로 운동하지 못할 것 같기 때문이다. 아마 이들은 우주가 발생하는 과정에 대해 최초로 학문적으로 사고하는 입장에서 운동의 원리에 대해서까지 깊이 생각하지는 못한 것으로 보인다. 이들은 재료가 되는 근원 자체에 운동의 원리도 내재할 것이라고 소박하게 전제했을 것으로 보이고, 그래서 그들의 이런 사고방식에 '물활론'(物活論), 즉 '물질 자체가 살아 있다는 생각'이라는 이름을 부여하는 것이 일반적 입장이다. 그리고 이들이 '물', '무한정한 것', '공기'처럼 하나로부터 여럿이 나왔다고 생각한 점에서 이들의 입장을 일원론이라고도 말한다.

피타고라스학파

피타고라스 정리로 우리에게 잘 알려진 피타고라스(BC 580?~BC 500?)는 사실은 수학자라기보다는 종교적인 인물이었다. 그는 윤회설과 정화(淨化)를 기본 교리로 하는 종교를 창시하고, 윤회를 벗어나기 위한 정화의 삶을 살아야 한다고 주장했다. 그는 정화의 삶의 한 형태로 수학과 같은 순수학문을 통해 영혼을 정화할 수 있다고 믿었고, 그런 삶을 공동으로 추구한 피타고라스 종교에서는 많은 수학적 발견을 이루었다.[15] 또한 서양의 8음계도 피타고라스가 발견한 것으로 알려져 있다.

과감한 추측과 상식적 경험의 대립은 그리스 사상사를 통해 팽팽한 긴장을 유지하면서 대담한 비약과 일반적인 상식 사이의 균형을 잡아주었다.

15 이렇게 해서 이루어진 수학적 업적은 교주인 피타고라스에게 돌아갔다. 따라서 피타고라스의 이름으로 돌려진 많은 학문적 업적은 사실은 피타고라스 종교라는 집단의 공적이라고 봐야 공정하다.

바로 이 피타고라스 정리[16]와 8음계[17]에 피타고라스 내지 그의 학파의 철학적 입장이 잘 드러나 있다. 이것들은 수들의 비례관계를 보여주고 있으며, 이처럼 조화로운 세계의 바탕에는 수적 비례관계가 있다는 통찰이 그것이다. 그리고 바로 이 통찰에서 '만물은 수'라는 피타고라스학파의 주장이 비롯되었다.[18]

헤라클레이토스

에페소스 출신의 헤라클레이토스(BC 540?~BC 480?)가 펼친 주장은 얼핏 보기에 피타고라스와 전혀 반대되는 주장처럼 보인다. 대립하고 불화하는 것들로부터 가장 아름다운 조화가 생긴다고 하는 그의 주

----

16 피타고라스 정리는 간단하다. 직각삼각형을 이루는 세 변의 길이가 갖는 비례관계다. 직각을 끼고 있는 각 변을 각각 a, b라고 하고, 직각을 마주 보는 빗변을 c라고 했을 때, 직관적으로 알 수 있듯이 a와 b의 길이가 달라지면 자연히 c의 길이도 달라진다. 거꾸로 c의 길이를 고정해 놓고 a의 길이를 늘린다면 b의 길이가 줄 것이고, 그 반대로 하면 반대의 결과가 나올 것이다. 이집트인들과 수메르인들도 이 세 변의 길이 사이에 일정한 비례관계가 있다는 사실을 알고 있었고, 그것이 수식으로 표현될 수 있다는 점도 알고 있었다. 그렇다고 우리가 알고 있듯이 피타고라스가 이것을 증명했다고 보기도 힘들다. 수학적 증명의 방법은 피타고라스 이후에 철학의 방법이 발전하면서 나온 것으로 보기 때문이다.

17 피타고라스 정리와 마찬가지로 이것 역시 이미 피타고라스가 활동할 당시에 알려져 있던 것이라서 피타고라스의 발견이라 보기는 어렵다. 그런데 이것도 수적 비례관계다. 바이올린이나 기타의 줄을 팽팽하게 걸고 그냥 퉁겨서 낸 소리와 그 줄의 3분의 2가 되는 지점을 눌러 낸 소리는 음계로 도와 솔의 관계가 된다. 3분의 2가 된 줄의 3분의 2를 다시 잡아서 내면 이 둘의 관계도 역시 도와 솔의 관계가 된다. 3분의 2씩 되는 이 줄들을 한 옥타브가 되는 2분의 1의 비율 안으로 낮춰서 조정하면 도, 레, 미, 파, 솔, 라, 시가 나온다.

18 피타고라스 정리뿐만 아니라 피타고라스 음계도 그 원리가 이미 피타고라스가 활동하기 이전부터 알려져 있었으니 알고 보면 최초의 발견도 증명도 아니었는데 왜 피타고라스의 이름이 붙었을까? 그것은 피타고라스가 수학이나 음악의 분야에 국한되지 않는 공통의 비밀을 드러냈고, 그것을 주제화했기 때문일 것이다. 그는 도형의 기본이 되는 직각삼각형의 세 변에 보편적인 비례관계가 있다는 사실과 음의 조화로운 관계에도 역시 비례관계가 있다는 사실을 우연의 일치로 보지 않고 그것이 조화로운 세계의 원리라고 생각했던 것이다.

장은 피타고라스가 말하는 수적 비례를 통한 조화와는 달라 보이기 때문이다. 같은 조화를 말하면서도 헤라클레이토스는 조화가 우리가 생각하기에 좋고 아름다운 것으로 이루어지는 게 아니라 대립되고 나쁜 것들로 이루어지며, 우리가 생각하는 좋은 것들 역시 나쁜 것들로부터 생긴다고 말한다. 병은 건강을 좋은 것으로 만들고, 굶주림은 포만을, 피로는 휴식을 좋은 것으로 만들기 때문이라는 것이다. 이렇게 대립을 강조하는 그의 생각은 일반인들의 생각을 훌쩍 벗어났기 때문에 그는 고대로부터 '어두운 자'라는 별명으로 통했다.[19]

그가 주장한 것은 인간의 편견에서 벗어나 자연을 있는 그대로 보라는 것이었다. 그렇게 보면 모든 것은 운동 중에 있으면서도 통일과 조화를 유지하고 있다는 것이다. 운동 중에 있는 것은 변화하고 있는 것이라서 그것을 어떤 것이라 정확하게 짚어서 말할 수 없지만, 마치 불이 타오르는 운동을 하지 않으면 불로서 존재할 수 없는 것처럼 세계는 그렇게 운동하고 있는 상태에서 세계로 존재한다는 것이 헤라클레이토스의 통찰이다. 그래서 그도 역시 자연철학의 전통에서 불을 일종의 근원으로 보았다고 정리되곤 한다.[20]

----

19 헤라클레이토스가 어두운 자로 보이는 것은 알쏭달쏭한 그의 글 때문일 것이다. 하지만 그의 글이 알쏭달쏭한 것은 그가 말하고자 하는 이야기가 우리가 보기에 알쏭달쏭한 것이기 때문이다. 그리고 헤라클레이토스가 보기에 우리가 그렇게 생각하는 이유는 우리가 잘못 생각하기 때문이다. 우리는 언제나 어느 한쪽 편에 서서 한쪽이 좋다고 생각하고, 그 반대되는 쪽은 나쁘다고 생각한다. 이렇게 대립되는 것들을 갈라서 생각하고 좋거나 나쁘다고 판단하기 때문에 우리는 있는 그대로의 사태를 보지 못한다는 것이 헤라클레이토스의 생각이다. 그가 보기에는 피타고라스가 바로 그런 사람이라서 피타고라스를 일컬어 사기꾼들의 우두머리라고 비난한다. 그리고 세상만사를 이렇게저렇게 갈라 보고 다 아는 체하는 것은 박식일 뿐이지 지성적인 것은 아니라고 힐난한다. 그가 생각하기에 진정으로 지혜로운 것은 스스로 잘 숨기도 하는 자연의 비밀, 말하지도 않지만 감추지도 않고 그저 징표를 보일 뿐인 자연의 비밀을 아는 일이다. 그 일은 자연을 있는 그대로 보고, 인간적인 판단으로 자의적으로 나눠 보지 않아야 보이는 것이다. 그래서 그가 보기에는 역설적으로 이미 인간들에 의해 대립되는 것으로 구분된 것들이 한데 모이고, 사람들이 불화하는 것으로 생각하는 것들이 모여서 조화를 이루는 것이다.

엘레아학파와 파르메니데스

콜로폰 출신의 크세노파네스가 엘레아학파의 원조라는 설도 있지만 이에 관해서는 논란이 있으며, 엘레아학파를 실질적으로 형성한 사상가는 파르메니데스(BC 515?~?)다. 파르메니데스가 살았던 엘레아는 아테네를 주축으로 해서 여러 폴리스가 공동으로 이탈리아에 건설한 식민도시였다.[21] 파르메니데스는 만물의 근원을 찾으려는 이오니아 출신의 철학자들의 탐구가 근본적인 문제를 안고 있다고 생각했다. 그들은 한결같이 만물의 근원이 되는 것을 찾으려고 했고, 그 답을 내놓았다고 생각했지만, 그 근원이 갖추어야 할 자격이 무엇인가에 대한 근본적인 성찰이 부족했다고 봤던 것이다. 파르메니데스는 먼저 이 문제를 해결해야 만물의 근원에 대해 답할 수 있다고 생각했다. 그는 탐구의 대상인 만물의 근원은 '있다'라는 성격을 갖는다고 보았다. 그런데 이것이 '있다'라는 성격을 진정으로 갖는 것이면 없어질 수 없는 것이라고 보았다. 즉 만물의 근원이 '있는 것'이라면 그것은 '없어질 수 없는 것'이라는 말이다. 그리고 없어질 수 없다면 달라질 수도 없는 것이라고 보았고, 그렇다면 있는 것은 하나이며, 그래서 생성이나 소멸, 운동, 변화도 없다고 주장했다.[22] 애초에 자연의 운동을 설명하기 위해 시작한 자연철학이 자연의 운동을 부정한 셈이 되었다. 하지만 파르메니데스는 자연을 부정하고자

----

20 헤라클레이토스 자신은 이 불을 '근원'이라는 말로 지칭하지 않고 '로고스'(logos)라고 부른다. 로고스는 그리스어로서 '말'(언어)이라는 뜻과 '이치'라는 뜻을 같이 갖고 있다. 그것은 우주의 이치에 대한 그의 말(로고스)이고, 그 말이 가리키는 대상(이치)이며, 우주가 운행되는 원리(로고스)다. 그리고 그것은 불로 상징된다.

21 그리스의 여러 지역에서 옮겨 온 이주민들로 구성되었던 엘레아에는 자유롭고 비판적인 지성을 지닌 이들이 있어서 기존의 신화적 세계관뿐만 아니라 초기 자연철학의 탐구에 대해서도 비판적인 생각이 가능했다. 그중 대표적인 인물이 바로 파르메니데스였다.

22 파르메니데스의 생각은 지극히 사변적이고 근본적이라서 짧게 설명하기가 어렵다. 구체적인 이해를 위해서는 『철학의 전환점』(프로네시스, 2012) 중 「만물의 근원을 찾아서: 파르메니데스와 자연철학」편을 참고하기 바란다.

목적한 것이 아니라 우리의 사유에만 의지해 순수하게 그 사유를 밀고 나가면 어떤 결과가 초래되는지를 알고자 했다. 또 그는 상식에 얽매이지 않고 그 결론을 받아들이려 했다.[23]

제논과 멜리소스: 파르메니데스의 두 제자

파르메니데스에게는 두 명의 제자가 있었다고 알려져 있다. 비슷한 연배였던 이들 가운데 한 사람은 엘레아 사람인 제논(BC 495?~BC 430?)이고, 다른 사람은 피타고라스의 고향 사모스 사람인 멜리소스다. 그중 제논은 상식에 위배되는 역설을 내놓은 사람으로 유명하다.[24]

그의 역설들은 간단하게 말하면 있는 것은 하나뿐이고 생성과 소멸, 운동, 변화는 없다는 파르메니데스의 주장을 반박하는 사람들을 재반박하는 데 초점을 맞추었다. 그의 전략은 수학의 귀류법과 같다. 그의 방식은 파르메니데스의 주장을 비판하는 사람들이 기본적으로 전제하는

----

23 파르메니데스가 보여준 강력한 논증의 힘과 근본적인 문제 제기는 이후 그리스 철학에 지워질 수 없는 선을 그었다. 그에 따라 이후 자연세계를 설명하고자 하는 철학자들은 파르메니데스가 그어놓은 선을 넘지 않으면서도 자연세계를 설명할 수 있는 방법을 모색했다. 그들 중 한편이 엠페도클레스, 아낙사고라스, 데모크리토스로 이어지는 그리스 다원론 철학자들이고, 다른 한편에는 인간의 문제에 대한 소크라테스의 지대한 관심과 파르메니데스를 위시한 자연철학자들의 탐구를 연결해 인간과 자연을 총체적으로 이해하려한 플라톤이 있으며 그 뒤를 잇는 아리스토텔레스 등이 있다. 파르메니데스에 와서 그리스의 철학적 사유는 또 다른 낯선 지형에 도달하게 된다. 그리고 그 지형을 형용하기에는 기존의 언어가 부족하다는 것이 드러난다. 아마도 파르메니데스가 택한 시적 언어의 부활은 그래서일지도 모른다. 그는 경험에 토대를 둔 비유적인 언어를 넘어서려고 했다. 정신이 가장 가벼운 옷만 입고 하늘로 날아오른 것이다.

24 그의 역설 중에는 "만일 여럿이 있다면"이라는 가설로 시작되는 역설들이 있는데, 이것들은 '있는 것이 여럿인 세계'가 성립할 수 없음을 입증하려 한다. 이 역설들은 플라톤이 『파르메니데스』에서 밝히고 있듯이 제논 자신의 논증 형태가 그대로 직접 인용된 것들로 보인다. 반면에 '운동의 역설'이라는 이름이 붙은 제논의 네 가지 역설은 운동이 불가능함을 입증하려는 것으로서 아리스토텔레스가 전하는 것이지만 제논 자신의 논증 형태를 그대로 살려서 인용한 것으로는 보이지 않는다. 이 두 종류의 역설은 모두 우리 상식에서 벗어나는 결론을 받아들이게 한다는 점에서 역설적이지만 그 형태나 직접적인 논박의 대상은 다르다.

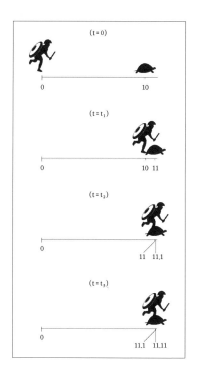

아킬레스와 거북의 경주 '아킬레스와 거북의 역설'은 제논의 역설들 중에서도 그 이미지의 흥미로움 때문에 인구에 회자된 역설이다. 훗날 미적분을 이용한 수학적 해결책들도 다수 등장했으며, 앙리 베르그송 같은 철학자는 이 역설이 이성의 한계를 보여주는 좋은 예라고 지적하면서 역설 자체를 해체하기도 했다.

것을 기본 가정으로 세우고 그 가정을 출발점으로 논증을 진행해 그 결과가 모순에 이르는 것을 보여줌으로써 기본 가정을 반박하는 형태다.

예컨대 제논의 유명한 역설인 '아킬레스와 거북의 역설'을 보자. 논증의 구성은 간단하다. 거북과 아킬레스가 경주를 하는데, 느림보 거북을 봐주느라 아킬레스가 거북보다 열 걸음쯤 뒤에서 출발한다고 해보자. 아킬레스는 거북보다 다섯 배쯤 빨라서 아킬레스가 거북보다 뒤처진 열 걸음을 따라잡는 동안 거북은 두 걸음밖에 못 갔다고 해보자. 그럴 경우 아킬레스가 거북의 앞선 두 걸음을 따라잡는 동안에 거북은 그래도 5분의 2걸음은 갔을 것이다. 이런 식으로 거북은 많이는 못 가도 아킬레스보다 5분의 1만큼 앞서가기 때문에 아킬레스는 영원히 거북을 따라잡지 못한다는 것이 아킬레스와 거북의 역설이다. 물론 우리가 아킬레스가 거북을 언제 앞지르냐고 물으면 열세 걸음이면 앞지른다고 말할 수 있고, 그걸 시간으로 환산하면 얼마의 시간 만에 거북을 앞지르는지를 말할 수 있다. 하지만 제논이 묻는 것은 '언제 따라잡는가'이다. 이 질문에 답하려고 하다 보면 아킬레스와 거북 사이의 간격을 계속해서 나누게 된다. 이 나눔은 이론적으로 무한히 진행될 수 있다. 그렇게 되면 우리는 아킬레스가 거북을 따라잡기는 하겠지만 정확히 언제 따라잡는지는 말할 수 없다. 또는 이 나눔이 무한히 진행된다면 아예 따라잡을 수도 없다. 그런데 운동이 있다고 생각하는 사람들은 아킬레스가 거북을 따라잡는 과정이 완결될 수 있다고 생각한다. 하지만 그러려면 한정된 길이는 무한히 나뉘지 않아야 한다. 즉 나뉘지 않는 원자와 같은 어떤 단위들이 주어진 길이를 이루는 기본 단위가 되어야 한다. 그런데 과연 그런 것이 있는가? 이 질문은 계속 다른 질문으로 바뀌어 제기될 수 있을 것이고 제논의 역설에 대한 해석도 다양하지만, 제논의 역설이 묻는 것은 분명하다. 당신의 주장은 지금 어떤 전제 위에 서 있는가? 당신은 자신의 전제를 충분히 반성하고 이를 입증할 수 있는가? 당신의 주장은 그냥 자신의 눈에 보인 현상을 진리로 받아들인 것에 불과한 것이 아닌가?

멜리소스는 제논처럼 기발한 착상을 하기보다는 파르메니데스의 주장을 반론으로부터 지켜내기 위해 그 주장을 보완하는 쪽에 노력을 기울였다. 파르메니데스는 하나로 존재하는 것이 '둥글다'(원만하다)라고 주장했는데, 멜리소스는 그 주장을 수정했다. 형태를 갖추면 유한하고, 유한하면 그 유한의 바깥 것을 생각하게 되어 '하나'로 머물러 있을 수 없기 때문이다. 그래서 그는 '하나'가 한정되어 있다는 파르메니데스의 주장을 수정해 무한한 것으로 보았다.[25]

다원론

엠페도클레스(BC 490?~BC 430?)는 시칠리아의 남부 해안에 있던 아

---

25 철학사를 통해 멜리소스를 평가할 때 가장 곤란한 점은 멜리소스와 원자론자들 사이의 관계다. 멜리소스의 저작이 저술된 연도에 대한 확실한 전승이 없기 때문에 이 저술이 원자론자 이전에 나온 것인지, 이후에 나온 것인지 파악하기 어렵다. 하지만 멜리소스의 저술이 원자론과 밀접한 연관을 맺고 있음은 분명하다. 멜리소스의 저술이 그 이전에 나왔다면 원자론은 멜리소스의 다원론 논박에 대한 대응의 성격을 갖추고 있었을 것이라 볼 수 있고, 이후에 나왔다면 원자론에 대한 비판을 함의하고 있다고 보아야 할 것이다.

크라가스 출신으로, 아크라가스가 정치적 위기에 처했을 때 민주주의를 지켜낸 정치가이자 종교가, 뛰어난 수사가이자 비바람을 부르는 신비적이고 복합적인 인물로 알려져 있다. 파르메니데스 또는 크세노폰의 제자로 전하는 그는 엘레아학파의 계통을 잇는 철학자로서 '있는 것'에 대한 일차적인 주장을 받아들여 '있는 것'에 대비되는 '있지 않은 것'의 존재를 받아들이지 않는다. 또한 그는 '있는 것'이 생성하거나 소멸한다는 상식적인 견해에 대해 그것이 생성하거나 소멸하지 않는다는 엘레아학파의 주장을 지킨다. 그러나 그는 있는 것이 하나가 아니라 넷이고, 그것은 각기 다른 질적 성질을 갖고 있다고 본다. 그는 이것을 '만물의 네 뿌리들'(rhizōmata)이라고 부르고, 그것이 불, 물, 흙, 공기라고 밝힌다.[26] 물론 이것들은 우리가 자연현상이라 부르는 개별적인 사물과 그것들의 운동이 있기 전부터 있는 것이며, 개별적인 사물과 그것들의 운동이 태어나거나 죽거나 하는 것으로 보이게끔 하는 것들이다. 그에게는 이것들이야말로 태어나지 않는 것으로서 언제나 있어왔고 앞으로도 계속 있을 것이다. 우리가 보는 자연현상은 이 네 뿌리가 서로 혼합을 이루어 발생한다. 그에 따르면 "이것들은 모두 동등하며, 각기 서로 다른 권한의 주인이고, 각각에게는 자신만의 성향이 있다." 이것들이 혼합되어 감각 경험의 대상이 되는 개별적인 것들(가시적인 것들)이 되며, 따라서 우리가 보는 생성과 소멸은 그저 이것들의 혼합과 분리일 뿐이다.

이오니아의 클라조메나이 출신인 아낙사고라스(BC 500?~BC 428)

---

26 엠페도클레스가 왜 하나가 아니라 네 가지를 원소(stoicheion)로 보는지, 그리고 또 왜 그것들이 '불, 물, 흙, 공기'인지는 그의 단편적인 글들을 통해 알기가 어렵지만 파르메니데스의 일원론이 내놓은 파괴적인 결과와 비교해 볼 때, 그의 의도는 분명해 보인다. 우리 눈에 보이는 자연현상을 어떻게든 설명해야 했고, 그러기 위해서는 있는 것은 하나가 아니라 여럿일 필요가 있었다. 또한 '불, 물, 흙, 공기'인 이유는 고대 그리스인의 생활 경험 속에서 이것들이 직관적으로 만물을 이루는 중요 요소로 보였기 때문일 것이다. 물론 이러한 생각은 오늘날 우리가 생각하는 순수한 관찰에 의한 것은 아니었을 것이다. 이 네 가지 요소는 순수하게 자연을 이루는 기본 범주로서가 아니라 자연과 인간 사회를 모두 아우르는 세계를 구획하는 범주였을 것이다.

는 특정한 학파에 속하기보다는 이전과 당대의 철학사상을 비판적으로 수용한 것으로 보인다. 이런 그의 면모가 드러나는 부분이 "모든 사물은 함께 있었다"(단편 1)는 생각이다. 파르메니데스는 "그것은 언젠가부터 있었던 것도 아니고, 있게 될 것도 아니다. 왜냐하면 지금 모두가 함께 하나로 연속적인 것으로 있기에"라는 말을 했다. 이 말과 아낙사고라스의 단편 1을 비교해 보면, 그가 파르메니데스의 기본적인 생각을 이어받은 것을 알 수 있다. 그러나 그는 엠페도클레스처럼 특정한 몇 가지 요소로 '있는 것들'을 한정하지 않는다.[27] 그는 "있는 것은 있지 않은 것에서 나올 수 없다"는 파르메니데스의 생각을 받아들여, 그 전제 위에서 "있는 것은 있지 않은 것에서 나올 수 없으니, 있는 것들은 다 있는 것들에서 나와야 한다. 그 있는 것들이 특정한 성질을 가진 것이라면 그것은 복합에 의해서 생기는 것이 아니라 본래 있는 것이 그대로 드러나는 것이어야 한다"라고 생각한다. 우리에게 현상으로 나타나는 개별적인 사물들은 모두 결합된 것으로, 그 결합된 모든 것들 속에 들어 있는 것을 그는 '씨앗들'(spermata)이라고 부른다. 이렇게 보면 한 개별자를 아무리 작게 잘라내도 그 잘라낸 부분에는 전체 개별자와 똑같은 비율의 씨앗들이 들어 있을 것이다. 말하자면 한 개별자의 구조가 그 개별자의 미세 부분에도 반복되는 것이다. 이런 구조적인 동일성을 그는 '같은 부분으로 된 것들'(homoiomerē)이라고 불렀다고 한다.

원자론의 시조로 꼽을 수 있는 데모크리토스(BC 460?~BC 370?)는 엘레아학파의 일원론에 대항해 '자연 본성에 맞는 근원'(archē)을 설정했다. 구체적으로는 '있지 않은 것'으로서의 '허공'을 데모크리토스는 있는

----

27 그는 엠페도클레스에게 이렇게 반문하는 것 같다. "대체 어떻게 머리털이 아닌 것에서 머리털이 생기고, 살이 아닌 것에서 살이 생길 수 있는가?"(단편 10) 엠페도클레스가 만물을 네 가지 기본 성질로 환원해서 무수한 질적 차이들이 이 네 뿌리의 혼합으로 인해 우리의 감각적 지각의 차원에서 발생하는 것으로 파악했다면, 아낙사고라스는 모든 질적 차이들은 감각적 지각 이전의 단계에서, 진정으로 있는 것들의 차원에서 이미 존재하는 것으로 파악했다.

것으로 받아들였다. 그 이유는 허공이 별도로 분리되어 있지 않으면 움직이는 것이 불가능하며, '있는 것들'을 떼어놓을 수 있는 '허공'이 있어야 여럿도 있을 수 있다고 보았기 때문이다. 이렇게 보면 데모크리토스는 파르메니데스가 생각하지 말도록 금지한 '있지 않은 것'을 '허공'이라고 보았고, 운동하기 위해서는 장소가 있어야 하므로 '빈 곳'으로서 '허공'의 존재가 필요하다고 가정한 것으로 이해할 수 있다. 이런 점에서 데모크리토스는 엘레아학파의 학설과 관련해서 그 이전의 다원론자들과는 현저히 다른 입장을 보인다. 엠페도클레스나 아낙사고라스는 엘레아학파의 주장에 입각해서 '있지 않은 것'의 존재를 여전히 받아들이지 않는데, 데모크리토스는 '있지 않은 것'의 존재를 '허공'으로 놓고,[28] 그것을 운동이 가능한 조건으로서 적극적으로 받아들이기 때문이다. 엠페도클레스와 아낙사고라스가 파르메니데스가 던진 문제에 대해 내놓은 답과 데모크리토스의 답이 근본적으로 다른 측면은 성질과 양의 차이다. 앞선 두 사람은 어쨌든 성질에서 성질이 나온다고 보았다. 또는 우리가 경험하는 사물의 온갖 성질의 근원은 어쨌든 성질이라고 보았다. 하지만 데모크리토스는 성질의 근원은 다른 어떤 성질이 아니라 양이라고 생각했다. 우리가 겪는 맵고, 짜고, 뜨겁고, 차가운 온갖 성질은 그 성질들을 이루는 원자들의 크기와 형태 때문이라는 것이 데모크리토스의 생각이다.

----

28 다른 측면에서 보면 '있지 않은 것'의 존재를 '허공'으로 놓았다는 것은 '있는 것'을 공간을 채우는 어떤 것으로 보았다는 말이 된다. 공간을 채운다는 것은 '있는 것'의 특징이 '연장'(extension)을 갖는 것에 있다는 말이 된다. 물론 데모크리토스 이전의 다원론자들도 공간의 문제를 아예 의식하지 못한 것은 아니다. 엠페도클레스는 "전체에는 빈 것이 없고, 넘치는 것도 없다"(단편 13)라고 해서 '빈 것'의 문제를 어느 정도 의식하고 있었다. 그러나 데모크리토스는 공간의 문제를 전면에 끌어들여 '있는 것'의 증거로 삼았다. 이렇듯 그 이전의 다원론자들이 질적 차이에 주목해 여럿의 문제를 해결하려 한 것과는 달리, 원자론은 질적 차이조차도 양적 차이에 기인하는 것으로 본다.

그리스 고전기 아테네의 철학:

소크라테스, 소피스트, 플라톤, 아리스토텔레스

우리가 고전(classic)이라는 말을 잘 쓰는데, 본래 이 말은 서양 역사의 특정한 시기를 가리키는 말이다. 넓게는 BC 6세기의 그리스부터 AD 6세기의 로마까지를 포괄하지만, 더 좁게는 BC 6세기부터 BC 3세기 사이의 아테네를 가리킨다. 당시 아테네의 문화가 융성하면서 철학, 문학, 정치, 예술에 걸쳐 이후 서양 문화의 전범을 마련했기에 이 시기의 아테네 문화를 고전이라 부르는 것이다.

아테네는 그리스 전체의 처지와 비슷하게 그리스 내의 폴리스들 중에서 그다지 지도적인 위치를 차지하고 있지는 못했다. 다만 펠로폰네소스 반도 쪽의 왕국들이 BC 12세기경 거의 일제히 몰락하는 과정을 거친 반면에 아테네는 별다른 단절 없이 폴리스의 시대로 명맥을 이어왔던 점이 특이한 사항일 뿐이다. 이후로 아테네는 전설로 전하는 왕정의 시대를 넘어 귀족정, 참주정, 민주정으로 정치체제를 바꿔가며 자체의 역량을 키워가고 있었다. 아테네를 그리스의 중심 국가로 부상시킨 사건은 바로 페르시아 전쟁이었다. 문명의 외부로부터 오는 시련은 그 문명을 위험에 처하게 하기도 하지만, 그 문명이 갖고 있던 잠재력을 한꺼번에 분출시켜 등급을 상승시키는 역할도 한다. BC 499년에서 BC 449년에 걸친 페르시아 전쟁이 바로 그리스 문명, 특히 아테네의 잠재력을 일시에 분출케 한 사건이었다. 지질이 척박한 탓에 자급자족이 어려워 도자기, 올리브 등을 수출해 곡물을 수입해야 했기에 일찌감치 해상무역이 발달한 아테네는 페르시아 전쟁을 맞아 결성된 그리스 연합군에서 해군력을 도맡아 스파르타의 지상군과 더불어 페르시아 전쟁을 승리로 이끌었다. 국내의 치안이 불안했던 스파르타가 다른 폴리스에 대한 지배력을 유지하지 못한 반면, 아테네는 페르시아 전쟁 이후에도 여전히 존재하고 있던 페르시아의 위협을 빌미로 동맹의 맹주 역할을 맡았다. 동맹세의 축적으로 형성된 아테네의 부는 페르시아 전쟁 때 수군으로 참가한 많은 기층 민중의 정치적 요구에 의한 민주화와 맞물려 문화를 꽃피웠다.

소크라테스와 소피스트, 시장에서 만나다

폴리스의 특성상 그리스에서는 연설의 중요성이 늘 강조되었지만, 특히 민주주의의 시대를 맞이해 아테네에서는 연설을 잘하는 것이 무엇보다 중요한 능력이 되었다. 다수결로 의사결정을 할 수밖에 없는 민주주의의 특성상 다수를 설득할 수 있는 연설 능력은 정치적 출세의 지름길로 통했다. 또한 재판 역시 소수의 재판관이 아니라 다수의 배심원 앞에서 자신의 무죄와 타인의 유죄를 입증하는 형태였기 때문에 연설 능력에 개인과 집안의 명운이 걸리기도 했다. 이런 상황에서 등장한 철학자들이 소피스트다. 소피스트란 본래 '지혜로운 자'라는 뜻으로, 고전기 아테네에서 활동하던 일군의 철학자들을 이르는 말이다. 이들은 애초에 특정 학파에 속하는 사제지간이라기보다는 아테네에 만연했던 연설술에 대한 폭발적인 욕구에 편승해 자의나 타의에 의해 그리스 전역에서 몰려들었던 말 잘하는 사람들이었다. 물론 이들은 민주화 시대의 아테네에서 민주주의를 정착시키는 역할도 맡았다. 의사결정의 중심 세력이 되어야 할 민중이 기존의 편견이나 관습에 얽매이지 않고 자유롭게 판단할 수 있도록 돕는 것이 그들의 역할이기도 했다. 하지만 다른 한편으로 말 잘하는 기술을 전수해야 할 이들로서는 아무래도 논쟁에서 이길 수 있는 방법에 치중하게 되고, 그러다 보니 진리를 찾아가기보다는 나의 주장을 다른 사람의 주장보다 강하게 보일 수 있는 방법과 그 정당성에 목표를 두고 철학적 탐구의 방향을 잡게 된다. 그래서 프로타고라스나 고르기아스 같은 소피스트들은 진리의 절대성을 거부하고 문화나 개인의 사정에 따라 진리가 달라진다고 생각하는 상대주의의 편에 섰다.

소피스트들이 아테네의 중심인 아고라(시장 겸 광장)에서 연설 기술을 배울 부유한 집안의 젊은이들을 찾고 있을 때, 같은 곳에서 사람들과 토론을 벌이던 사람이 있었다. 바로 소크라테스(BC 470?~BC 399)였다. 소피스트가 아테네 민주주의의 양지에서 그 자양분을 먹고 자라났던 철학자들이라면, 소크라테스는 그 음지에서 고집스레 자신의 생각을 파고들었던 사람이다.

아테네의 번성은 오래가지 않았다. 아테네는 점점 동맹국들에 대해서 고압적인 자세로 나왔고, 아테네의 횡포에 견디다 못해서 펠로폰네소스 반도에 있던 폴리스들은 스파르타를 중심으로 새로운 동맹을 결성해 아테네에 맞섰다. 이것이 바로 아테네 중심의 델로스 동맹과 스파르타 중심의 펠로폰네소스 동맹 간의 전쟁이다. BC 441년에 발발한 전쟁은 중간에 냉전기를 거쳐 30여 년간 진행되어 결국 BC 404년에 아테네의 패배로 끝났다. 50년에 걸친 페르시아 전쟁이 끝나고 10년의 평화를 누리다 다시 30여 년의 전쟁을 겪은 것이다. 아테네는 피폐해졌다. 기존의 가치와 질서가 무너졌으나, 아직 새로운 질서는 도래하지 않았다.

소크라테스는 페르시아 전쟁의 와중에 태어나 30대에 아테네의 전성기를 맞이했다. 그리고 펠로폰네소스 전쟁이 끝난 지 5년 만에 사형선고를 받고 죽었다. 그야말로 아테네의 영광과 몰락을 평생을 통해 목격한 그에게 가장 중요한 질문은 '어떻게 살 것인가?'였다. 오랜 전쟁 속에서 사람들은 상식과 전통을 고집해서는 현실적으로 살아남을 수 없다고 생각하기 시작했고, 여기에 더해 소피스트들은 기존의 전통을 혁파하고 새롭게 사고하라고 고무했다. 그렇게 소크라테스는 전통이 무너진 자리에서 근본적으로 다시 생각한다. '어떻게 살아야 좋은가?' 그래서 그는 전통적인 덕목들에 대해서 다시 묻는다. '용기란 무엇인가?', '정의란 무엇인가?', '아름다움이란 무엇인가?' 이런 질문들은 질문을 위한 질문이 아니라 그렇게 살기 위한 질문이었다. 용기가 무엇인지를 알아야 용기 있게 살 수 있다고 생각한 것이다. 예전에는 전통적인 믿음에 따라서 행동하면 되었다. 전쟁터에 나가면 물러서지 않으면 되었고, 친구들이 위험에 처해 있으면 구해 주면 되었다. 하지만 세상이 바뀌었다. 숱한 전쟁을 거치면서 후퇴하는 게 더 나을 때도 있고, 친구들의 위험도 못 본 척해야 했던 때도 있었다. 이제는 다시 물어야 했다. 어떻게 살아야 좋은가?

그렇다고 소크라테스가 전통을 위협하고 파괴하려고 했던 것은 아니다. 비록 아리스토파네스와 같은 희극작가들은 소크라테스가 소피스트에 불과하며 전통적인 믿음을 거부하고 무신론을 주장하며 궤변을 펼친다고 했지만, 소크라테스는 오히려 전통적인 믿음에 더 가까웠다. 다만 전통적인 믿음에 기반을 두었던 세계관이 무너졌기 때문에 소크라테스는 그 무너진 토대에 대해서 비판적으로 묻고 새로운 토대를 찾기 위해서 앎을 찾아 나선 것이었다.

소크라테스는 생전에 글을 써서 남기지 않았다. 그래서 그의 생각은 그의 제자들의 글을 통해서 이해해야만 한다. 소크라테스가 사형을 당해 세상을 떠난 후, 그의 친구들과 제자들은 그가 다른 사람들과 철학적 대화를 나누는 형식의 글들을 썼다. 이를 '소크라테스적 대화'라고 부른다. 그중 우리에게 가장 많이 남아 있는 것이 비슷한 연배의 플라톤과 크세노폰이라는 두 제자의 글이다. 그런데 두 사람 모두 단순히 스승의 말을 곧이곧대로 옮겨 적지 않고 자신이 생각하고 이해한 소크라테스의 모습을 그렸기 때문에 그들의 글을 통해 소크라테스의 생각을 바로 이해할 수는 없고, 어쩔 수 없이 그들이 쳐놓은 해석의 그물을 통해서 읽을 수밖에 없다. 여기서는 이후의 철학적인 영향을 고려해서 주로 플라톤이 이해한 소크라테스의 사상을 정리해 보기로 하자.

소크라테스가 전통의 토대를 대신할 것으로 생각한 것은 우리의 영혼이었다. 당장의 삶과 육체적 즐거움에 기반을 둔 세계관은 전통적인 세계에서 나름대로 세상의 질서를 유지하는 힘이 되었지만, 일단 전통이 무너진 후에는 전통의 가치를 정당화하기에 역부족이었다. 그것들은 너무 상대적이라 상황과 조건에 따라 다른 판단을 내리게 했기 때문이다. 소크라테스가 찾아 나선 것은 어떤 상황에서든 방향을 제시할 수 있는 나침판이 되는 앎이었다. 그에게 그럴 수 있는 것은 영혼이었다.

소크라테스는 젊어서부터 무지자(無知者)를 자처했다. '어떻게 사는 것이 좋은가?'라는 근본적인 질문 앞에서 그는 자신이 무지하다는 사실을 직시했고, 그래서 다른 사람에게 묻고 대화하면서 답을 찾고자 했다. 적어도 그에게는 말(logos)에 대한 신뢰가 있었고, 그 말을 다루는 인간의 이성(logos)에 대한 믿음이 있었다. 물론 말에는 당연히 잘못된 말이 있는 것을 알지만, 묻고 따지고 헤아리는 과정에서 이런 말들은 솎아낼 수 있으므로 진정한 말과 이치(logos)가 서리라고 생각했다. 그것은 우리의 육체적 활력이 아니라 묻고 따질 수 있는 말을 다루는 우리의 능력, 즉 이성에 있다고 생각했다. 그리고 그 이성이 자리 잡고 있는 곳이 바로 영혼이었다. 그래서 그는 '영혼을 돌보라'고 말한다. 우리가 잘 알고 있는 '너 자신을 알라'라는 말의 뜻을 플라톤은 그렇게 이해했다.

소크라테스 이전 철학자들에게서도 이미 드러나기 시작한 것이지만, 영혼의 힘은 '생각'을 하는 데 있다. 그러나 대체로 소크라테스 이전 철학자들의 철학하는 방식이 어떤 통찰에 근거해서 선언하는 형태였기 때문에 거기서 세련된 논증의 과정은 드러나지 않았다. 반면 소크라테스와 소피스트는 논쟁을 통해서 철학을 함으로써 '따지고 헤아리는' 이성의 능력을 본격적으로 드러냈다. '따지다'라는 말이 '말'(logos)에 어원을 두고 있다는 사실은 시사적이다.

플라톤: 정신의 세계를 열다

소크라테스로부터 시작된 아테네의 철학은 플라톤에서 아리스토텔레스로 이어지는 위대한 학문의 전통을 낳았다. 플라톤(BC 428?~BC 347?)이 소크라테스를 만나 명문가의 자손으로서 비극작가와 정치가로 출세할 꿈을 접고 철학의 길로 접어든 때가 18세 무렵이고, 아리스토텔레스 역시 비슷한 나이에 플라톤이 세운 아카데미아에 입학해 철학자의 길로 들어섰다. 이 세 사람은 서로 스승과 제자로 이어지는 사이였지만,

한편으로 각기 다른 측면에서 서양 철학의 이성주의 전통을 확립한 독자적인 철학자들이기도 하다.

플라톤은 소크라테스와 관련해서뿐만 아니라 고대 그리스 철학에서 최초로 온전한 저술이 전해지는 철학자이자 그리스 철학 전체를 통해서도 드물게 그 저술 전체가 거의 다 전해지는 철학자이기도 하다. 그가 세운 철학 학원 아카데미아가 천 년에 가까운 세월 동안 명맥을 유지하며 그의 철학과 저술을 전했기 때문이다. 하지만 그렇게 된 더 큰 이유는 그의 저술이 생생한 생명력과 깊은 통찰력을 지니고 있었기 때문일 것이다.

플라톤의 저술들은 집필 시기 및 문제의식과 관련해 대개 세 단계로 구분되곤 한다. 소크라테스가 사형을 받았을 때를 전후해 대화편 저술을 시작한 28세 무렵부터 아테네에 아카데미아를 세웠을 때인 40세 무렵까지를 초기로 보고, 그때 쓰인 대화편들을 '초기 대화편'이라고 부른다. 이때는 특히 소크라테스의 재판 과정과 사형이 집행되기 직전까지의 과정을 담은 대화편들(『에우튀프론』, 『소크라테스의 변론』, 『크리톤』)과 '어떻게 살 것인가'와 관련된 그의 질문들을 담은 대화편들(『라케스』, 『프로타고라스』)이 저술된 시기라서 '소크라테스적 대화편'을 산출한 시기라고도 부른다. 그다음 시기는 40세 무렵부터 60세 전후까지의 시기로, 플라톤이 지금의 시칠리아에 있던 시라쿠사라는 폴리스에 왕의 선생으로 초청을 받아서 갔던 때이다. 이때를 중기라고 부르며, 우리가 잘 아는 형상(形相)이론이 등장한 시기다. 특히 이 시기는 플라톤만의 플라톤다운 색깔을 지닌 생각이 본격적으로 등장한 시기라 할 수 있다. 소크라테스가 사형에 처해지던 날의 대화와 풍경을 다룬 대화편인 『파이돈』이 이 시기의 작품이며, 그 유명한 『국가』, 『향연』 등의 작품이 이때 등장했다. 마지막 시기는 왕의 선생으로서 시칠리아에서 했던 플라톤의 정치적 실험이 실패로 돌아간 후 죽을 때까지이며, 후기로 분류된다. 후기는 중기에 전개했던 그의 철학 이론을 확장하거나 보강했던 시기로, 죽기 직전까지 썼던 것으로 전해지는 『법률』을 비롯해 『티마이오스』, 『파르메니데스』, 『테아이테토스』 등의 작품이 이 시기에 속한다.

소크라테스는 특정한 철학 이론을 창안하기보다는 철학적 문제에 대한 삶의 자세를 보여주었다고 할 수 있다. 그는 우리의 삶을 올바르게 이끌어가는 앎의 문제에 대한 자신의 근본적인 무지를 철저하게 강조함으로써 오히려 앎의 문제의 심각성과 깊이를 드러내었다. 그리하여 그 문제에 대한 적극적인 대답을 내놓지는 못했지만 탐구의 방향이 어떠해야 하는지에 대한 윤곽은 제시한 셈이다. 그는 삶을 이끌어가는 중요한 말(로고스, 개념)에 대한 우리의 이해를 천착해 들어감으로써 길을 찾고자 했다. 그리고 그 과정에서 한갓 말장난에 지나지 않을 수 있는 가능성을 역시 그 말을 다루는 우리의 능력, 즉 이성(로고스)에서 찾았다.

일차적으로 우리가 말하는 능력은 어떤 것들을 주섬주섬 모아들이고 헤아리는 데서부터 출발했다고 볼 수 있다. 아마 처음에는 단발의 외침이었을 말을 다시 분절하고 합치는 과정에서 우리에게 필요한 능력을 발전시켰을 것이다. 그것은 한편으로는 말하고자 하는 대상에 적합한 형태로 말을 나누고 합치는 과정이었을 것이고, 다른 한편으로는 만들어지는 말들끼리 서로 앞뒤가 맞게끔 헤아리는 과정이었을 것이다. 그런데 소피스트들은 이 과정 중에서 대상 쪽보다는 말 자체의 논리를 중시했고, 그래서 그것이 지칭하는 사태와 무관하게 말의 논리를 따라갔을 때 발생하는 역설적인 측면을 잘 포착해서 활용하는 것을 말 잘하는 능력과 연결지었기 때문에 그들의 말을 궤변이라 불렀다. 반면에 소크라테스는 말의 논리 못지않게 대상 자체에 대한 고려를 해야 한다고 생각했고, 그것을 우리가 사용하고 있는 말에 대한 이해를 천착해 감으로써 드러낼 수 있다고 생각했다. 그러나 묻고 답하는 과정을 통해 이런 탐구를 추구하는 소크라테스의 모습은 일반인들에게 소피스트와 별다를 게 없어 보였다. 소크라테스 역시 소피스트처럼 다른 사람들의 주장을 듣고는 꼬치꼬치 캐물어가며 그 주장의 모순점을 드러내서 창피를 주는 모습으로만 보였기 때문이다.

플라톤이 해명해야 할 문제라고 생각한 것들은 이 지점에서 생긴다. 스승 소크라테스가 소피스트들과 어떻게 다른지, 소피스트들의 궤변과 소크라테스의 탐구는 어디서 차이가 나는지를 그는 드러내고자 했다. 그 작업은 결국 소크라테스의 탐구가 그저 말에 대한 탐구에 그치지 않는다는 점을 보여주는 것이었다. 그것은 곧 다른 사람의 주장에 대한 소크라테스의 반박이 소피스트들의 궤변과 다르다는 점을 보여주는 데서 출발한다. 단적으로 말하면 소크라테스는 소피스트처럼 타인의 주장을 반박해 폐기하거나 약화시키고 자신의 주장으로 대치하지 않았다. 소크라테스의 반박을 플라톤은 따로 '논박'(elenchos)이라 부르며 이 논박은 참다운 진리의 길을 가기 위한 예비단계로 작동한다고 말한다. 애초에 소크라테스의 몇몇 주장이 역설적으로 보였던 이유는 그것이 일반인들의 상식과 잘 맞지 않았기 때문이다. 예컨대 '덕은 앎이다'라는 그의 말이 그렇다. 일반인에게 덕은 앎의 문제가 아니다. 신화 속의 영웅들이 그렇듯이 용기는 타고나는 것이라서 배워서 얻는 것도 아니고, 또 아는 게 많은 사람일수록 되려 우유부단하고 용기가 없는 것으로 보이기도 한다. 그러나 소크라테스는 우리가 사용하는 용기의 용례들을 끈질기게 추적해 앞뒤를 재지 않고 무턱대고 덤벼드는 경우에는 용기보다는 '만용'이라는 말을 쓰며, 우리가 진정 용기 있다고 생각하는 사람은 자신이 하고자 하는 행위에 대한 앎을 갖고 있기 때문에 그렇게 행동하게 된다는 점을 드러낸다. 깊디깊은 바닷속으로 자맥질하는 잠수부들은 물에 대해서 알기 때문에 그렇게 용감하게 행동한다는 것이다.

그런데 이렇게 생각해 놓고 보면 용기에 대한 우리의 또 다른 상식과 충돌하는 지점이 생긴다. 용기가 앎의 문제가 되면 또 다른 전통적인 덕목인 '지혜'와는 어떻게 다른가? 그러면 결국 용기 있는 사람이란 지혜로운 사람의 다른 이름일 뿐인가? 소크라테스는 '절제'라는 덕목 역시 자신에 대한 앎과 연결되어 있다고 생각하기 때문에 이 역설은 보편적인 것이 된다. 모든 덕목은 다 앎이고, 덕 있는 모든 사람은 다 결국 지혜로운 사람인가? 플라톤의 초기 대화편들은 상당수가 이런 식의 난점에 봉착하다가 문제를 해결하지 못한 채 끝나기 때문에 '난제를 제시하는 대화편들'이라고 불리기도 한다. 하지만 플라톤이 해석하는 소크라테스 철학의 진면모는 여기서 드러난다. 난제에 부딪혀서 좌초하는 것이 아니라 문제에 대한 해석을 달리하고, 차원을 바꿔야 하는 필요를 드러내는 것이 바로 소크라테스가 하는 논박의 정체라고 보는 것이다.

우리는 일상적인 삶을 영위하면서 그때그때의 삶을 용이하게 이끌어 가기 위해 편리한 상식을 형성하게 마련이다. 부모는 자식을 사랑하고, 자식은 부모를 공경하며, 친구끼리는 우애 있게 지내야 하는 것이 상식이다. 하지만 이런 상식을 형성했던 사회에 균열이 생겨 더 이상 상식이 유용성을 갖지 못할 때 우리는 혼란에 빠지게 된다. 상식은 늘 그 반대편에 상식화되지 않은 영역을 남긴다. 친구끼리 우애 있게 지내면 친구가 아닌 사람들과는 어떻게 지내야 할까? 친구와 적이 분명한 소박한 시절에 형성되었던 상식은 친구와 적의 구분이 불분명한 불확실성의 시대에는 별다른 도움이 되지 못하고, 영원한 친구나 영원한 적도 없으며 필요에 따라 친구도 되고 적도 될 수 있다는 현실 논리에 자리를 내주고 만다. 이에 대해 소크라테스와 플라톤은 상식의 기반을 다시 물어서 친구와 적을 보편화할 수 있어야 한다고 답한다. 누가 진짜 친구고 누가 진짜 적인가? 이렇게 질문을 바꿔놓고 보면 친구는 나에게 유익한 자가 아니라 그 자체로 좋은 사람, 다시 말해 나한테 좋은 사람이 아니라 사람 자체가 좋은 사람이 된다. 곧 나를 중심으로 형성되었던 가치판단이 가치 자체의 성격에 따라 판단되는 상황으로 바뀌는 것이다.

하지만 이런 접근은 또 다른 문제를 낳는다. 바로 '어떤 것이 좋은 것인가?'라는 문제다. 상식은 나한테 좋은 것이 무엇인지 누구나 알고 있다는 것을 전제하고 형성된다. 돈과 명예, 맛있는 음식이 왜 좋은지 사람들은 아예 묻지 않는다. 하지만 따져보면 그것은 그것 자체가 좋은 것이 아니라 다른 것들을 위해서 좋은 것들이다. 그 다른 것들은 무엇인가? 그것은 몸에 좋은 것일 수 있다. 그러면 어떤 몸이 좋은 몸인가? 사람들은 몸이 말을 안 듣는다는 말을 하는데, 여기에는 몸은 원래 말을 잘 들어야 좋다는 의미가 함축되어 있다. 말(logos)은 그러면 누가 하는가? 몸이 말을 듣는 것이니 몸이 말을 하지는 않을 테고, 말을 하는 쪽은 영혼이 되고, 영혼은 그래서 곧 몸의 주인인 내가 된다. 따라서 나는 영혼이다. 그래서 상식적으로 좋은 것들은 영혼에 좋은 것들이다.

그렇다면 이어지는 질문은 '영혼은 무엇인가?'가 된다. 영혼에 대해서 플라톤이 기본적으로 상정하는 것은 우리 욕구의 중심이라는 것이다. 욕구는 육체가 갖는 것이라는 상식이 있지만, 플라톤에게 이미 몸은 적극적인 의사표현의 주체가 아니다. 그만큼 몸과 그 주체인 영혼은 지위의 차이가 있다. 그런데 플라톤이 독특한 점은 이런 욕구를 단순히 우리가 '육체적 욕구'라고 말하는 욕구에 한정짓지 않는다는 점이다. 플라톤은 우리에게 세 종류의 욕구가 있다고 말한다. 지혜에 대한 욕구(철학)와 명예에 대한 욕구(명예욕), 육체와 관련한 욕구(육욕)가 그것들이다. 이러한 영혼의 구분은 결국 인간에 대한 플라톤의 이해와 연결될 수밖에 없고, 그래서 인간은 지적인 욕구가 강한 부류와 명예에 대한 욕구가 강한 부류, 그리고 육욕이 강한 부류로 나뉜다. 지적인 욕구가 강한 부류는 철학의 어원이 그렇듯이 지혜에 대한 사랑을 가진 부류로서 철학자의 자질을 가진 자들이다. 명예에 대한 욕구는 불명예에 대한 혐오로 풀이할 수 있으므로 이들은 자신의 자존을 중시하고, 자존을 다칠 때 잘 분노하는 사람들이다. 세 번째 부류의 사람들도 물론 지혜에 대한 욕구나 명예에 대한 욕구가 아예 없지는 않겠지만, 그것들이 자신의 삶을 주도할 정도로 강한 욕구로 나타나지는 않는, 그야말로 평범한 사람들일 것이다.

고대 그리스의 폴리스는 적어도 플라톤이 보기에 단순히 먹고살기 위한 공간으로 머물러서는 안 되었다. 그 안에서 적극적으로 자신을 실현할 수 있는 장으로서 공동체가 이해되어야 하고, 또 그럴 수 있어야 그 공동체가 바람직한 것이라고 플라톤은 생각했다. 그래서 오늘날과는 달리 국가는 경제적 번영을 가져다주는 집단이 아니라 그 시민들이 자신을 실현하고 행복하게 살 수 있는 곳이어야 한다고 여겼다. 그러면 어떻게 시민들이 각자 자신을 실현하고 행복하게 살 수 있을까? 시민 전체가 그렇게 되기 위해서는 시민들이 한정된 재화를 두고 다투어서 자신을 실현하거나 행복을 추구하는 방식은 안 될 것이다. 자기 실현과 행복의 척도는 한정된 것이 아니거나 경쟁의 대상이 되지 않는 것이어야 한다. 그래서 플라톤이 선택한 삶은 자기 적성에 맞는 일을 하는 것이고, 괜히 남의 일을 부러워하며 넘겨다보지 않는 것이다.

플라톤은 영혼의 세 부류에 맞춰 소박하게 육체적인 욕구를 충족시키며 한 사회의 기본적인 재화를 생산하는 생산자 계층과 이들을 지켜주는 수호자 계층으로 나라의 계층을 나누었다. 이 가운데 수호자 계층은 기본적으로는 명예를 사랑하며 자존을 상하게 하는 일에 분노하는 성향을 가진 계층을 말하며 군인 계층이 이에 해당한다. 이들은 시민을 수호하는 자들로서 적과 시민을 알아볼 줄 아는 지혜의 측면을 갖는다. 또한 군인이기에 자연히 통솔하는 쪽과 통솔받는 쪽으로 나뉘는데, 이 구별은 수호자 계층이 갖는 상이한 측면, 즉 적을 대하는 사나운 기질과 시민들을 알아보고 사랑하는 기질을 기준으로 한다. 통솔하는 자는 시민과 나라 전체에 대한 사랑이 넘치는 자들이어야 하고, 그러려면 나라의 일이 잘되는 것이 곧 자신의 일이 잘되는 것이라 믿을 수 있어야 하며, 평생 그 소신을 버리지 않을 사람이어야 한다. 따라서 이들은 개개인에게 좋은 것을 넘어서 누구에게나 좋은 것, 그 자체로 좋은 것을 알 수 있는 자들이어야 하고, 이런 면에서 이들이 바로 진정한 철학자라고 할 수 있다. 이들은 생산자 계층으로부터 부양을 받는 입장이므로 최소한의 필요한 것을 제외하고는 개인의 소유가 없어야 한다. 나라 전체가 행복한 삶을 살기 위해서는 철저하게 각 개인이 자신의 적성에 맞는 일을 하며 살아야 하는데, 적성에 맞는다는 기준 이외의 것이 부가되면 남의 것을 넘보게 되기 때문이다.

생산자 계층은 육체의 욕구를 넘어서기 어려운 자들이므로 나라가 이에 기반한 가족이나 사유재산 등을 소박한 선에서 인정해 주어야 하고, 대신 이들은 수호자 계층을 부양해 주어야 한다. 반면에 수호자 계층은 다른 욕구보다 명예나 지혜에 대한 욕구가 강한 부류의 사람들이므로 나라가 그들의 명예를 지켜주고 지혜를 탐구할 수 있게 보장해 주어야 하며, 이들은 자신들의 계급이 부패할 수 있는 요소인 권력과 부와 명예가 같이하는 것을 철저히 배제하는 삶을 살아야 한다. 그러기 위해서 그들은 사유재산뿐만 아니라 사적인 가족도 포기하는 금욕적인 삶을 살아야 한다.

이 모든 것은 단순히 성향에 의해서 이루어지는 일이 아니다. 그 성향을 발전시켜 조화를 이루게 할 교육이 뒷받침되어야 가능한 일이다. 더구나 플라톤처럼 교육의 문제를 사회 개혁과 더불어 논의하는 철학자에게는 교육 자체의 문제뿐만 아니라 기존의 잘못된 교육과 사회적 관행으로부터 새롭게 교육받을 학생들을 지켜내는 일이 중요하다. 이것은 곧 바람직하지 못한 교육에 대한 비판으로 이어진다. 공교육이 없던 시절에 당시 아테네를 비롯한 대부분의 그리스 폴리스에서 고등교육은 각 집안과 개인의 문제였다. 대개 기초교육은 호메로스를 비롯한 여러 시인들의 글을 암송하고 쓰는 것으로 이루어졌고, 시민교육은 디오니소스 축제를 비롯한 여러 제전에서 개최되는 비극들을 관람하거나 정치적인 집회와 재판에 참여하는 과정을 통해 이루어졌다. 먼저 플라톤은 당시 예술을 대변한다고 할 수 있는 시가(詩歌) 교육을 비판한다. 플라톤은 유아기의 교육이 신화를 비롯한 이야기들을 담은 시가 교육으로 이루어져야 한다고 주장하지만, 기존의 교육은 신들과 영웅들이 부도덕한 행위를 하는 것으로 묘사해 이들을 본받아야 할 수호자들의 도덕적 심성을 처음부터 삐뚤어지게 만든다고 비판한다. 그렇기 때문에 시가 교육은 나라의 관리와 점검을 통해 수호자로 자라날 아이들의 성품을 올곧게 길러줄 수 있는 내용이 되어야 한다고 본다. 이것이 오늘날에도 문제가 되고 있는 플라톤의 예술 검열 주장이다. 시가와 맞물려 있는 음악 역시 절도 있는 품성을 기르는 데 필수적인 교육 항목임을 주장하는 한편, 플라톤은 군인 계층으로 자라나는 수호자들의 교육에 필수적인 체육 교육 역시 시가 교육과 더불어 신체 자체를 위한 교육이 아닌 영혼을 기르는 교육으로서 균형을 이루어야 한다고 주장한다.

또한 플라톤은 그 당시 확립되어 있지 않았던 고등교육의 과정에서 철학이 핵심이 되어야 한다고 주장한다. 나라를 지도해야 하는 수호자들은 나라와 시민 전체에 좋은 것이 무엇인지를 알아야 하고, 그것을 알기 위해서는 좋음 자체가 무엇인지를 알아야 하기 때문이다. 좋음 자체는 모든 좋은 것들의 기준이 되는 것으로서, 좋은 것들을 좋게 하는 원인이라고도 할 수 있다. 이것이 바로 이른바 플라톤의 형상이론의 핵심이다. 곧 어떤 것을 어떤 것이게 하는 원인, 그것이 형상이라는 것이다. 예컨대 우리가 아름다운 꽃이나 사람을 보고 아름답다고 판단할 때, 우리는 무엇을 기준으로 그렇게 판단하는 것일까? 다른 사람들이 그렇다고 하길래 나도 그렇다고 한다는 것은 충분한 답이 되지 못한다. 다른 사람들은 왜 그렇게 판단하게 되었는지가 다시 문제가 되기 때문이다. 여기서 플라톤은 우리가 경험한다고 생각하는 것들 중에서 상당 부분은, 특히 중요한 부분은 우리가 경험하기 이전부터 이미 알고 있는 것이라고 대답한다. 예컨대 나는 내 손가락 하나하나를 보고 만지면서 경험할 수 있다. 그런데 내 손가락 중 가운뎃손가락이 엄지손가락보다 더 길다는 것은 그렇게 보고 만짐으로써 경험할 수 있는가? 손가락 하나하나는 볼 수 있고 만질 수 있는 것이지만, 가운뎃손가락이 엄지손가락보다 '더 긺'은 보거나 만질 수 있는 것이 아니다. 그것들은 우리가 감각으로 경험하기 이전부터 있었던 것으로 우리가 그렇게 판단할 수 있도록 하는 원인이 되는 것들이다. 그리고 바로 그런 것들의 영역이 이데아, 즉 형상의 영역이다. 이것들에는 '긺', '짧음', '뜨거움', '용기', '정의' 등을 비롯한 우리가 이른바 개념이라고 말하는 것들이 속한다. 이것들은 감각적 경험의 대상이 아니기 때문에 플라톤은 비유적으로 또는 신화적으로 우리가 신체의 옷을 입고 태어나기 이전에 순수한 영혼의 상태에서 보았던 것들이라고 말한다. 우리는 어렴풋하게나마 이것들에 대한 기억을 갖고 있어서 언어를 사용하고 추상적인 사유를 할 수 있다. 그런데 바로 이것들을 분명하게 기억에 되살리는 일이 철학을 하는 일이다. 그리고 이것들 중에서 나라의 정치가에게 가장 중요한 것이 좋음의 형상이다. 정치지도자란 좋음 자체인 좋음의 형상을 알고 이것에 맞춰 그때그때의 나랏일들을 적절하게 처리해야 하기 때문이다. 따라서 플라톤의 나라에서는 철학자가 정치를 해야 한다.

형상의 영역을 발견한 일은 어떤 측면에서는 고대 그리스 철학이 밟아온 길이 한 정점에 이르렀음을 보여주는 것이기도 하다. 그리스 문명이 후발 문명이면서도 서구 문화의 표준이 될 수 있었던 이유는 끊임없이 보편적인 것을 추구했기 때문이다. 플라톤의 형상은 개별자들이 갖는 성질이 개별자의 영역에 있는 것이 아니라 별도의 영역과 차원에 존재하는 것임을 분명히 함으로써 그 보편적인 것의 존재를 학문의 대상으로 정립시킨 셈이다.

다른 한편으로 이렇게 대상의 영역을 나누게 되면 대상을 파악할 수 있는 인간의 능력도 역시 나뉘게 된다. 그래서 플라톤은 감각적 대상들을 파악하는 우리의 능력에는 '감각능력'을, 형상과 같은 대상을 파악하는 능력에는 '지성'(nous)이라는 이름을 준다. 이성이 우리가 말을 사용하는 능력으로서 추리하고 추론하는 능력이라면, 지성은 그 능력들의 바탕이 되는 형상들을 알아보는 능력이다. 형상은 원리가 되는 것이기 때문에 추론의 대상이 아니라 일종의 직관의 대상이며, 그런 점에서 지성은 직관의 능력이라 할 수 있다. 지성은 그리스와 플라톤 철학의 특별한 맥락을 떠나서는 정신이라고도 불리는 것이다. 따라서 플라톤에 와서 인류는 처음으로 정신적인 대상들과 그 능력의 왕국을 발견하게 되었던 것이다.

아리스토텔레스: 천상에서 지상으로

플라톤의 철학이 정신의 발견에서 그리스 철학의 정점을 찍었다면, 아리스토텔레스(BC 384~BC 322)는 또 다른 측면에서 그리스 철학의 흐름들이 모여 이룬 바다가 되었다. 플라톤이 인간의 이성이 지닌 가능성의 한계치까지 육박해서 원리들을 파악하는 능력인 지성에 이르렀다면, 아리스토텔레스는 그렇게 발견된 정신의 세계와 우리의 경험세계 간의 관계를 플라톤과는 다른 관점에서 전면적으로 재검토했다. 라파엘로가 그린 「아테네 학당」을 보면 그리스의 철학자들 가운데 중앙에 자리 잡은 플라톤과 아리스토텔레스가 보인다. 그중 플라톤은 손을 들어 하늘을 가리키고, 아리스토텔레스는 땅을 가리킨다. 이를 두고 플라톤은 이 땅의 현실을 무시했고, 아리스토텔레스는 그렇지 않았다고만 해석할 일은 아니다. 진정한 철학이 다 그렇듯 플라톤에게도 철학적 문제의식의 바닥에 현실 문제가 있었기 때문이다. 다만 플라톤은 원리를 중시해 그 원리를 현실에 반영할 방법을 근본적으로 고민한 것이라 할 수 있고, 반면에 아리스토텔레스는 현실에 이미 원리가 반영되어 있다고 생각해 현실의 문제를 해결할 수 있는 실마리가 우리의 상식과 현실 안에 가능성으로 주어져 있다고 생각한 쪽이었다. 그러나 다른 한편으로 그는 철학의 문제와 현실의 문제를 늘 팽팽하게 연결해 긴장상태가 유지되도록 한 플라톤과는 달리 철학과 학문이 현실의 문제와 별도로 그 자체로 의미 있는 인간의 활동일 수 있다고 생각했다. 그래서 그는 학문 자체에 초점을 맞춘 철학적 반성을 펼쳤고, 그 결과 체계적인 학문 분류와 학문 고유의 방법론 정립으로 서양 학문의 체계를 잡은 철학자가 되었다.

아리스토텔레스는 먼저 학문을 이론적인 학문과 실천적인 학문, 창작적인 학문으로 구분했다. 이 가운데 이론적인 학문은 인간이 어떻게 판단하는가와 관계없이 객관적으로 성립하는 대상에 대한 학문이다. 생물학과 천문학, 물리학(자연학) 또는 형이상학이 그런 학문이다. 실천적인 학문은 우리가 어떻게 판단하느냐가 중요한 문제들인 학문들로서 윤리학과 정치학 등이 이에 속한다. 창작학이란 기존에 없던 것을 우리가 만들어내는 분야에 관한 것인데, 시학(시를 짓는 학문)과 수사학(연설을 하는 학문) 등이 그런 학문을 대변한다.

여기에 아리스토텔레스는 이런 학문들을 하기에 앞서 예비적으로 공부해야 하는 학문을 보탰는데, 그것이 오늘날 우리가 논리학이라 부르는 분야이다. 그런데 우리는 대개 논리학이 형식적인 학문이라서 추론의 타당성에 관한 형식에만 관심을 둘 뿐 그 내용이 사실과 부합하는지의 여부는 논리학의 영역이 아니라고 여기곤 한다. 그러나 아리스토텔레스는 논리학으로 묶이는 그의 저술들 중 『범주론』에서, 진정한 의미에서 한 문장(명제)의 주어가 되는 것은 개별적인 것뿐이라고 말한다. 예컨

플라톤과 아리스토텔레스
서양 문명은 이 두 거대한 호수에서 흘러나온 물줄기들로 구성된다고 해도 과언이 아니다. 라파엘로의 「아테네 학당」 중에서.

대 우리는 '인간은 이성적 동물이다'라고 말하기도 하고, '소크라테스는 사람이다'라고 말하기도 한다. 학문적으로는 앞의 문장이 더 학문적이지만, 진짜로 의미 있는 문장은 '소크라테스는 사람이다'라는 것이 아리스토텔레스의 생각이다. 왜냐하면 그때의 주어만이 진짜로 있는 것이기 때문이다. 플라톤이 진짜로 있는 것은 개별적인 것이 아니라 일반적인 것, 즉 형상이라고 말한 것과 대비되는 말이다. 플라톤은 소크라테스보다는 '인간'이 더 진짜라고 말한다. 곧 한쪽은 원리가 되는 것이 진짜라고 하고, 다른 쪽은 머릿속으로만 생각할 수 있는 게 아니라 우리가 감각적으로 확인할 수 있는 것이 진짜라고 한다. 이렇게 이들은 세계를 보는 틀이 서로 너무 달라서 섣불리 어느 쪽이 맞다고 단정짓기가 어렵다. 아무튼 이런 기본적인 전제의 차이에서부터 아리스토텔레스의 다른 철학들이 발전해 나온다.

아리스토텔레스는 진짜 있는 것은 개별적인 것이라고 했지만, 이것만으로는 세계를 설명할 수가 없다. 예를 들어 초기 그리스 철학에서부터 내내 문제가 되었던 운동의 문제를 보자. 처음에 밀레토스학파가 우주가 무엇에서 나왔는지를 물었을 때는 운동이 문제가 되지 않았다. 물질이 운동의 원리까지 갖고 있다는 의미에서 그들의 철학을 물활론적 철학이라고 이름했을 정도로 운동은 당연한 것이었다. 그러나 파르메니데스의 엘레아학파에 와서 운동은 설명의 대상이 된다. 있는 것들의 기본적인 기준만을 놓고 따져볼 때, 운동은 불가능한 것처럼 보였기 때문이다. 그렇다면 개별자들만 있으면 운동이 가능할까? 개별자들만으로 운동이 가능하려면 개별자들이 그 자체로 운동할 수 있는 능력을 갖고 있어야 한다. 물활론적으로 생각하려면 물질 속에 영혼이 있어야 한다. 그러나 영혼은 이미 플라톤을 통해 물질과는 원리적으로 다른 것으로 이해되었다. 그래서 생명체가 아닌 것에 영혼이 깃들어 있으리라는 생각은 하지 못한다. 그래서 무생물의 경우에는 외부로부터의 힘이 작용해서 운동이 이루어지는 것으로 보인다. 반면에 생물들은 영혼을 가지고 있어서 자발적인 운동을 하는 것으로 보인다. 그렇지만 생물들의 개별적인 운동은 그때그때의 욕구와 충동에 따른 것이므로 이것들을 총괄적으로 이해하기 위한 틀이 필요하다. 무엇을 위한 욕구와 충동인가? 아리스토텔레스는 그것이 어떤 목적을 실현하기 위한 것이며, 그 목적이란 완전히 자란 성체가 되는 것이라고 보았다. 그런데 그 목적은 어디에 주어져 있을까? 생명체가 모두 인간처럼 지능을 지닌 것도 아니고, 인간의 모든 행동이 성체가 되겠다는 의식적인 목적에 지배받는 것도 아니기 때문에 그것은 마치 DNA처럼 개별적인 생명체에 보존되어 있어야 한다. 그것을 아리스토텔레스는 형상이라고 부른다. 형상은 생명을 가진 개별자들에게 실현해야 할 목적으로서, 그 개별적인 사물이 속하는 종의 형상으로서, 가능성으로 내재해 있으면서 운동의 원인으로 작동한다. 이것을 아리스토텔레스는 형상으로서의 원인, 즉 형상인(形相因)이라고 부른다. 이 형상인은 무생물에도 적용된다. 조각가가 대리석을 가지고 비너스를 조각할 때, 그 대리석은 재료가 되어서 비너스의 형상을 실현한다. 그런 점에서 비너스는 대리석이 조각이 되는 데 형상인으로서 작동한다. 물론 조각가도 한몫을 한다. 조각가는 스스로 운동하지 못하는 대리석이라는 물질에 운동을 제공한다. 이런 운동을 아리스토텔레스는 힘으로서 작용하는 원인, 즉 운동인 또는 작용인이라 부른다. 재료도 빼놓을 수 없다. 비너스 조각은 그 재료가 대리석이 되느냐 찰흙이 되느냐에 따라 다른 작품이 될 수밖에 없다. 그런 점에서 재료도 원인이다. 이 원인은 질료인이라고 부른다. 이렇게 하나의 운동이 일어날 수 있는 원인들을 망라해서 아리스토텔레스는 4원인이라 부른다.

아리스토텔레스의 학문 분류에는 운동의 원인과 같이 그 자체가 객관적으로 존재하는 것을 대상으로 하는 이론학이 있는가 하면, 실천학의 영역도 있다. 플라톤에게는 현실의 문제와 이론의 문제가 맞물려 있어서 좋음의 형상과 같은 원리를 알면 그것을 현실에 적용하는 것이 원리적으로 가능하다. 하지만 아리스토텔레스는 현실도 현실 나름이라고 생각한다. 천체의 운동도 어떤 의미에서 현실이지만 그 운동은 우리가 파악하고 이해할 수 있을 뿐이지 어떻게 바꾸거나 우리가 어떻게 생각하는지에 따라 달라지지 않는다. 하지만 한 사람이나 한 공동체의 미래가 어떤 판단에 달려 있는 경우는 어떤가? 개인이 어떤 진로를 선택하는가에 따라 그리고 한 공동체가 전쟁의 위기가 고조되어 있는 상태에서 어떤 판단을 내리는가에 따라 그 개인과 공동체는 전혀 다른 미래를 만날 수 있을 것이다. 그런데 그 미래는 천체의 운행 경로나 옥상에서 떨어진 화분의 종착지처럼 정해져 있는가? 아리스토텔레스는 그렇지 않다고 생각한다. 바로 그런 영역이 윤리나 정치와 같은 인간 행위의 영역이다. 소크라테스와 플라톤은 우리가 정말 어떤 것이 좋은지를 알면, 그것을 행하는 데 문제가 없다고 생각했다. 이른바 주지주의적 윤리설이라 할 수 있다. 그러나 아리스토텔레스에게는 그렇게 생각하는 것이 마치 우리의 행위 결과가 천체의 운행 경로처럼 정해져 있다고 생각하는 것처럼 보였다. 그가 생각하기에 우리는 아는 것만으로는 도덕적으로 올바른 행위를 할 수 없다. 우리로 하여금 올바른 행위를 하지 못하게 하는 다른 유혹들을 반복해서 물리칠 수 있도록 사려 깊게 생각하고 선택하는 과정을 거듭해서 습관을 들이고 급기야는 그것이 성품이 되어야 비로소 우리는 윤리적인 사람이 될 수 있다. 도덕적으로 올바른 행위가 딱히 정해져 있는 것도 아니다. 우리는 그때그때 다른 상황에서 선택을 하기 때문에 언제나 똑같은 행위를 기계적으로 반복해서는 그 상황에 딱 맞는 올바른 행동을 할 수가 없으므로 매번 숙고를 거듭해서 중용에 맞는 행위를 해야 한다. 그럴 때 비로소 우리는 진정으로 도덕적인 행위를 하는 것이라고 아리스토텔레스는 말한다. 자칫하면 비겁할 수도 있고 만용이 될 수도 있는 상황에서 무엇이 이 상황에 맞는 용기인지를 숙고하고 선택해야만 우리는 용기 있게 행동할 수 있다는 말이다.

아리스토텔레스의 학문 분류의 세 번째는 창작학, 즉 기존에 없던 것을 만들어내는 기술을 탐구하는 학문이다. 그중에서 아리스토텔레스가 특히 관심을 둔 분야는 시를 짓는 작시술과 연설문을 쓰는 연설술이었다. 그중 작시술은 플라톤의 예술관과 대비되어 오늘날까지 막대한 영향력을 끼치고 있다. 플라톤에게 예술은 우리가 도덕적 행위를 할 수 있게 이끌어주는 교육의 매개체였다. 물론 아리스토텔레스에게도 예술은 교육의 중요한 매체가 되지만 그럴 수 있는 이유는 플라톤과 달랐다. 플라톤이나 아리스토텔레스나 인간은 모방의 본성을 갖고 있다고 본 점에서는 같았다. 그러나 플라톤은 이 모방이 좋은 표본을 만나면 좋은 모방이 되고 나쁜 표본을 만나면 나쁘게 된다고 생각했던 반면, 아리스토텔레스에게 모방은 창작자의 창작 모티프가 되고 관중이 그 모방물을 좋아하게 하는 원인이 되지만 행동의 적극적인 원인이 되지는 못한다. 오히려 관중은 특히 비극과 같이 고양된 감정이 분출되는 예술작품을 통해 자신의 감정의 찌꺼기를 배출함으로써 도덕적으로 정화되는 효과를 얻게 된다고 아리스토텔레스는 보았다.

폴리스적 이성과 세계시민적 이성: 헬레니즘

BC 324년 마케도니아의 알렉산드로스가 이집트에서 인도의 인더스 강에 이르는 대제국을 건설한 사건은 세계지도를 바꾸었을 뿐만 아니라 그리스의 사상적 지도 역시 바꿔버렸다.[29] 폴리스라는 소규모의 평등한 공동체가 무너진 후 대제국이라는 광야를 만나게 된 그리스인들은 당황하며 혼란에 빠졌다. 아테네를 비롯한 대다수의 폴리스는 시민들 간에 평등을 보장했고 소규모였기 때문에 시민들이 폴리스와 일체감을 가질 수 있었다. 자신이 공동체에서 행하는 활동이 공동체의 운영에 반영되기 쉬운 구조였기 때문이다. 그러나 제국의 시대에는 일부 왕족과 귀족만이 정치에 참여할 수 있었기 때문에 일반 시민이 제국의 운영에 영

----

[29] 알렉산드로스의 선왕인 필리포스 2세에 의해 그리스는 BC 337년에 스파르타를 제외한 다른 폴리스들이 동맹에 가담하는 형식으로 실질적인 통일을 이루었다.

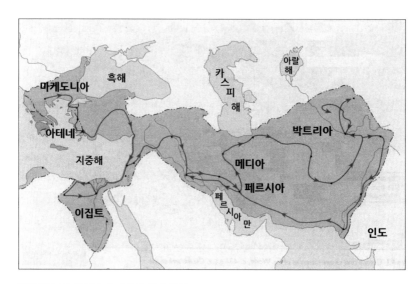

알렉산드로스의 원정과 제국의 최대 영역

알렉산드로스 이전에는 '지중해 세계'가 본격적으로 형성되어 있지 않았다. 알렉산드로스의 원정을 통해 비로소 그리스 세계와 동방 세계(오리엔트)가 연결되고, '지중해 세계'라 할 만한 세계가 형성되기에 이른다. 이런 변화는 학문과 예술의 역사에도 지대한 영향을 끼친다.

향을 끼치기란 불가능에 가까웠다. 게다가 알렉산드로스가 제국을 건설하고 1년 만에 죽자 그를 따르던 장군들이 수십 년에 걸친 전쟁을 벌여 제국을 분할했다. 제국은 너무 넓었고 불안정했다. 이러한 시대를 반영한 이 시기의 철학은 사회에 대한 적극적인 참여로 자신을 완성하는 플라톤의 꿈을 버리고 우정의 공동체를 따로 꾸려 소박한 내면의 행복을 찾거나 역으로 광활한 제국을 넘어 우주를 지배하는 법칙을 찾아 법칙에 순응하는 삶을 꿈꿨다. 다른 한편으로는 삶을 이끌어주는 앎에 대한 회의주의가 확산되기도 했다.

알렉산드로스가 제국을 건설한 때부터 로마가 이집트를 합병하는 BC 30년까지의 시기를 헬레니즘 시대라고 부른다. 이 시기에도 여전히 아테네는 세계의 학교였다. 플라톤이 세운 아카데미아가 아직 존속하고 있었고, 아리스토텔레스가 따로 세운 리케이온도 건재했다. 그 밖에 에피쿠로스는 고향인 사모스를 떠나 아테네에 자신의 쾌락주의 학파를 형성하고 학당을 세웠다. 또한 키프로스의 키티온 출신인 제논은 무역선을 타고 무역업을 하다가 난파를 당해 아테네로 왔다가 철학에 경도되어 스토아학파를 창설하고 역시 학당을 세웠다. 이렇게 네 개의 학당과 학파가 이 시기에 아테네에서 활동하면서 여전히 아테네는 철학의 중심지 역할을 하고 있었다. 그중 에피쿠로스의 쾌락주의 학파와 제논의 스토아학파를 중심으로 헬레니즘의 철학을 살펴보고자 한다.

쾌락주의자들이 정원에 모여들다: 에피쿠로스학파

에피쿠로스(BC 341~BC 270)의 쾌락주의라고 부르지만, 사실 우리가 쾌락이라는 말에서 연상하는 것과 같은 난잡함을 적극적으로 피하려는 것이 에피쿠로스의 철학이다. 물론 에피쿠로스는 쾌락이 인생에서 가장 중요하다고 생각한다. 하지만 쾌락을 즐기기 위해서는 지혜가 필요하다. 소크라테스가 말했듯이 쾌락과 고통은 마치 한 머리에 달린 두 개의 몸과 같아서 서로를 동반하기 때문이다. 그래서 고통을 동반하지 않는 쾌락을 가려서 즐기는 지혜가 필요하다. 에피쿠로스는 욕구를 첫째, 자연적이고 필수적인 욕구, 둘째, 자연적이나 필수적이지 않은 욕구, 셋째, 자연적이지도 필수적이지도 않은 욕구로 구분했다. 순서대로 식욕, 성욕, 명예욕이 각 분류의 대표적인 욕구이다. 식욕은 채우지 않으면 고통을 일으키지만, 그것을 채우는 과정에는 쾌락이 동반된다. 성욕의 경우에는 자연적으로 생기는 것이지만 채우지 않는다고 해서 꼭 육체적 고통을 일으키는 것은 아니다. 명예는 우리 신체가 요구하는 것이 아니라 사회적 관습에 의해 생성된 인위적인 것일 뿐이다. 에피쿠로스가 보기에 욕구를 채우는 과정에서 쾌락이 생기기는 하지만 그 쾌락은 일시적이고 그 반대인 결핍상태에 놓이게 되면 고통이 발생한다. 그래서 쾌락보다는 고통이 생기지 않는 상태, 즉 자연적이고 필수적인 욕구가 채워진 상태를 유지하는 것이 중요하다. 나머지 두 종류의 욕구는 자연적인 상태, 즉 욕구가 채워진 상태를 유지하는 것이 불가능하기 때문에 애초에 회피해야 하는 것들이다. 특히나 정치를 통해서 얻는 명예 같은 것은 문제만 일으키는 것이니 피하라고 했다.

에피쿠로스는 불필요한 욕구들은 피하고 고통을 주는 욕구들은 채워서 '아타락시아'(평정심)를 유지하려고 했다. 에피쿠로스는 이것이 원래 우리의 자연적인 상태라고 생각했다. 그래서 그는 평정심을 잃게 하는 번잡함을 피해 아테네 교외에 정원이 딸린 집을 구해 자신의 학당을 세우고 제자들과 함께 공동체의 삶을 살았다. 그는 이러한 모임 속에서라야 평정심을 유지하며 벗들과 우정을 나누는 정신적 쾌락을 누리며 살 수 있다고 보았다.[30]

자연과 합일되는 삶을 꿈꾸는 도덕주의자들: 스토아학파

키티온 출신의 제논(BC 335~BC 263)은 난파당해서 아테네에 온 뒤 서점에 들렀다가 크세노폰이 쓴 『소크라테스 회상』을 읽었다고 한다. 그 책을 읽고 크게 감명 받은 그는 서점 주인에게 소크라테스 같은 사람을 만나려면 어디로 가야 하느냐고 물었다. 서점 주인은 마침 그 앞을 지나가던 견유학파(犬儒學派)의 철학자 크라테스[31]를 따라가 보라고 했고, 제논은 그를 따라가 제자가 되었다. 여기서 짐작되듯이 소크라테스의 철학은 플라톤만 낳은 것이 아니라 다양한 철학의 원천이 되었는데, 그중 하나가 견유학파이며 이 견유학파로부터 출발한 것이 제논의 스토아학

----

30 에피쿠로스에게는 자연철학도 있었다. 그러나 이 자연철학은 자연에 대한 순수한 호기심에서 비롯된 것이 아니었다. 헬레니즘의 혼란기에 사는 사람들은 불안을 해소하기 위해 종교에 매달렸는데, 종교는 도리어 사후 세계에 대한 말로 사람들을 불안에 떨게 했다. 에피쿠로스는 유물론적 입장에서 사후 세계가 없다는 것을 사람들에게 알리고, 자연의 이상 현상을 불길한 징조로 이해하는 미신을 자연학적 설명을 통해 불식시키고자 한 것이다.

31 소크라테스의 벗이자 제자인 안티스테네스는 소크라테스의 정신과 삶의 태도에 매료되었는데, 이 안티스테네스의 제자가 알렉산드로스에게 햇볕을 쬐게 자리를 비켜달라고 한 디오게네스이고, 그의 제자가 바로 크라테스다.

파다. 견유학파는 철인 소크라테스의 검약하고 속세를 초탈한 정신에서 발생했다. 제논은 처음에 크라테스의 제자로 철학에 입문했으나 나중에는 소크라테스의 논리적이고 비판적인 정신을 이어받은 메가라학파와 플라톤의 아카데미아학파, 그리고 자연철학자 헤라클레이토스의 영향을 흡수해 독자적인 학파를 세웠다. 스토아학파는 제논 이후 클레안테스, 크뤼시포스로 이어지는 제자들에 의해 완성된 뒤 로마로 유입되어 크게 번성했다.

난파당해 전 재산을 잃고 낯선 땅에서 헤매고 있던 제논은 소크라테스의 어떤 모습에 매료되었을까? 그건 아마도 죽음 앞에서도 의연하고 초연했던 모습이었을 것이다. 삶의 가장 비극적인 불행인 자신의 사형을 앞에 두고도 태연히 철학적 논의에 빠져들었던 소크라테스처럼 제논은 살고 싶었을 것이다. 그렇게 스토아학파에서는 소크라테스를 자신들이 닮고 싶은 현인의 이상으로 삼았다. 제논은 소크라테스가 그럴 수 있었던 이유를 그가 외부의 명성이나 부에 연연하지 않고 자기 자신의 내면만을 중요하게 생각했기 때문이라고 보았다. 옳고 그름의 기준을 오직 자신의 내면에만 두고 외부의 영향에 흔들리지 않는 상태를 스토아에서는 '아파테이아'(부동심)라고 부른다. 정확히 말해서 아파테이아는 파토스, 즉 우리가 외부의 상황과 만났을 때 우리 내부에 형성되는 정념 또는 감정에 휘둘리지 않는 상태를 말한다. 우리는 외부의 대상과 만나서 공포, 욕망, 고통, 쾌락의 정념을 갖게 된다. 이런 정념들은 외부의 사건들에 대해 우리가 어떻게 해볼 수 있다는 믿음에 근거한다. 어떤 나쁜 것에 대해 공포의 정념을 갖는다는 것은 그것을 피하고 싶다는 마음에서 비롯되는 것이고, 그런 마음이 의미가 있으려면 실제로 그것을 피할 수 있어야 한다. 그러나 스토아학파의 생각에 따르면 우리가 사는 이 우주에는 인간에게 있는 이성과 같은 우주적 이성이 있어서 엄격한 인과법칙에 따라 우주의 사건들을 규제하고 있다. 따라서 우리의 외부에서 벌어지는 사건들은 이 인과법칙에 따라서 벌어지는 일이며, 우주는 거대한 필연의 체계로 이루어져 있으므로 우리가 정념에 따라 하는 선택은 우주의 법칙을 거스를 수 없다. 우리가 할 수 있는 유일한 선택은 우주의 이성이 우리 인간에게도 부여한 이성에 따라 우주와 자연의 필연성을 인식하고 자연이 인도하는 삶을 받아들이는 것이다. 이것이 바로 현자가 삶에 대해서 취하는 태도이다. 외부의 사건과 관련해 인간은 그 결과를 의도대로 이끌 수 없으며 이성이 명하는 행동을 하는 것이 이성적 인간의 의무이자 유일하게 가능한 선택이라고 본다는 점에서 스토아학파는 후일 독일의 철학자 칸트가 제시한 의무론의 효시가 된다.

스토아학파는 우주 또는 자연에 이성이 있고 우리 인간에게도 그러한 이성이 분유한다는 점을 인정한다. 그리하여 감정보다는 이성의 명령에 따라 행동할 것을 조언하고, 그것이 덕에 따르는 삶이며 행복이라고 주장한다. 이러한 주장들을 입증하기 위해 스토아학파는 논리학, 자연학, 윤리학에 걸쳐 세세하고 정교한 이론을 구축했다. 이런 다방면에 걸친 그들의 논의는 후일 서양의 철학사에 방대한 영향을 끼쳤다.

이성과 정신의 재발견으로서의 서양 고대 철학

서양의 고대 철학을 굳이 한마디로 정리해야 한다면 정신세계를 발견한 것이라 할 수 있다. 고대 그리스 철학이 발견한 이 정신세계에 대한 다양한 변주와 비판이 현재까지 이어지고 있지만, 아직까지 정신의 왕국은 학문의 세계에서 그 성채를 유지하고 있다.

다른 한편으로 현재에 사는 우리에게 서양 고대 철학은 해결해야 할 과제이기도 하다. 우리는 어떤 의미에서 근대인이라고 할 수 있다. 우리가 동북아의 작은 나라에 살면서 서양의 학문과 정치의 영향을 받은 것은 근대 이후에 재편된 서양의 문화와 정치의 공간 때문일 것이다. 서양의 근대는 사상사적으로 중세를 르네상스를 통해 극복하고 서양 고대의 정신을 부활시킨 것이라고 한다. 하지만 출발은 그랬을지 몰라도 근대는 그 변화 과정에서 고대를 자의적으로 받아들이거나 왜곡하거나 잊었다. 그래서 근대적으로 사고하는 우리로서는 근대가 혜택과 더불어 안겨준 부채를 해결하고자 할 때, 근대의 잊힌 근원인 서양 고대를 다시 반성적으로 고찰할 필요가 있다.

'패러다임의 변화'라는 말이 있다. 근본적인 변화가 필요할 때 기존의 패러다임 속에 머물러서는 변화를 위해 필요한 동력을 끌어올 수가 없다. 아예 다른 패러다임을 들여다봄으로써 오늘 우리의 문젯거리인 패러다임을 반성하고 변화시킬 수 있다는 통찰, 그것이 이미 오래된 말인 '온고지신'(溫故知新)의 정신일 것이다.

| 참고할 만한 책 |

그리스 문명과 철학에 대해서는 다음의 책들이 도움이 된다.
- 클라우스 헬트, 이강서 옮김, 『지중해철학기행』, 효형출판, 2007.
- 장 피에르 베르낭, 김재홍 옮김, 『그리스 사유의 기원』, 도서출판 길, 2006.
- C. M. 바우라, 이창대 옮김, 『그리스 문화 예술의 이해』, 철학과현실사, 2006.
- 토마스 R. 마틴, 이종인 옮김, 『고대 그리스의 역사』, 가람기획, 2002.

소크라테스 이전 철학자들에 대해서는 다음의 책이 기본이 된다.
- 김인곤 외 옮김, 『소크라테스 이전 철학자들 단편 선집』, 아카넷, 2005.

플라톤의 번역본으로는 서광사에서 나오는 박종현의 번역서들과 숲출판사에서 나오는 천병희의 번역서들, 그리고 이제이북스에서 나오는 정암학당의 플라톤 전집 시리즈가 믿을 만하다.

아리스토텔레스의 번역본으로는 김재홍, 조대호, 김진성의 번역서들이 믿을 만하다.

헬레니즘 철학에 대해서는 다음의 책이 도움이 된다.
- A. A. 롱, 이경직 옮김, 『헬레니즘 철학』, 서광사, 2000.

제9장

서양적 보편성의 형성: 로마의 역사와 사상

차영길

역사가 레오폴트 폰 랑케(Leopold von Ranke)는 로마사를 '고대사의 호수'라 불렀다. 고대의 모든 역사가 로마라는 호수로 흘러들어 가 거기서 근대의 유럽이 태어났다는 의미였다. 서양의 보편적 가치의 형성에서 로마 문명이 기여한 부분을 잘 평가한 말이라 할 수 있다. 사실 로마사를 빼놓고 서양의 역사적 발전과 현재를 이야기하기는 힘들다. 아마 그 중에서도 가장 대표적인 부분은 헤겔도 지적했듯이 로마사의 보편적 유산 세 가지, 즉 라틴어·로마법·기독교가 서양 문명의 형성에 끼친 영향일 것이다. 이 장에서는 로마가 서양의 보편적 가치를 형성하는 데 기여한 부분이 무엇인지, 그리고 오늘날의 서양적 보편성을 찾아보려면 로마 문명에서 무엇을 보아야 하는지 살펴보겠다.

로마 문명의 특징

로마사의 키워드 하나: '공화정'

로마 발전의 원동력은 전쟁, 특히 주변에 대한 정복전쟁이었다. 로마의 건국 신화를 보면, 숙부에 의해 쌍둥이 동생 레무스와 함께 버려져 늑대 젖을 먹고 자란 로물루스가 BC 753년에 로마를 건설했다고 한다. 로마의 역사가 리비우스도 이를 역사책에 사실인 듯이 쓰고 있는데, 당시의 로마인들 역시 이를 믿었던 것 같다. 그래서 BC 1세기에는 로마 권력의 상징인 원로원 입구에 로물루스의 무덤까지 만들었다. 오늘날 발굴되어 공개된 포룸을 돌아다니다 보면, 원로원 건물 앞에 'Tomba di Romulo'라는 명패를 내건 무덤 입구가 유난히 눈길을 끈다. 물론 관광객이 못 들여다보게 해놓았지만, 이를 발굴한 '로마 고고학 연구소' 연구팀의 이야기를 들어보면 그 밑에서는 "흙밖에 나온 게 없었다"고 한다. 이런 사정으로 보면, '늑대의 젖을 먹고 자란 쌍둥이' 이야기는 역시 전설인 듯하다. 어쨌든 우리는 이 전설 속에서 초기의 로마가 목동들의 사회로 출발했음을 엿볼 수 있다. 척박하고 낮은 구릉지로 첩첩이 이어지는 반도 중부의 지형적인 조건상 로마의 부흥은 정복전쟁을 통해서만 가능했으리라는 추정이 가능하다. 또한 막스 베버는 로마 경제를 가리켜 "약탈자본주의"(Beute-Kapitalismus)라고도 했다.

로마는 왕정 시대를 거치면서 촌락에서 도시국가로 발전했지만, 도

늑대의 젖을 먹는 로물루스와 레무스

시국가 체제는 공화정 시대에 이르러 이탈리아 반도를 통일해 지역 국가 단계로 발전했다. 이러한 팽창 속에 감춰진 힘은 주변의 다른 국가들보다 뛰어난 국가체제에서 나왔다. 그 뛰어난 국가체제란 바로 인류 역사상 최초의 공화정 체제였다. 우리나라 헌법 제1조는 '대한민국은 민주공화국이다'이다. 여기서 민주는 주권재민의 원칙을 선언한 것이고, '공화정'은 그 권력이 행사되는 방식에 대한 규정이다. 곧 공화정 방식의 권력 행사는 멀리 로마까지 역사적으로 소급하며, 그것을 처음으로 기록하고 '공화정'이라 규정한 사람은 로마 역사가 폴리비우스다. 그의 기록을 토대로 하면, 공화정 시기 로마의 역사는 '권력의 균형과 파괴'에 관한 한 편의 드라마와 같다고 할 수 있다.

먼저 공화정 시대에는 임기 1년의 콘술(집정관) 2명이 선출되었는데, 이들이 군사와 정치의 대권을 쥐었다. 이 콘술이 민회(켄투리아 민회)도 지휘했으나, 실질적으로는 유명한 '원로원의 조언'에 의해 콘술을 견제했던 원로원이 로마를 지배한 최고 권력기구였다. 그리고 콘술 역시, 민회에서 선발되기는 했지만, 귀족 명문가 출신으로서 임기를 마친 후에는 원로원 의원이 되었으므로 결국 로마는 '귀족 과두정' 사회라고 볼 수

로마 시내에서 볼 수 있는 맨홀 커버의 SPQR(Senatus Populus que Romanus)
'로마 원로원과 인민의 이름으로'라는 뜻.

있었다. 그러나 이후 경제적 궁핍과 권력으로부터의 소외에 대한 불만으로 인해 평민층이 도시를 버리고 떠나려고 하자, 결국 귀족이 양보해 평민만으로 구성되는 민회(평민회)와 평민의 권리를 옹호하기 위한 지도자로서 호민관을 두기로 결정했다(BC 494년). 이것이 이른바 신분투쟁으로, 흔히 로마 공화정의 역사를 '신분투쟁의 역사'라고 하기도 하고, 또한 아테네 민주정과 로마 공화정의 한 가지 차이를 '귀족의 양보'라고 하듯이, 이런 모습은 이후에도 계속되어 귀족은 서서히 평민의 권리를 인정해 갔다. 12표법의 제정(BC 451년)이나 귀족과 평민 간의 결혼을 인정하는 카눌레이우스 법(BC 445년) 등이 그 예이며, 콘술직에 대해서도 BC 367년의 리키니우스 법에 따라 두 명 가운데 한 명은 반드시 평민에서 선출하게 되었다.

한편, 로마는 밖으로는 라티움 지역의 도시와 동맹을 맺고 군사상 요지에 식민지를 건설해 그리스의 경우와는 달리 그 지역을 로마의 직속 지배 아래 두어 점차 세력권을 넓혀갔다. 이윽고 북쪽의 비교적 가까운 곳에 있는 에트루스키의 도시 베이를 장기간의 싸움 끝에 정복한 후 로마에 귀속시켜 트리부스를 두었다. 그리고 당시 지중해의 최대 해양세력이었던 카르타고와의 100년 전쟁을 통해 로마는 카르타고의 해외 영토를 대부분 빼앗았으며, 에스파냐 역시 새로운 속주로 복속시킴으로써 서부 지중해의 최대 세력이 되었다.

로마는 계속해서 정복전쟁의 길로 나아갔다. 속주의 획득은 엄청난 부를 로마와 이탈리아에 가져다주었다. 이런 부가 시민 모두에게 평등하게 돌아가지는 않았지만, 약간이라도 이익을 얻을 수 있는 시민들 사이에서는 전리품이나 정복지 분배를 원하는 분위기가 강했다. 로마의 지배층은 바야흐로 패권국가가 된 로마가 지중해 세계의 여러 국가 위에 군림해야 하며, 정의로운 지배를 시행할 것이라는 선전을 강화했다. 그러나 현실로는 강대한 군사력을 동원한 노골적인 정복 정책이 BC 2세기 로마 외교의 본 모습이었다. 로마는 정복지들이 로마의 명령권

(Imperium) 아래에 있다고 주장했는데, 이 '임페리움'이라는 단어에서 현대 학자들이 제국주의의 개념과 어원을 찾으려는 것은 결코 잘못된 일이 아닌 듯하다. 그리스와 동부 지중해의 여러 국가는 '문화적으로는 로마를 정복했지만', 군사적으로는 정복당했던 것이다.

'제국주의'는 다른 민족을 지배했을 뿐만 아니라 로마 사회 내부도 짓눌렀다. BC 168년에 이르러 로마 시민이 소유한 이탈리아의 토지는 면세가 되었다. 그러나 속주에서는 생산물의 10분의 1을 공납으로 거뒀으며, 로마 총독이나 로마 상인에 의한 공공사업 내지 고리대금업에 의한 착취로 인해 많은 부가 로마로 이동했다. 이런 부는 원로원과 기사 계층의 수중으로 들어갔고, 그들은 축적한 부로 이탈리아의 토지를 마구 사들였다. 중소 자영농민은 토지를 팔아넘기고 무산시민으로 전락해 로마 시로 흘러들었다. 또 이런 토지에는 대량으로 유입된 전쟁포로 노예들이 투입되어 자유인 노동력을 몰아냈다. 이른바 이탈리아 중부와 남부를 중심으로 한 '자영농민층의 몰락'과 라티푼디움(대토지소유제)의 확산이 이어졌다. 한편, 무산시민의 증가는 시민개병제에 바탕을 둔 군사력의 직접적인 약화를 뜻했다. 그래도 로마는 여전히 지중해 각지에서 전쟁을 해야 했기 때문에 점차 보조군인 동맹 도시의 군대에 의존하는 경향이 커져갔다.

이렇게 해서 BC 2세기 후반에 로마 사회의 구조는 점차 균형을 잃어갔다. 로마 시에는 농촌 출신의 무산시민이 증가하고, 해방되면 곧 시민권을 받을 수 있는 노예 수도 증가했다. 정치가들은 일신의 영달을 위해 투표권을 가진 무산대중의 입맛에 맞추려 애를 쓰고 서로 격렬히 싸우면서 파벌을 형성했다. 벌족파(Optimates)와 민중파(Populares)가 그 예다. 전자는 원로원의 전통적 지배권과 부자의 소유권을 지키려고 하는 보수파이며, 후자는 부유층 출신이라는 점에서는 앞의 경우와 동일하나, 기사 계층과 민중의 지지를 기반으로 하여 비판적인 정책(빈민에 대한 토지 분배, 다른 도시 시민에 대한 로마 시민권 부여 등)을 내세우며 권력을 추구하는 진보 성향의 정객들이었다.

그라쿠스 형제의 개혁은 민중파 형성의 출발점이었다. 그라쿠스 형제는 격렬한 연설로 시민을 선동하는 새로운 타입의 정치가였다. 그에 비해 반대파는 로마 시의 한가운데에서 그들 다수를 살해함으로써 로마 공화정의 전통을 깨버렸다. 이제 법을 제안하고 공직에 출마하면서도 파당을 만들고 중류 내지 하층민을 수하로 동원해 폭력으로 법을 통과시키거나 선거에 당선되려고 했다. 이런 상황이 거의 100년이나 지속되었는데, 이를 '내란의 1세기'라 부른다.

하지만 내부의 이런 정치적 혼란이 대외적으로 로마의 패권을 흔들지는 못했다. 그것은 엘리트 계층이 공직을 통해 부와 명예를 얻으려고 하더라도 로마가 지닌 제도 그 자체는 지키려고 했기 때문이다. 로마 지배층의 패권의 기반은 이탈리아를 넘어 속주까지 확대되었다. 이미 스키피오가 에스파냐와 아프리카를 원정한 후 원주민을 예속민으로 삼은 예가 있듯이 마리우스나 술라, 그리고 폼페이우스와 카이사르 역시 전리품과 함께 원주민 출신의 예속민을 확보했다.

술라의 독재 시기(BC 82~BC 79년)에는 민중파의 숙청과 호민관의 권한 축소 및 원로원 권위의 회복이 추진되었다. 그러나 그 기간은 길지 않았으며, 이윽고 다음 세대의 권력투쟁으로 이어졌다. 한편 이 무렵에는 대규모 노예 사역으로 인한 저항이 잇따랐다. BC 2세기 말에는 시칠리아 섬에서 두 차례의 노예 반란이 일어났으며, BC 73~BC 71년에는 이탈리아 남부의 검투사 노예들이 스파르타쿠스의 지휘 아래 대규모 반란을 일으켰다. 또 에스파냐와 지중해에서는 로마 군인과 속주민이 연합한 내란이나 해적 행위가 잇따랐다. 소아시아에서는 폰투스 왕국의 미트리다테스 6세가 로마의 패권에 도전했다. 이런 난국은 마리우스 시대보다 한층 더 강력한 동원력을 가진 지휘관을 필요로 했다. 원로원과 민회는 관례를 무시하더라도 유력한 인물에게 비상 대권을 주기로 결정하게 되는데, 그들이 차례로 독재 권력을 향해 나아가는 과정을 피할 수 없었다.

먼저 폼페이우스가 스파르타쿠스의 반란을 진압하고 해적 소탕과 동방 원정을 차례로 이룩하면서 최고 권력자로 부상하는데, 군사적 명성과 재력을 가진 카이사르와 크라수스가 여기에 가담해 사적인 정치 협정을 맺는다. 이것이 이른바 로마 권력을 3분한 삼두정치의 출발점이다 (BC 60~BC 53년). 이들은 원로원과 민회를 무시하지 않았으며, 추종 세력을 고위 공직에 당선시키거나 퇴역병사에 대한 토지분배법을 통과시키는 선에서 권력을 행사했다. 다만 이들이 로마의 전통에서 벗어나 혜택을 누린 것은 혼자 콘술직에 연속해 재임한다거나 복수의 속주 총독직을 겸직하는 등의 경우였다. 그런데 이런 특권이 가능했던 이유는 실력자가 있지 않고서는 로마 제국이 유지될 수 없다는 것이 당시의 상황이었기 때문이다.

카이사르는 알프스 이남의 갈리아 속주 총독으로 있으면서, 라인 강에 이르는 전 갈리아 지역을 정복함으로써 재력과 예속민을 함께 얻어 1인자로 부상했다. 이렇게 되자 폼페이우스와의 갈등이 격화되었다. 카이사르가 이탈리아의 북쪽 경계인 루비콘 강을 건너 로마 시로 진격하자, 동방과 에스파냐에서 이탈리아를 협공하려던 폼페이우스는 그만 알렉산드리아에서 암살당하고 카이사르가 독재 권력자가 되었다. 그는 콘술·호민관·사령관·최고제사장을 혼자 겸직한 채 독재관(dictator)[1]에도 매년 취임해 권력을 한 손에 장악했다. 그는 여러 법을 정비하고, 병사용 토지 분배를 위한 식민지 건설을 추진하는 한편, 공공 건설이나 곡물 배급·달력 개정 등 광범위한 시책을 펼침으로써 로마 시민의 안녕과 질서를 유지하려고 노력했다. 또 사비를 들여 야수와 검투사 간의 경기

----

1 원래 로마 공화정의 최고 정무관인 콘술은 매년 두 명이 선출되어 상호 견제하게 되어 있었으나, 국가 비상시에는 6개월 범위 내에서 1인 독재관을 둘 수 있었다. 술라가 이 기간을 파괴해 종신독재관에 취임한 이래 공화정의 핵심인 권력 균형이 깨어졌던 것이다.

를 제공해서 대중의 인기를 얻었다. 그는 시민에게는 싹싹하게 접근하고 정적에게는 관용을 내세우며 복수를 하지 않았다. 카이사르는 이처럼 후일의 황제들의 권위를 앞서고 있었다. 그러나 그가 종신독재관이 되겠다고 선언했을 때, 파르티아 원정에 즈음해 왕위를 선언할 것이라는 소문이 돌면서 결국 카시우스·브루투스 등 원로원의 공화파 의원들에 의해 암살당했다(BC 44년 3월 15일).

이후 권력 구도는 옥타비아누스와 안토니우스의 대결로 압축되는데, 이탈리아를 거점으로 한 옥타비아누스가 이집트 여왕 클레오파트라 7세와 연합한 안토니우스를 물리치고 한 세기 동안의 내전을 종결시켰다.

BC 27년, 옥타비아누스는 전시에 주어졌던 군사상의 대권을 원로원과 국민에게 반환할 것을 신청하지만, 오히려 원로원은 그에게 최고사령관직의 호칭을 주고, 절반 정도의 속주에 대한 총독권을 부여해 그의 통치를 추인한다. 그리고 '존엄한 자'라는 뜻의 아우구스투스(Augustus) 칭호를 헌정한다. 아우구스투스는 연속해서 콘술에 취임하면서 민중이 호의적으로 보는 관직인 호민관과 최고제사장을 겸직했다. 속주에 대해서도 명목상으로는 총독으로 되어 있지만 실제로는 대리인을 파견해 통치했다. BC 23년에는 원로원 관할로 되어 있던 다른 속주에 대해서도 아우구스투스가 최고 명령권을 가지게 되었다. 속주에서 거두어들인 세금은 피스쿠스(fiscus)라 불린 금고에 수납해 국가의 재원으로 사용했다.

아우구스투스는 카이사르가 누렸던 독재관직에 취임하라는 요청을 계속 고사하면서 공화정을 중시하는 태도를 취했다. 그러면서 자신이 공화정의 공직자 가운데 한 명에 지나지 않으며, 어디까지나 "시민 중의 제1시민"일 뿐 군주가 아니라고 했다. 또한 원로원과의 협의도 빠뜨리지 않고, 콘술 등의 공직 선출도 계속했다. 그러나 공화정기의 주요 권력은 대부분 아우구스투스의 수중에 집중되어 있었다. 흔히 이 체제에 대해 제1시민의 지배 형태로서 프린켑스(princeps) 체제, 즉 원수정이라 부르지만, 그 실상은 '위장된 군주정'이었다.

로마사의 키워드 둘: '세계제국'

2014년은 로마 최초의 황제 아우구스투스가 서거한 지 2,000년이 되는 해이다. 그 오랜 시간 동안 그의 시대와 로마 제국은 많은 역사가의 탐구 대상이 되어왔고, 앞으로도 그러할 것이다. 역사에서 로마 제국이 특히 관심을 끄는 이유 가운데 하나는 세 개의 대륙에 걸친 최초의 제국이며, 역사상의 유일한 '세계제국'이라는 점이다. 여기서는 시간의 흐름에 따라 이 세계제국[2]의 역사적 변천 과정의 특징을 먼저 살펴본 후, 그다음에 구조적 분석을 시도해 보려 한다.

먼저 시간의 흐름에 따라 살펴보면, 아우구스투스가 누린 권력과 부는 공화정기의 어떤 실력자도 상상할 수 없는 것이었지만, 원수란 시민의 안녕과 제국의 번영을 위해서 모든 분야의 임무를 받아들여야 했다. 국경의 유지를 위해서 군단을 배치하고, 군대의 급료를 지불하며, 로마시의 치안도 책임졌다. 로마 시민의 생활 편익을 위해 이집트로부터의 곡물 공급에 만전을 기하고, 급수·방화·소음 방지에 이르기까지 신경을 썼다. 자신의 이름을 딴 포룸을 비롯해 아폴로 신전 등의 여러 신전과 극장 및 그 밖의 장엄한 건축물을 건설하고, 야수와 검투사 경기, 전차 경주, 모의 해전 등의 행사를 주재하며 시민의 오락을 위한 비용으로 거대한 자금을 계속해서 쏟아부었다. 병사와 시민의 수당뿐만 아니라 이탈리아와 속주 도시의 청원에 대해서도 재정 지원이나 특권 부여 등으로 응답해야 했다. 그리스·로마 사회의 오랜 전통에 바탕을 둔 유력자의 공공 희사금 제도를 역사상 최대 규모로 실현한 것이 아우구스투스

----

2 이매뉴얼 월러스틴(Immanuel Wallerstein)은 로마 제국이 역사상 유일한 세계제국이라 말했다. AD 1세기 무렵의 지구는 5~6개의 독립된 작은 세계로 나뉘어 있었는데, 로마는 그중의 하나를 통일한 제국이라는 점에서 여기서는 '세계제국'이라는 표현을 사용한다.

였다. "벽돌의 로마를 대리석의 로마로 바꾸어놓았다"는 말은 그가 죽은 후 황실 금고가 거의 바닥을 드러낸 모습으로 나타났다. 아우구스투스는 76세에 죽었는데, 그의 오랜 통치 기간과 더불어 황제로서의 그의 위상은 점차 신성화되어 갔다. 이미 출발점에서부터 그는, 암살 후 공식적으로 신격화된 카이사르(율리우스 가문)의 아들로서 신성한 분위기를 몸에 지니고 있었다. 사실 현실의 권력이나 업적도 그를 위대한 존재로 부각시키는 데 부족함이 없었다. 원로원 의원도 그를 볼 때에는 우러러보는 자세를 취해야 했으며, 종교 축제에서도 그의 이름이 불렸다. 그리고 그의 무병장수와 평안을 비는 제의가 끊임없이 거행되었으며, 생가와 기념물을 성역화하고 신격화된 조각상을 만들기도 했다. 일반 시민의

아우구스투스

눈에도 아우구스투스는 내란을 종식시키고 평화와 번영을 가져다준 구세주로서 신에 버금가는 존재로 보였을 것이다. 속주에서는 이미 생전에 신으로서 예배되었다. AD 14년에 그가 죽자 원로원은 공식적으로 그가 신이라고 선언했다.

후계자는 양자 티베리우스였는데, 아버지의 권력이 거의 그대로 자연스럽게 계승된 것을 보면 이미 아우구스투스의 지위가 거의 군주의 지위였음을 알 수 있다. 티

베리우스는 아우구스투스가 누린 '국부'(pater patriae) 칭호를 사용하지 않고 지나친 존엄도 싫어하면서 원로원의 심의를 존중하는 자세를 보였으나, 실질적인 권력은 결코 놓으려고 하지 않았다. 그 이후에는 칼리굴라가 이어받았다. 그다음으로는 칼리굴라의 숙부 클라우디우스가, 그다음 칼리굴라의 조카 네로가 율리우스-클라우디우스 왕조의 가계를 따라 대권을 계승했다. AD 1세기의 로마 역사가 타키투스에 의하면, 티베리우스 이후의 황제는 모두 군대의 지지를 얻어 대권을 획득했으며, 원로원이나 시민에게는 제멋대로 횡포를 부리다가 암살 등으로 비명횡사했다고 한다. 칼리굴라가 암살당했을 때, 원로원의 주도 아래 공화정을 회복하려던 한 차례의 시도 역시 곧 진압되면서, 제국으로 발전한 로마에는 이른바 원수정 체제 이외에는 해답이 없다는 것이 자연스럽게 받아들여지기 시작했다. 민회는 거의 정지되고, 콘술의 선임에도 황제의 의지가 크게 작용하는 등 권력이 한 사람에게 집중되었다. 이제 황제의 통치 아래 치안이 확립되고, 시민의 생활이 보호되며, 수도 로마의 외관도 아름답게 장식되었다. 원로원 의원이나 기사 계층 등 제국의 상층 집단은 각각 출신 도시에서 유력자로서 공공헌금 제도에 기여하면서 로마의 번영에 동참했다.

네로 황제가 말년에 폭정을 일삼자 이에 반감을 품은 원로원과 군대가 내란을 일으킨다(68~69년). 비텔리우스·오토·갈바 등이 차례로 로마나 속주에서 원수를 칭하며 일어났다. 결국 네로는 자살하고, 마지막에는 동방에서 유대 반란을 진압하던 베스파시아누스가 승리를 거둔다. 그는 이탈리아의 작은 도시에 뿌리를 내린 명문가 출신의 군인이었다. 황제의 지배체제는 그대로 받아들여졌다. 그의 사후에는 아들 티투스가, 그다음에는 티투스의 동생인 도미티아누스가 계승하면서 플라비우스 왕조를 성립시킨다. 이미 클라우디우스의 치세 아래 브리타니아(오늘날의 잉글랜드 섬)를 속주로 만들었는데, 이제는 더 나아가 라인 강과 도나우 강을 대략의 북쪽 경계선으로 하여 동쪽으로는 시리아, 남쪽으로는 사하라 사막에 이르는 대제국을 건설하게 되었다. 내란이 진압되고 국경에 배치된 군단이 평화를 지키자, 이탈리아가 정치·경제의 중심이 되었으며 행정 체계도 정비되었다. 속주에 파견된 총독은 비록 소수의 인원으로 통치했지만, 도시를 장악함으로써 효율적인 통치를 수행했다. 이 무렵에 로마 시의 콜로세움과 팔라티노 언덕의 대저택도 완성되었다.

도미티아누스는 10여 년간의 통치 기간 동안 스스로 '주인이자 신'이라 칭하면서 원로원 의원을 억압하다가 결국 암살당했다. 다음 황제는 원로원이 주도권을 쥐고 선택했는데, 군 경험이 없는 고령의 원로원 의원 네르바가 추대되었다. 그는 도미티아누스 암살에 분노한 군대의 위협을 받기도 했으나, 명망 높은 장군 트라야누스를 양자로 두면서 안정을 회복하다가 곧 급사하고 말았다. 트라야누스는 순조롭게 권력을 계승해 동방과 북방의 영토를 확대하고 아르메니아와 메소포타미아를 정복했으며, 또한 도나우 강을 넘어 광대하고 금이 풍부한 다키아(오늘의 루마니아) 지역을 속주로 만들었다. 이제 로마 제국은 사상 최대의 크기가 되었다. 로마 시에는 아름다운 포룸(트라야누스 포룸)이 건설되었고, 플리니우스처럼 뛰어난 원로원 의원이 총독으로서 열심히 일했다. 트라야누스 다음에는 하드리아누스가 역시 양자 형식을 취해서 즉위했다. 그는 트라야누스파의 원로원 의원 일단을 처형하는 등 일시적으로 폭력적인 성향을 보이기도 했지만, 제국의 체제를 견고히 하는 중요한 역할을 수행했다. 그는 통치 기간의 반을 제국 각지를 순회하는 데 소비하고, 정복전쟁을 중단하면서 동방으로의 팽창정책도 중지하고 제국의 내정에 충실을 기하는 것을 통치의 기본 지침으로 삼았다. 그리고 속주의 안정을 위해 아낌없이 자금을 지원하며 아테네·에페소스 등 여러 도시를 도왔다.

하드리아누스의 치세 아래 제국의 경제활동은 전성기를 맞이했다. 변경에서도 도시화가 진행되었으며 그리스·로마식의 문화와 생활이 확산되었다. 그는 법률을 정비해 제국의 주민을 계층별로 구분하고, 통일된 법에 의한 지배를 관철하려고 했다. 기사 신분의 법학자들이 기존의 법과 칙령에 대한 연구와 편찬을 주도했다. 행정 면에서는 원로원 의원뿐만 아니라 기사 출신의 유능한 관료도 참여하는 황제의 고문단이 통치를 도왔다. 이렇게 하여 제국의 주민은 황제에 의해서 통치되는 측면이 강해지고, 위로는 원로원 의원에서부터 기사 계층, 속주 도시의 참사회 의원 및 평민으로 계층화되어 상하 간의 신분 차이가 커지면서 마침내 로마의 전통적인 도시국가적 요소도 상실되어 갔다.

다음의 안토니누스 피우스는 23년이라는 통치 기간 동안 거의 이탈리아를 떠나지 않고 하드리아누스의 현상유지 정책을 충실히 지켰다. 그 뒤를 마르쿠스 아우렐리우스가 이었다. 네르바에서부터 마르쿠스 아우렐리우스까지 오는 과정은 선임자가 살아 있을 때 원로원 의원 중 유능한 인재를 양자로 삼아 미리 후계자를 준비해 두는 방식으로 이어졌다. 마침 로마 제국에 평화와 번영이 실현되어 있던 참이라 이 시기는 로마 역사상 가장 현명한 군주들의 시대, 즉 '5현제 시대'라 불린다. 그것은 한편으로는 사실이기도 하지만, 실제로 안토니누스 피우스에 이르는 네 명의 황제들에게는 아들이 없었기 때문에 할 수 없이 외부에서 후계자를 물색했던 것인데, 아들이 있는 마르쿠스 아우렐리우스의 경우에는 망설이지 않고 아들 콤모두스를 후계자로 선택했다. 로마에서는 혈통에 의한 계승이 역시 최우선이었던 것이다. 또 '5현제 시대'에도 제국의 재정 압박과 세금 부담의 증가로 인한 경제활동의 둔화, 게르만족·파르티아족 등의 국경 침입, 전염병(흑사병)의 창궐로 인해 2세기에 걸친 '팍스 로마나'의 평화와 번영이 서서히 막을 내리고 있었다. 콤모두스가 폭군이 되어 살해당하자, 다시 원로원과 각지의 군단이 옹립하는 장군들 사이에 내란이 발생했다.

아프리카 출신의 셈족 계통인 셉티미우스 세베루스가 황제로 즉위한 후, 그의 자손 네 명이 차례로 대를 이었다. 세베루스는 로마의 전통에 얽매이지 않는 현실적인 정책을 시행했다. 원로원으로부터 정치·군사 권력을 빼앗고, 오로지 기사 출신만을 등용했다. 제국의 수도 로마와 이탈리아가 속주 위에 군림했던 종래의 체제를 고쳐 이탈리아도 행정상으로는 속주와 동일하게 만들었다. 이탈리아인으로만 구성된 황제 친위대도 해산했다. 이 밖에 군사력을 증강하고, 이를 위해 징세 제도를 강화했다. 도시와 상인에 대해서도 개입과 통제를 강화해서 강제적으로 조합을 만들게 한 후 일정한 부담을 지게 했다. 그래서 제국의 경제와 문화의 균등한 발전을 위해 핵심적인 역할을 해온 도시가 가혹한 수탈의 대상이 되었는데, 그것은 또한 도시의 번영을 위해 노력해 온 상층시민의 몰락을 가속화시키는 과정이기도 했다. 세베루스의 아들 카라칼라는 212년에 황제 칙령으로 제국 내의 모든 자유인에게 로마 시민권을 주었다. 그 칙령의 목적은 징세 강화였는데, 그것이 제정·반포된 의미는 로마 제국이 이제 도시국가적 틀을 완전히 벗어버리는 것을 뜻한다.

알렉산데르 세베루스는 군대를 배려하는 일을 등한시해 235년에 암살된다. 이후 트라키아 태생의 거구로 원로원 의원도 아닌 일개 병사 출신인 막시미아누스가 잠시 제위에 올랐지만 곧 살해당한다. 그 후 284년까지 계속해서 군인 출신 황제가 등극해서, 그 수가 총 26명에 달했는데, 그중 24명은 전사하거나 살해당했다. 이른바 '군인 황제 시대'였다. 이 밖에 갈리아 등지에서도 스스로 황제라 칭하는 자가 수십 명이나 나타났는데, 때로는 제국이 분리되는 일도 있었다. 270년대에는 복속국인 시리아의 왕이 소아시아와 이집트까지 지배했다. 많은 황제가 도나우강의 하류 지역이나 일리리아·판노니아 등지의 속주 병사 출신이었기에, 수도 로마에 대한 이해가 부족했고 그리스 문자와 라틴 문자를 읽을 수 있다는 의미에서의 문화인으로서의 자질은 전혀 갖추지 못한 인물들이었다. 국경이 이민족에 의해 유린당하고, 전란이 끊이지 않았으며, 여러 도시가 적군과 아군을 가리지 않고 싸우는 군대에 의해 약탈당했다. 거기에 도시에 대한 세금 압박이 더욱 강해지고, 군대의 물자 조달 방식도 폭력적으로 변질되었다. 부유한 시민층은 몰락하고, 참사회 의원 출신 역시 견딜 수 없었다. 제위 투쟁이 도시에 대한 장악력을 다투는 방향으로 이어졌다. 이제 최상층의 시민도 도시를 버렸다. 그들은 전원에 호화로운 빌라를 짓고 대영지를 직접 경영했다. 토지를 잃은 농민과 몰락한 시민, 도시를 빠져나간 해방노예 등이 이들 영주에게 몸을 의탁하면서 소작인(colonus) 계층으로 전락해 갔다. 도시에서는 문화도 쇠퇴하고 있었다. 제국 전역에서 속주 등지에 남아 있던 토착 문화가 다시 부활하기 시작했는데, 켈트 문화나 이집트의 콥트 문화가 대표적인 경우였다.

2세기 이후에는 국경 군단의 군사가 대체로 현지에서 징발되었기 때문에 제위 쟁탈전은 결국 여러 속주민 사이의 싸움이 되었다. 제국이라는 통일의식도 희미해지고, 분열화의 경향은 더욱 강하게 나타났다. 제국 안에서 자유로운 이동도 어렵고, 경제활동은 지방의 작은 시장을 중심으로 일부 남아 있는 정도였다. 특히 황제를 자칭하는 인물들이 화폐발행을 남발했기 때문에 결국 화폐가치의 하락이 더욱더 악화되어 심지어 병사의 급료조차 현물로 지급하는 현물경제의 시대가 도래했다. 진실로 제국의 위기가 심각한 수준이었다.

이 '위기의 3세기' 동안 제국의 도처에서 도시는 가혹한 약탈로 인해 급격히 쇠퇴해 갔지만, 이탈리아나 동방의 경우에는 도시가 오히려 한층 활력을 유지하고 화폐경제도 크게 발달했다. 갈리에누스나 아우렐리아누스 등 다소 오랫동안 제위에 있었던 황제들은 군사 개혁도 행하고, 이민족의 침입도 막았다. 황제가 바뀌어도 관료나 법학자들이 자율적으로 자신의 임무를 수행해 전체적으로 행정의 파탄은 면할 수 있었다. 한편, 종교의 역할에 주목해 특정 신앙을 강요하며 이를 제국 통치의 정신적 지주로 삼으려고 한 황제도 있었다. 기독교는 도시를 중심으로 중층과 하층 사람들 사이에 더욱 확산되어 갔다. 미트라교 역시 황제나 군대의 지지를 얻었다. 여기에 덧붙여 동방의 밀의(密意) 종교들이 강세를 떨

첬으며, 엘리트층이 주된 수요층인 철학의 경우에도 신비적 요소를 가미한 신플라톤주의가 유행했다.

로마사의 키워드 셋: '기독교 혁명'

이제 흔들리는 제국은 기독교에 의지해 제국을 다시 통합하려고 했다. 한때 박해의 대상이었던 기독교가 이제 제국 통합의 새로운 이데올로기로 다시 태어난 것이다. 그 일은 콘스탄티누스 대제에 의해 시작된다.

콘스탄티누스 대제가 역사의 무대에 등장하게 된 계기는 디오클레티아누스의 은퇴 이후 발생한 제국의 혼란이었다. 콘스탄티누스는 기독교를 공인하는 밀라노 칙령을 반포했는데(313년), 이것은 그의 대항 세력이 기독교를 박해하고 있었기 때문에 시행된 조치로, 종교 문제라기보다 제국의 패권 쟁탈전에서 민심을 얻기 위한 선전전의 양상을 반영하고 있다. 324년에 이르러 콘스탄티누스가 최종적인 승리를 거두고 제국의 유일한 권력자가 되었다.

콘스탄티누스가 기독교에 호의를 가지고 스스로 개종한 시기는 죽기 직전이었으나, 그는 이미 생전에 교회의 후원자로서 행동했으며, 성직자에게 특권을 주고 교의의 통일도 시도했다. 교회 역시 황제에게 접근하려고 했으며, 상류층의 개종을 추진하기도 했다. 콘스탄티누스는 유럽과 아시아의 접점에 있는 비잔티움에 새로운 도시, 즉 '콘스탄티누스의 도시'인 콘스탄티노플을 건설했다. 생산력이나 도시의 활력, 그리고 군사 방위라는 측면에서 동방 지역이 결국 제국의 중심을 이룰 수밖에 없었다. 콘스탄티노플은 '새로운 로마'라 불리며 원로원이 설치되기도 했다. 그리고 무엇보다도 눈에 띄는 것은 새로운 수도가 기독교의 도시였다는 점이었다.

콘스탄티누스의 일족은 동족상잔의 살육을 벌이기도 했지만, 후계자들은 안정된 통치를 이어가며 기독교를 기반으로 하는 전제정 체제를 지속했다. 그러나 4세기 중엽 이후 고트족을 비롯한 게르만족의 침입이 심각해지고 제국의 변방이 흔들리게 되자, 황제가 전쟁 중에 전사하는 일도 발생했다. 이 와중에 동방을 맡은 장군 테오도시우스가 혼란에 빠진 서방을 평정해 전 제국을 그의 지배 아래 두게 되면서 테오도시우스 '대제'가 되었다. 그는 친기독교 정책을 강화하고 동·서의 재통일을 위해 노력하다가 395년 밀라노에서 죽었다.

테오도시우스의 사망 이후, 제국은 다시 통일되지 못했다. 그는 제국을 두 명의 아들에게 분할해 주었으나, 동로마와 서로마의 관계는 점차 소원해졌고, 특히 서방에서는 게르만족과 훈족의 침입으로 인해 제국의 지배권이 점차 이탈리아로 제한되어 갔다. 서쪽 지역의 황제들은 실권자인 장군들의 꼭두각시에 불과했다. 그래서 대부분의 하루살이 황제들은 겨우 살아남는 것만이 목표였고, 게르만 출신의 장군과 군인들에 의지해 국경을 넘어 홍수처럼 쏟아져 들어오는 반문명화된 야만족의 물결을 저지하기에 급급했다. 그러다 '로마' 황제 가운데 마지막 황제인 로물루스 아우구스툴루스가 마침내 고트족의 지배자로 대치되면서 서로마 제국이 정치적으로 몰락했다(476년).

이렇게 기독교에 의지해 제국의 수명을 연장하려 했던 로마 제국은 결국 멸망했으나, 그 제국이 남긴 문명은 마치 애벌레를 잉태하는 번데기처럼 살아남았다. 이제 기독교가 새로운 문명을 잉태하는 또 다른 역할을 맡게 되었다. 세계제국의 유산을 '세계종교'로 계승한 기독교가 이제 종교에 기반을 둔 새로운 서양 문명의 탄생을 준비하게 되었다. 중세 1,000년의 세계관을 형성하는 데 이바지했던 성 아우구스티누스의 말을 빌린다면, 이제 서양 문명은 '지상의 도시'에서 '신의 도시'로 넘어가게 되었다.

로마 '세계제국'의 구조

로마 제국은 인류 역사상 가장 거대한 정치 조직체 중의 하나이며, 또 가장 오랫동안 지속되었던 제국 가운데 하나였다. 서양의 역사에서도 세 대륙에 걸쳐 번영했던 제국은 로마가 유일하다고 할 수 있다. 여기서는 이러한 로마 제국의 구조적 특징을 추적해 보려고 하며, 그것을 다음의 8가지 항목으로 나누어 살펴보려 한다.

제국의 크기

로마 제국은 2세기에 이르러 에스파냐의 대서양 해안에서 흑해까지 그리고 영국 북부의 하드리아누스 성벽에서 흑해에 달하기까지 그 영토를 확장하면서 절정기에 이르렀다. 당시 로마 제국의 영역은 오늘날 미 대륙의 절반이 넘었다. 로마 제국이 점령했던 영토는 지금 20개 이상의 민족국가들로 분할되어 있고, 제국의 인구는 대략 5000만~6000만 명으로, 그 당시 세계 인구의 약 5분의 1 정도를 차지했다.

팍스 로마나(로마의 평화)

전쟁에 몰두하던 인간의 역사에서 로마 제국은 내부의 평화라는 혜택을 톡톡히 보았다. 2세기에는 약 30만 명의 장기 복무 직업군인들이 국경 지역에 주둔하면서 로마 제국을 방어하고 있었다. 아마 이 군대가 중앙정부의 예산에서 가장 큰 부분을 차지하는 단일요소였을 것이다. 그러나 1~2세기 동안 제국 내에서 마련되었던 전반적인 평화 때문에 제국의 방어비용은 이전의 단일 정치체제가 지출했던 방어비와 전쟁비의 총비용에 비해 실질적으로 절약되었다. 즉 다시 말하면 평화의 비용은 이전의 경쟁적인 부족이나 왕국과의 전쟁에 든 비용보다 훨씬 적게 들었다.

농업의 저생산성과 인구의 분산

로마 제국은 다른 고대 제국들과는 달리 생산성이 높은 관개농이 이루어지는 중심지역을 가지고 있지 않았다. 로마 제국에서는 건지농업이 지배적이었고, 그 결과 농업생산성은 일반적으로 낮았다. 그래서 인구가 광범위하게 분산되었고, 장이 서는 도시들 간의 거리도 중국이나 메소포타미아 지역의 중심부에 비해 더 멀었다. 따라서 정치적 지배와 교통 및 통합의 문제들에 있어 산업화 이전의 다른 제국들의 경우보다 더 어려움을 겪었다. 결국 로마의 중앙은 허약했다고 할 수 있다.

지정학적 이점과 제국의 통합

로마 제국은 앞에서 언급한 약점들을 지니고 있었다. 그러나 그러한 약점을 상쇄할 수 있는 매우 큰 지정학적인 이점도 지니고 있었다. 바로 제국의 호수[3]였던 지중해라는 바다였다. 로마 제국은 이집트를 정복한 이후 지중해 지역에서 해적들을 효과적으로 소탕했다. 그래서 다음 4세기 동안[4] 상선들이 무역을 할 수 있었고, 습격을 두려워하지 않으면서 식량과 상품을 수송할 수 있었다. 로마 시대에 바다를 통한 운송비는 대략 육로 운송비의 60분의 1이었으며, 강을 통한 운송비의 6분의 1 정도였다. 예컨대 운송비라는 측면에서 보면 로마 시의 경제적 위치는 밀라노보다 알렉산드리아에 더 가까운 경제권이었던 것이다.[5] 이렇게 바다가 제국을 결속시켰다. 제국이 하나의 단일한 정치 조직체로 지속될 수 있었던 주된 요인은 바로 값싼 해상 수송과 바다를 통한 손쉬운 통일이었다.

----

3 로마인들은 지중해를 '우리의 바다'(mare nostrum)라고 불렀다. 그래서 로마 제국을 '지중해 제국'이라 부르기도 한다.

4 물론 3세기에 흑해 지역에서 야만인들이 단기간에 걸쳐 침입한 적도 있다.

5 이런 점에서 로마 제국을 '지중해경제공동체'라 부르기도 한다.

도시를 중심으로 한 정치·경제 네트워크

로마 제국에서는 특히 지중해 해안을 따라 전례 없는 수준의 도시화가 진행되었다. 로마 시에만 BC 1세기에 대략 100만 명의 인구가 거주하고 있었다. 아우구스투스의 치세(BC 31~AD 14) 동안 대략 25만 명의 성인 남자 시민이 로마 시에서 무상으로 곡물을 분배받았다. 그러나 이 배급량만으로는 전 가족을 부양할 수 없었고, 이 밖에도 의복비와 주거비, 난방비, 경축일 비용 등을 충당해야 했다. 그래서 로마 시는 거대한 소비시장을 구성했고, 속주민은 이 시장을 통해 그들이 세금으로 지불해야 하는 돈을 벌어들일 수 있었다. 그러나 로마 시가 소비한 것은 상품만이 아니었다. 인간도 소비했다. 형편없는 생활 조건에서 많은 사람이 살 수밖에 없는 거대한 도시는 사망률이 매우 높았다. 이는 고대 세계의 일반적 현상이었는데, 도시의 사치스러움과 화려함에 유혹되어 이주했던 많은 사람들이 그곳에서 사망했다.

로마 시는 고립되어 있는 대도시가 아니었다. 이 거대 도시는 마치 지류처럼 연결된 도시들의 네트워크에 의해 뒷받침되었다. 이 도시들은 생활비가 적게 들고 상품을 저가로 생산할 수 있었기 때문에 로마로 유입되는 식량과 상품을 모을 수 있었다. 이런 해안 네트워크에 속하는 도시들 중 몇몇 도시는 상당한 규모였다. 알렉산드리아와 안티오크, 카르타고에는 각각 10만~50만 명의 인구가 있었다. 이는 17세기의 런던을 제외한 유럽의 다른 도시들과 비교했을 때 맞먹거나 오히려 더 많은 수였다.[6] 간단히 말해 로마의 도시들은 소비도시이자 행정의 중심지였다. 그리고 로마의 크고 작은 많은 도시는 생산시설이나 편의시설을 제공하기 위한 경제적 기반을 가지고 있었다. 그런 경제적 기초가 없었다면,

----

6 1000년경에 파리 인구는 약 2,000명이었고, 중세 도시의 인구는 대략 2만 명을 넘지 않았다. 당시 가장 큰 도시는 동로마 제국의 콘스탄티노플로, 약 50만 명의 인구를 가지고 있었다. 서양 도시의 경우, 인구 100만 명을 넘는 도시는 BC 1세기의 로마 시를 제외하면 19세기에 들어서야 발견된다. 그 예로 런던을 꼽을 수 있다.

전반적인 도시 네트워크가 수세기 동안 유지되기 힘들었을 것이다. BC 2세기 이후 급격한 해외 팽창이 이어진 시기 동안, 특히 서부 속주 지역에서 계속되었던 도시의 발달은 로마 제국의 통치와 지배적인 문화양식을 모방하면서 진행되었다. 그리고 금납 조세납부 조치들 역시 이들 도시의 발달을 촉진했다.

허약한 정치체제와 제국의 통합

로마 제국의 정치체제는 분명 군주정이었다. 그러나 우리는 여기서 군주정을 오로지 액면 그대로 받아들임으로써 로마적 이념과 혼동하지 않도록 주의해야 한다. 로마의 황제들은 절대권을 지녔지만, 황제들이 그 권력을 유지하기 위해 계속해서 사용한 폭력은 역설적으로 군주정의 허약함을 드러낸다. 폭력은 효율적인 권한 행사가 아니라 실패의 지표였다. 문제의 핵심은 로마 군주정의 창설 이념, 즉 황제와 귀족 간의 경쟁관계에 놓여 있었다. 이념적으로 황제는 단지 '시민 중의 제1인자'에 불과했다. 따라서 이론적으로 그리고 때로는 실제로도 지배적인 귀족이면 누구라도 황제가 될 수 있었다. 그 결과 누구든 로마의 황제들은 귀족층의 집단적인 권력을 축소하지 않으면 안 되었다. 이를 위해 황제들은 다양한 방책을 사용했으며, 원로원의 전통적인 입법권은 점차 잠식되었다. 결과적으로 황제와 그의 추종 세력은 칙령으로 효과적인 법률 제정권을 행사했다. 호사스러운 지출의 막대한 부담은 궁정의 귀족에게 부과되었고, 결국 대다수의 원로원 의원들은 한 세대 또는 두 세대 이상 그들의 지위를 유지하기가 힘들었다. 원로원 계층의 공백은 점차 피정복민인 속주 유력자로 채워졌다. 이제 지배계급이 이탈리아뿐만 아니라 제국 전체에서 나오게 되었다. 이런 인적 유동성은 제국 전체의 엘리트층의 문화적 균질화에 공헌했는데, 학자들은 이를 '로마화'라 부른다. 엘리트층에 국한된 로마화의 이런 측면은 상호 관련된 두 가지 문제를 보여준다. 하나는 로마 중앙정부가 상당한 권력을 위임하기를 꺼려했다는 점이고, 다른 하나는 로마의 지배에 대한 인민의 지지를 요청하고 확고히 하려는 노력 역시 없었거나 있었더라도 최소한 성공하지 못했다는 것이다. 로마 정부는 로마화라는 전반적인 정책을 실행에 옮길 의지와 기반을 결여하고 있었기 때문에 제국의 시민들로 하여금 스스로 로마인으로 여기도록 이끌지 못했던 것이다.

낮은 세금과 주화의 이동

로마의 저술가들이 천명한 것처럼 세금은 로마 국가의 신경이자 중추였다. 로마의 중앙정부로 전입된 세금은 아마 국내 총생산의 10퍼센트에도 미치지 못했을 것이다. 물론 중앙정부로 전입되는 세액이 적었다고 해서 이것이 농민이 징세 부담을 가볍게 느꼈음을 뜻하는 것은 아니다. 그리고 제국 초기에는 속주의 세금도 모두 속주 내에서 소비되었지만, 후기로 접어들면서 전에 없던 갑작스러운 세금이 부과되고 속주 외부로 세금이 반출됨으로써(황궁 유지비이든 변경 속주의 군대 봉급이든 간에) 점차 커다란 혼란이 초래되었다. 이 간략한 설명은 복잡한 논증의 몇 단계를 압축한 것이다. 첫째, 대부분의 세금은 화폐로 부과되었거나 지방 도시에서 빠르게 화폐화되었다. 둘째, 로마의 주조소가 막대한 양의 은화를 주조했는데, 그 은화들이 지중해 유역의 전역에 걸쳐 유통되었다.[7] 셋째, 촌락이나 도시에서 징수된 세금의 대부분은 도시 외부에서 소비되었다. 실제로 적은 수의 병사들이 주둔했던 제국의 내륙 속주에서 거둔 세금은 대부분 속주 외부에서 소비되었다. 이것은 세금을 부과한 이유와 그 사용처를 보여주는데, 그것은 속주민에게 편의를 제공하기 위한 것이 아니라 로마인 자신이 쓰기 위한 것, 즉 자신들의 특권적인 생활양식을 유지하기 위한 방편이었음을 알 수 있다. 로마 제국은 착

---

7 예컨대 AD 1세기 말경 로마의 주조소에서는 BC 1세기 중엽의 약 2배에 해당하는 은화를 해마다 주조했다.

취 제도로 시작해 계속해서 그 위에 기생했던 것이다.

문자에 의한 상하 계층의 문화적 통합

문자의 측면에서 보면 얼핏 상류의 교양 계층만 로마화의 대상이 되었던 것 같다. 사실상 문자는 광범위한 지역에 산재해 있는 상류계급에게 공통적으로 의사소통을 할 수 있는 수단을 제공했고, 지중해 유역을 가로질러 정치적 엘리트의 통합을 강화했다. 그러나 문자 사용은 상류계급에만 한정되지 않았다. 속주 이집트의 한 촌락에서는 상당수의 성인 남자가 그리스어나 이집트 민중문자를 쓸 수 있었던 것으로 보인다.[8] 이는 이전의 이집트 사회에서 발견되는 사례보다 눈에 띌 만큼 더 높은 비율이었다. 문자 해독률의 증가는 결국 외국 정복의 산물이었다. 그리스 정부와 로마 정부는 토지소유권, 예를 들어 임대차 계약을 정복자의 법정에서 소송할 수 있다고 주장했다. 자기 보호에서든 아니면 정복자의 모종의 권력을 빌리기 위해서든 결과적으로 중요한 점은 소규모 촌락의 주민이라도 읽고 쓰는 법을 배웠다는 것이다. 로마의 지배 아래서 지배자의 문자가 지속적으로 확산되었고, 그것은 이후 17세기까지 서양 문명이 라틴어를 공용어로 사용하게 되는 계기를 열어놓았다.

라틴어로 보는 로마인의 사고방식

한 사회나 한 국가의 문화는 언어를 통해 전달되고 또 기록된다. 과거 한 문명이 중요시했던 생각의 중요한 흔적 역시 언어로 남게 된다. 라틴어는 고대 로마 제국의 전성기에 이룩된 문명의 흔적을 그대로 담고

----

8 BC 1세기 중엽의 기록에서 100명 이상의 성인 남자에 관한 사례로, 마을 총인구의 10퍼센트 정도다.

있다. 그중 중요한 키워드는 그 말을 사용한 사람들이 무엇을 중시했는지, 또 그것을 어떻게 생각했는지를 보여주는 중요한 지표가 된다. 라틴어의 중요한 어휘들(가장 빈번하게 사용된 어휘들)을 중심으로 당시 로마인의 사고방식 특징을 추적해 보자.

레스(res)

'레스'라는 단어는 공허한 상상으로서의 막연한 대상을 가리키는 것이 아니라, 실제적으로 존재하는 어떤 '것', 즉 영어의 thing에 해당하는 말이다. 사실 실제적이라는 '것'은 한가로운 사색이나 공허한 환상을 싫어한 실용주의자로서의 로마인에게서 최고의 평가를 받는 개념이다. 이 말은 순수하게 말뜻 그대로 눈에 보이는 구체적인 단일 사물을 가리키기도 하지만, 그런 사물들의 복합체로 추상화된 개념으로서의 '것'을 뜻하기도 한다. 예컨대 공적인 것(res publica)과 사적인 것(res privata)의 개념 구별이 있었으며, 이 가운데 로마인들은 당연히 공적인 것이 우선한다고 생각했다. 그래서 레스 중에서는 '레스 푸블리카'(res publica)가 더욱 소중한 것이며, 또한 레스 푸블리카 로마나(res publica romana), 즉 '모든 로마인들의 공적인 것'이라면 그것은 공동체의 가치 중에서 모든 것의 정점에 위치해야 했다. 그래서 이것은 모든 로마 시민이 당연히 따라야 하고 지켜야 하는 것이었다. 그 개념이 바로 오늘날 영어의 republic의 어원으로서 '공화정'으로 번역되는 것이다.

이그젬플룸(exemplum)

이것은 '사례' 내지 '선례'로 번역되는 말인데, '모범적인 선례'라 이해하는 것이 당시의 용법에 가깝다. 사실 정착문화로 상징되는 농업사회라면 어디에서나 그러하듯이, 로마인에게도 선조의 모범적인 선례가 언제나 격려와 자극이 되었으며 그들의 생활과 풍습을 경건하게 유지해 주는 바탕이 되었다. 그리하여 전통, 즉 지속성과 조직화의 근원이며 한 사회의 존재 의미와 지향하는 목적을 제시해 주는 힘으로서의 전통이 로마인의 생활 속에서 하나의 기본적인 기준이 되었다. 로마인은 질서의 유지를 중요시했으며, 불확실한 것으로의 도약을 좋아하지 않았고, 급격한 개혁도 피하려 했다. 결국 로마인은 여러모로 시도해 보고 상황에 따른 조처를 선택했지만, 대개 옛것을 버리지 않고 먼저 새로운 것과 병존시키는 태도를 취했던 것이다.

파테르(pater)

'아버지'를 가리키는 이 말은 가부장과 '가부장권'(patria potestas) 및 거기에서 파생된 제반 법적 권리와 권위에 대한 존중을 상징한다. 로마는 기본적으로 농업사회이며 가부장제 사회였다. 로마 가부장권은 흔히 당시의 지중해 세계에서도 유례가 없는 '이례적인' 권한이었다. 그 핵심은 교육과 훈육, 노동 등을 시킬 수 있는 일반적인 권한에 덧붙여 매각권 (ius vivendi)과 생사여탈권(ius vitae naquisque)이 있다는 것이다. 이 권한은 로물루스가 로마의 아버지들에게 주었다고 하는데, 세 가지 분야에 미치는 힘이었다. 곧 부권(父權, pater)과 부권(夫權, manus), 재산권(donum)이었다. 그래서 현대의 저명한 한 법학자는 로마 가정은 한 명의 가부장 밑에 그 구성원이 법적으로 완전히 예속되어 있는 모습이었을 것이라 한 바 있다. 예컨대 90세의 고조부가 살아 있다면, 그 밑의 증조부나 조부, 아버지가 어린 손자나 자식에게 용돈을 주고 싶을 경우에 그 가부장으로부터 허락을 받고 주어야 되는 그런 구조라는 것이다. 그래서 이런 법학자들의 해석에 토대를 둔 현대의 인류학에서도 로마 가족을 엄격한 '가부장제 대가족'의 전형으로 들곤 했다. 그러나 1980년대에 접어들어 컴퓨터를 이용한 대량의 자료 처리 기술이 발달하고, 이른바 '케임브리지 학파'가 시도한 '컴퓨터 시뮬레이션' 기법에 의해 로마 역사가 남긴 대량의 비문사료들이 통계 처리되면서 로마인의 평균 수명과 평균 초혼 연령이 밝혀지게 되었다. 그 결론은 자유인의 경우에 평균수명이 대략 25세 전후라는 것이었다. 여기에 지중해 세계의 일반적인 관행인 '늙은 신랑에 어린 신부'라는 모델이 있었고, 특히 로마의 경우에는 남성의 초혼 연령이 공화정 후기의 30세 전후에서 AD 3세기의 25세로 내려오는 패턴을 보였기 때문에, 현실적으로 다세대 가족으로서의 대가족을 구성하기가 쉬운 일이 아니었음이 드러났다. 물론 현재에도 비문에 나타나지 않는 가족 구성원의 문제라든가, 제국 내의 지역 간 편차와 결손가정 형태 등을 반영해 인적 구성이 소규모인 이른바 '작은 확대가족'으로 구성되었을 가능성 등도 다시 조심스럽게 제기되는 상황이지만, 하여튼 근래의 새로운 주류는 로마 역시 부부와 미성년의 자녀로 이루어지는 '핵가족'이 중심이었을 거라는 것이다. 그런 점에서 보면, 법 이론으로서의 가부장권과 현실로서의 가족의 존재 형태 사이에는 다소간의 거리가 있었던 게 사실이다.

그리고 가족 문제뿐만 아니라 로마 사회에서 법의 전반적인 현실 반영성과 관련해서 보면, 법 자체가 로마인의 실제 생활을 반영한 것이라기보다 하나의 윤리적 규범을 상징적으로 선언한 것이라는 해석도 있다. 하지만 한 가지 또한 부인하기 힘든 사실은 로마의 경우, 그 어느 사회보다 가부장권으로 상징되는 권위의 문화가 당시 사회의 중요 특징이었다는 사실이다. 이 점에서 로마 민족의 지배자로서의 자질은 역설적으로 그들의 권리 개념, 즉 관직자의 명령권에서는 물론, 개개인의 권리의 개념(예컨대 가부장권)에서 나타나는 명료하고 포괄적인 특성과 연결되어 있는 것이 사실이다. 그러나 절제와 신중함을 요하는 이러한 권한의 행사는 로마의 생활 질서에서 제2의 거대한 힘으로 나타나는 관습을 통해 대단히 강력한 제약을 받았는데, 이 관습은 때로 법률보다 강한 강제력을 가지고 있었다.

위르투스(virtus)[9]
이 단어는 '열정'을 가리킨다. 로마인의 생활에서 레스 푸블리카를 위해 쌓은 업적은 개개인의 지위에 결정적인 것이었다. 로마인이 중시한 주요 덕목은 엄격하게 정의하기는 힘들지만, 바로 그러한 기본적 사고에 토대를 두고 있었다. 그리고 그 덕목의 정점에 위치한 것이 위르투스인데, 현대의 사전적 의미로는 '덕성'이라는 뜻이지만, 그것만으로는 다소 부족한 면이 있다. 예컨대 일체의 적과 모든 불행에 맞서는 남성다움, 자신과 타인에 대한 현실적인 냉정성, 실제적인 것을 보는 선명하고 분별력 있는 안목과 당당한 자의식, 행동적인 삶에의 적극적인 태도 등을 모두 포함할 수 있어야 당시의 어법에 적절한 것이다. 곧 한마디로 압축하자면, 목적을 달성하기 위해서 거기에 헌신하는 '열정'에 가까운 개념이라 할 수 있다. 그래서 르네상스 시대의 마키아벨리는 이탈리아의 새로운 부흥을 꿈꾸면서 역사를 발전시키는 힘을 과거 로마의 역사에서 찾고자 했는데, 그것을 '위르투스'로 보았던 것이다.

피데스(fides)

이 말은 키케로에 의하면 "말한 것을 행하는 것"이라 정의된다. 이것은 12표법 이래로 로마인의 법 생활과 현실의 사회적 관계에서 기본적으로 중시되어야 할 개념이었다. 오늘날 우리나라의 민법 제2조에서도 그 영향이 계승되어 '신의성실의 원칙'의 기본 개념으로서 법적 안정성의 중요한 토대가 되고 있다. 로마 시대에는 '피데스'가 없는 사람을 '논 휴마누스'(non humanus), 즉 '인간도 아니다'라고 했는데, 이것 역시 로마인들이 신의를 얼마나 중시했는가를 보여준다. 사실 로마 민법의 한 원칙인 '문답계약의 원칙' 역시 이 연장선상에서 가능한 것이었고, 그것은 또한 한편으로 공화정기 로마라는 사회가 현대 사회에 비해 얼마나 단순한 성격을 지니고 있었는가도 보여준다. 그런데 로마의 질서가 세계

---

9 고전 라틴어의 발음에서 v는 반모음이다. 그래서 virtus나 vir는 비르투스나 비르가 아니라 위르투스나 위르로 발음된다. 여기서는 고전 라틴어의 발음을 따랐다.

제국의 질서로 전환되어 가면서 이런 접근 방법에도 당연히 변화가 일어나게 되는데, 로마인의 사고방식의 한 특징은 그런 변화를 다원화 사회로 가는 가치체계의 변화라는 시각에서 접근하지 않고 '예전의 덕성의 타락'이라는 시각에서 접근하고 있다는 점이 또한 특징 내지 시대정신의 한계라 할 수 있다.

위르 보누스(vir bonus)

위르 보누스는 '훌륭한 사람'이라는 뜻이다. 로마에서는 무엇보다 귀족적인 것이 훌륭한 것이었으며, 여기에도 훌륭한 것과 열악한 것의 구분이 있었다. 훌륭한 것이란 강인하고 용감하며 신의 있고, 고귀한 혈통 출신으로 위엄을 지니고 있으며, 또한 물려받은 것에 대한 자부심과 미래에 대한 예견 능력을 가진 것을 의미했다. '훌륭한 사람'이라는 뜻의 위르 보누스에서 '훌륭하다' 또는 '좋다'라는 가치기준은 모든 삶의 영역에서 결정적인 역할을 했다. 그러나 공화정 후기에 접어들어 이러한 기준은 동요하기 시작했다. 오로지 자신의 안일만을 생각하는 이기주의에 의해 공화정을 위한 봉사라는 관념도 설자리를 잃어갔다. 소유욕과 지배욕, 사치, 방종, 잔혹함이 옛 로마인의 가치기준을 압박하고 있었으며, 자의와 혁신적인 성향이 권위와 전통을 대신하고 있었다. 로마 시의 윤리가 지니고 있던 구속력도 무기력해졌으며, 그 결과 더 이상 세계제국의 도덕을 이끌어가지 못했다. 파렴치한 선동정치가들이 일으킨 한 세기에 걸친 '내란'을 통해 도덕적 규범이 파괴되고, 질서와 법에 대한 의식도 쇠퇴했다. 그 후 아우구스투스는 로마 민족의 정신적·도덕적 부활을 이루고 옛 로마의 가치기준을 재현하려고 했지만, 그런 노력에도 불구하고 지속적인 성과는 없었다. 그러나 '훌륭하다'라는 가치기준은 법 개념 속에 더 오래 살아남았다. 로마인이 기꺼이 품었던 법에 대한 존경심과 두려움은 로마의 가장 주목할 만한 특징 가운데 하나였다.

우르브스 로마나(urbs romana)

우르브스 로마나란 '로마 시'라는 뜻이다. 그런데 이 말에는 도시 자체를 가리키는 뜻뿐만 아니라 모든 것의 중심이라는 상징적 의미가 있다. 로마인의 '망탈리테'(정신구조)는 그 출발점이 그리스의 경우처럼 다수의 폴리스도 아니었고 게르만의 경우처럼 잡다한 종족도 아니었던, 단일의 로마 시였다는 사실에 의해서도 중요한 영향을 받았다. 로마 시는 통일의 상징이자 정신적·정치적·경제적 생활의 중심이었으며, 전 제국의 시민을 끌어들이고 모아놓는 자석이자 '인공 펌프'였다. 로마인은 도시국가가 세계제국으로 확장되었을 때조차도 삶의 중심을 로마 시에 집중시키려고 했다. 그래서 이런 정신적 통일성이 다양성을 향한 경향을 억제했으며, 그리하여 법질서와 사회질서의 특징에 균일성 내지 단순성이 생겨나게 했고, 또한 사물에 대한 이해에서도 로마와 그 밖의 것이라는 이원론적 사고방식이 형성되는 계기를 제공했다.

| 참고할 만한 책 |

에이드리언 골즈워디, 하연희 옮김, 『로마멸망사』, 루비박스, 2012.
로버트 냅, 김민수 옮김, 『99%의 로마인은 어떻게 살았을까』, 이론과실천, 2012.
알렉산더 데만트, 전은경 옮김, 『16일간의 세계사여행』, 북로드, 2005.
크리스토퍼 도슨, 이길상 옮김, 『세계사의 원동력』, 현대지성사, 1999.
도미닉 레스본, 유재원·김운영 옮김, 『500장의 일러스트로 만나는 그리스 로마 문명』, 케이론북스, 2011.
빌헬름 딜타이, 손승남 옮김, 『고대 그리스와 로마의 교육』, 지만지, 2012.
윌리엄 랭어(편), 박상익 옮김, 『호메로스에서 돈키호테까지』, 푸른역사, 2006.
레이 로렌스, 최기철 옮김, 『로마제국, 쾌락의 역사』, 미래의 창, 2011.
램지 맥멀렌, 김창성 옮김, 『로마제국의 위기』, 한길사, 2012.

테오도르 몸젠, 김남우·김동훈·성중모 옮김,『몸젠의 로마사 1』, 푸른역사, 2013.

폴 벤느, 신상화 옮김,『빵과 놀이』, 새물결, 2007.

페터 벤더, 김미선 옮김,『제국의 부활』, 이글리오, 2006.

피터 브라운, 서원모 옮김,『고대 후기 로마제국의 가난과 리더십』, 태학사, 2012.

페르낭 브로델, 강주헌 옮김,『지중해의 기억』, 한길사, 2007.

스티븐 세일러, 박웅희 옮김,『로마』, 추수밭, 2012.

알베르토 안젤라, 주효숙 옮김,『고대 로마인의 24시간』, 까치글방, 2012.

신상화,『물의 도시, 돌의 도시, 영원 도시 로마』, 청년사, 2004.

정태남,『건축으로 만나는 1000년 로마』, 21세기북스, 2013.

차영길,『역사이론으로 본 고대세계』, 동남기획, 2001.

차영길,『억눌린 자의 역사』, 법문사, 2001.

차영길,『고대 지중해세계로의 탐구』, 동남기획, 2001.

차영길,『G세대를 위한 서양의 역사와 문화』, 경상대학교출판부, 2011.

에이미 추아, 이순희 옮김,『제국의 미래』, 비아, 2008.

폴 케네디, 이일주 옮김,『강대국의 흥망』, 한국경제신문사, 1989.

아놀드 토인비, 이양기 옮김,『세계와 서구』, 이문출판사, 1983.

한스 크리스티안 후프 외, 박종대 옮김,『임페리움』, 말글빛냄, 2005.

제10장

신과 인간:
기독교의 문명사

장의준

'중세'는 일반적으로 서양의 역사에서 500년에서 1500년에 이르는 약 1,000년 동안의 기간을 의미한다. 중세시대에 정치, 경제, 문화, 과학 등을 아울러 주재하던 하나의 원리가 있었는데, 그것은 바로 일신교 (一神教)—유대교, 기독교, 이슬람교—이다. 이러한 의미에서 중세의 문명은 신과 인간이 함께 직조했다고 볼 수 있다. 그런데 중세는 로마 제국이 몰락하면서 문명의 빛이 바래가는 시점에서 시작했다. 다시 말해 '암흑시대'(the Dark Ages)라 일컬어지는 중세의 세계는 로마 문명의 폐허 위에 세워졌던 것이다. 이 시기에는 로마 제국에서 찾아볼 수 있었던 중앙집권적인 정치적 통일은 존재하지 않았고, 오직 교회(넓은 의미)만이 개인 삶의 거의 모든 영역을 규제하는 가운데 다원화된 중세 사회에 통일성을 부여할 수 있었다. 그리고 오랜 세월이 지나 도로나 상하수도 같은 사회 기반시설뿐만 아니라 문학, 예술, 과학 등이 다시 구축될 수 있었을 때, 이 모든 분야에 과거와의 연계성을 전달해 줄 수 있었던 것도 바로 교회였다. 요컨대 기독교를 비롯한 일신교는 중세 문명의 중심에 자리 잡고 있었던 것이다. 사정이 이와 같다면 중세에 다가가기 위해 우리는 먼저 일신교 문명의 성격을 이해해야만 할 것이다.

이 장에서는 중세의 일신교 문명들 중에서 특히 기독교 문명에 초점을 맞추어 논의하려 한다. 세 일신교 가운데 현재 우리에게 특히 많은 영향을 주고 있는 것이 기독교이기 때문이다. 기독교라는 종교는 어떻게 탄생했는가? 기독교가 로마 제국에서 급격히 성장한 원인은 무엇인가? 중세의 기독교 문명은 어떻게 형성되었는가? 중세 기독교 사상의 핵심적 내용은 무엇인가? 기독교가 오늘날 우리에게 줄 수 있는 의미는 무엇인가? 등의 질문에 대한 답을 구해 보고자 한다.

로마 제국과 기독교

약 2,000년 전에 탄생한 기독교는 아직도 강력한 힘을 발휘하고 있다. 오늘날 전 세계 인구의 약 30퍼센트가 기독교 신자이며, 심지어 기독교를 모르는 이들이나 그것에 반대하는 이들조차도 기독교의 영향을 부지불식간에 받고 있다. 서구 문명의 기반에는 기독교가 자리 잡고 있을 뿐만 아니라, 서양 제국주의의 팽창 이래로 기독교는 세계 전역으로 확산되었다. 그런데 지금까지도 몇몇 서구 국가들의 국교로 남아 있을 뿐만 아니라 비서구 세계의 근대화에도 지대한 영향을 끼친 기독교 자체는 그리스-로마 세계의 바깥으로부터 유래했다. 예수 그리스도는 팔레스타인에서 태어난 유대인이었다. 그리고 윤리적 일신론(monotheism)이라고 특징지어질 수 있는 신과 인간의 관계에서의 유대교적 경험이 기독교가 생성될 수 있는 토대가 되었다. 유대교의 신인 야훼(Yahweh)는 원래 고대에서 흔히 찾아볼 수 있었던 종족신들 중 하나였다. 다시 말해서 야훼는 자신의 백성이 다른 신들을 자신과 함께 섬기는 것을 허용하지 않는, 호전적이고 질투심이 강하며 시기심이 많은 오직 유대인만의 유일신이었다. 하지만 『구약성서』의 여러 구절은 유대교가 민족적·지역적 성격을 점차 탈피하고 보편적 일신론을 향해 나아갔음을 보여준다. 그리고 기독교는 이러한 보편적 일신론을 유대교와 공유한다. 후에 유대교와 기독교의 영향을 받아 같은 셈족의 문화권에서 발생했으며 중세 이래 기독교와 더불어 세계적으로 득세한 이슬람교 역시 일신론의 전형적 특성을 갖고 있다. 이슬람교는 570년경 아라비아의 메카에서 태어난 무함마드에 의해 창시되었는데, 이슬람교의 신도 기독교의 신과 마찬가지로 유대인의 신이었다. 하나의 동일한 신이 장차 자신의 이름을 걸고 싸우게 될 세 종류의 저마다 다른 종교들을 낳은 셈이다.[1]

헬레니즘 시대 이후 팔레스타인뿐만 아니라 그리스−로마 세계에 널리 산재했던 유대인들은 이방인들을 유대교로 개종시켰지만, 유대교가 강하게 함의하고 있는 배타적 민족성과 엄격한 계율은 보편 종교로의 발전을 저해했다. 그런데 기독교를 단지 유대교의 한 이단 종파가 아닌 보편 종교로 확장하는 데 가장 크게 기여한 이가 바로 『신약성서』의 저자 중 한 명이기도 한 바울이다. 그리스어를 사용했고 고전 그리스 철학 사상들에 익숙했던 바울은 일신론적인 도덕 지침을 할례나 여타의 유대교 율법을 준수하지 않고서도 따를 수 있는 길을 제시함으로써 기독교를 세계적 종교로 만드는 데 공헌했다.

유대교의 한 이단 종파에 불과했던 기독교는 4세기에 이미 그리스−로마 세계를 지배하게 되었고, 392년 테오도시우스 대제에 의해 로마 제국의 국교가 됨으로써 서양 세계의 공식적인 종교 자리에 올랐다. 이렇게 기독교가 로마 제국에서 급속도로 성장한 이유는 무엇일까? 첫 번째로 기독교의 교리 중 평등사상이 한 원인이라고 볼 수 있다. 기독교 교리에 의하면, 구원은 오직 죽음 이후에만 오는 것이며, 비록 우리가 살아 있는 동안에는 이 세상의 질서에 따라야만 하지만 심판의 날에는 부도 지위도 권력도 아무런 소용이 없다. 오히려 가난하고 비천하고 고통

---

1 이 세 종교들은 서로를 배척했는데, 특히 유대인들에 대한 기독교도들의 핍박은 잘 알려진 사실이다.

받고 억압받는 이들이 구원받을 가능성이 더 많다. 왜냐하면 성서에 부자가 하늘나라에 들어가는 것은 낙타가 바늘구멍에 들어가는 것보다 더 힘들다는 경고의 글이 나오기 때문이다. 요컨대 신 앞에서는 만인이 평등하다는 것이다. 비록 기독교가 정치적 현실과 사회경제적 불평등을 인정하기는 하지만, 인간의 영혼에 등급을 매길 수 없다는 주장도 역시 고수한다. 기독교 호교론자(apologist)[2]인 유스티누스가 말한 것처럼 기독교인들은 이 세상 안에 있지만 이 세상의 것이 아니기 때문이다. 『신약성서』에 의하면, 예수는 대부분의 시간을 가난하고 병들고 핍박당하는 이들과 함께 보냈다. 우리는 이러한 평등사상이 당시의 사회적 약자들에게 불러일으켰을 호감을 충분히 상상해 볼 수 있다. 실제로 313년에 콘스탄티누스 대제의 밀라노 칙령에 의해 박해가 종식되고 기독교가 공인되었을 당시 로마 제국 인구의 약 10퍼센트가 기독교도였고, 이들 중 다수가 사회 하류층 출신이었다. 기독교도들은 계급, 인종, 교육, 부의 차이를 무시했기에 노예나 여성을 포함한 다양한 계층을 교회 공동체의 구성원으로 받아들이고, 또한 이들과 함께 성만찬에 참여함으로써 평등을 실천했던 것이다.

두 번째로, 기독교가 유대교로부터 물려받은 일신론과 필연적으로 결부된 배타성이 야기한 박해가 또 다른 원인이라고 할 수 있다. 유일신만을 인정하고 다른 신들을 부정하는 기독교도는 이교적 국가예식 및 도미티아누스 황제 이래 점점 더 이상한 형식을 취하게 된 황제 예배에 참여하는 것을 거부했다. 그런데 로마 제국은 종교를 바탕으로 했기 때문에 황제에게 예배를 드리고 국가의 신들을 인정하는 것은 명백한 의무였고, 기독교와 유대교를 제외한 다른 모든 종파는 이 황제 예배와 타협했다. 하지만 기독교도들과 유대교도들은 비록 국가 권력을 질서 유지의

---

2 '호교론'이란 기독교의 교부(敎父)들이 다른 종교의 공격으로부터 기독교를 방어하기 위해 펼친 논변들을 말한다.

수단으로 인정하고 국법을 준수하며 황제를 위해 기도하기는 했지만, 황제에게 또는 황제를 향해 기도하지는 않았다. 제국의 번영을 위한 제사에 참여하지 않는 기독교도는 결국 무신론자인 동시에 애국심이 결핍된 국가의 적으로 여겨졌고, 이러한 평판은 박해로 이어졌다. 한편 유대교에 대한 로마 당국의 태도는 보다 관용적이었다. 왜냐하면 당시 유대교는 그 교리상의 보편성에도 불구하고 한 민족군에 한정된 소수 집단에 불과했기 때문이다. 반면에 기독교의 일신론은 그 본질상 초민족적이고 보편적인 것이었기에 마찬가지로 보편적인 로마 제국의 이해관계와 충돌할 수밖에 없었다. 그런데 역설적이게도 기독교도는 박해를 통해서 그들의 집단을 보다 강화할 수 있었다. 한편으로는 박해로 인해 기독교의 조직 활동이 더욱 활성화되었고, 이를 통해 기독교 공동체는 긴밀한 응집력을 갖추게 되었다. 그리고 이러한 응집력은 외부로부터의 박해가 끝난 후 내부로부터 발생하게 될 이단들에 대항하기 위해 계속 유지되었다.

다른 한편으로 기독교도는 박해에 맞서 기독교를 변호하기 시작하는데, 이러한 변호를 통해서 호교론자들은 기독교 교리를 보다 정교하게 이론화함으로써 기독교 신학의 초석을 놓게 된다. 호교론자들은 박해의 주된 원인이 되고 있던 기독교에 대한 오해를 풀기 위해 기독교 신앙을 옹호하려 했는데, 이들의 목적은 기독교를 대적하는 고소들을 반박하는 한편, 이교도를 공격하는 것이었다. 그런데 변호로 설득해야만 할 대화 상대자는 주로 정치가였고, 이 시대의 정치가들은 이교도 지식인들이었기에 호교론자들은 후기 스토아주의나 플라톤주의 같은 철학적 사상들을 도구로 삼아 기독교 교리를 설명했다. 만일 특정 철학을 '신봉'하는 이들을 일종의 신앙인이라 볼 수 있다면, 오늘날 기독교가 다른 종교들과의 화해를 위해 시도하고 있는 '종교 간의 대화'가 이때 이미 시작되었던 셈이다. 사실 2세기의 가장 중요한 호교론자인 유스티누스는 철학자들을 기독교인으로 간주했다. 그에 의하면, 예전에 철학적 사고를 했던 사람들은 말이나 로고스(Logos)를 단지 부분적으로 알았을 뿐이다.[3] 이전의 철학자들은 로고스가 계시한 진리만 알았지 로고스 그 자체를 보지는 못했던 것이다. 반면에 기독교인들은 과거의 철학자들이 '부분적으로'만 알았던 것을 '완전히', 즉 전체적으로 본다. 부분은 전체에 의해서만 완전해지기에 철학자들이 그들의 이성으로는 결코 완전하게 채울 수 없었던 로고스의 부분을 오직 로고스 자신만이, 즉 성육신한 그리스도만이 완전하게 채울 수 있는 것이다. 이런 의미에서 완전하고 전체적인 진리를 인식할 수 있게 하는 기독교야말로 참된 철학이며, 그리스도야말로 참된 철학의 선생인 것이다.

유스티누스와 마찬가지로 다른 호교가들도 저마다 대화를 수행했는데, 어떤 이들은 유대교와 더불어 또 어떤 이들은 이교의 다신론과 더불어 토론했다. 이들의 입장은 크게 두 가지로 나눌 수 있다. 어떤 이들은 이교 철학에서도 기독교적 진리의 흔적을 찾을 수 있다고 믿었고, 또 다른 이들은 철학과 기독교의 관계가 결코 화해될 수 없다고 믿었다. 그런데 서로 간의 좁힐 수 없는 입장 차이에도 불구하고, 이들 모두가 이교 철학의 개념과 용어들을 사용했다는 사실은 시사하는 바가 크다. 즉 기독교 신앙의 그리스화(철학화)가 본격적으로 시작되었던 것이다. 어쨌든 호교론자들의 작업은 (이미 바울에게서 예기되었던) 기독교 신앙과 철학적 전통의 동거를 유발했는데, 이 과정을 통해서 보다 이론적으로 세련화된 기독교적 사유는 지식인들을 매료시킬 수 있었고, 결과적으로 이들을 기독교로 끌어들이는 데에 기여했다. 이와 같이 기독교 공동체의 행정력이 강화되고 기독교 신앙이 신학화되는 계기가 되었던 박해는 기독교 성장의 중요한 원인이라고 볼 수 있을 것이다. 참으로 인간의 고난은

----

3 여기서 유스티누스가 사용하는 로고스 개념은 플라톤주의와 유대-기독교의 전통이 혼합된 것으로서, 우주의 이성적 원리뿐만 아니라 제4복음서 「요한복음」에 나오는 선재적(先在的) 그리스도를 동시에 가리킨다.

신의 영광이었다. 이것이 바로 기독교 역사다

중세의 형성: 역사적 고찰

5세기 이후 지중해 세계는 커다란 변동을 겪었다. 4세기 후반에 로마 제국은 게르만족의 침입과 내부 사정에 의해 동과 서로 나뉘었다. 476년 게르만족의 이동이 끝나갈 무렵에 북방의 동고트족이 로마를 침공했고, 동고트족의 지도자인 오도아케르가 동로마 제국 황제의 승인을 얻어 스스로 이탈리아 반도의 왕임을 선포함으로써 서로마 제국은 종말을 고했다. 서로마 제국의 멸망은 고대 그리스─로마와 중세 유럽을 가르는 분기점이 되었고, 330년 이래로 로마 제국의 수도였던 콘스탄티노폴리스(콘스탄티노플, 지금의 이스탄불)의 옛 이름을 따서 비잔티움 제국으로 불리던 동로마가 로마 제국을 계승했다. 비잔티움 제국의 수도이기도 했던 콘스탄티노폴리스는, 11세기에 서유럽의 로마 교회와 비잔티움 제국의 콘스탄티노폴리스 교회가 각각 로마 가톨릭 교회와 그리스 정교회로 갈라서기 전까지 기독교 세계를 대표하는 도시였다. 서유럽인들은 서로마 제국이 멸망한 후 기독교 세계의 유일한 문명국으로 남아 있던 비잔티움 제국을 자신들과는 상관없는 그리스인들의 국가로 생각했기에, 결국 그리스 정교회 문화의 직접적인 수혜자는 슬라브족이나 발칸 민족같이 동유럽에 정착한 종족들이었다. 1453년에 비잔티움 제국이 술탄 메메트 2세가 지배하던 오스만 제국에 의해 붕괴되었을 때, 러시아가 동로마 제국을 계승하는 제3의 로마라고 자처하고 나섰던 것은 바로 그런 이유 때문이다.

5세기 후반 클로비스 1세가 지휘하던 프랑크족이 갈리아 지방에서 서로마 군대를 물리치고 로마계 원주민들을 지배하게 되었다. 클로비스는 이미 기독교를 믿고 있었는데, 그렇게 된 까닭은 예수의 신성을 강조하며 삼위일체론을 주장하는 아타나시우스파에 맞서 예수의 인간성을 강조하다가 352년에 열린 니케아 종교회의에서 이단으로 규정되어 쫓겨난 아리우스파가 게르만족이 거주하는 지역으로 가서 선교활동을 했었기 때문이다. 아리우스파 기독교도였던 클로비스는 다분히 정치적인 목적으로 아타나시우스파 기독교로 개종했고, 이로 인해 그가 갈리아 남부에서 서고트족을 몰아내었을 때 기독교를 믿던 주민들은 그를 해방자로 여겨 환영했다. 프랑크족이 라인 강에서 피레네 산맥에 이르는 지역에 설립한 프랑크 왕국은 성장을 거듭해 8세기 무렵 유럽의 여러 왕국 중 가장 넓은 영토를 차지하게 되었고, 800년에 교황 레오 3세는 프랑크 왕 샤를마뉴에게 제관을 수여하며 그를 서로마 제국의 황제라 칭했다. 중세가 본격적으로 발전하기 시작한 시기는 바로 샤를마뉴의 시대인 9세기 무렵부터인데, 이 시기에 학문이 급격히 재발흥하는 카롤링 르네상스가 있었지만 학문 활동은 곧 단절되었고 그 성취 또한 미미했다. 결국 지적 암흑이 또다시 12세기의 새로운 문예부흥 때까지 지속되었다.

니케아 종교회의(consilium)

이 시대에 문화의 화려한 꽃을 피운 곳은 이슬람 세계였다. 샤를마뉴 대제가 죽은 뒤 프랑크 왕국은 동부, 중부, 서부로 나뉘었고, 훗날 각각 독일, 이탈리아, 프랑스가 된다.

9세기 무렵에 발생한 가장 중요한 변화 중 하나는 농업 혁명이었다. 철로 만든 쟁기가 보급되기 시작하면서 더 많은 토지를 경작할 수 있게 되었고, 수차의 발명으로 인해 제분이나 기름을 짜내는 데 쓰던 노동력을 크게 줄일 수 있었다. 귀리 재배가 시작되면서 이를 사료로 하는 말의 사육 두수(頭數)가 증가했고, 마구와 편자의 발명에 따른 우경에서 마경으로의 전환은 경작 능률을 획기적으로 향상시키는 결과를 가져왔다. 또한 삼포식(三圃式) 농법이 보급되면서 곡물 생산량이 비약적으로 증대했다. 그런데 삼포식 농법은 농촌을 경작과 관련된 관습법적인 질서 아래 통제되는 경제조직체로 바꾸어놓았고, 이로 인해 봉건제가 확립되었다. 중세의 대표적인 사회 구조인 봉건제는 토지 소유와 인간관계의 토대 위에 당사자들을 상호 간의 의무로 묶어주는 일종의 피라미드식 계층제를 의미한다. 이러한 위계질서(hierarchy)의 맨 아래에는 농민이 위치하며, 농민은 토지를 경작하고 보호를 받는 대가로 주군에게 부역이나 군역이 포함된 봉사의 의무를 졌다.[4] 농민의 주군은 다시 상위 주군의 봉신이 되고, 이 같은 주종관계는 피라미드의 최상층인 왕이나 추기경에 이르기까지 거미줄같이 이어졌다.

이러한 사회 구조 속에서 주군인 봉건귀족은 세속 질서를 유지하는 일을 담당했던 반면, 영혼의 질서를 유지하는 일은 교회의 몫이었다. 하지만 두 질서의 분담에도 불구하고 교회는 세속권력에 영향력을 행사할 수 있었다. 왜냐하면 교회는 세속권력의 정통성의 근거로서 기능했고, 그로 말미암아 봉건귀족이나 제후의 정치 행동을 정당화해 줄 수 있는

---

4 부역이란 일정 기간 동안 주군의 농토에서 농사를 짓는 것이며, 군역이란 주군의 전쟁에 참여하는 것이다.

유일한 제도였기 때문이다. 예를 들어 '카노사의 굴욕'은 교황권이 얼마나 강했는지 보여주는 대표적인 사건 중 하나다. 이것은 1077년 신성 로마 제국의 황제 하인리히 4세가 성직자 임명권인 서임권을 두고 교회와 다투다가 교황 그레고리우스 7세에 의해 파문당하자 용서를 빌기 위해 교황이 있던 이탈리아의 카노사 성에 용서를 구하러 간 사건이다. 당시 하인리히 4세는 독일에서 출발했는데, 쥐라 산맥을 넘은 뒤 자비를 구하는 고해자의 복장인 낡은 수도사 복장으로 환복하고 맨발로 카노사 성까지 걸어갔다고 전해진다.

1092년 셀주크족이 콘스탄티노폴리스를 공격할 수 있는 위치인 보스포루스 해협까지 진출했을 때 비잔티움 제국의 황제는 로마 교황 우르바누스 2세에게 원조를 요청했다. 교황은 1095년에 클레르몽에서 개최된 종교회의에서 셀주크족에게 점령당한 성지 예루살렘을 기독교 순례자들에게 되찾아줄 것을 촉구했고, 이듬해인 1096년부터 십자군 전쟁이 시작되었다. 일곱 번에 걸친 원정에도 불구하고 성지 회복의 임무는 결국 완수되지 못했지만, 십자군 원정은 서유럽인들의 활동 범위를 경제적으로 그리고 문화적으로 넓혀줄 수 있었다. 기독교인들은 이슬람 교도들과 무역을 하기 시작했으며, 무역의 진전과 더불어 무역로를 따라 이슬람 학문과 유대 학문이 서유럽에 유입되기 시작했던 것이다. 이슬람 학문이 유입되기 이전까지 중세적 사유를 지배했던 것은 플라톤 철학이었다. 그러나 이슬람 학문의 유입과 더불어 중세인들은 아리스토텔레스의 철학을 받아들이게 되었고, 이것은 중세 사상 전반에 걸쳐 결정적인 영향을 끼치게 되었다. 아리스토텔레스의 수용은 12세기에 시작되어 그의 모든 저작을 그리스어로부터 라틴어로 번역하는 작업이 완수되는 13세기에 끝나는데, 이 시기에서 유대 철학자 마이모니데스나 이븐 시나(라틴어로는 아비센나), 이븐 루쉬드(라틴어로는 아베로에스) 같은 이슬람 철학자들이 아리스토텔레스와 그 밖의 그리스 사상들을 서유럽에 전달해주었을 뿐만 아니라 아리스토텔레스에 대한 탁월한 주석들로 중세 철학에 적지 않은 자극을 주었다. 이렇게 아리스토텔레스와 함께, 그리고 수도원들의 적극적인 학문 활동과 대학들의 활성화에 힘입어 기독교인들은 중세 문명의 정점인 고중세(高中世, the High Middle Age)를 향해 달려갔다.

고대의 황혼과 중세의 여명: 아우구스티누스

초대 기독교 교부들의 저작들 가운데 기독교 사상사에 가장 지대한 영향을 끼친 것은 라틴 교부인 히포의 주교 아우구스티누스(Augustinus, 354~430)의 저작들이다. 410년 고트족에 의해 로마가 함락당했다는 소식이 지중해 세계를 발칵 뒤집어놓았고, 아우구스티누스가 사망할 당시인 430년에는 반달족의 군대가 히포 시를 포위하고 있었다. 서로마 제국의 황혼과 중세의 여명 사이에서 살았던 아우구스티누스는 마찬가지로 교부 시대의 종착점과 중세 신학의 출발점 사이에 위치한다. 그가 『신국론』(De civitate Dei)을 집필했던 이유 중 하나가 바로 이러한 상황에서 서로마 제국이 몰락한 책임을 기독교도들에게 물었던 이교도들에게 반박하기 위함이었다. 아우구스티누스의 저작들에서 중요한 세 가지 특징은 다음과 같다. 첫 번째로, 아우구스티누스는 악의 문제, 구원론, 삼위일체설, 창조론, 신론, 계시론 등을 포함하는 기독교 신앙의 중요한 문제들을 매우 광범위하게 다루는데, 이러한 방대한 저술들은 중세의 신학적 체계가 발전할 수 있는 토대가 된다. 실로 토마스 아퀴나스(Thomas Aquinas, 1225~74)라는 또 다른 걸출한 신학자가 나타나기 이전까지 아우구스티누스의 사상은 거의 독보적으로 신학계를 주도했으며, 16세기의 개신교 신학에도 지대한 영향을 끼쳤다. 두 번째로, 그는 플라톤주의 특히 신플라톤주의의 영향을 받았다. 아우구스티누스가 기독교로 개종하기 이전에 기독교에서 발견했던 주요 난제들은 신의 비물질적 본성과 악의 존재였다. 마니교는 신에 대한 물질적 이해와 이원론을 토대로 해서 이 문제점들에 답하려 했는데, 아우구스티누스는 여기에 만족할 수 없었다. 그런데 그는 신플라톤주의에서 이 문제들에 대한 대답의 가능성을 발견하게 된다. 플로티노스의 『엔네아데스』(*Enneades*)를 접하면서 그가 관심을 갖게 된 것은 물질세계와 완전히 분리된 비물질세계에 대한 개념과 악은 긍정적인 실재가 아니라 단지 선의 결핍 내지는 부재일 뿐이라는 견해였다. 이와 같이 신플라톤주의에서 기독교 교리를 설명해 줄 수 있는 이론적 근거를 발견할 수 있었던 아우구스티누스는 기독교가 합리적이라고 여기게 되었고, 결국 기독교를 받아들였다.

여기서 우리가 주목해야만 할 것은 아우구스티누스가 사실상 철학을 신앙과 동일시했다는 사실이다. 그에게서 신학은 철학이었고 철학은 신학이었다. 물론 그는 신앙이 없는, 계시가 없는 철학이 있을 수 있다는 것을 인정하기는 했지만, 이러한 철학은 완전한 것이 아니라고 여겼다. 왜냐하면 진정한 철학, 즉 기독교적인 지혜는 신앙과 이성의 일치 또는 합일에 다름 아니기 때문이다. 신앙과 이성의 관계, 계시와 철학의 관계에 대한 아우구스티누스의 이러한 견해는 중세 스콜라 철학의 기조를 이룬다. 다시 말해서 중세 기독교 사상들에 아우구스티누스가 계속해서 영향을 끼쳤다고 하는 것은 그것들 속에서 신앙과 이성의 통일이 계속해서 작용하고 있었다는 것을 뜻한다.

세 번째로, 아우구스티누스는 인간의 자유의지에 강조점을 두는 펠라기우스주의에 반대하는 논쟁을 통해서 은총론과 예정론을 확립했는데, 이 두 이론은 신학에 커다란 영향을 끼쳐 이후 루터나 칼뱅 같은 16세기의 종교개혁가들은 아우구스티누스를 자신들의 선구자라고 생각했다. 아우구스티누스에 의하면, 아담의 원죄로 인해 인간은 죄를 지을 수 있는 자유는 가졌지만(posse peccare) 죄를 짓지 않을 수 있는 자유(posse non peccare)는 갖고 있지 않기 때문에, 은총의 도움이 없이는 진정한 의미의 선을 행할 수 없으며 구원도 받을 수 없다. 인간은 자력이나 스스로의 공로를 통해서가 아니라 오직 신의 은총을 통해서만 구원에 다다를 수 있다는 것이다. 그런데 만일 구원이 은총에 의해서만 가능하다면, 만일 인간이 행하는 그 어떠한 선도 죄의 세력으로부터 벗어날 수 없다면 도대체 누가 이러한 은총의 선물을 받을 수 있는 것인가? 이러한 질문에 대한 아우구스티누스의 대답이 바로 예정론이다. 이에 의하면 구원의 은총을 누구에게 예정할 것인가의 문제는 신이 스스로의 주권적인 자유와 활동으로 결정하는데, 이것이 함의하는 것은 기독교 공동체가 아무리 성장한다고 하더라도 천국에 갈 수 있는 사람의 수는 항상 고정된 상태로 머무른다는 것이다. 선택받지 못한 이들은 선택받지 못한 상태로 계속 남는데, 이것은 신이 그렇게 뜻했기 때문이 아니라 그들의 지은 죄로 말미암아 스스로 그 상태로 남아 있는 것이다. 인간이 지닌 선택의 자유를 거의 무화시키고 마는 이러한 결정론적 학설을 통해서 아우구스티누스가 강조하고자 하는 바는 인간의 구원에 대한 신의 절대적인 주권성이다. 그럼에도 불구하고 아우구스티누스의 예정론에서 도출될 수 있는 결정론적 요소들은 적지 않은 문제점들을 야기한다. 예를 들어 우리는 다음과 같이 물을 수 있을 것이다. 만일 인간의 자유

아우구스티누스 354년 오늘날의 알제리에 해당하는 로마 제국의 식민지인 북아프리카의 소도시 타가스테에서 태어난 아우구스티누스는 중세 기독교 신학의 발전에 지대한 공헌을 했다.

의지가 죄를 피할 수 없을 뿐만 아니라 은총에 거역할 수도 없다면, 인간은 모든 의무와 책임으로부터 면제될 수 있다는 것인가? 만일 신이 모든 것을 미리 결정했다면, 그래서 인간이 행하는 모든 악들이 어쩌면 신의 뜻일 수도 있다면 악행을 거부하는 것은 신의 뜻에 반하는 것이 아닌가? 바로 이러한 문제들로 인해 기독교 공동체는 아우구스티누스의 예정론을 전적으로 수용하지는 않았다. 529년에 열린 오랑주 종교회의에 참석했던 사람들은 구원의 과정에서 자유의지에 대한 은총의 우선성에 관한 교리는 인정했지만, 예정론이 초래한 극단적인 결과들은 아예 다루지도 않았던 것이다.

중세의 사상들

보편논쟁

보편자 문제는 중세 스콜라 철학의 가장 중요한 문제들 중의 하나다. 보편자 문제의 핵심은 정신 속에서 생각되는 대상과 정신의 바깥에서 존재하는 개별자 간의 관계를 어떻게 규정할 수 있는가에 관한 문제다. 영희나 철수와 같이 정신의 바깥에 존재하며 우리가 감각적으로 경험할 수 있는 특정한 한 개인은 개체적이고 무수한 반면, '인간'과 같이 정신 속에 위치하며 우리가 생각할 수 있는 비감각적인 대상은 보편적이고 단일하다. 기독교 신앙에 의하면 예수 그리스도가 '인간'의 죄를 대속했다. 그런데 여기서 '인간'은 한 개인을 뜻하는 것이 아니라 모든 실재하거나 실재했던 인간들, 달리 말해 모든 개별적인 사람들의 총체, 즉 보편적인 인간을 뜻하는 것이다. 그렇다면 보편적인 것으로서의 '인간'이라는 단어와 각각의 개인들은 어떤 관계를 갖는가? '인간'이라는 단어, 즉 보편자는 한갓 단어에 불과할 뿐인가 아니면 어딘가에 실재하는 실체를 가리키고 있는가?

유명론(唯名論)의 대표자인 로스켈리누스(Roscellinus, 1050~1125)는 개별자만이 실재하며, 보편자는 우리가 개별자를 표시하는 이름이나 낱말, 즉 음성의 발출(flatus vocis)에 불과하다고 주장했다. 예를 들어 내가 지금 눈으로 보고 있는 저 앞의 나무 한 그루는 실재하지만, 이 개별적인 나무를 생각하기 위해 내가 사용하는 일반 개념으로서의 '나무'는 단지 하나의 낱말일 뿐이지 실제로 존재하는 어떤 것이 아니다. 이러한 주장을 로스켈리누스는 기독교의 삼위일체 교리에 적용한다. 그에 의하면, 성부·성자·성령의 세 위격들은 실제로 존재하지만, 이 세 개별자들 모두에 해당되는 일반 개념으로서의 '신'은 실제로 존재하는 단일한 실체가 아니라 단지 하나의 낱말일 뿐이다. 따라서 이 세 위격들은 각기 개별적인 신들이기에 기독교의 신은 하나가 아니라 셋이다. 이러한 견해로 인해 로스켈리누스는 1092년에 수아송에서 개최된 공의회에서 삼신론(Tritheism)의 죄목으로 기소되었고, 결국 삼위일체에 관한 자신의 주장을 철회했다.

　과장된 실재론자들은 사물들에 앞서는 보편자(universalia ante res)가 실제로 존재한다고 주장했다. 요하네스 스코투스 에리우게나(Johannes Scotus Eriugena, 810~77)는 보편자가 개별자 안에 존재할 뿐만 아니라 개별자 이전에도 존재한다고 보았는데, 이 생각이 뜻하는 것은 한편으로는 보편자가 아무것에도 의존하지 않고 자립적으로 모든 개별적인 것들에 앞서 존재한다는 것이며, 다른 한편으로는 모든 개별적인 것들 속에 동일한 하나의 보편자가 포함되어 있다는 것이다. 모든 개별자들은 종(種)과 비교해 볼 때 전혀 새로운 것이 아닌데, 그 이유는 개별자들이 보편자에게 이미 속해 있기 때문이다. 이것은 개별자들이 자립적인 실체들이 아니라 보편자라는 실체에 의해 규정된 속성일 뿐임을 의미한다. 그런데 만일 개인이 독자적인 실체가 아니라 이미 실재하고 있던 인간이라는 보편적 실체의 한 특성일 뿐이라면, 인간이라는 보편 실체는 살아 숨 쉬는 그 어떤 개인보다도 더 실재적인 것이라고 볼 수 있을 것이다.

하지만 만일 과장된 실재론자들의 주장대로 보편자가 실재하고 개별자들이 이것을 공유하고 있는 것이 사실이라면, 각각의 개별자는 과연 얼마만큼이나 보편자를 자신 속에 포함하고 있는 것일까? 다시 말해서 개별자들은 보편자의 일부분만을 공유하는가 아니면 전부를 다 공유하는가? 그리고 철수 속에 포함된 보편자는 영희 속에 포함된 보편자와 똑같은 것인가? 과장된 실재론을 주장한 이들 중에서 가장 유명한 샹포의 기욤(Guillaume de Champeaux, 1070~1121)에 따르면, 개별자들이 공유하는 보편자는 총체적이며 본질적으로 동일한 것이다. 즉 보편자는 각각의 개별자 속에 온전히 전부가 다 그리고 동일하게 포함되어 있다는 것이다. 여기서 귀결되는 것은 개별자들이 우연적인 속성에서만 다를 뿐이지 본질적으로는 같다는 점이다. 온건 실재론자로 분류되는 페트루스 아벨라르두스(Petrus Abelardus, 1079~1144)는 기욤의 이러한 주장이 내포한 모순을 다음과 같이 지적했다. 만일 보편자가 모든 개별자에게서 같은 것이라면, 소크라테스와 플라톤은 서로 다르지 않다. 소크라테스와 플라톤이 본질적으로 같은 인간이라면, 어떻게 그들이 서로 다른 인간일 수 있겠는가? 결국 서로 다른 인간이란 있을 수가 없고, 오직 하나의 인간, 즉 인간 자체만 있을 뿐이다. 그런데 만일 아테네에 있는 플라톤이 로마에 있는 소크라테스와 본질적으로 같은 인간이라면, 로마에 있는 소크라테스는 아테네에도 예루살렘에도 이스탄불에도 서울에도, 즉 개별적인 인간들이 위치하는 곳이라면 그 어디든지(왜 아니겠는가? 심지어 저승에도) 있어야만 한다. 이러한 모순 외에도 기욤의 주장을 기독교의 삼위일체 교리에 적용할 경우 성부·성자·성령의 세 위격들이 무한대로 증식하는 범신론적 결과를 피하기 힘들 것이라고 아벨라르두스는 생각했다.

아벨라르두스는 과장된 실재론과 유명론의 양 극단들을 지양하는 가운데 보다 균형 잡힌 입장을 추구했던 것으로 보인다. 한편으로 그는 보편자가 인간의 지성 속에 위치한 단순한 주관적 관념이 아니라 독자적으로 실재하는 단일한 실체라는 과장된 실재론의 주장을 거부한다. 왜냐하면 보편성은 오직 낱말에만 있기 때문이다. 보편자는 다수의 사물들의 술어가 될 수 있는 반면, 하나의 사물은 다른 사물의 술어가 될 수 없다. 왜냐하면 개별적 사물에는 보편성이 없기 때문이다. 그런데 개별적 사물에 보편성이 부재한다는 말은 곧 보편자라는 단일한 실체가 존재하지 않는다는 말이다. 그러므로 보편성은 오직 낱말의 몫일 뿐이다. 다른 한편으로 그는 보편자가 단지 낱말일 뿐이라는 유명론의 주장도 역시 거부한다. 왜냐하면 보편자는 낱말이라기보다는 의미-술어(sermones)이기 때문이다. 보편자가 하나의 낱말이라면, 그것은 보편자가 공통된 상태(status) 속에 있는 대상들의 한 집합의 의미-술어가 되는 경우에만 그러한 것이다. 결국 아벨라르두스에게서 유일하게 실재하는 것은 개별자다. 보편자는 홀로 독립되어 실재할 수 없다. 즉 정신의 주관적인 의미-술어로서의 보편자는 개별자들로부터 분리되어 그저 지성 안에만(in intellectu solo et nudo et puro) 있을 뿐이며, 지칭된 개별자들에 관계하는 의미-술어로서의 보편자는 개별자들 안에만 있을 뿐이다.

토마스 아퀴나스

아우구스티누스가 스콜라 철학의 토대를 다졌다면, 진정한 의미에서 이 철학을 구축한 사람은 아퀴나스다. 아퀴나스는 스콜라 철학의 절정기인 13세기의 주도적 사상가로서 고대 철학, 특히 아리스토텔레스의 여러 사상과 기독교 신앙을 방대한 체계로 집대성했다. 우리는 여기에서 아퀴나스의 영혼론, 인식론, 윤리학, 정치학을 살펴볼 것이다.

아퀴나스는 인간 영혼의 능력들을 다섯 가지로 구분하는데, 그것은 식물이 갖고 있는 영양적인 능력, 동물이 갖고 있는 감각적인 능력과 욕구하는 능력, 고등동물이 갖고 있는 운동하는 능력, 인간만이 갖고 있는 지성적인 능력이다. 인간의 영혼은 이 다섯 가지 상이한 능력들의 단일한 통일체다. 지성적인 능력은 오직 인간에게만 존재하는 사고와 의지인데, 바로 이 능력이 인간을 다른 식물이나 동물의 영혼과 구별시킨다. 사고와 의지는 인간의 영혼의 본질을 형성하기에 인간의 영혼은 본질적으로 지성적인 영혼이며, 그럼에도 불구하고 다른 네 가지의 능력과 작용을 잠재적으로 보유하고 있다.

감각적인 능력은 감각적인 작용에 상응하는 감각적 욕구를 가지며, 지성적인 능력은 지성적인 작용에 상응하는 지성적 욕구, 즉 의지를 갖는다. 감각적 욕구에 좌지우지되는 동물과는 다르게 인간이 자기 결정의 능력, 즉 행동하거나 행동하지 않음을 선택하는 능력을 가질 수 있는 것은 바로 의지 때문이다. 그런데 인간의 이성적이고 자유로운 의지와 사고는 비물질적이고 비감각적인 본성을 지닌다. 그리고 아퀴나스는 인간 영혼의 불멸성을 여기에서 추론해 낸다. 먼저 영혼의 지성적인 능력은 감각적인 능력에 의존한다고 볼 수 있다. 왜냐하면 지성적 능력은 오직 감각적 능력이 산출하는 감각적인 자료를 소재로 삼아야만 사고를 수행할 수 있기 때문이다. 그럼에도 불구하고 지성적 능력은 감각적 능력으로부터 본질적으로 분리되어 있다고 볼 수 있다. 왜냐하면 이성적인 사고 자체는 그 작용에서 비감각적이고 비물질적인 것이기 때문이다. 그렇다면 인간의 지성적인 능력, 지성적인 영혼은 감각적이고 물질적인 것으로부터 분리되어 스스로 존재하는 것, 즉 스스로 실재성을 갖는 실체이어야만 한다. 다시 말해서 만일 인간의 영혼이 물질적 신체를 초월할 수 있다면 그것은 신체로부터 전적으로 자유로울 것이며, 결국 신체의 해체 이후에도 신체 없이 그 기능을 발휘할 수 있을 것이다. 그러므로 아퀴나스의 논증에 의하면 인간의 영혼은 불멸한다.[5] 반면에 식물의 영혼이나 동물의 영혼의 작용이 감각적이고 물질적인 것으로부터 분리된다고 보는 것은 힘들기에, 그것들의 영혼은 신체의 소멸과 더불어 사

---

[5] 인간의 개별적 영혼은 사후에도 영양적인 영혼과 감각적인 영혼, 지성적인 영혼으로서 존재한다. 왜냐하면 위에서 보았듯이 인간의 영혼은 다섯 가지 능력의 통일체이기 때문이다.

라진다고 생각해야만 할 것이다

인식론에서 아퀴나스는 대체로 아리스토텔레스의 철학에 의지한다. 인간의 지식의 근원은 감각에 있다. 왜냐하면 영혼은 감각적인 경험 없이는 아무것도 인식하지 못하기 때문인데, 그 이유는 원래 감각 안에 없던 것은 지성 안에도 있을 수 없기(nihil in intellectu quod prius non fuerit in sensu) 때문이다. 그렇다면 인식은 어떻게 이루어지는가? 아퀴나스에 의하면 인식 작용은 크게 두 단계로 나뉘는데, 첫 번째 단계는 능동 지성(intellectus agens)의 감각류(species sensibilis)에 대한 작용으로, 두 번째 단계는 가능 지성(intelectus possibilis)의 가지류(species intelligibilis)에 대한 작용으로 특징지어진다. 우선 인식의 시작은 감각적인 지각이며, 여기서 감각적인 사물들은 인간의 감관에 감각류를 새긴다. 감각 경험을 통해서 인간의 영혼이 받아들이는 감각류는 이미 감각적인 요소가 제거된 상태지만, 그럼에도 불구하고 여전히 그것이 유래한 사물들의 감각적인 흔적을 갖고 있다. 그런데 감각적인 흔적으로 인해 물질적이거나 신체적인 것으로부터 아직 자유롭지 않은 감각류는 인간의 신체와 분리된 가능 지성이 인식하거나 받아들이기에는 적합하지 않다. 왜냐하면 영혼은 자신의 본질에 상응하는 것만 동화시킬 수 있기 때문이며, 가능 지성은 그 본질상 비감각적이기 때문이다. 감각류로부터 이러한 감각적인 흔적을 제거해서 비감각적이고 가지적인 것, 즉 가지류로 만드는 것이 바로 능동 이성이다. 가지류는 능동 이성에 의해 빛이 비춰지며(illuminantur), 이러한 조명을 통해서 능동 이성은 가지류로부터 가능 지성의 본질에 상응하는 것, 즉 보편적인 것을 추상해 낸다. 그리고 가능 이성은 이렇게 능동 이성에 의해 조명되고 추상된 가지류를 통해 사물의 보편적 개념을 인식하거나 받아들인다. 결국 아퀴나스에게 인식이란 감관에서 유래한 감각류로부터 능동 이성이 추상해 내는 가지적인 것을 가능 이성이 수용하는 것이다.

윤리학에서 아퀴나스는 아리스토텔레스와 마찬가지로 행복의 추구가 바로 선의 추구라고 생각했다. 인간의 행복으로서의 선은 인간의 참된 본성과 밀접한 관련을 맺고 있는데, 인간의 참된 본성이란 개개의 인간이 거기에 도달해야만 하는 완성된 상태, 즉 목적이다. 따라서 인간의 선과 행복은 인간의 목적으로서의 참된 본성을 실현하거나 완성하는 것이다. 그리고 목적을 완성해 나가는 과정은 이 목적을 척도로 삼아 행동하는 것이기에, 인간의 선은 개개의 인간이 인간의 목적인 참된 본성에 적합하게 행동하는 것이라고 볼 수 있다. 그런데 모든 존재자의 본성들이 본성들일 수 있는 원인은 바로 신이다. 피조물들의 본성이란 신의 정신 속에 있는 관념 또는 이념인 것이다. 그런데 만일 인간의 궁극적인 본성이 신 안에 있다면, 이것은 인간이 자신의 목적에 다다를 수 있는 참된 척도를 자신 속에 갖고 있지 못하다는 것을 의미한다. 그렇다면 인간이 자신의 본성을 완성하기 위해 행하는 모든 것들과 그 결과물들은 불완전할 수밖에 없을 것이다. 결국 인간의 참되고 완전한 행복은 이 세상에서 이뤄지는 것이 아니라 내세에서 이뤄진다는 것이 아퀴나스의 통찰이다.

아퀴나스에 따르면, 지성적인 본성을 가진 인간에게서 최고의 행위는 관조(theoria)이며, 관조가 추구하는 최고의 목표는 신이다. 따라서 인간의 완전한 지복으로서의 최고선(summum bonum), 즉 참된 본성의 완성은 바로 신을 아는 것이다. 하지만 인간이 가질 수 있는 신에 대한 지식은 완전할 수 없다. 인간의 완전한 선, 최고선은 신을 아는 것인데, 이것은 오직 직관에 의해서만 획득되며, 오직 내세에서만 그것도 노력의 여부에 의해서가 아니라 신의 은총을 받았을 때에만 가능할 뿐이다. 마찬가지로 인간의 완전한 행복, 즉 지복(beatitudo)의 성취도 이 세상에서는 불가능하다. 이와 같이 아퀴나스의 행복주의 윤리 또는 도덕은 죽어야만 진정한 의미에서 완성될 수 있다는 초월적 특징을 갖는다. 하지만 윤리에 관한 아퀴나스의 논의는 단지 이러한 현세에서 실현 불가능한 최고선에만 머무르는 것이 아니라, 지상에서 구현될 수 있는 선에 관해서도 적극적으로 개진된다.

동물의 행동이 욕구에 의해 직접적으로 결정되는 반면에, 인간의 행동에는 지성과 의지가 개입한다. 다시 말해서 동물은 신이 미리 심어놓은 자신의 목적을 감각적인 충동에 의해 자연적으로 실현하는 반면에, 인간의 행동은 숙고하는 지성과 선택하는 자유를 전제로 한다. 인간이 도덕적으로 옳은 행동을 하기 위해서는 이 행동이 향하는 대상, 행동을 통해 달성하고자 하는 목표, 행동이 위치하는 상황이나 맥락 등을 숙고해야만 한다. 이러한 숙고는 하나의 선택으로 이어지는데, 이 선택을 받아들이거나 거부하는 것은 의지의 몫이다. 이처럼 도덕적인 행동을 위한 선택은 지성과 의지의 공동 작업인 것이다. 그런데 의지가 결단하는 선택이 항상 올바를 수만은 없기에, 인간은 지성의 인도 아래 이성의 규칙에 따라서 자신의 행동을 규제해야만 한다. 여기서 이성의 규칙이란 바로 도덕이나 윤리의 원리를 말한다.

윤리의 원리들은 모든 인간에게 알려져 있는데, 그 이유는 그것들이 바로 인간의 본성 안에 새겨져 있기 때문이다. 모든 이들의 마음에 새겨져서 누구나가 알고 있는 이러한 자연적인 윤리 법칙을 아퀴나스는 자연법(lex naturae)이라 칭한다. 우주를 지배하는 것은 신의 이성이기 때문에 신의 정신 속에 있는 사물들에 대한 관념은 그 자체로 법적인 본성을 가지며, 시간에 종속되지 않기에 영원하다. 이러한 영원하고 신적인 법이 바로 영원법(lex aeterna)인데, 각각의 인간은 자신 안에 영원법의 흔적을 간직하고 있으며, 이 흔적이 바로 자연법인 것이다. 인간의 이성에 새겨진 자연법은 영원법의 하위 범주에 속하며, 각각의 인간들은 자연법을 통해서 영원법에 참여한다.[6]

----

6 인간 이하의 존재자들에게서 영원법은 이 존재자들의 내적인 운동의 원인으로서 필연적으로 작용하지만, 인간에게서 영원법은 법칙이나 명령의 형태로서 인간의 자유로운 선택에 맡겨진다.

아퀴나스에게서 윤리학의 최고 공리는 선한 것을 행하고 악한 것을 멀리하는 것이다. 그렇다면 어떤 것이 선한 것이고, 어떤 것이 악한 것인가? 이성에 따르는 모든 행위는 선하며, 이성에 어긋나는 모든 행위는 악하다. 이성에 따른다는 것은 인간의 본성에 따른다는 것이다. 왜냐하면 인간의 본성은 지성적이기 때문이다. 그런데 인간의 본성에 영원법의 흔적인 자연법이 각인되어 있기에, 인간이 그 본성에 따라 행동한다는 것은 결국 이성의 규칙으로서의 윤리의 원리와 영원법을 따라 행동한다는 것이다.

정치학에서도 아퀴나스는 아리스토텔레스를 따라 인간이 본성적으로 사회적인 동물이라는 것을 받아들이면서 특히 국가의 기원을 인간의 본성에서 찾는다. 국가의 목적은 국민들의 보편적인 선인데, 이러한 목적은 내적으로는 국가의 통일을, 외적으로는 국가의 평화를 전제로 한다. 아퀴나스는 국가의 목적을 성취하기 위한 최선의 국가 형태가 군주제(monarchy)라고 보았다. 그는 최악의 국가 형태를 참주제(tyranny)라고 생각했지만, 그럼에도 불구하고 참주를 살해하거나 혁명을 일으키는 일은 허용될 수 없다고 여겼다. 국가는 신이 수립한 제도이기 때문에, 참주제의 상황에서 문제 해결은 오직 법에 의거해 이뤄져야만 한다는 것이다.

교회와 국가 간의 관계에서 교황은 국가보다 우위를 점하며, 따라서 국가는 교회에 종속된다. 왜냐하면 인간의 최고선은 신 곁에서의 완전한 지복이고, 교황은 신의 대리인으로서 세속의 질서 위에 있는 구원의 질서를 주재하기 때문이다. 그러므로 군주는 교황의 가신이며, 교황은 군주의 주군이다. 만일 군주가 교회로부터 출교를 당할 경우, 국민들은 더 이상 그에게 충성을 바칠 의무가 없다. 교회는 국가가 자신의 세속적인 영역 내에서 가지는 자치적인 권한에 관여하지 않는다. 그럼에도 불구하고 국가는 절대적인 자치권을 가질 수 없다. 국가의 목적은 현세에만 관련된 것이 아니라 내세와도 관계가 있기 때문이다. 인간의 최고의 목적이 완전한 지복이기에, 국가는 국민들이 완전한 지복을 추구하는 것을 방해해서는 안 된다. 오히려 국가는 국민들의 종교생활을 촉진하는 가운데 국민 개개인이 완전한 지복에 이르는 데 직접적으로 기여해야만 한다. 비록 아퀴나스가 국가의 자치권을 인정하기는 하지만, 인간의 최고의 목적과 국가 간의 관계를 고려하는 가운데 그는 국가 권력에 제한을 두며, 결과적으로는 교회가 국가의 자치권에 관여할 여지를 남긴다. 뿐만 아니라 입법의 문제와 관련해서는 국가의 자치권이 더욱 축소된다. 아퀴나스에 의하면, 입법은 영원법의 흔적인 자연법을 본받아 이뤄져야만 하며, 자연법을 거스르는 명문화된 법은 법으로서의 자격을 상실한다. 따라서 만일 군주가 자연법에서 벗어난 불합리한 법을 제정할 경우, 국민은 그러한 법을 준수할 필요가 없다.

우리에게 기독교란 무엇인가?

14세기에 프랑스의 필리프 4세가 아비뇽에 독자적으로 교황청을 세웠던 사건 이래로 교회의 통일성은 손상되기 시작했고, 16세기에 시작된 종교개혁과 더불어 교회는 분열된다. 우리가 앞에서 본 것처럼 왕이 잘못된 법을 제정할 경우에는 불복종해야만 하며, 법의 옳고 그름을 판단하는 기준은 신으로부터 나온 영원법이라고 아퀴나스는 생각했다. 그런데 이러한 생각은 세속권력의 영역뿐만 아니라 교회에도 적용될 수 있지 않을까? 실제로 종교개혁가들은 교회의 권위가 그릇되게 행사될 경우 교인들은 이 권위에 불복종해야만 한다고 생각했으며, 교회 권위의 잘못된 사용 여부에 관해 그들이 판단할 수 있었던 근거는 초기 교회의 권위였다. 즉 종교개혁가들은 본래적인 기독교로 회귀하길 원했던 것이다. 물론 종교개혁은 순수하게 종교적인 문제인 것만은 아니었다. 세속의 통치자들은 로마 가톨릭 교회의 토지나 재산을 몰수하는 것과 같은 실질적인 이득을 취하기 위해 개신교를 정치적으로 후원했다. 정치적이고 경제적인 이해관계가 결부된 로마 가톨릭과 개신교 간의 종파 분쟁은 결국 30년 전쟁(1618~48)으로 이어지는데, 종교적인 이유로 시작된 이 전쟁은 어느덧 정치적이고 영토적인 이유와 더불어 끝나고 만다. 결국 종파 분쟁이 야기한 30년 전쟁은 유럽의 정치 형태를 재편성했고, 대략 현재까지 유지되고 있는 근대적 국민국가의 토대를 놓았다. 게다가 종교개혁은 청교도들을 영국에서 몰아내어 북아메리카에서 식민지 개척 운동을 하게끔 했는데, 이것이 바로 미국이 탄생하는 계기가 되었다. 결국 중세 동안 신앙(로마 가톨릭)의 이름으로 통일되었던 서양은 중세 이후에 역시 신앙(개신교)의 이름으로 해체되었다. 교회의 분열은 곧 서양의 분열이었던 것이다.

교회의 분열은 기독교와 정치의 결합도 흔들어놓았다. 18세기 중반에 이르면 기독교가 사회에 끼치는 영향력이 현저하게 감소한다. 로마 가톨릭이든 개신교든 기독교는 더 이상 사회를 통일하는 원리로서 작용할 수 없게 된 것이다. 18세기 후반에 이르러 프랑스 혁명과 미국 독립

히파티아(라파엘로의 「아테네 학당」 중에서, 흰옷을 입고 서 있는 인물)

그리스–로마의 전통 종교와 유대교 그리고 기독교가 치열한 다툼을 벌이던 알렉산드리아. 여성 철학자 히파티아는 이 싸움의 와중에서 이성과 철학을 견지하려 했으나, 결국 기독교 광신도들에게 처참하게 짓밟혀 죽는다.

혁명은 교회와 국가의 연합을 뒤흔들어 놓았고, 19세기에 교황은 오직 바티칸 시를 제외하고는 그 어디에서도 정치적인 영향력을 갖지 못하게 되었다. 그리고 20세기 초에 일어난 러시아 혁명과 멕시코 혁명은 그나마 남아 있던 교회와 국가 간의 연결고리를 결정적으로 끊어버렸다. 오늘날 몇몇 국가들을 제외하고 대부분의 국가들에서 정치와 종교는 분리되어 있다. 대부분의 국가들은 국교를 인정하지 않으며, 국교를 인정하는 국가들 중 상당수는 종교적 자유를 보장한다. 오늘날 일반적으로 정치가 종교로부터 자유로워졌다는 말은 맞는 말이다. 하지만 종교는 정치로부터 자유로운가?

우리나라의 종교 인구는 총인구의 절반을 조금 넘는다. 전 세계의 종교 인구가 총인구의 약 80퍼센트인 것을 감안할 때, 상대적으로 적은 편이라고 볼 수 있다. 우리나라의 종교인 가운데 불교 인구가 전체 종교 인구 중 약 45퍼센트로 가장 많으며, 개신교 인구가 약 38퍼센트, 천주교 인구가 약 13퍼센트, 유교가 약 0.85퍼센트를 차지한다. 이 밖에도 유의미한 통계치를 보여주는 종교들로는 원불교, 대순진리회, 천도교, 대종교가 있다. 타이완이나 일본과 비교할 때 우리나라 종교인 중 기독교도들이 차지하는 비율이 상당히 높은 편인데, 그 이유는 타이완의 유교와 도교나 일본의 신도와 불교 같은 경우 근대화가 진행되는 과정에도 영향력이 있는 종교 조직체들로서 단절 없이 기능했고, 역사적 경험들에서 기인한 서양과 그 문화에 대한 적대감이 우리나라에 비해서 훨씬 강했기 때문이라고 볼 수 있다. 우리나라의 경우에는 전통적인 종교들이었던 유교, 불교, 도교가 19세기 말에 이미 쇠퇴한 상태였고, 일제강점기와 6·25전쟁을 거치며 정신적 유산들이 거의 소멸되었기에, 이러한 정신적 진공 상태가 기독교의 급속한 전파에 유리하게 작용했다고 볼 수 있다. 그런데 다양한 종교들이 공존하는 상황은 우리 사회에 적지 않은 갈등을 초래해 왔다. 먼저 제사와 결혼과 같은 사적 영역에서 발생할 수 있는 문제가 있다. 천주교에서는 제사 문제에 융통성 있게 대처하고 있지만, 개신교는 마치 로마 제국 치하의 기독교인들이 황제 숭배를 거부했던 것과 같이 제사를 강하게 거부한다. 문제는 한 가족의 구성원들이 저마다 다른 종교를 갖는 경우가 드물지 않기에 명절 때마다 제사 문제를 놓고 갈등을 빚는 상황이 일어난다는 것이다. 또한 서로 다른 종교를 가진 사람들 사이의 결혼에서 기독교도들은 상대방을 개종시키고자 하는 경향이 있다. 그리고 공적인 영역에서는 공교육에서의 종교 교육이나 예배, 단군 성전의 건립, 부처님 오신 날의 공휴일 제정과 같은 문제들을 둘러싼 사회적인 갈등이 여러 차례 표출되었다. 하지만 한국 사회가 겪고 있는 종교적인 갈등은 그나마 덜 폭력적이다. 1984년에 인디라 간디 인도 총리가 피살되었던 근본적인 원인은 힌두교와 시크교 사이의 불화였다. 로마 가톨릭 교도들과 개신교도들 사이의 종교적인 갈등이 정치화된 북아일랜드 분쟁은 테러를 낳았다. 1980년부터 1988년까지 지속되었던 이란-이라크 전쟁의 발단은 이슬람교의 시아파와 수니파 사이의 반목이었다. 아프가니스탄과 타지키스탄의 내전은 이슬람 혁명 이데올로기와 공산 혁명 이데올로기 간의 충돌에서 비롯되었다. 1992년부터 1995년까지 벌어진 보스니아 내전에서 자행된 인종 청소는 세르비아 정교회와 이슬람교 사이의 갈등이 원인이었다. 이쯤 되면 종교는 문젯거리 그 자체다.

그런데 종교와 정치의 분리 이후에도 종교적인 문제가 계속 발생하고 있다는 사실은 문제의 원인이 종교에만 있지는 않다는 것을 보여준다. 만일 인류가 '정치의 종교화'로 규정될 수 있는 종교와 정치의 중세적인 연합으로부터 해방되었다면, '종교의 정치화'로부터는 아직 자유롭지 못한 것이 현실이다. 종교의 정치화는 언제나 있었으며, 지금도 계속되고 있다. 로마의 콘스탄티누스 대제는 기독교를 정치적 수단으로 삼았다. 클로비스를 위시한 게르만족은 로마계 원주민들을 통치하기 위해 로마 가톨릭으로 개종했다. 종교개혁의 경우에서 보았듯이 세속의 통치자들은 개신교를 정치적 도구로 삼았다. 또한 이 당시 상품의 공정한 가격을 장려하고 이자로 폭리를 취하는 것을 금했던 로마 가톨릭 교회의 방침에 만족할 수 없었던 신흥 부르주아들도 역시 개신교를 이용했다. 사람들은 종교를 자신들의 이익을 도모하기 위한 정치적 도구로 이용해 왔던 것이다. 그렇다면 문제는 종교를 정치로부터 해방시키는 것이다.

　오늘날 종교의 가장 큰 적은 합리주의라고 생각하는 사람들이 있다. 합리주의자들은 세계로부터 비합리적인 것들이나 초자연적인 것들을 제거해 나가는 가운데 결국 인간을 중세와는 전적으로 다른 세계에 거주하게 만들어버렸다. 합리주의와 더불어 인간은 더 이상 신의 섭리가 작용하는 신의 세계에 사는 것이 아니라, 과학의 진보에 따라 그 안에서 발생하는 일들의 모든 인과관계가 설명될 수 있는 세계, 즉 인간 자신도 이러한 설명으로 남김없이 환원될 수 있는 물리적 세계에 살게 된 것이다. 그런데 과연 종교의 가장 큰 적이 합리주의일까? 비록 우리가 앞에서 보았던 것처럼 신앙과 이성을 신학적으로 종합했던 교회가 이성을 존중했으며, 엄밀한 의미에서 반지성적이지 않았음에도 불구하고 모든 것을, 심지어 신마저도 논리적으로 설명해 내려고 하는 합리주의적인 사고를 배척했고, 또한 배척할 수밖에 없었던 것은 사실이다. 합리주의에 대한 교회의 두려움은 일견 이해할 만하다. 하지만 본래 신앙을 갖는다는 것은 감각 경험과 과학적인 증거를 통해 확인된 어떤 것을 믿는 것이 아니다. 이렇게 합리적으로 증명된 것은 믿을 것이 아니라 알 것인 것이다. 예를 들어 내가 지금 해가 떠 있는 것을 볼 경우, 나는 지금 해가 떠 있다는 것을 알고 있는 것이지 믿고 있는 것이 아니다. 설령 증명된 어떤 것을 믿을 수 있다고 하더라도 이러한 믿음의 결단을 내리기 위해 우리의 의지는 그 어떤 고뇌도 겪을 필요가 없는 것이다. 반면에 신앙을 갖는다는 것은 알려지지 않은 어떤 것을, 증명될 수 없는 어떤 것을 선택에 따를 수 있는 모든 위험을 감수하며 믿는 것이다. 예를 들어 나는 캄캄한 동굴 속에 갇혀 있는 상태에서 비록 바깥을 내다볼 수 없지만, 그럼에도 불구하고 지금 바깥에는 해가 떠 있다고 믿을 수 있다. 과학적인 세계관이 지배하는 오늘날 사람들이 여전히 신앙을 가질 수 있는 이유는 바로 이것이다. 경험과 과학이 밝혀내는 것들은 오직 어두운 동굴 안에서만 타당할 뿐이며, 동굴 바깥에는 밝고 찬란한 또 다른 세계가 있으리라는 것이다. 종교의 진정한 적은 합리주의가 아니다. 합리주의에도 불구하고 얼마든지 믿을 수 있는 것이다. 우리는 앞에서 기독교가 성장한 이유 중 하나가 박해라는 가설을 제시했다. 합리주의라는 장애물 앞에서 어쩌면 종교인들은 신앙을 오히려 더 강화시킬 수도 있을 것이다. 그렇다면 종교의 진정한 적은 무엇인가? 그것은 바로 종교인들이다. 보다 정확하게 말하자면, 종교를 정치적으로 이용하려는 세력들 및 이들과 결탁한 성직자들이 바로 종교의 적이다. 종교인들이 현세라는 동굴 속에 또아리를 틀고 안주하려 할 때, 그래서 마치 동굴 속이 전부라는 듯이 동굴 바깥의 세계를 망각할 때, 종교의 이상은 참혹한 정치적 현실로 변질된다. 마치 마르크스주의가 스탈린주의로 추락했던 것처럼 말이다. 신과 인간의 올바른 관계는 쉽지 않다. 이것이 바로 기독교가 역사를 통해 우리에게 남겨준 교훈이다.

| 참고할 만한 책 |

중세의 문명과 종교, 사상에 관련해서는 다음의 책들이 도움을 준다.
- 강유원, 『역시 고전 강의』, 라티오, 2012.
- 리처드 루빈스타인, 유원기 옮김, 『아리스토텔레스의 아이들』, 민음사, 2004.
- 자크 르 고프, 유희수 옮김, 『서양 중세 문명』, 문학과지성사, 2008.
- 클라우스 리젠후버, 이용주 옮김, 『중세 사상사』, 열린책들, 2007.
- 장 베르동, 최애리 옮김, 『중세는 살아있다: 그 어둠과 빛의 역사』, 도서출판 길, 2008.
- 크레인 브린튼, 최명관 외 옮김, 『서양사상의 역사』, 을유문화사, 1984.

– 마르크 블로크, 한정숙 옮김, 『봉건사회』, 한길사, 2001.
– R. W. 서던, 이길상 옮김, 『중세교회사』, 크리스챤다이제스트, 1999.
– 시린 아이돌, 이순호 옮김, 『인류의 역사: 문명의 패러다임을 바꾼 결정적 순
   간』, 리더스북, 2010.
– W. 울만, 박은구 외 옮김, 『서양 중세 정치 사상사』, 숭실대학교출판부, 2000.
– 이정우, 『세계철학사 1: 지중해세계의 철학』, 도서출판 길, 2011.
– 에티엔느 질송, 김기찬 옮김, 『중세철학사』, 현대지성사, 1997.
– 요한 하위징아, 이종인 옮김, 『중세의 가을』, 연암서가, 2012.
– F. 코플스톤, 박영도 옮김, 『중세철학사』, 서광사, 1989.
– 앤서니 케니, 김성호 옮김, 『케니의 서양철학사 2: 중세철학』, 서광사, 2010.

초기의 기독교에 대해서는 다음을 보라.
– 유스토 L. 곤잘레스, 서영일 옮김, 『초대교회사』, 은성, 1987.
– 헨리 채드윅, 박종숙 옮김, 『초대교회사』, 크리스챤다이제스트, 1999.

기독교의 전개를 이해하기 위해서는 다음의 저작들을 보라.
– 후스토 L. 곤잘레스, 이형기 외 옮김, 『기독교 사상사』(전 3권), 한국장로교출판
   사, 1988.
– 유스토 L. 곤잘레스, 서영일 옮김, 『종교개혁사』, 은성, 1987.
– 피터 브라운, 이종경 옮김, 『기독교 세계의 등장』, 새물결, 2004.
– 알랭 코르뱅 외, 주명철 옮김, 『역사 속의 기독교: 태초부터 12세기까지 기독교
   가 걸어온 길』, 도서출판 길, 2008.
– 아우구스트 프란쯘, 최석우 옮김, 『교회사』, 분도출판사, 1982.

제11장

인간적인 것의 발견: 르네상스의 사상

임상훈

　인간이 문명을 형성하고 살기 시작하면서부터 '인간적'이라는 수식만큼 동어반복적이면서도 후한 찬사가 없는 것 같다. 왜 우리는 인간을 '인간적'이라 부르는 것에 대해 싱거워하지 않고 그것을 찬사로 받아들일까? 가령 과학이 '과학적'이라거나 동물이 '동물적'이라고 하는 표현, 또는 자동차를 '자동차답다'라고 하는 수식에는 아무런 부가정보도 없을 뿐더러 경우에 따라서는 오히려 가치평가 절하의 의도가 읽혀지기도 한다. 그런데 왜 인간을 인간적이라고 묘사할 때는 다른 동어반복적 수식에서는 찾아볼 수 없는 긍정의 힘이 느껴질까? '인간적인 것'이 내포하고 있는 수많은 의미론적, 가치론적 지시들을 찾아보는 것이 어쩌면 이 물음에 대한 답을 찾는 좋은 길이 될 것이다. 그리고 실제 유럽의 역사를 보면, 이 물음에 대해 '자신들도 모르게' 가장 진지하게 고민을 하던 시기가 있었다. 그 시기가 바로 대략 14세기에서 16세기에 해당하는 기간으로, 바로 르네상스(Renaissance)라고 부르는 시대다. 왜 이 시기에 이탈리아에서 시작된 거대한 줄기의 사조가 '인간적인 것'들에 대한 고민을 하게 했으며, 그래서 어떤 결과들을 가져왔고, 왜 우리는 그 시대를 르네상스 시대라고 부르게 되었을까? 그리고 이 시기에 만들어진 문화들이 이후 세계에 어떤 영향을 끼쳤으며, 지금 우리가 사는 세계에 이르기까지 남아 있는 유산들로는 어떤 것이 있을까? 이번 장에서 이와 관련된 이야기들을 풀어보기로 하자.

'인간적'이라는 것

본질과 개체

현대의 철학자 장 폴 사르트르[1]의 표현을 조금 응용하자면 인간과 달리 동물 또는 자동차 같은 것들은 그 성립 과정에서 이미 '그래야 함'이 내포되어 있다. 동물이라는 실체가 있으려면 우리가 어떤 대상을 동물이라고 부를 것인가에 관한 의미적 범주가 있어야 하지 않을까?[2] 또한 자동차를 자동차라 부를 수 있는 것은, 힘을 많이 들이지 않고도 빠르게 이동을 하고자 그것을 만든 것이므로, 그 물건이 사전에 정해진 이 목적에 걸맞을 때가 아닐까?[3] 따라서 인간 외의 모든 대상들은 사전에 이미 존재 이유가 있다고 할 수밖에 없다.

하지만 인간의 경우에는 그에 앞서 인간에게 존재 이유와 목적, 그 가치를 부여할 수 있는 상위의 어떤 초월적 존재가 있을까? 있다면 그

----

1 장 폴 사르트르(Jean-Paul Sartre)는 20세기 프랑스의 실존철학자다. 인간은 다른 사물들과 달리, 사전에 부여된 목적에 부합하는지의 여부에 의해 존재가치를 인정받는 것이 아니라 존재 자체가 가치라고 주장했다. 아울러 진정한 자유는 그러한 존재가치를 스스로 깨달을 때 얻어진다고 했다.

2 예를 들어 유글레나와 같은 단세포 생물을 동물이라고 불러야 할지 그렇지 않을지는 동물의 범주를 정하지 않고는 결정할 수 없는 문제다.

3 이 대목 속에는 흔히 철학에서 말하는 인식론적, 존재론적, 목적론적 논의가 모두 섞여 있다. 이 논의들을 구분하지 않은 이유는 지금 필자가 말하고자 하는 주제를 위해서는 굳이 그러한 차원의 엄밀한 구별을 할 필요가 없고, 그렇게 하지 않아도 문맥상 큰 문제가 없다고 판단했기 때문이다.

초월적 존재가 정한 기능과 목적과 가치에 부합하는 인간의 경우에 한해 인간적이라는 수식을 붙일 수 있을 것이다. 하지만 아무리 훌륭한 능력과 재능을 가지고 있다고 한들 초월적 존재가 부여한 인간의 조건에 절대적으로 부합할 수 있다고 자신하기는 어렵지 않겠는가! 아무리 훌륭한 인격자나 아무리 탁월한 기술자라 하더라도 어떤 부분에서는 결점이 있을 수밖에 없고, 그럴 경우 인간적이라는 서술은 들을 수 없는 표현일 것이며, 설사 그런 조건들을 충족시켜서 인간적이라는 표현에 걸맞게 된다 하더라도 그것은 찬사가 될 수 없고 지극히 '정상적'이라는 말에 지나지 않을 것이다. 마치 동물이 동물적이라고 한 말에는 정상적이라는 의미 이상이 담겨 있지 않은 것처럼 말이다. 하지만 우리가 '저 사람은 참 인간적이야'라는 표현을 쓸 때, 결코 '저 사람은 정상적이야'라는 의미로 쓰지 않는다는 것은 분명한 사실이다. 따라서 인간적이라는 표현은 다른 대상들에 사용하는 동어반복적 서술과는 거리가 멀다는 사실 또한 분명해진다. 그 이유가 어디에 있을까?

사르트르의 표현을 다시 인용하자면, 인간은 자신들이 존재하는 이유와 가치를 초월적인 다른 존재로부터 부여받는 것, 즉 사명(使命)된 것이 아니라 존재 자체로 이미 목적과 가치가 달성된 것이라고 한다.[4] 이러한 관점을 따르자면, 즉 이미 존재의 순간에 존재 목적이 달성된 셈이 된다면 그 앞으로 놓여 있는 시간들은 정해진 목적을 향해 나아가는 여정이 아니라 이미 달성된 존재 목적을 떠나 새로운 운명을 찾아 떠나는 길이 될 것이다. 이렇게 삶의 의미를 이미 찾았으니 이제 새로운 여정을 향해 나아가는 때를 상상해 보자. 그때 우리는 목표로 삼아야 할 무언가가 없다는 형언할 수 없는 자유로움과 함께 알 수 없는 불안감 역시 동

---

4 장 폴 사르트르, 박정태 옮김, 『실존주의는 휴머니즘이다』, 이학사, 2008. 오늘날 인권 사상과 생명의 존엄성에 관한 사상들도 이러한 '존재 자체가 목적'이라는 사고와 깊은 관련이 있다.

시에 엄습해 오는 경험을 할 수 있을 것이다. 다시 말하면 자유는 편안함에서 얻어지는 것이 아니라 불안감을 동시에 감수해야 얻어질 수 있다는 말이 된다. 그 불안감이 더 크다면 자유를 포기해야 할 것이고, 자유를 위해 불안감을 참아낼 수 있다면 비로소 자유를 찾아 떠날 자격이 부여되는 것이다. 그렇다면 잠시 우리를 자유와 불안감 사이에서 망설이는 한 인간 안으로 투영해 보자. 우리는 이미 집을 벗어났거나 부모 곁을 떠났다. 그렇다면 이때 우리는 다시 새로 의지할 곳을 찾아야 하는가? 그렇지 않다면 나 자신을 믿어야 하는가? 나 자신을 믿는다는 것도 그리 간단한 문제는 아니다. 나를 믿는다는 것이 무슨 말일까? 나와 같은 고민을 하고 있는 존재가 나의 주변이나 역사 속에도 늘 있어왔기에 그들이 할 수 있었듯 나도 할 수 있다는 믿음을 말하는 것일까? 즉 나와 유사한 많은 개체들을 포함한 보편적 인간이라는 것이 있고 나도 그들 중 하나이기 때문에 나를 믿을 수 있다는 말일까? 그렇지 않고, 즉 나와 닮은 보편적인 인간이란 없고, 있다고 하더라도 그것과 무관하게 내가 처한 상황과 대하는 대상과의 관계에서 나만의 고유한 판단을 할 때 그 판단의 책임이 나 개인에게 있다는 말일까?

이러한 고민을 흔히 철학에서 실존적 고민이라고 표현하는데, 여기서 실존이라는 말은 보편적이고 추상적인 개념으로서의 존재가 아니라 실제로 여기에 이렇게 있는 구체적 개체로서의 존재를 말하는 것이고, 실존주의라는 것은 그러한 구체적 실제의 존재가 보편자보다 중요하다고 믿는 사고이다. 이를 다른 말로 실존이 본질에 앞선다고 하기도 한다. 앞서 언급했던 자동차나 연필, 안경 등 인간을 제외한 모든 대상들은 '그래야 하는' 보편적 본질이 먼저 있어야 실제 개체가 나올 수 있다.[5]

----

[5] 사물들뿐만 아니라 생물체도 마찬가지다. 인간이 '필요에 의해' 부여한 범주와 조건이 정해졌을 때 동물이나 식물, 미생물 등이 나올 수 있는 것이고, 인간이 만든 범주에 들어갈 수 없는 대상은 인간의 인지능력 밖으로 나가거나 적어도 관념대상의 밖으로 나갈 수밖에 없을 것이다.

다른 말로 이들에게는 본질이 개체보다 앞선다고 말해야 할 것이다. 이것이 사물과 인간의 차이가 된다. 그리고 만약 그 반대로 인간도 그 위의 초월자가 있어, 그 초월자에 의해 '그래야 하는' 인간의 본질이 정해지고, 정해진 본질에 따라 개체들이 존재하게 되는 것이라면 인간도 역시 다른 사물들과 마찬가지로 본질주의에 의해 설명이 되어야 할 것이다.[6] 이것이 서양 철학에서 부르는 본질주의의 기본 토대이고, 이 본질주의적 초월자를 흔히 '신'이라고 부른다.

르네상스의 철학적 조건

서양 사상에서 가장 대표적인 초월자는 역시 기독교적 의미의 신이다. 원래 서아시아 지방에서 발생한 원시기독교는 세계종교로서의 보편성을 띠면서 유대교와 갈라진 이후 유럽으로 건너가 플라톤의 이데아 사상으로부터 이론적 토대를 제공받으면서 좀 더 치밀한 사상으로 발전한다. 4세기경 로마 제국의 국교가 된 기독교는 이후 1,000년이 넘는 기간 동안 유럽 사회의 공인된 신앙으로서뿐만 아니라 지배 이데올로기나 철학적 바탕으로서 사회 속에 전반적으로 뿌리를 내리게 된다. 이 긴 시간을 우리는 중세라고 부르고, 그러한 기독교적 지배사상이 조금씩 허물어지기 시작한 시기가 바로 르네상스 시대이다.[7]

----

6 사상사를 통해 자신들의 사고 체계를 본질주의라는 이름으로 환원한 사상가들은 없었다. '본질주의'는 자신의 철학을 명명하기 위해 사용된 적은 없고 다른 체계를 기술하거나 비판하기 위해 사용되어 왔지만, 고대 그리스에서 현대에 이르기까지 서양 사상의 중심축은 본질주의에서 벗어나지 못했다. 실존주의를 비롯한 본질주의에 반대하는 어떠한 사상들도 '본질주의에 대한' 반대였고, 결국 본질주의를 무시하고는 서양 체계를 설명할 수가 없다. 그것이 필연적인 존재론적 토대이든 혹은 오랜 시간 서구인들의 무의식 속에 깊이 뿌리를 내려 좀처럼 벗어나기 어려운 망령이든 서구 세계의 거의 모든 사상과 제도 등의 전반에 걸쳐 뿌리 깊게 자리 잡고 있다. 서구 본질주의의 중심에는 바로 플라톤이 있으며, 다소 차이는 있지만 넓은 의미에서는 동북아 사상사에서도 크게 다르지 않아, 초월적 담론으로서의 형이상학이 집대성된 성리학의 권위를 빼놓고는 동양 사상을 설명하기 어렵듯이 본질주의가 서구 세계의 토양만은 아닌 것이다.

앞서 우리는 르네상스 시대를 인간적인 것에 대해 진지한 고민을 하던 시대라고 언급한 적이 있다. 그렇다면 여기서 인간적인 것에 대한 고민이라는 것이 무슨 의미인지를 앞 장에서 생각해 본 본질 및 개체의 문제와 결부해 들여다보기로 하자. 서양 철학의 체계를 이루는 중심은 본질주의에 있다. 본질 또는 보편성, 그리고 개체 또는 특수성 사이의 논쟁은 고대와 중세에도 계속 이어져왔지만 보편이라는 중심은 늘 가운데에 자리를 잡고 있었다. 플라톤주의에 따르면 시시각각 변하는 모든 감각적 사물들의 저편에는 그 본질을 규정하는 이데아가 있게 마련이다. 여기 내 앞에 있는 이 연필과 저 길 건너 문구점에 있는 연필은 서로 다르지만 이것들을 연필이라고 부를 수 있는 공통된 본질이 있으므로 그 본질은 시간과 장소를 초월해 늘 거기 있다는 것이다. 그 본질은 시공을 초월해 늘 그렇게 있기 때문에 내 앞에 있는 이 연필은 몇 달 후면 없어질 수도 있겠지만 본질로서의 연필은 영원하다고 할 수밖에 없다.

이 이데아론의 기독교적 버전이 바로 보편자로서의 신이다.[8] 신은 모든 것을 규정하고, 어디에나 있으며, 시간과 장소를 초월해 늘 거기에 있다. 개별 사물들이나 개별 인간들은 바로 이 보편자의 본질을 부여받아 그 이상적 형상에 근거해서 존재해야 한다. 그렇지 않은 존재방식은 일탈이고, 돌연변이이며, 선하지 못한 존재일 뿐이다. 따라서 인간이 따라야 하는 모든 규범이나 도덕, 양식, 학문적 진리 등은 보편적인 형태

----

7 르네상스라는 말은 프랑스어로 '탄생'을 뜻하는 'naissance' 앞에 반복의 의미를 가진 접두어 're'를 붙여 만든 말이다. 14세기에서 16세기에 걸친 시기의 전반적 문화운동과 사상적 전환을 일컫는 말이지만, 정작 이 말이 처음 사용된 것은 19세기에 이르러서였다. 프랑스의 역사학자 쥘 미슐레(Jules Michelet)는 1,000년이 넘게 지속되어 온 신앙의 시대를 암흑시대라고 보면서 14세기 무렵부터 이탈리아에서 나타나기 시작한 고대문명의 부활 움직임을 고대의 재탄생이라 일컬으며 르네상스라는 용어를 사용하기 시작했다. 이후 영어권 국가들도 이를 번역하지 않고 그대로 사용하기에 이른다.

8 오늘날 우리에게는 이러한 신의 개념이 당연한 듯 보이지만 기독교가 유럽 사회에서 일반화되던 당시의 신의 모습은 반드시 이런 보편자로서의 신만은 아니었다. 유피테르(Jupiter)와 예수는 사뭇 다르지 않은가!

로 이미 저편에 있는 것이고, 인간이 지켜야 할 도리는 그 보편에 대한 희미한 기억을 좇거나 보편자가 남겨놓은 암호 같은 흔적을 따라 보편으로 다가가기 위해 부단한 노력을 하는 것이었다. 이것이 고대에서 중세에 이르기까지의 형이상학과 윤리학, 학문에 대한 방법론의 기본 바탕이었다.

그러면 르네상스 시기에 이르러 근본적으로 달라진 것은 무엇인가? 바로 저 멀리에 있는 보편을 우리 안으로 가지고 들어오기 시작했다는 점이다. 이 시기에 이르러 인간은 점점 신에게서 보편자적 이상을 찾지 않게 되었다. 인간에게 주체를 부여할 여건이 비로소 마련되기 시작한 때가 이 시기이며, 이제 자아를 대하는 일에서 근본적인 변화가 일어나기 시작한다. 중세시대에는 감히 '자아'라는 말을 쓸 수가 없었다. 자아, 그 얼마나 오만한 목소리인가! 지금도 여전히 기독교에 남아 있는 '죄 많은 인간'으로서의 인간이 바로 중세시대의 일반적인 인간상이었다. 물론 르네상스를 넘어 고전주의 시대에도 마찬가지로 신을 부정하는 일은 생각하기 어려웠다. 여기서 우리는 흔히 범할 수 있는 르네상스에 대한 첫 번째 오해를 조심해야 한다. 르네상스 시대에 일어난 변화는 신에게서 인간의 존재를 근거하게 만드는 보편자적 성질을 꺼내왔다는 것이지 결코 신을 부정했다는 의미가 아니다. 르네상스 시대의 덕목에서도 여전히 기독교적 덕목이 큰 부분을 차지하고 있었고, 새로운 기법들이 나타나기 시작한 회화에서도 그 소재는 여전히 기독교적인 내용이 많은 부분을 차지하고 있었다. 화가들은 신이 준 자유의지와 이성 덕분에 자유로운 작품 활동의 소재를 찾을 수 있었을 뿐, 신을 부정한다는 것은 상상조차 할 수 없는 일이었다. 마찬가지로 학문의 영역에서도 많은 과학자, 철학자들이 종교계와의 불필요한 갈등을 피하기 위해 경계선 위에서 아슬아슬한 줄타기를 해야 했다.

그리고 르네상스 시대에 대한 두 번째 오해는 바로 신에게 있던 보편성을 꺼내왔다고 해서 그 시대가 보편이나 본질을 포기했다고 보는 것이

알브레히트 뒤러, 「아담과 이브」(1507)
독일 르네상스 미술의 대표화가 뒤러
가 그린 그림. 종교적 상징이 아닌 심
미적 목적이 더 강조된 작품이라는 점
에서는 르네상스적이라고 하겠지만
소재는 역시 『구약성서』의 「창세기」에
서 가져왔다.

다. 바로 이 점이 더 근본적인 문제인데, 우리는 이 글의 도입 부분에서
집을 나와 홀로 길을 떠나는 사람의 입장에 각자를 투영해 보자고 한 바
있다. 나를 보호하고 있는 무엇인가로부터 빠져나왔을 때, 과연 또 다
른 보호자를 찾게 되지 않을까? 또는 다른 보호자를 찾지 않는다 하더라
도 나 안에 있는 '인간'을 보호자로 삼게 되지 않을까? 보편자로서의 신
을 포기한 것이 르네상스인들이라고 해도 그들이 보편자까지 포기한 것
은 아니었다. 신이 차지하고 있던 보편자의 지위를 인간에게 부여한 것
이 르네상스 시대였다는 것이다. 따라서 신학적 연구의 차원에서 르네
상스는 분명 과거와의 단절인 것이 사실이지만 앞서 보았던 본질주의와
실존주의 사이에 놓여 있는 차이의 관점에서 본다면 분명 르네상스 시대
도 여전히 본질주의의 시대였다.[9] 이 맥락에서 본다면 르네상스 시대의

---

9 우리말의 '인본주의'(人本主義)라는 표현은 따라서 영어의 '휴머니즘'(humanism)보다 더 적
　절한 표현이 될 수도 있다. 그 안에 본질주의적 의미가 내포될 수 있기 때문이다.

레오나르도 다빈치, 「수태고지」(1472) 　원근법의 발달로, 거리에 따라 변하는 크기와 빛의 양의 관계뿐만 아니라 같은 거리에서도 각도에 따라 달리 보일 수 있다는 점까지 고려하게 되었다. 다빈치가 그린 「수태고지」는 측면에서 그림을 바라보는 사람을 위해 테이블과 성모의 각도를 맞춘 그림으로 유명하다.

인본주의 정신은 실존주의와 대립되는 사조로서 고대와 중세를 잇는 전통과 계속적인 연장선상에 놓여 있던 셈이다.

　르네상스인들에게 인간은 보편자로서 중심에 놓여야 하기 때문에 더욱 완벽해져야 했다. 따라서 그들은 이상적 인간상을 지니기 위해 더 많이 고민할 수밖에 없었을 것이다.[10] 앞서 언급했듯이 본질에서 벗어난 개체는, 즉 정상적이지 못한 존재는 쓸모가 없게 된다. 연필이 제 기능을 못하면 쓸모없는 물건이 되듯이 인간도 인간답지 못하다는 판단이 들면 격리되고 수용될 수 있다는 의미가 된다.[11] 그리고 보편성을 신으로

10　여기서 우리는 왜 레오나르도 다빈치가 가장 르네상스적인 인물 중 하나였는지 이해하게 된다. 르네상스 시대가 원하는 인간이란 문학, 예술, 과학 등 모든 면에서 '전인적' 완벽함을 실현하는 인간이다. 이제 화가는 자기에게 부여된 능력을 가지고 그림에만 신경을 써야 하는 것이 아니라 우주의 과학적 원리까지 파악을 해야 하는, 즉 과거라면 신이 담당했을 법한 영역에까지 신경을 써야 하는 고민에 빠지게 된다. 왜 르네상스 이후의 회화에서 원근법이 등장하게 되는지 이해할 수 있는 대목이다. 가까이 있는 사물은 더 크고 밝게 그린다는 다빈치의 '대기원근법'은 거리가 멀어지면 빛의 강도도 거리의 제곱에 반비례하면서 줄어든다고 하는 물리학적 이론이 그대로 적용된 것이다.

11　프랑스의 현대 철학자 미셸 푸코(Michel Foucault)가 휴머니즘을 비판했던 이유는 바로 이

부터 인간이 가져왔기 때문에 보편성에 적합한지의 여부도 인간이 판단하게 된다. 이 말은 곧 정상과 비정상의 판단을 중세시대까지는 성직자들이 했던 것을 르네상스 시대가 오면서 법의 이름으로 사회가 하기 시작했다는 의미다. 바로 이렇듯 겉으로 드러나지 않는 철학적 배경들이 이 시대에 들어 과학의 발달, 공화정의 발달, 자본주의의 발달을 가져오게 된다.

르네상스의 사회적 조건

앞서 르네상스 시대에 많은 변화가 일어날 수 있는 철학적 배경을 보았다면 이번 장에서는 사회적 배경을 짚어보자. 중세시대의 사회를 한마디로 표현한다면 정적(靜的)인 사회였다고 표현할 수 있다. 작은 지역사회들이 서로 고립된 채 거의 교류하지 않았기 때문에 필요한 식량이나 물품들도 자급자족해야 했고, 중간 상인도 필요하지 않았으며, 요즈음의 표현으로 서비스 업종은 경제효과로서의 가치가 제로에 가까웠다. 노동이라는 것은 결국 땅과의 관계 속에서만 이뤄질 수밖에 없었다. 부의 유일한 척도는 결국 소유한 땅의 규모였다. 따라서 이런 사회에서는 화폐의 용도가 지금과는 현저하게 다를 수밖에 없었다. 화폐를 주조해서 인플레이션과 디플레이션의 가능성을 파악해 흐름을 관리하고 이로써 경제의 건전상태를 관리하는 화폐경제는 당시로서는 상상할 수가 없었다.[12] 당시의 화폐는 요즈음과 같은 재투자 수단의 성격은 아예 없었

런 맥락에서다. 그는 자신의 이름을 세계에 알리게 된 초기의 저서들에서 일관되게 인본주의 또는 휴머니즘의 폭력성을 비판했다. 보편성이라는 것은 푸코에 의하면 한낱 허구일 뿐이며 따라서 르네상스 이후 등장하는 서구의 합리주의도 결국 특정 문화와 특정 세력, 특정 이해관계를 대변하는 자아중심적 사고일 뿐이라는 것이다.

12 요즈음 개념의 최초의 중앙은행이 탄생한 것은 17세기 말에 이르러서다. 하지만 당시에도 돈을 찍어낼 줄만 알았지 마구 찍어낸 돈이 어떤 결과를 초래하게 될지에 대해서는 무지했다. 전쟁 등의 이유로 자금이 갑자기 많이 필요해지면 그만큼 화폐를 마구 찍어냈고 결국 그런 순진한 화폐 발행 정책이 전쟁 자체보다도 더 심각하게 국가를 파탄으로 몰고

고, 쌓아놓고 과시할 수 있는 수단이었다. 한마디로 재력가란 요즈음처럼 돈을 잘 굴리는 사람이 아니라 돈을 잘 쌓아두는 사람이었던 것이다. 화폐는 있되 자본은 없던 시대였다.

그러던 것이 14세기에 들어와 전에 없던 활기를 띠기 시작한다. 그 배경은 바로 물과 가까운 도시국가들의 출현이었다. 지중해에서 동방 및 이슬람 세계와의 무역이 활발해지면서 이탈리아에 위치한 도시국가들이 이러한 허브의 역할을 수행하게 되고, 그러면서 땅에서 나오는 돈이 아닌 사람들의 이동에서 나오는 돈이 늘기 시작한다. 한마디로 유통이 경제를 이끌기 시작하게 된 것이다. 이제 도시의 경계를 물리적으로 구별하는 성곽이 무의미해지기 시작하고 성문을 열어놓아야 하는 시간이 점점 길어지게 된다. 무역업자들과 여행객들이 새로운 물건들을 시장에 내놓으면서 귀부인들이 물 건너온 물건들에 관심을 가지게 되고, 이에 돈이 필요해진 귀족은 자신들의 봉건적 권리들을 하나씩 팔아넘기기 시작한다.[13] 한마디로 부의 중심이 귀족에게서 상인들에게로 넘어가기 시작하는 역사적 시점이라 하겠다. 결국 다양한 물품 간의 물물교환으로 가치를 설정하기가 복잡해지기 시작하고, 화폐가 보편적 교환수단으로 자리를 잡게 되면서 화폐를 매개로 하는 물품의 거래장소가 유동인구가 많은 도시 내부에 상설된다. 도시 또는 읍을 의미하는 프랑스 말부르(bourg)에서 파생된 형용사 부르주아(bourgeois)는 도시에 사는 사람을 의미하는데, 르네상스 시기에 들어 부의 중심이 점점 귀족에서 부르주아 계급으로 넘어가는 전기가 마련된다.[14]

가는 주범이 되곤 했다.

13 이정우, 『세계철학사 1』, 도서출판 길, 2011, 763쪽.

14 르네상스 시대에 부의 이동이 시작된 후 결정적으로 부르주아 계급이 경제를 넘어서 정치, 문화 등 모든 면에서 지배계급이 되었다는 것을 확인해 준 역사적 사건이 프랑스 혁명이다. 프랑스 말로 부르주아는 도시민을 의미하고, 부르주아지(bourgeoisie)는 그 계급을 의미한다.

그러한 변화를 가장 잘 보여주는 것이 바로 이탈리아의 도시국가들이다. 그중 베네치아를 보면 자본주의의 초기 형태가 이미 르네상스 시기에 나타났다는 것을 알 수 있는데, 유럽에서 본격적인 중앙은행은 17세기에 이르러 등장했지만 베네치아는 이미 16세기 이전에 신용거래, 전문 경영인, 회계 업무 등 자본주의의 기본 체계를 갖추고 있었다. 자산의 중심이 땅에서 화폐로 이동했고, 그 결과 땅도 이제는 상품의 일종이 되었다. 다시 말하면 시장이 땅 위에 위치하는 것이 아니라 땅이 시장 위에 놓이게 되었다는 것이다. 땅이 부유층의 소유지로 탈바꿈되면 땅을 떠나야 하는 이들도 생겨난다. 설 땅을 잃은 빈민층이 갈 곳은 곧 공동화된 땅인 부르, 즉 도시이다. 이것이 바로 도시빈민층의 시작이 되며, 푸코의 지적대로 빈민층만 모아두는 게토가 형성되기 시작하는 시기도 바로 르네상스 시대이다. 이처럼 르네상스는 장밋빛 희망이 가득한 시대만은 아니었다. 미래의 역동적 사회가 열릴 가능성을 보여준 것이 르네상스 시대였지만, 동시에 훗날의 계급투쟁이 일어날 수밖에 없는 환경이 만들어진 것도 역시 르네상스 시대였다. 후일 도시국가가 민족국가로 변모하게 될 때, 지중해 중심의 자본주의 체제는 대서양 중심의 글로벌 자본주의 체제로 변모하게 된다.

르네상스의 사상가들

르네상스 시대에는 인간의 모든 문화에서 과거에는 볼 수 없었던 변화들이 나타났다. 사고방식도 변하고, 자연을 대하는 방식도 달라졌으며, 자아와 타인에 대한 인식의 변화도 일어났다. 그리고 욕망을 대하는 태도에서도 과거에는 없던 새로운 방식들이 등장했다. 사고의 방식은 수세기에 걸쳐 점차 형이상학이 퇴조의 길을 걷고 과학이 그 자리를 위협하는 형태로 나타나고, 자연을 대하는 방식은 주술적 행위에의 거부와 경험적 행위로의 전이로 나타나며, 자아와 타자 사이에서도 무의식적으로 타자에 대한 더 명확한 구별이 나타나기 시작하면서 주체철학과 국민국가가 등장하게 된다. 그리고 욕망을 대하는 태도의 변화에서 소유의 욕망을 긍정적으로 보기 시작했다는 점이 가장 두드러진다.

휴머니즘의 전통

사고의 방식이 과학적이고 고증적인 형태로 바뀌면서 그리스-로마의 이상을 다시 재현해 보고자 하는 사조가 등장한다. 르네상스 시대를 흔히 휴머니즘의 시대라고 부르는데, 이 표현은 바로 사고방식의 이러한 변화와 관계가 있다. 영어의 '휴머니즘'(humanism)은 로마 시대의 후마니타스에서 유래한다. 이 후마니타스는 스투디아 후마니타티스(studia humanitatis)를 줄여 부르는 말로서, 로마 시대의 젊은이들을 교양시민으로 키우기 위한 교육을 일컫는 말이었다. 요즈음 말로 하자면 '전인교육'이라고 할 수가 있는데, 특정 기술을 가르쳐 그 분야만 파고드는 전문가를 키우기 위한 교육이 아니라 전반적인 통찰력과 논리적 판단력 그리고 윤리적 또는 심미적 판단력까지 갖춘 전인적인 국가 인재를 양성하기 위한 교육이었다. 그러한 교육의 결과물은 결국 말하기의 능력으로 나온다고 믿어 로마 시대의 키케로는 데 오라토레(De Oratore)라는 웅변학교를 만들어 그곳에서 스투디아 후마니타티스 교육을 실시하기도 했다.[15] 이러한 전통은 또한 그리스의 소피스트들이 설파했던 시민교육인 엔키클리오스 파이데이아(enkyklios paideia)를 로마화한 것인데, 이 엔키클리오스 파이데이아를 우리말로 직역하면 전인교육이 되며, 이것이 오늘날

---

15 과거 우리나라 조선시대에 정치 입문을 하기 위해서는 작문 실력을 겨루는 과거시험을 반드시 거쳐야 했다면, 유럽에서는 전통적으로 웅변가들이 말로 대중을 움직여 통치자가 결단을 내리게 하는 방식이 정치문화였다. 그러한 전통의 차이가 현대에 와서도 우리나라와 서구 사회의 다양한 분야에 여전히 남아 있는데, 학교에서의 수업 방식도 그렇고, 의회나 정부기관의 토론 방식도 마찬가지이며, 법정에서의 공방도 서구의 방식에 비해 우리나라에서는 서면으로 대치하는 경우가 많다.

인문학 교육의 효시다.

14세기의 이른바 선인문주의자들은 중세시대 스콜라 철학의 교조적 학풍에 반기를 들면서 그리스-로마 전통을 교육과 사고의 모태로 삼는다. 고대 인문학의 트리비움(Trivium), 즉 문법학과 논리학, 수사학은 아테네 철학과 헬레니즘 철학을 거치면서 중세에 이르는 동안 서로 이합과 집산을 거듭하면서 둘로 통합되었다가 다시 셋이 되는 과정을 수차례 반복했다. 특히 수사학의 역사를 들여다보면 그 성쇠가 정확하게 사회의 개방 정도와 일치한다는 점을 확인할 수 있다. 앞서 살펴본 대로 상업적 르네상스의 발흥이 베네치아에서 이루어졌다면, 인문학적 르네상스의 출현과 만개는 피렌체에서 실현된다. 고대 인문학 교육의 3원 체제인 트리비움이 계승되고 발달한 곳은 프랑스였지만, 이 '인문학'을 '인문주의'로 탈바꿈시킨 주체는 이탈리아인들이었다.[16]

그들 중 가장 대표적 인물을 꼽자면 14세기에 활동했던 프란체스코 페트라르카(Francesco Petrarca, 1304~74)를 들 수 있다. 페트라르카는 법학을 공부하기도 했고 한때 외교사절로 활동하기도 했으나, 생애 대부분을 고대 작품들을 재해석하는 고전 연구에 바쳤다. 영면의 순간에도 자신이 즐겨 읽던 베르길리우스의 시집을 베개 삼아 눈을 감았다는 이야기가 전해질 정도로 고전을 사랑했던 그의 생애를 보면 당대의 어느 누구보다도 진정한 르네상스인이었다는 평가가 과하지 않을 것이다. 르네상스 이후의 모든 인문주의자들이 그랬듯이 그도 역시 중세 문화를 별로 좋아하지 않았다. 교회 체제를 비판하면서 로마 시대를 동경한 일도 그렇거니와 특히 로마 시대 중에서도 카이사르와 같은 황제를 비판하고 키케로 등 공화주의자를 찬양했던 것으로 봐서 로마에서 중세로 전해진 제국 형태의 문화에 환멸을 느꼈던 것 같다. 또한 그가 현실 정치에서도 콜라 디 리엔초(Cola di Rienzo)와 같은 공화주의자들에게 지지를 보내고

---

16 같은 책 775쪽.

프란체스코 페트라르카(1304~74)
르네상스 시대 이탈리아의 최고 시인 중
한 사람으로 꼽힌다. 머리에 쓰고 있는
월계관이 시인으로서 최고의 명예를 상
징하는데, 이는 국가의 최고 권력기관
이 공인하는 시인인 계관시인임을 표시
한다.

변화를 꿈꾸었다는 것은 그의 일관된 인문주의와 공화주의가 결합된 르
네상스 정신의 발로를 의미하는 것이 아닐 수 없다.

　페트라르카는 철학자라기보다 시인이었다. 그가 남긴 것으로 전해지
는 14행 구성의 시 형식은 훗날 유럽의 표준이 되었다. 대표적 작품집으
로 서정시집인 『칸초니에레』(*Canzoniere*)가 있는데, 그가 평생 흠모했던
여인인 라우라에 대한 찬양과 애도로 가득 차 있다. 단테에게 베아트리
체가 있었다면 페트라르카에게는 라우라가 있었던 셈이다.

　　여러분, 이제 그대들은 산만한 시들 속에서
　　내가 지금과는 다소 다른 사람이었던 시절
　　빛나가던 내 젊디젊은 시절에
　　내 가슴을 가득 채우던 그 탄성들을 들으리오.

부질없는 소망들과 헛된 고통 속에서
갖가지 방식으로 나는 울고 말하면서,
체험으로 사랑을 아는 이가 그 어디에 있든,
나는 용서만이 아닌, 자비를 빌고 싶소.

그러나 이제는 잘 알고 있다고 오랜 세월
나 뭇사람의 이야깃거리였음을, 그 때문에 종종
나 마음속으로 나 자신을 부끄러워한다오.

그리고 이 부끄러움은 내 헛된 짓의 열매요,
또 속세에서 원하는 만사가 순간의 꿈이라는 것을
분명하게 아는 것과 뉘우치는 것의 열매라오.[17]

　　서정적 정서가 느껴지는 그의 대부분의 시들은 그가 휴머니스트로서
느끼고 고뇌하고 반추하면서 자신을 끝없는 탐구와 성찰의 대상으로 삼
았던, 시대의 전형적 인물이었음을 보여주고 있다. 페트라르카는 고전
연구가이자 로마 공화정을 흠모하는 사상가로서, 그리고 자신을 끝없는
성찰의 대상으로 삼아 고독한 사색을 즐기던 휴머니스트로서 어느 누구
보다도 뛰어난 대표적인 르네상스인이었다.
　　우리는 앞서 르네상스 시대가 결코 보편을 부정하던 시대가 아니라
는 점을 언급했다. 인문주의적 전통 역시 예외가 아니다. 15세기가 지나
면서 철학적 작업들도 눈에 띄는데, 특히 보편을 찾아 철학을 정초하려
한 노력들이 시선을 모은다. 페트라르카는 라틴 문화 애호가였지만 그
리스어는 잘 몰라 플라톤 등 그리스 작품들에 대한 이해는 없었다. 하지
만 사상사에서 르네상스 시대의 대표적 특징 중 하나가 바로 플라톤의

----
17 프란체스코 페트라르카, 이상엽 옮김, 『칸초니에레』, 나남출판사, 2005.

재발견이다. 중세시대를 거치면서 비록 재해석된 형태였기는 하지만 아리스토텔레스의 철학은 근근이 이어져왔다. 하지만 플라톤의 경우 중세시대에는 잊힌 철학자였다. 그런 플라톤 철학을 재발견한 이들이 바로 르네상스 시대의 인문학자들이었다. 그들 중 대표적인 인물이 15세기의 게미스투스 플레톤(Gemistus Plethon, 1355?~1452?)이다. 본명은 게미스투스였는데 플라톤에 대한 오마주로 이름도 플레톤으로 개명했다고 하니, 자신이 흠모하는 작품을 베개 삼아 임종을 맞이했던 페트라르카에 열정만큼은 뒤지지 않는다고 할 만하다.

플레톤은 출신도 그리스인이었다. 피렌체로 건너와 아카데미아를 창설하고, 그곳에서 인문주의자들에게 플라톤의 사상을 전수해 주었다. 그를 대표적 르네상스인으로 꼽는 이유로는 잊혀 있던 플라톤을 이탈리아에 다시 소개했으며, 교회의 삼위일체와 기적 등의 교리를 부정했다는 점을 들 수 있지만, 궁극적으로는 그가 현실세계에서의 보편적 이상향을 흠모하고 추구했다는 점이 중요하다. 보편적 이상향의 추구는 훗날의 토마스 모어에게로 이어진다.

공화정과 국민국가

자아의 발견은 필연적으로 타자에 대한 인정과 함께한다. 타자는 나와 아무 관련이 없는 무언가가 아니다. 상위의 보편성을 매개로 부분적으로 나와 함께 공유하는 정체성을 가진 다른 개체가 타자가 되는 것이다. 내가 이웃이나 이방인, 타국 사람을 타자라고 할 수 있지만 거미를, 더 나아가 돌멩이를 타자라고 부르지는 않는 이유다. 따라서 자아가 선명해질수록 타자도 분명해지는데, 자아에 대한 지나친 집착은 타자를 무리한 방법으로 자아에 귀속시키려는 방향으로 일탈할 수도 있다. 국민국가의 성립은 자아의 확대에 의해, 때로는 허구에 근거하는 신화를 통한 자아의 확대해석에 의해 이뤄지는 경우가 많다. 그것이 더 넓은 개념으로 확대되면 제국도 물론 마찬가지다.[18] 이러한 자아의 확장은 한편으로는 강한 결속력과 효율적인 내적 관계를 보장해 주는 체제가 될 수도 있지만(예를 들어 경제적 단일체제), 일부를 제외한 나머지 개체들에게는 박탈감과 더욱 큰 소외감을 주기도 한다(예를 들어 정치적·문화적 소외감). 르네상스 시대에 시작된 자아에 대한 발견과 진지한 고민이 이후 근세에 이르러 중세에는 없던 거대하고 강력한 국민국가의 탄생을 야기하게 된 것도 그런 연유가 크게 작용한 결과다.

르네상스 시대에 가장 활발하면서도 뜨겁게 전개된 정치적 논의는 공화정을 둘러싼 논의였다. 이미 자유로운 인간, 주인으로의 인간에 대한 기대감이 차오르게 되면서, 고대사회 특히 로마의 공화정은 르네상스인들에게 역사가 경험하고 증명해 준 소중한 유산이 되었다. 로마법과 로마 공화정에 대한 연구는 고전 문헌에 대한 재해석으로서의 가치뿐만 아니라 다가올 미래에 대한 메시아도 될 수 있었던 것이다. '신민'(臣民, subject)이 아닌 '시민'(市民, citizen)이라는 것이 불가능하지 않다는 기대를 보여주고 있는 것이 로마 시민법이었고, 따라서 '시민들은 정치적 주권을 양도한 것이 아니라 단지 위임했을 뿐'이라는 주장이 현실화될 수 있었던 것이다.[19] 따라서 자연히 통치의 문제에 대한 숙고와 정치철학에 대한 연구가 관심을 끌 수밖에 없었다. 그중 단연 주목을 끄는 것이 바로 니콜로 마키아벨리(Niccolo Machiavelli, 1469~1527)의 『군주론』 (Il Principe)이다. 2013년이 이 책이 출판된 지 500년이 되는 해인데, 지난 500년 동안 출판된 정치철학서 중에서 가장 많이 읽힌 책이 아마 이 책일 것이다. 반면 그 시간 동안 가장 많이 '못 읽힌' 책도 역시 『군주론』 일 것이다. 알려지지 않아서 안 읽힌 것이 아니라 너무 유명하면서도 내용이 충격적이어서 그만큼 금서에 오르는 일도 많았기 때문이다.

----

18 물론 국민국가의 정체성보다 제국의 정체성이 훨씬 더 합리화하기 어려운 허구의 정체성 일 가능성이 높다. 인류의 역사에 등장했던 어떠한 제국도 합의되거나 공감된 정체성을 매개로 구성되지 않았다.

19 이정우, 앞의 책 739쪽.

1513년에 쓰였다가 그로부터 19년 후 마키아벨리가 죽은 뒤에 빛을 본 이래로 이 책을 둘러싼 수많은 논쟁들이 뒤를 이었으며, 반세기가 조금 넘은 1576년에는 급기야 목적을 위해 수단과 방법을 가리지 않는다는 의미의 '마키아벨리즘'이라는 용어까지 등장하기에 이른다.[20] 목적을 위해 수단과 방법을 가리지 않는 권모술수의 전형이 되어버린 마키아벨리는 그럼에도 불구하고 가장 르네상스적인 인물들 중 하나로 꼽힌다. 그 이유를 몇 가지 보자면, 첫째로 그는 교회를 포함한 전통을 정면으로 거부했다. 이탈리아의 통일을 간절히 염원했던 그에게 교회는 통일을 막는 장애물로 비쳐졌다. 둘째로 통치자의 덕목에 필요한 것은 '진실'이 아니라 '진실처럼 보이는 것'이어야 한다는 주장이다. 이 대목에서 우리는 고대 그리스의 소피스트들, 특히 수사학자들을 떠올리지 않을 수 없다. 플라톤이 소피즘이라고 비난했던 맥락이 르네상스 시대에 와서 이노상 장티에(Inocent Gentillet)가 마키아벨리즘이라고 낙인찍었던 배경과 많은 점에서 유사하다. 플라톤이 윤리학에 근거해 통치이념을 설정했다면 소피스트들은 정치학적 목적의 주장을 했던 것이다. 이와 마찬가지로 마키아벨리가 주장한 내용은 통치자는 윤리학에 근거해서는 안 되며 정치적 맥락에서 상황을 판단해야 한다는 것이었다.

> 군주는 …… 〔좋은 성품을〕 실제로 갖출 필요는 없지만, 반드시 갖춘 것처럼 보이도록 해야 합니다. 심지어 저는 군주가 그런 성품을 갖추고 늘 실천에 옮기는 것은 해로운 반면, 갖춘 것처럼 보이는 것은 유용하다고까지 감히 장담하겠습니다. …… 예컨대 자비롭고, 신의가 있고, 인간적이고, 정직하고, 경건한 것처럼 보이는 것이 좋을 뿐만 아니라 실제로 그런 것이 좋습니다. 그러나 달리 행동하는 것이 필요하다면, 당신은 정반대로

---

20 이노상 장티에, 『좋은 통치의 수단에 관한 서설』(*Discours sur les moyens de bien gouverner*), 1576.

행동할 태세가 되어 있어야 하며, 그렇게 행동할 수 있어야 합니다.[21]

　한마디로 윤리적 당위성에서 정치를 보는 것이 아니라, 정치무대의 모습을 있는 그대로 적나라하게 묘사하고 있는 것이다. 다른 말로 표현하면 『군주론』은 정치철학서가 아니라 정치평론서인 것이다. 과거에는 없었던 새로운 스타일의 정치 에세이라는 점, 바로 이 점이 그를 르네상스인으로 불러야 하는 이유가 된다. 전통과의 단절, 현실 정치에 대한 냉정한 묘사 등이 과거에는 없던 새로운 형식의 글쓰기이며 신적 본질을 과감하게 탈피해 버린 새 사고다. 그러나 마키아벨리가 진정한 르네상스인이라는 사실을 확인하려면 그의 또 다른 책인 『로마사 논고』(Discorsi sorpa la prima Deca di Tito Livio)를 함께 봐야 한다. 이 두 저작 사이에는 어떤 관계가 있을까? 『군주론』이 군주가 가져야 할 덕목을 다룬 책이라면 『로마사 논고』는 공화정을 옹호하고 희구하는 마키아벨리의 사상이 잘 담겨 있는 책이다. 얼핏 보면 '군주의 덕목'과 '공화정 옹호'라는 두 가지 주제가 모순되는 것처럼 보일 수 있다. 하지만 그 안에 진정한 르네상스 정신이 녹아 있다는 사실을 곧 알아챌 수 있다.

　앞서 우리는 르네상스 정신을 '신과 같은 바깥에 있는 본질 또는 보편을 인간 안으로 가지고 들어온 것'이라고 정의 내린 바 있다. 이탈리아의 통일을 바라던 마키아벨리에게 공화정은 바로 그러한 꿈을 이룰 수 있는 희망이었다. 『군주론』에서 마키아벨리가 바라는 것이 강력한 주권의 힘이었다면 『로마사 논고』에서 바라는 것은 그러한 주권이 저편에 있는 것이 아니라 여기 우리 안에 있게 되는 것이었다. 이 책에서 그는 특히 공화정이 몰락하게 된 원인이 무엇인가를 찾는 작업에 몰두한다. 마키아벨리가 보는 공화정의 위기는 군벌의 등장과 함께 군대가 사병화(私兵化)되어 가는 점, 그리고 종교가 시민정신을 나약하고 비사회적으로

---

21 니콜로 마키아벨리, 강정인 · 김경희 옮김, 『군주론』, 까치, 2008.

전락시켜 버린다는 점이었다. 이렇게 군과 종교를 공화정의 두 가지 적으로 꼽았던 것이 마키아벨리가 시대를 거슬러 늘 껄끄러운 상대로 여겨졌던 이유다.

과학과 기술의 발전

르네상스 시대의 가장 위대한 변화 가운데 하나는 바로 과학의 탄생이다. 중세를 지나면서 유럽의 과학과 수학의 발전은 답보를 계속했고, 그나마 그리스의 수학과 과학 전통은 아랍권에서 그 명맥을 유지해 주고 있었다. 그 당시 유럽의 과학 수준이 이슬람 문화권보다 뒤처져 있었다는 것은 당시를 소재로 하는 영화에서도 가끔 소개가 되곤 한다. 그러다가 유럽에서 과학 수준이 회복되기 시작한 시기가 바로 르네상스 시대. 이는 두 가지 조건이 맞물리면서 가능했다. 첫째는 철학적 인식의 변화인데, 이는 아리스토텔레스의 이름과 관련이 있다. 13세기가 지나면서 플로티노스의 영향력이 점차 사라지고 그 자리에 아리스토텔레스가 들어오게 된다. 그러면서 보편적 상위 형태보다 개체들의 실재성이 인정되고, 개별적이고 구체적인 사물들에 대한 관심이 높아지게 되었다. 추상적 보편성이 개체로 임재되는 것뿐만 아니라 개체가 보편에 관여한다는 점에도 관심을 기울이게 된 것이다. 두 번째는 이 시기에 들어오면서 실험적 도구를 만들어내기 시작했다는 것이다. 과거에는 경험(experience)과 실험(experiment) 사이의 관계가 분명하지 않았다. 그보다는 실험이라는 개념이 널리 퍼져 있지 않았다는 편이 더 맞을 것이다. 그러던 것이 로버트 그로스테스트(Robert Grosseteste, 1175~1253), 로저 베이컨(Roger Bacon, 1220~92) 등이 등장하면서 달라지게 된다. 과거에는 사물의 탐구가 우리 신체의 감각기관을 통한 정보 수집과 그것을 추상적으로 종합하는 관념화의 과정, 즉 한마디로 사물을 관조하는 것이었다. 그러나 이제는 있는 것을 그대로 수용하는 것이 아니라 도구를 통해 '작업된' 관찰 대상이 과학의 대상이 된다.[22]

이 두 가지의 변화가 서로 영향을 주고받으면서, 즉 좁은 의미의 과학적 사고와 기술적 진보성이 만나면서 과학기술이라는 표현도 가능해졌다. 과거에는 과학과 기술이 서로 별개의 영역으로 취급되었다. 과학은 인식의 문제이고 학문의 문제였다.[23] 반면 기술은 기예나 예술 등과 같은 개념으로서 사고의 대상이 아니라 작업의 대상이었다. 즉 입이 아닌 손이 관여하는 일, 강의실이 아닌 작업실에서 이뤄지는 일이었다.[24] 앞서 언급한 그로스테스트와 베이컨은 학문의 방법을 문헌 중심에서 실험과 수학을 중시하는 방향으로 전환시킨다. 이러한 변화가 이후 실험물리학의 탄생으로 이어지고, 비(非)아리스토텔레스 과학이라는 표현이 등장하게 된다.

르네상스 시대의 가장 중요한 과학적 발견은 바로 무한의 발견이다. 무한이라는 것이 외연의 차원에서 말하는 것인지 또는 내포의 차원에서 말하는 것인지를 구별하는 것부터 문제가 된다.[25] 무한의 발견은 원에 대한 집착으로부터의 해방으로 이어지게 되는데, 그 대표적인 예가 바로 코페르니쿠스의 천구 개념 해체다. 니콜라우스 코페르니쿠스(Nicolaus Copernicus, 1473~1543)는 1543년 발표한 『천체의 회전운동에 관해서』라는 역사적 책에서 프톨레마이오스 이래 10세기가 넘도록 내려오던 우주 체계를 단숨에 뒤집어놓는다. 이제 지구가 세계의 중심이 아니라 태양

----

22 흔히 도구라고 하면 연장화된(extended) 도구들만 말하는데, 여기서 말하는 도구는 수학적 도형과 그래프, 도식들까지 포함한 개념이다. 수학은 복잡한 대상에 대한 인식을 도와주는 도구다.

23 영어로 '사이언스'(science)는 과학이라는 의미로 풀이되지만 학문이라는 넓은 개념도 가지고 있다는 점에 주목하자.

24 현대 영어에서는 기술과 예술을 'technic'과 'art'로 구별하지만 원래 이 두 단어는 같은 뜻이었다. 그리스어로 기술을 뜻하는 'techne'가 라틴어로 번역되면서 'arte'라는 단어가 쓰이게 되었는데, 훗날 심미적 판단이 가미된 기예를 의미하면서 기술(technic)과 예술(art)이 구별되게 된다. 그러면서 기술은 과학과 접목이 되고 예술은 인문학과 접목이 되는 과정도 흥미로운 현상이다.

25 이 점에 관해서 이정우, 『세계철학사 1』, 도서출판 길, 2011, 806~808쪽 참조.

이 세계의 중심이 되는 것이다. 하지만 이 천구에 무한의 개념을 가져온 이가 있었으니 그가 바로 조르다노 브루노(Giordano Bruno, 1548~1600)였다.[26] 나폴리 도미니쿠스 수도회의 수도사였던 브루노는 수도원 생활을 그만두고 유럽 각지를 떠도는 방랑생활을 하면서 당시 교회 사회에서는 받아들이기 어려운 주장을 역설한다.

천구, 즉 하늘 또는 세계가 동그랗다고 하는 가설은 세계의 중심이 있다는 전제를 포함하고 있다. 원에 대한 집착이란 바로 그런 것인데, 중심이 있지 않고서는 원이 있을 수 없기 때문이다. 브루노가 하늘에서 원을 날려버린 순간, 우주공간은 갑자기 중심을 잃을 수밖에 없었다. 이제 더 이상 우주에 중심은 없고 태양도 무엇인가의 관점에서는 변방일 수밖에 없게 되었다. 집 안에 있는 줄 알았던 인간을 순식간에 벌판으로 내몬 것이었다. 피렌체의 인문학자들이 정신의 세계에서 인간을 집 밖으로 내몰았다면, 브루노와 같은 과학사상가들은 물질의 세계에서 인간의 집을 박탈해 버린 경우라 하겠다.

그렇다면 브루노는 지금껏 우리가 봐왔던 르네상스인들과 달리 본질이나 보편을 날려버린 사상가였을까? 그렇다면 그는 르네상스인이라고 부를 수도 없을 만큼 앞으로 튀어나가 버린 존재였을까? 다행히도(또는 불행히도?) 그렇지 않다. 혁명적 사고에도 불구하고 여러 르네상스인과 마찬가지로 그 역시 보편에 대한 믿음은 깨지 않았다. 단지 신적 보편을 파괴한 것뿐이었다. 그의 사유는 전반적으로 신플라톤주의에 근거하고 있었다. 원자를 기계적 요소로 파악하기보다 영혼이 깃들어 있는 범신론적 개체로 본 것이다. 하지만 원자를 순전히 기계론적으로 보거나 단순한 개체로 보기 시작한 것은 그로부터 그리 오래지 않아서였다.[27]

----

26 지동설을 주장한 코페르니쿠스는 여전히 그 사실이 앞으로 어떤 사상적 결과를 초래하게 될지 몰랐던 반면, 브루노는 지동설이 무슨 의미인지 상황을 꿰뚫어 보고 있었다. 그런 의미에서 코페르니쿠스가 과학자였다면 브루노는 사상가였다고 할 수 있다.

27 브루노의 새로운 과학사상은 훗날 요하네스 케플러(Johannes Kepler, 1571~1630)로 이

르네상스가 후세에 끼친 영향

우리는 지금까지 르네상스의 사상가들이 어떤 차원에서 과거 중세라 불리는 시대와 단절을 했으며 그럼에도 불구하고 어떤 점에서 전통과 연속선상에 있는가를 둘러보았다. 그 시기에 만들어진 많은 사상들과 예술적 기법들, 기술적 도구들은 여전히 우리 세계를 뒤덮고 있다. 오늘날 대부분의 사람들이 당연한 것으로 받아들이고 있는 국민국가의 개념도 당시의 고민과 논쟁들이 빚어낸 산물이라고 할 수 있다. 현대의 가장 강력한 이데올로기 중 하나인 자본주의도 역시 그 당시에 잉태된 결과물이다. 그 외에도 많은 사상과 제도, 학문적 성과들이 르네상스인들에 의해 구상되고 실천되었던 것들이다. 그 모든 것들은 무엇보다 신을 중심으로 하는 외적 권위에 대한 회의와 의구심, 새로운 가능성 실험 등을 통해서 이뤄낸 것들이다. 종교는 이제 이데올로기에서 신앙의 자리로 점차 옮겨 앉기 시작했다. 그런 차원에서 보자면 여전히 우리 시대에도 어렵지 않게 볼 수 있는, 종교적 이데올로기를 통치의 이념으로 삼으려는 시도들은 르네상스 이전의 시대로 회귀하려는 것으로밖에 보이지 않는다. 신앙의 즐거움을 투쟁의 장으로 끌어들이려는 수구적 종교관은 그래서 안타까움을 더하게 만든다. 르네상스는 고대의 재발견으로 보거나 중세의 종말로 보기도 하지만 근대의 시작이라고 볼 수도 있다. 중세를 암흑이라고 표현하는 것이 지나친 감도 있지만 그래도 르네상스 시대가 밝힌 새로운 불빛들이 이후의 근대를 알리는 여명의 불빛이 되었다는 점은 분명한 사실이다.

다만 이 글에서 우리가 보고자 했던 또 하나의 사실도 기억해 둘 필요가 있다. 바로 르네상스라는 이름으로 변화를 이뤄낸 것은 신에게서

어지고 데카르트(René Decartes, 1596~1650)의 기계론적 사고 체계로도 이어진다. 하지만 그러기까지 그리 오랜 시간이 걸리지는 않았다.

찾던 보편성을 인간에게서 찾기 시작했다는 점이고, 따라서 보편이라는 이름으로 개체들의 정체성을 짓밟을 잠재적 가능성은 여전히 남아 있었다는 것이다. 이 점을 가장 통찰력 있게 지적해 낸 사람이 바로 미셸 푸코이다. 존재론적 차원에서 이러한 개체에 대한 보편의 핍박을 극복해 내려는 시도가 19세기에 이르러 대두한 실존주의(existentialism) 사상이다. 또한 르네상스가 만들어놓은 인식론적 틀 가운데 하나인 자연과학-철학, 인문학의 대립은 역시 19세기의 또 다른 사조인 실증주의(positivism)에 의해 도전을 받게 된다.

결국 인간적이라는 말은, 이상향을 제시하는 '보편'을 향해 끊임없이 뒤척이고 좌절하면서도, 또 결코 이를 수 없는 곳이라는 것을 알면서도 한 발 한 발 떼는 실존적 인간의 덕(virtu)을 찬양하는 말이 아닐까?

| 참고할 만한 책 |

르네상스 시대의 주요 작품들로는 다음을 들 수 있다.
- 니콜로 마키아벨리, 김경희·강정인 옮김, 『군주론』, 까치, 2012.
- 니콜로 마키아벨리, 고산 옮김, 『로마사 이야기』, 동서문화사, 2008.
- 알레기에리 단테, 박상진 옮김, 『신곡』(전 3권), 민음사, 2013.
- 조르다노 브루노, 강영계 옮김, 『무한자와 우주와 세계』, 한길사, 2000.
- 조반니 보카치오, 장지연 옮김, 『데카메론』, 서해문집, 2007.
- 프란체스코 페트라르카, 이상엽 옮김, 『칸초니에레』, 나남, 2005.

르네상스 시대의 인물들에 대한 평전들로는 다음의 저작들이 도움이 된다.
- 리사 자딘, 이선근 옮김, 『상품의 역사』, 영림카디널, 2003.
- 시오노 나나미, 김석희 옮김, 『르네상스를 만든 사람들』, 한길사, 2001.
- 야콥 크리스토프 부르크하르트, 지봉도 옮김, 『이탈리아 르네상스 이야기』, 동서문화사, 2011.

- 에르네스트 카시러, 박지형 옮김, 『르네상스 철학에서의 개체와 우주』, 민음사, 1996.
- 신준형, 『뒤러와 미켈란젤로: 주변과 중심』, 사회평론, 2013.
- 찰스 나우어트, 진원숙 옮김, 『휴머니즘과 르네상스 유럽문화』, 혜안, 2003.
- 퀜틴 스키너, 박동천 옮김, 『근대 정치사상의 토대 1』, 한길사, 2004.

세계사 속의 르네상스를 짚어주는 책들로는 다음을 보라.
- 요하네스 히르쉬베르거, 강성위 옮김, 『서양철학사 2』, 이문출판사, 1981.
- 이정우, 『세계철학사 1』, 도서출판 길, 2011.

제12장

근대적 '자아'의 오디세이아: 인식론

한정헌

서양의 근대는 문명과 사상의 역사에서 가장 중요한 전환기 중 하나였다. 지리적으로 서양에 한정된 역사이지만, 이후 세계사 전반의 흐름을 결정적으로 바꾸어놓았을 뿐만 아니라 오늘날까지도 우리에게 지속적인 영향을 끼치고 있다는 점에서 그러하다. 이미 르네상스 시대부터 형성되기 시작한 민족국가, 상업자본주의, 과학과 기술의 발달, 인본주의와 자아에 대한 탐구 등은 맹아적 단계에서 벗어나 완전한 모습을 드러내기에 이르렀으며, 유례없이 많은 천재들이 등장해 문명과 사상의 역사를 화려하게 수놓았다. 이 장에서는 자아(주체)의 문제를 중심으로 서양 근대 철학의 발생과 전개에 대해 살펴볼 것이다. 주로 인식론의 측면에 한정해 데카르트, 영국 경험주의, 칸트의 사상을 개략적으로 소개하고자 한다.

서양의 근대 문명과 주체의 탄생

일반적으로 서양의 근대라고 하면 17세기 이후를 가리킨다. 하지만 이것은 편의상 나누어놓은 것일 뿐, 실제로 그렇게 명확하게 구분하기는 어렵다. 따지고 보면 '근대'(近代)라는 말부터가 어떤 고정된 개념이 아니라 오늘날과 '가까운'[近] 시기(시대)를 나타내는 유동적인 표현이다. 따라서 근대가 정확히 어느 시점에 시작되었다고 해야 할지에 대해서는 관점에 따라 다소 차이가 있을 수 있다. 하지만 적어도 서양의 근대가 르네상스 시대를 모태로 하여 등장할 수 있었다는 것만큼은 분명하다. 르네상스는 14~16세기에 지중해 세계와 알프스 산맥 이북(프랑스, 네덜란드, 영국, 독일, 스페인 등)에 걸쳐 활짝 꽃피었다. 무엇보다 약 1,000년 이상 이어져온 중세의 전통적 세계관과 충돌해 '인간적인 것'을 재발견하고 이후 등장할 과학적 세계관의 토대를 마련했다는 점에서 르네상스는 근대의 서막 또는 입구라고 할 수 있다.

또한 서양의 근대를 앞당긴 배경 가운데 종교개혁의 영향도 무시하기 어렵다. 16~17세기에 일어난 종교개혁은 민족국가의 형성과 불가분한 관계를 맺는다. 즉 교회—제국의 쇠퇴 및 왕조국가의 점진적 형성과 맞물려 종교개혁(과 가톨릭 종교개혁 또는 반종교개혁)의 광범위한 운동이 일어나면서 민중의 차원에서 역사의 변혁을 이끌어낸 측면이 있기 때문이다. 종교개혁은 근대 민족국가의 형성과 정치적으로 밀접한 연관 속에서 나올 수 있었다. 이것은 르네상스와 함께 근대를 앞당긴 다른 한 축이었다고 평가할 수 있다.

서양의 근대는 (르네상스와 종교개혁 등으로 대표되는) 이런 거대한 흐름이 절대왕정, 상업자본, 과학과 기술의 발전, 자아(주체)의 발견 등을 중심으로 굴절된 시기라고 해야 할 것이다. 그리고 근대의 인식론과 주체론은 이런 외부적인 조건들과 불가분한 관계를 맺으며 형성될 수 있었다. 이에 대해 좀 더 자세히 살펴보기로 하자.

우선 근대 민족국가가 형성되기 시작했다. 중세 이후 르네상스 시대에 이르기까지 교황과 황제의 이원구도는 (비록 나중에 많이 약화되었지만) 늘 정치권력의 근간이었다. 그런데 이 체제의 붕괴는 이전까지 그 힘에 눌려 잠재적으로만 존속하던 여러 왕조국가의 분화(分化)를 촉진하는 계기가 되었다. 대략 16세기부터 스페인, 포르투갈, 프랑스, 영국, 네덜란드 등지에 (왕정 체제의) 국가들이 형성되기 시작했다. 그리고 17세기 이후 절대왕정의 시대로 접어들면서 왕권 강화를 위한 관료제와 (왕의 직속부대인) 상비군을 비롯해 모든 권력이 왕에게로 집중되는 강력한 국가주의의 토대가 마련되었다. 왕(과 관료제·상비군 중심의 중앙집권적 체제)의 힘이 강화되고 봉건영주의 힘은 상대적으로 약화되었으며, 왕과 시민계급의 관계가 밀접해지면서 모든 힘이 왕과 국가를 중심으로 재편되었다. 이러한 왕정 체제의 성립은 자본주의, 종교개혁(과 반종교개혁), 과학기술, 근대적 개인의 형성 등과 연관되어 근대 서구 사회에 미증유의 변혁을 불러왔다.[1]

둘째로, 민족국가의 탄생과 함께 상업자본주의가 확립되었다. 일반적으로 자본주의는 도시에서 발생한 것으로 알려져 있다. 하지만 그것이 본격화된 시기는 민족국가가 성립한 이후다. 질 들뢰즈(Gilles Deleuze)와 펠릭스 가타리(Félix Guattari)에 따르면, 도시는 거대한 규모의 일반화된 시장(유통망)을 가지지 못하기 때문에 오로지 국가를 통해서만 그런 통합적이고 일반적인 시장을 얻을 수 있었다.[2] 즉 자본주의는 국가라는 메커니즘을 통해 결정적으로 발전할 수 있었다는 말이다. 또한 이와 더불어 당시 도시를 무대로 활동하던 시민계급이 크게 성장했다.[3] 상공업을 통해 부를 축적하게 된 이들은 절대왕정이 확립된 이후 관료제와 상

----

1 그런데 17~18세기 절대왕정의 시대는 여전히 중세적인 것과 근대적인 것이 혼재하던 시대였다. 이러한 경향은 특별히 데카르트가 살았던 17세기에 보다 두드러졌는데, 이것은 심신이원론의 배경으로 읽힐 수 있을 것이다. 뒤에서 살펴보겠지만, 그의 기계론이 보여주는 근대성에도 불구하고 여전히 고중세적 영혼론이 함께 존재하기 때문이다.

2 이에 대해서는 질 들뢰즈·펠릭스 가타리, 김재인 옮김, 『천개의 고원』, 새물결, 2001, 제13장을 보라.

3 여기서 시민계급이란 오늘날 우리가 말하는 '시민'이 아니라 도시에 사는 신흥 상인 계층으로서의 '부르주아지'를 뜻한다.

비군의 유지를 위해 필요한 재정을 채워주게 되었고, 이에 따라 시간이 지날수록 경제적 지위가 올라가면서 점차 정치적·사회적·문화적 영향력까지 확대해 나갈 수 있었다. 국가와 자본주의는 각각 다른 방식으로 발생했지만 양자가 서로 긴밀히 얽히면서 근대의 세계를 새롭게 구성할 수 있었던 것이다.

셋째로, 과학과 기술이 크게 발달했다. 이것은 위의 두 가지 요인과의 밀접한 관련 속에서 일어난 현상이다. 근대 과학과 기술의 발달은 넓게 보면 르네상스 시대 전후의 자연철학, (실험과 수학을 강조하는) 과학적 방법론, 측정 장치들의 개발 등으로까지 거슬러 올라간다. 하지만 가깝게 보면 교회의 권위 약화, 민족국가·자본주의의 형성 등에 힘입은 측면도 없지 않다. 한편으로 교회의 예속에서 벗어나 국가의 힘에 귀속되고, 다른 한편으로 자본과 연결되면서 과학기술이 이전에 비해 독자성과 자율성을 가지고 발전할 수 있는 토대가 마련되었기 때문이다. 근대 과학기술의 발달은 '과학혁명'(Scientific Revolution)이라는 말이 생겨났을 정도로 일찍이 유례가 없던 것이었다. 근대 과학혁명은 대략 16세기 중반에서 18세기 초반에 걸쳐 일어났는데, 이 시기에 코페르니쿠스, 갈릴레이(Galileo Galilei, 1564~1642), 케플러, 데카르트, 보일(Robert Boyle, 1627~91), 호이겐스(Christiaan Huygens, 1629~95), 뉴턴(Isaac Newton, 1642~1727), 라이프니츠(Gottfried Wilhelm Leibniz, 1646~1716) 등 근대 과학의 주요 창시자들이 앞다투어 등장했다. 이들이 보여준 과학적 성과들은 이 세계와 자연에 대한 새로운 관점을 제공했으며, 근대 사상가들의 사유에 커다란 영향을 끼쳤다.

특히 17세기 데카르트에 이르러 확립된 기계론(mechanism)은 과학적 관점이 자연현상에 투영된 단적인 경우라 하겠다. 이 사유 양식은 기하학적 관점에 따라 세계를 하나의 기계로 보는 입장을 뜻한다. 즉 '신'과 '정신적인 것'(res cogitans)을 제외한 나머지 모든 자연(사물)을 (양화 가능한) '연장된 것'(res extensa)으로 보는 것이다.[4] 때문에 이 세계는 인간의 이성에 의해 속속들이 파악될 수 있는 대상이 된다. 이런 기계론적 관점에 따르면, 이 세계는 마치 시계와 같은 하나의 거대한 기계이고,[5] 따라서 객관적 법칙에 따라 어떤 우발성도 없이 결정론적으로 작동한다. 이런 세계관은 (나중에 여러 가지 폐단을 낳기도 했으나) 근대 사상과 과학기술의 발전에 크게 기여하게 된다.[6] 또한 뉴턴은 (영국 경험주의자들과 칸트(Immanuel Kant, 1724~1804)를 비롯해) 18세기 사상가들의 자연관과 방법론에 결정적인 영향을 끼친 물리학자였다. 흔히 근대를 가리켜 이성의 시대, 합리성의 시대, 계몽의 시대 등으로 묘사하는 데에는 이와 같은 과학기술의 비약적인 발전에 대한 고려가 밑바탕에 깔려 있다.

마지막으로 근대적 자아(주체)의 발견이 이루어졌다. 이미 르네상스 시대에 '인간적인 것'이 재발견되었고, '인간다움'을 기르는 교양교육으로서의 인문주의가 꽃을 피운 바 있다. 하지만 15세기 이탈리아의 도시국가에서 공화정에 대한 기대를 중심으로 펼쳐졌던 (밝고 긍정적인 성격의) 인문주의와는 달리 16~17세기의 양상은 북방 지역을 중심으로 확립되어 가는 군주제와 종교개혁 및 그에 대한 반종교개혁의 여파로 다소 무거운 분위기 속에서 형성되었고, 이에 따라 이런 현실을 바탕으로 인간의 내면을 다소 회의적으로 바라보는 프랑스 모럴리스트[7]들이 등장하기에 이른다.[8] 대표적인 인물들로는 몽테뉴(Micel Eyquem de Montaigne, 1533~92)를 비롯해 라로슈푸코(François de La Rochefoucauld, 1613~80),

----

4 이에 대해서는 이정우, 『개념-뿌리들』, 그린비, 2012, 제2장을 보라.

5 기계론적 세계관에 따르면 이 세계는 시계에, 신은 시계 제작자에 비유되기도 한다. 예컨대 베이컨이나 볼테르 같은 근대 사상가들은 종종 자연을 하나의 거대한 시계에 비유했는데, 이는 당시에 가장 복잡하고 정교한 기계장치가 바로 시계였기 때문이다.

6 근대의 기계론과 사상의 연관성에 대해서는 이마무라 히토시, 이수정 옮김, 『근대성의 구조』, 민음사, 1999, 제3장을 보라.

7 여기서 모럴리스트는 오늘날의 '도덕주의자'라는 뜻이 아니다. 이들은 16세기에 프랑스에서 활동하면서 인간의 내면 세계를 탐구하고 논하던 일종의 (넓은 의미의) 문학적 심리학자들이라 할 수 있다. 작품으로는 몽테뉴의 『수상록』이 대표적이다.

파스칼(Blaise Pascal, 1623~62), 라브뤼예르(Jean de La Bruyère, 1645~96) 등을 꼽을 수 있다. 그런데 17세기는 새롭게 이해된 근대적 자연관을 배경으로 이성주의적인 형이상학의 체계를 구축하던 시대였다. 그중에서도 데카르트는 확실한 지식(진리)을 추구했고, 이를 위해 인식론적 자아에 대한 탐구에 천착했다. 마침내 이런 과정을 통해 그는 근대 철학의 출발점인 자아(주체)를 발견하기에 이른다. 그리고 주체라는 이 범주는 이후 근대 철학의 영광이자 그늘로서 자리하게 된다.(이에 대해서는 다음 절에서 자세히 살펴볼 것이다.)

지금까지 살펴본 이런 조건들을 중심으로 하여 우리가 '근대'라고 부르는 새로운 시대가 열렸다. 그리고 이 변화된 배경과 분위기 속에서 인간의 새로운 자기 이해가 싹트게 되었다. 그것은 (고중세 이후의) 전통적인 영혼론에서 근대적 주체론으로의 점진적 이행을 의미한다. 이전까지 서양의 일반적이고 보편적인 구도를 형성해 왔던 전통 형이상학적 사유 방식은 점차 약화되었다. 그리고 17세기에는 데카르트, 스피노자(Baruch Spinoza, 1632~77), 라이프니츠 등에 의해 근대의 자연과학과 결부된 새로운 형태의 형이상학이 등장했고, 18세기와 19세기에 이르러 형이상학에 대한 부정과 비판이 이어졌다(흄(David Hume, 1711~76)의 회의주의, 칸트의 비판철학, 콩트(Auguste Comte, 1798~1857)의 실증주의 등). 형이상학의 시대가 저물어가고 점차 인식론이 그 자리를 대신하게 되면서 대략 17세기 이후 다양한 사상적 갈래들과 수많은 사상가들이 등장했다. 그 사유의 여정은 오디세우스의 여행에 비견될 수 있을 정도로 길고 다양하고 험난한 것이었다. 이제부터 우리는 그중에서 가장 큰 줄기들이라 할 수 있는 데카르트, 영국 경험주의, 칸트의 사상을 차례로 살펴보도록 하겠다.

---

8 자세한 논의로 이정우, 『세계철학사 1』, 도서출판 길, 2011, 제10장을 보라.

마사초(Masaccio)의 「낙원에서 쫓겨나는 아담과 이브」(1427년경)   르네상스 회화의 거장인 마사초의 이 그림은 아담과 하와가 원죄로 인해 낙원에서 추방되는 상황을 묘사하고 있다. 서양 중세로부터 근대로의 이행은 '인간적인 것'의 발견이라는 금단의 열매('선과 악의 지식의 나무'의 열매)를 취한 사건과 무척이나 닮아 있다. 한 걸음 더 나아가 서양의 근대는 인간이 신으로부터 독립해 주체가 되는 동시에, 신과 교회가 보증해 왔던 진리의 낙원을 떠나 인간 스스로 확실한 지식을 추구해야 하는 지난한 여정의 시작이었다.

근대 주체철학의 전개

근대는 과학적 세계관의 영향을 받아 전통 형이상학이 점차 퇴조하고 인식론이 부상한 시대였다. 이런 점에서 17세기는 분명 근대 철학의 출발점이 되는 시기이지만 아직까지는 중세를 완전히 떨쳐내지 못한 과도기였으며, 18세기에 이르러 본격적인 인식론의 시대가 열리게 된다. 근대 철학의 가장 중요한 성과라고 한다면 무엇보다 근대적 인식 주체로서의 '나', 즉 자아의 발견이라 할 수 있다. 주체라는 범주의 확립으로 인해 인간은 신으로부터 독립하게 되지만, 동시에 보장된 진리(확실한 지식)의 세계에서 쫓겨나는 실낙원의 시대에 들어서게 된다. 이제 고중세적 영혼론에서 근대 주체론으로의 전환이라는 새로운 국면 속에서 주체와 진리의 문제를 둘러싸고 다양한 사상의 갈래들이 분화(分化)되어 나온다.

데카르트와 '나'의 발견

데카르트는 근대 과학의 창시자들 중 한 명이었을 뿐만 아니라 무엇보다 근대 철학의 아버지라 일컬어진다. 그는 (신분의 귀천을 막론하고) 인간이라면 누구나 상식(bon sens)이나 이성의 능력을 가지고 있으며 동등한 인식과 판단의 주체임을 주장했다. 그러나 그가 근대 철학의 아버지라고 평가받는 일은 단지 인간이 진리의 주체라는 식의 (공허한) 선언만으로 가능했던 것은 아니다. 무엇보다 그것을 인식론적으로 증명하고자 했기 때문에 가능했다.

데카르트가 본격적으로 활동하기 전에는 한편으로 여전히 중세의 무거운 분위기 속에서 스콜라 철학이 맹위를 떨치고 있었고, 다른 한편으로는 회의주의와 상대주의의 기류 속에서 자아의 내면을 탐구하던 모럴리스트들이 활동하고 있었다. 이런 가운데 데카르트는 회의주의와 대결하면서 진리 또는 확실한 지식에 이를 수 있는 길을 모색했다. 이를 위해 그가 사용한 방법은 (보편적) '회의'나 '의심'이었다. 방법적 회의를 통해 확실한 지식의 토대를 찾고자 했던 것이다.

르네 데카르트

따라서 그는 인간의 감각은 물론이고 수학이나 기하학과 같이 자명한 지식까지도 모두 의심의 대상으로 삼았다. 가령 그는 『성찰』(의 제1성찰)에서 꿈과 현실을 구분해 줄 어떤 징표도 없다고 말한다. 옷을 벗고 침대에 누워 자고 있으면서도 겨울 외투를 입고 난롯가에 앉아 있다고 생각하는 것처럼 우리가 경험하는 지각세계가 그저 실감 나는 꿈일지도 모르는 것이다. 또한 그는 전지전능한 악마가 확실하다고 여겨지는 지식마저 속이는 상황을 가정한다. 가령 2+3=5라는 수학적 명제나 사각형의 변이 4개라는 사실까지도 사악한 악마가 속여서 그렇게 믿도록 만든 것이라면 우리는 도대체 무슨 수로 그 진위를 알 수 있겠는가?[9]

이런 가운데 그는 아무리 의심한다 해도 결코 의심할 수 없는 한 가지 분명한 사실을 발견하게 된다. 그것은 적어도 의심하고 있는 '나', 즉 자아가 있다는 것이다. 그는 방법적 회의를 통해 더 이상 의심할 수 없는 '나'의 존재를 찾을 수 있었다. 그가 회의와 의심 끝에 도달한 확실한 토대는 바로 '코기토'(cogito), 즉 '생각하는 나'다. 데카르트는 그의 주저들인 『방법서설』과 『철학의 원리』에서 "나는 생각한다. 고로 존재한다" (cogito ergo sum=je pense, donc je suis)[10]라는 유명한 명제를 제시함으로써 인간을 주체로서 정립한다. 다시 말해 '나'라는 자아(주체)가 존재하는 것은 내가 생각하기 때문이라는 것이다.[11]

그러나 이런 식으로 모든 것이 거짓이라고 생각하고 있는 동안에도 이렇

---

9 이에 대해서는 르네 데카르트, 이현복 옮김, 『성찰/자연의 빛에 의한 진리탐구』, 문예출판사, 1997, 제1성찰 부분을 보라.

10 영어로는 'I think, therefore I am'이다. 참고로 『방법서설』은 라틴어가 아닌 프랑스어로 쓰였다.

11 여기서 '생각'(pensée)이라는 프랑스어는 좁은 의미의 사고나 사유(thinking)라기보다는 인간의 의지와 상상력, 감각까지 일정 부분 포괄하는 훨씬 넓은 의미를 함축한다. 이에 대해서는 황수영, 『근·현대 프랑스철학』, 철학과현실사, 2005, 제1장을 보라.

게 생각하는 나는 반드시 어떤 것이어야 한다는 것을 알게 되었다. 그리고 '나는 생각한다. 그러므로 나는 존재한다'라는 이 진리는 아주 확고하고 확실한 것이고, 회의론자들이 제기하는 가당치 않은 억측으로도 흔들리지 않는 것임을 주목하고서, 이것을 내가 찾고 있던 철학의 제일원리로 거리낌 없이 받아들일 수 있다고 판단했다.[12]

데카르트에게 '생각하는 나'는 어떤 회의주의자들의 공격에도 흔들리지 않는 확고부동한 토대, 아르키메데스의 점, 철학의 제일원리가 되었다. 이로써 신의 존재를 전제하지 않아도 진리(확실한 인식)에 이를 수 있는 근거가 마련된 것이다. 그의 이런 생각은 중세적 사고와 단절하고(즉 신으로부터 독립하고) 근대 주체철학의 시작을 알리는 의미심장한 것이었다. 이와 동시에 '생각하는 나'가 확실한 지식의 토대이자 출발점이 되면서 인간은 세계와 (인식주체 대 인식대상의 관계로) 분리되었다. 이것은 크게 두 가지 문제를 야기했다. 첫 번째는 인식론에서의 진리(참된 지식)의 문제이고, 두 번째는 사유와 연장의 '이원론'(二元論, dualism)의 문제다.

먼저 인간과 세계가 (주체와 대상으로) 분리되면서 '사유와 존재의 일치'의 문제가 대두되었다.[13] 쉽게 말해 주체의 인식과 대상의 일치 여부,

----

12 르네 데카르트, 이현복 옮김, 『방법서설 / 정신지도를 위한 규칙들』, 문예출판사, 1997, 185쪽.

13 서양 철학의 전통적인 인식론은 '존재와 사유의 일치'라는 대전제 위에서 이루어져왔다. 예컨대 플라톤의 인식론의 경우, 인간은 이성의 활동(noêsis)을 통해 '가시계'(可視界)를 넘어 '가지계'(可知界)를 파악할 수 있는 존재라는 전제를 가지고 있다. 즉 그의 인식론은 어떤 대상을 인식할 때 생기는 마음의 관념과 실재 대상이 일치한다는 것, 즉 어떤 사물을 보고 그것의 본질 x를 알 수 있다는 '존재와 사유의 일치'라는 대전제 위에서 성립했다. 예를 들어 내가 하나의 빨간 사과를 보고 있다고 가정하면, 그 사과는 본래부터 그렇게 빨갛게 존재하는 것이고, 나는 그것을 있는 그대로 인식할 수 있다는 것이다. 그런데 데카르트가 '나'를 세계로부터 분리시키자 문제가 제기된 것이다. '존재와 사유의 일치'는 데카르트의 인식론에서도 예외가 아니었고, 흄과 칸트에 이르러 이 대전제는 완전히 무너진다.

곧 주체가 대상을 제대로 파악할 수 있느냐 하는 것이다. 데카르트의 대답은 한마디로 '그렇다'(일치한다, 파악할 수 있다)이다. 하지만 그것을 어떻게 알 수 있는가, 또는 그것을 어떻게 보증할 수 있는가 하는 물음이 뒤따르게 된다. 데카르트는 완전한 것을 알 수 있는 이성의 능력, 즉 명석판명한 '본유관념'(innate idea)이 선천적으로 인간의 이성에 내장되어 있다고 했다. 이것은 신이 인간의 영혼에 심어놓은 진리의 관념(예컨대 생각하는 나, 수학의 원리, 도덕의 원리, 신의 관념 등)으로, 이것들을 통해 실재를 인식할 수 있다는 것이다.

다음으로 사유와 연장의 이원론이 문제시된다. 주체와 객체(세계), 사유와 대상의 분리는 각각 고중세적 영혼론과 근대적 기계론에 입각해 두 개의 '실체'(substance)로 이원화된다. 한편으로 그는 자연을 기계론적 관점에서 '연장실체'(res extensa, 외연적 존재)로서 파악한다. 공간을 차지한다는 점에서 물체, 동물·식물, 인간의 신체 사이는 (그것들이 기계와 같다는 점에서) 불연속적이지 않다. 다른 한편으로 비연장적인 영혼이나 정신의 활동을 '사유실체'(res cogitans, 생각하는 존재)라고 했다. 이것은 데카르트가 아무리 자연을 기계론적 관점에서 파악할지라도 영혼(정신)을 신체(물질)에 대해 초월적인 실체로서 이해하는 고중세적 영혼론을 떨쳐내지 못했기 때문이라 할 수 있다. 따라서 모든 것은 연장과 사유로 나누어지며 둘은 '실체적으로' 구분된다. 즉 양자는 각각 독립적인 실체로서 서로 완벽히 불연속적인 것이다.

그런데 이런 이원론은 인간에게 매우 복잡한 문제를 야기한다. 인간은 (신체라는) 연장실체를 가지고 있는 동시에 (정신작용을 하는) 사유실체를 가지고 있는 존재('ghost in the shell')이기 때문이다. 하여 데카르트는 이렇게 날카롭게 구분되는 두 실체가 어떻게 상호작용을 하는지에 대한 딜레마에 빠지게 되었다. 그리고 그가 궁여지책으로 내놓은 대안은 바로 '송과선'(松果腺)이었다. 뇌에 있는 송과선이라는 접점을 통해 상호작용을 한다는 것이다.

요컨대 데카르트의 사상에는 고중세적 영혼론과 근대적 기계론이 모순적으로 공존하고 있음을 알 수 있다. 하지만 그럼에도 불구하고 중요한 것은 그가 던진 물음, 즉 근대적 문제 설정에 있다고 할 수 있다. 그가 제기한 확실한 지식의 토대로서의 '나', 곧 주체라는 문제 제기는 근대 철학의 토대가 되기에 충분한 것이었다. 왜냐하면 서양의 근대 철학은 바로 그 문제의 틀 위에서 출발했고 그에 대한 다양한 방식의 비판과 대응을 통해 형성될 수 있었기 때문이다. 데카르트에게 드리워져 있는 중세의 그늘은 18세기 계몽주의 시대에 오면 말끔히 걷히게 된다. 우리는 다음에서 그에 대해 알아보고자 한다.

영국 경험주의와 '나'의 해체

데카르트가 지식의 근거를 인간의 이성에 두었던 반면, 이제 살펴볼 영국 경험주의는 모든 지식의 기원을 '경험'에 두고 있다. 그런데 여기서 말하는 경험은 '지각'(perception)에 거의 가까운 개념이다. 그러니까 영국 경험주의는 우리가 알 수 있는 것은 정신(마음)의 바깥에 있는 외부 세계 그 자체가 아니라 경험된 세계, 지각된 대상이라고 보았던 것이다. 가장 대표적인 인물로는 로크(John Locke, 1632~1704), 버클리(George

왼쪽부터 존 로크, 조지 버클리, 데이비드 흄

Berkeley, 1685~1753), 흄을 들 수 있는데, 여기에서는 이들의 핵심적인 주장만 간추려 보도록 하자.

로크의 실재론

영국 경험주의의 토대를 닦은 인물은 로크다. 그는 한편으로 데카르트로부터 많은 영향을 받으면서도 다른 한편으로 그의 합리주의 사상과 대결하며 경험주의를 정초하게 된다. 그는 데카르트가 말하는 이성에 내장된 본유관념을 비롯해 경험을 벗어난 일체의 선험적이고 생득적인 관념을 부정한다. 인간은 마치 백지(tabula rasa)[14]와 같은 상태로 태어나 경험을 통해 관념과 사고가 형성된다는 것이다.

로크의 인식론은 '대표실재론'(representative realism)이라고도 불리는데, 그것은 말 그대로 실재의 대표 또는 표상만을 지각할 수 있다는 뜻이다. 즉 대표실재론은 우리의 감각이 (우리의 정신 바깥의) 외부 세계 그 자체를 온전히 지각할 수 있다고 주장하는 '소박실재론'(naive realism)과 달리, 외부의 물리적 세계는 단지 그것을 표상하는 관념들을 통해서만 우리의 정신에 현전할 수 있다는 입장이다. 다시 말해 우리는 외부 세계 그 자체를 (직접적으로) 지각할 수 없으며, 단지 우리의 감각기관이 걸러 낸 대상의 대표적(표상적) 관념들을 통해서만 (간접적으로) 경험할 수 있다는 것이다. 따라서 로크는 지식의 기원을 경험에 두고 있다는 점에서 경험주의자이지만, 정신 바깥의 독립적인 외부 세계를 인정한다는 점에서 실재론자라 할 수 있다.

그는 우리가 오로지 대상의 관념만을 지각할 수 있다고 말하지만, 그 관념은 정신 바깥의 대상으로부터 비롯된다고 주장한다. 이를 설명하기

---

14 로크의 경험주의를 설명할 때 자주 등장하는 '타불라 라사'(tabula rasa)라는 라틴어는 그 자신이 직접 쓴 표현은 아니며, 라이프니츠가 로크의 인식론을 비판하기 위해 사용한 용어다.

위해 로크는 물체의 성질을 제1성질(primary quality)과 제2성질(secondary quality)로 구분한다. 먼저 제1성질은 (정신 바깥에 있는) 물체가 그 자체로 가지고 있는 성질을 뜻한다. 여기에는 대상의 크기, 모양, 구조, 개수, 운동 등이 해당된다. 이러한 물체의 제1성질은 인간의 지각과 상관없이 존재하며, 이때 인간의 감각은 단지 물체의 작용을 수용하기만 할 수 있을 뿐이다. 다음으로 제2성질은 대상 자체가 가지고 있는 것이 아니라 우리의 주관적 지각을 촉발하는 대상의 성질을 가리킨다. 그러니까 이것은 인간의 지각이 작동함으로써만 드러나는 성질이다. 여기에는 색, 소리, 맛, 냄새 등이 포함된다. 이러한 성질들은 그것을 지각하는 주체에 따라 다르게 경험될 수 있다는 점에서 대상이 가지고 있는 제2성질로 분류된다.

사물의 이러한 제1성질과 제2성질에 의해 우리 정신 속에 형성된 표상적 관념들은 사물을 직접 지각하면서 만들어진 단순관념(simple idea)들과 그 단순관념들이 오성(understanding)에 의해 결합되어 만들어진 복합관념(complex idea)들로 무한 증식해 지식의 세계를 수놓는다. 물론 경험주의자로서의 로크는 인간의 지식을 철저히 지각 안으로, 즉 정신 안에서 조성되는 관념들과 그 관념들의 상호관계로만 제한한다. 그런데 지식의 기원이 지각이라는 점에서 외견상 경험주의적 인식론으로서 타당성을 갖는 것 같지만, 지식의 기본 단위인 관념 형성의 기원이 앞서 제1성질의 특성에서 볼 수 있듯 외부 대상에 있다는 점에서 경험주의적 정합성이 훼손된다. 지식의 성립이 경험 내부, 즉 지각된 관념들 간의 상호관계에 있는 것이 아니라 외부 대상과 관념 사이의 유사성에 놓여 있기 때문이다. 만일 그렇다면 경험 외부에 있는 대상의 존재를 어떻게 확신할 수 있는가? 이것은 무엇보다 관념의 기원을 경험 바깥의 외부 세계에 두고 있다는 점에서 경험주의의 한계를 넘어서고 있다.

버클리의 관념론

이후에 로크의 실재론을 비판하며 등장한 또 한 명의 경험주의자가 버클리다. 그는 앞서 로크의 문제점을 해결하기 위해 정신 바깥의 외부 세계를 철저히 부정하는 입장을 취한다. 즉 인간의 정신이 외부 대상에 접근할 수 있는 길은 전혀 없고, 존재하는 것은 오로지 우리 정신의 (지각된) 관념들뿐이다. 이와 관련해 그의 아주 유명한 명제 하나가 있다. "존재하는 것은 지각된 것이다."(esse est percipi) 이 말을 뒤집으면 '지각되지 않으면 존재하지 않는다'는 의미가 된다. 즉 그는 지각과 상관없이 독립적으로 존재하는 외부 대상을 부정함으로써 지식의 기원을 철저히 경험 내부로 한정해 경험주의의 수미일관성을 확보하고자 했다. 따라서 이제 인간의 정신 바깥은 모두 부정되고 오로지 정신에 의해 지각된 관념들만이 남게 된다. 가령 로크가 주장했던 대상의 제1성질도 인간의 지각과 상관없는 외부 대상에서 비롯한 것이기에 부정될 수밖에 없다. 이로써 그의 경험주의는 '주관적 관념론'이라는 적절한 명칭으로 불리게 된다.

그런데 이렇게 주관적 관념의 세계만을 인정하게 되면 필연적으로 극단적인 유아론(唯我論)이나 유심론(唯心論, solipsism)에 빠질 수밖에 없다. 유아론은 지각과 상관없는 외부 세계를 부정하기 때문에 관념의 발생에 대한 물음에 답을 줄 수 없으며, 무엇보다 나의 주관과 남의 주관이 상충할 때 그것을 조정할 수 있는 길이 막혀 있다는 문제점을 노정한다. 가령 단지 내가 지각하는 것만 존재한다면 과연 내가 인식할 수 없는 사물이나 세계는 존재하지 않는 것인가? 이러한 난제들에 직면하자 버클리는 (성공회 주교의 신분에 걸맞게) 신을 끌어들여 '객관적 관념론'을 통해 해결하고자 했다. 즉 한시도 쉬지 않고 영원히 깨어 지각하는 신의 무한한 정신이 있기 때문에 우리의 경험과 관계없이 이 세계는 존재한다는 것이다.

그런데 신을 요청한 이상 지식의 기원을 경험(지각)에 두는 경험주의 근간은 무너지게 된다. 또한 버클리는 (정신 바깥의) 물질의 실재는 모두 부정했으나, 정신마저 부정하고 나면 지각하는 주체마저 없어지므로 정신의 실재는 인정했다. 하지만 이것 역시 "존재하는 것은 지각된 것이다"라는 자신의 주장에 반하는 것이다. 자신의 정신을 지각할 수 있는 사람은 아무도 없으니 말이다. 어찌 되었든 그는 이러한 자기모순을 극복하지 못했다.

요컨대 로크나 버클리 모두 따지고 보면 (지식의 기원을 경험에 두는) 경험주의의 정합성과 관련해 난관에 봉착했다고 볼 수 있다. 다시 말해 지식의 기원의 정당성과 객관성을 도저히 확보할 수 없었기 때문에 어떤 형태로든 인간의 정신(지각) 바깥(의 실체)에서 그것을 구할 수밖에 없었고, 그래서 한 사람은 외부 대상에서, 그리고 다른 한 사람은 신에게서 찾는 무리수를 두게 되었던 것이다.

흄의 회의론

그런 점에서 흄은 로크와 버클리를 계승하고 발전시킨 경험주의의 완성자라 할 수 있다. 초기에 그는 버클리의 관념론에서 큰 영향을 받았는데, 그것을 최대한 극한으로 밀고 나갔다. 무엇보다 그에게 주어진 과제는 지식의 기원을 '지각'에만 한정하는 것이었다고 할 수 있다.

우선 그는 지각을 '인상'(impression)과 '관념'(idea)으로 구분한다. 인상은 가장 직접적이고 생생한 지각을 말한다. 그리고 인상은 모든 관념에 선행하면서 그것의 기원이 된다. 인상과 관념은 생생함(vivacity)의 차이에 의해 생생한 인상과 덜 생생한 관념으로 구분되며, 인상은 관념을 발생시키고 관념들은 그것들 사이의 연합을 통해 지식을 형성하게 된다.

그렇다면 왜 굳이 지각을 인상과 관념으로 구분했던 것일까? 흄은 인상을 관념의 기원으로 설정함으로써 버클리와 같이 극단적인 관념론에 빠지지 않을 수 있게 된다. 그렇다고 흄이 실재론자와 같이 의식의 바깥으로 걸어나갔다는 뜻은 아니다. 흄에게 외부의 물리적 대상은 끝까지 알 수 없는 것이다. 그는 단지 인상과 관념을 구분하고 인간의 감각이 수용하는 생생한 인상을 관념의 근거로 삼았을 뿐이다. 이를 통해 흄은 모든 지식의 기원을 지각에 두는 경험주의의 대원칙을 충실히 지키면서도 그 (경험주의의) 일관성 안에서 최대한 외부를 향해 개방함으로써 로크나 버클리의 전철을 밟지 않을 수 있었다.

그렇다면 흄에게서 인간의 지식은 어떻게 형성되는가? 그것은 관념들의 연합을 통해 이루어진다. 흄은 상상력이나 상상작용(imagination)[15] 안에서 관념연합의 원리에 따라 관념들이 자연적으로 결합한다고 말한다. 그 원리는 인접성(contiguity), 유사성(resemblance), 인과성(causality)이다. 즉 관념들이 상상력 안에서 어떤 (심리적) 인력(attraction)에 의해 시공간적으로 인접한 것들, 유사한 것들, 원인과 결과 등에 따라 결합한다는 것이다. 이런 연합에 의해 관념들은 자유롭게 상호작용을 하면서 다양한 지식을 생산할 수 있다.

이러한 흄의 입장은 어떤 내재적 인과성, 필연성, 법칙성 등을 모조리 해체하는 결과를 낳는다. 특별히 인과관계는 어떤 독립적인 사건들이 반복되면서 형성되는 습관적 판단일 뿐이라고 본다. 다시 말해 인과관계에서 내재적(internal)이고 필연적인 연관은 철저히 부정되고, 외재적(external)이고 우연적인 관계로 이해된다. 예컨대 오늘 해가 동쪽에서 떴으니 내일도 그럴 것이라는 판단도 흄에게는 단지 개연적인 믿음에 지나지 않는다. 인과성이나 필연성은 개연성(probability)의 수준을 넘지 않는 것으로, 단지 자주 일어나는 현상들을 경험하면서 습관적으로 종합한 결과에 지나지 않는다. 이러다 보니 로크의 외부 대상이나 버클리의 정신적 실체 및 신은 물론이고 자아의 항구성이나 동일성마저 무너지는 결과가 초래된다. 즉 자아란 불변하거나 항구적인 존재가 아니라 지각들

----

15 흄에게 '상상력'(imagination)은 칸트의 '구상력'(Einbildungskraft)과 같은 별도의 선험적 능력이 아니다.

의 다발과 관념들의 다발로 분해된다. 이런 점에서 흄의 경험주의는 '회의주의'(scepticism)라 할 수 있다

요컨대 흄에 이르러 데카르트가 발견한 지식의 출발점으로서의 '생각하는 나', 즉 자아 또는 주체는 그 기반이 뿌리째 흔들리게 되었다. 또한 인식에서 진리를 보증할 수 있는 근거도 와해되었다. 이제 진리는 불가능한 것이 되었고, 이전까지 확실하다고 여겨졌던 모든 지식은 단지 개연성, 확률, 믿음의 수준으로 흐릿해진 것이다.

칸트와 '나'의 재발견

앞서 살펴본 것처럼 흄의 회의주의에 의해 주체는 관념들의 다발(묶음)로 모조리 해체되었다. 또한 인간의 모든 경험적 지식은 (지극히 주관적인 것이기에) 개연성이 높은 것일 뿐 확실한 지식(진리)은 불가능한 것이 되었다. 이런 흄의 회의주의 덕분에 칸트는 독단의 잠에서 깰 수 있었다. 그리고 인간 주체(라는 출발점)와 진리의 문제를 다시 정초하는 일을 자임하게 되었다. 다만 데카르트 식의 실체론적 주체론으로의 회귀와 같은 방식이 아니라, (경험주의의 비판을 최대한 수용해) 인간의 이성을 법정에 세워 그 능력의 한계와 범위, 작동 방식 등을 철저히 따져 묻는 비판철학의 방식으로 주체를 재정립하고자 했다.[16]

그는 우선 '사물 자체'(Ding an sich)와 '현상'(Erscheinung)을 구분하고, 우리가 인식할 수 있는 대상을 현상에 국한했다.[17] '현상'이란 우리의 감각기관을 통해 나타나는 대상을 뜻한다. '사물 자체'는 우리가 결코 알 수 없는, 인식의 한계 바깥에 있다. 여기까지만 놓고 보면 회의주의나 경험주의와 크게 다를 바 없어 보인다. 그럼에도 불구하고 그는 (대상 자

---

16 칸트의 철학에서 유독 '의식'(Bewusstsein)이라는 말이 선호되는 이유도 인간의 주체를 영혼이나 실체가 아닌 어떤 기능이나 직능, 능력으로 보고자 했기 때문이다.

17 칸트는 인식대상을 '현상'으로만 국한한다는 점에서 영국 경험주의를 잇고 있다고 볼 수 있다.

체는 모르는 것이지만) 객관
적 지식, 즉 보편적이고 필
연적인 지식이 가능하다고
말한다. 그는 이것을 사유
의 '코페르니쿠스적 전환'을
통해 증명하고자 했다. 코
페르니쿠스가 천동설을 전
복해 지동설을 주장한 것처
럼, 칸트는 이전의 인식론
이 대부분 인식대상을 중심
에 두었던 것과 달리 인식
주체를 중심에 두어 현상으
로 주어지는 대상이 그 주
위를 돌도록 했다.

이마누엘 칸트

　『순수이성비판』에서 칸
트는 선험적 종합판단(synthetisches Urteil a priori)이 가능한지를 묻는다.[18]
칸트에게서 모든 판단은 분석판단과 종합판단으로 나누어지는데, 분석
판단이 주어개념이 술어개념을 포함하는 판단이라면, 종합판단은 그렇
지 않은 판단을 말한다. 분석판단은 선험적 판단으로서 주어개념을 분
석하면 술어개념이 필연적으로 도출된다.[19] 반면에 종합판단은 경험적
판단으로서 주어개념을 아무리 분석해도 술어개념이 나오지 않지만, 우

----

18 '선험적'(a priori)이라는 말은 인식에서 감각경험에 선행함을 뜻한다. 이것의 대립어는 '후
　　험적'(a posteriori)이라는 말로, 이것은 경험 의존적이라는 의미다. 또한 선험적 종합판단
　　이란 보편적·필연적이면서도 확장된 정보를 주는 판단을 뜻한다.

19 '분석판단'은 주어에 술어가 포함된 판단이다. 예컨대 '모든 총각은 미혼 남자다'와 같은
　　판단이 분석판단에 해당한다. 즉 '총각'이라는 주어에 술어가 이미 내포되어 있으므로 경
　　험과 무관한 판단인 것이다. 이처럼 분석판단은 보편성과 필연성을 가지고 있지만, 어떤
　　새로운 지식도 제공해 주지 않는다.

리에게 확장된 정보를 제공해 준다.[20] 그러니까 칸트는 선험적 종합판단, 즉 (분석판단처럼 공허하지 않은) 새로운 지식을 주면서도 보편적이고 필연적인 인식이 가능한지를 물은 것이다. 그는 그것이 가능하며, 수학이나 물리학에서 그 실례를 찾을 수 있다고 보았다.

칸트는 이런 인식의 근거를 인식대상이 아닌 인식주관의 판단형식에서 찾는다. 즉 인식주관의 형식이 현상에 부과됨으로써 인식이 이루어진다는 것이다(자연의 입법자로서의 인간주체). 이런 점에서 칸트의 인식론은 한마디로 초월론적(tranzendental)[21] 주체의 사유라 할 수 있다. 다시 말해 선험적 종합판단에 도달하는 인간의 인식을 설명하기 위해서는 초월론적 주체성이 요구되는데, 그것은 이미 선험적 형식이나 틀이 있어서 그 조건을 통해 인식하는 것이다. 더 정확히 말해 선험적 형식의 규정을 통해 그렇게 대상을 구성함으로써 보편적이고 필연적인 판단과 지식에 이를 수 있다는 것이다.

여기서 인식의 형식과 틀은 예컨대 어부의 그물이나 붕어빵을 만드는 빵틀에 비유될 수 있다. 즉 인식주체는 바다(인식대상)를 향해 그물(인식틀)을 던져 그것을 다시 끌어올림으로써(종합하고 구성함으로써) 지식을 얻을 수 있는 것이다. 이렇듯 칸트의 사유는 기본적으로 (인식 자료를 종합한다는 점에서) '종합'의 사유이며, (대상을 구성한다는 점에서) '구성'의 사유이다. 일반적으로 칸트의 인식론을 '구성주의'(constructionism)라고 하는 이유가 바로 이 때문이다.

칸트의 구성주의를 영국 경험주의와 비교해 보면 보다 분명히 이해

----

20 '종합판단'은 주어에 술어가 포함되지 않은 판단이다. 따라서 대부분 경험적·후험적 판단의 형태를 띤다. 예컨대 '모든 개는 사납다'의 경우가 그렇다. 주어인 '개'를 아무리 분석해도 술어가 도출되지 않는다. 사나운 개도 있지만 온순한 개도 있기 때문이다. 종합판단은 분석판단과 비교해 보편적이고 필연적이지는 않지만 새로운 지식을 제공해 준다.

21 '초월론적'(transcendental)은 '경험적'(empirical)이라는 말의 대개념으로서 '경험 외적' 또는 '경험 독립적'이라는 뜻이다.

할 수 있다. 즉 영국 경험주의에서 인식이 (대상에 대한) '경험으로부터' 출발하는 것이라면, 칸트에게서는 '경험과 더불어' 이루어지는 것이다. 다시 말해 지각하고 그로부터 인식하는 것이 아니라 선험적으로 존재하는 주체(주관)의 틀이 작동함으로써 경험을 하고, 그와 함께 인식이 이루어진다. 요컨대 인식주관의 선험적 형식이 대상을 조건 지우고 그것을 눈앞에 세움(Vorstellung)으로써 비로소 알 수 있다는 것이다. 그렇기 때문에 무엇보다 주체의 형식과 인식주관의 구조를 아는 것이 중요하다.

그 형식은 크게 두 가지다. 그것들은 선험적 인식능력으로서의 '감성'(Sinnlichkeit)과 '오성'(Verstand)이다. 먼저 감성에 대해 살펴보자. 감성은 직관능력(직관할 수 있는 능력)이라고 하는데, 판단이나 개념이 매개되지 않은 인식으로서, 쉽게 말해 감각하는 능력을 뜻한다. 감성은 보고 듣고 맛보고 느끼는 등의 감각(직관)들을 통해 인식에 필요한 감각자료들을 수용하는 역할을 한다. 그런데 감성은 무질서하게 마구잡이로 사물들을 들여보내는 게 아니라 일정한 형식, 즉 선험적 직관형식을 통해 (일정하게 배열해) 받아들인다. 그 형식은 공간과 시간이다. 즉 우리의 의식이 대상을 지각할 때, 그 안에 있는 감성(이라는 직관능력)이 작동해 공간과 시간(이라는 직관형식)을 통해 수용한다는 것이다.

그러니까 인식주체가 대상을 지각할 때, 그것이 일단 의식에 들어온 후에 배열되는 것이 아니라, 이미 시간과 공간에 따라 정렬된 상태로 들어오게 된다. 이 말은 곧 처음부터 대상을 구성주의적으로 변형시켜 지각한다는 것을 뜻한다. 하지만 감성의 능력은 단지 감각자료(직관내용)들을 수용하기만 할 뿐, 그것들을 하나의 실에 꿰어 완전한 인식을 이루어낼 수는 없다. 그것은 감성이 아닌 오성이 할 수 있는 일이다.

그렇다면 오성이란 무엇인가? 오성은 사유능력이라고 하는데, 이것은 판단하고 사고하는 능력을 말한다. 그런데 이것도 그저 마구잡이로 사고하는 것이 아니다. 감성에 공간과 시간이라는 선험적 형식이 있었던 것처럼 오성 역시 '범주'(Kategorie)라는 선험적 형식을 가지고 있다.

감성의 형식을 통해 들어온 감각자료들은 오성의 형식인 범주를 통해 다시 가공되어 인식된다. 이때 비로소 세계는 그 자체로서가 아니라 재구성된 현상으로서 표상(재현)된다. 범주는 크게 4가지(양, 질, 관계, 양상)로, 세분화하면 12가지(① 양: 단일성, 다수성, 전체성, ② 질: 실재성, 부정성, 제한성, ③ 관계: 실체와 속성, 원인과 결과, 상호작용 ④ 양상: 가능과 불가능, 현존과 부재, 필연과 우연)로 구분된다.

이 가운데 인과관계의 경우만 간략히 살펴보자. 일반적으로 우리는 비가 내린 것과 땅이 젖었다는 각각의 사건을 인과율로 종합해 비가 와서 땅이 젖었다고 판단한다. 흄에 따르면 이런 인식은 (내재적 관계가 아닌 외재적 관계에 있는) 독립적인 두 사건이 반복과 습관에 의해 만들어진 인과관계에 불과하다. 그러나 칸트는 우리의 의식은 이 두 사건을 인과관계로 보도록 선험적으로 틀이 지어져 있다고 본다. 따라서 비가 내려서 땅이 젖었다고 하는 판단은 원인과 결과라는 선험적 범주에 의해 구성된 것이다. 또한 그렇기 때문에 이것은 단지 개연성이 높은 정도에 머무는 것이 아니라 보편적이고 필연적인 지식이 될 수 있다.

그렇다면 감성과 오성은 어떻게 연결될 수 있는가? 감성과 오성은 이질적인 능력들이기 때문에 각각 독자적으로만 작동한다면 인식이 이루어질 수 없다.[22] 따라서 칸트는 양자를 매개해 주는 또 다른 선험적 능력이 있다고 했다. 그것은 '구상력' 또는 '상상력'(Einbildungskraft)이라고 불린다. 구상력은 크게 두 가지 역할을 한다. 하나는 재생의 기능이고 (재생적 구상력), 다른 하나는 도식화를 통한 매개의 기능이다(생산적 구상력). 먼저 재생은 일종의 기억 또는 연상의 종합 능력이다. 즉 감각이 수용한 하나하나의 (대상의) 표상들이 시간 속에서 뿔뿔이 흩어지지 않도록 그것들을 다시 붙잡을 수 있는 기억의 재생을 뜻한다. 또한 도식화

----

22 이와 관련해 『순수이성비판』에 나오는 칸트의 유명한 말을 떠올릴 필요가 있다. "내용(직관) 없는 사고는 공허하고, 개념 없는 직관은 맹목적이다."

의 기능은 개념을 도식으로 그릴 수 있는 능력이라 할 수 있다.[23] 즉 개념을 감각자료에 적용시키기 위해 구상력은 '도식'(Schema)을 산출해 오성과 감성을 '일치'시키는 역할을 하게 된다. 인식능력들이 서로 일치되어야 비로소 인식이 가능해진다. 따라서 오성의 개념(보편적 표상)이 구상력의 도식을 통해 감성의 직관(개별적 표상)에 적용됨으로써 인식이 이루어지는 것이다.

이처럼 칸트의 사유는 선험적 인식능력들의 한계와 범위, 작동방식 등을 중심으로 그것들이 어떻게 톱니바퀴처럼 맞물려 돌아가는지 상세히 보여준다. 칸트에게 인간의 정신은 단지 인상이나 감각을 수용하기만 하는 수동적인 것이 아니라 그 자체로 이미 초월론적 주체성을 가지고 있으며, 따라서 그는 극단적인 회의주의나 경험주의로부터 벗어나 보편적이고 필연적인 지식이 가능한 초월론적 주체론을 제시하고자 한 것이다.

물론 지금까지 설명한 칸트의 인식론에서 적지 않은 의구심이 드는 것이 사실이다. 예컨대 선험적 종합판단(의 실례로 보았던 수학이나 물리학의 경우)의 정당성 문제라든가 선험적 형식의 기준(오성의 선험적 형식은 왜 하필 12가지인가?) 등에 대한 문제는 좀처럼 납득하기 어려운 측면이 있다. 하지만 이후 이러한 난제들을 비판하고 극복하는 방식으로 칸트의 사상은 보다 풍요롭게 전개될 수 있었다. 마이몬(Salomon Maimon, 1754경~1800)과 피히테(Johann Gottlieb Fichte, 1762~1814), 셸링 (Friedrich Wilhelm von Schelling, 1775~1854), 헤겔(Georg Wilhelm Friedrich Hegel, 1770~1831) 등은 후기 칸트적 사유를 통해 독일 관념론의 철학을 계승, 발전시키게 된다.

----

23 독일어 'bilden'(그림을 그리다)이나 'Bild'(형상) 등에서 알 수 있듯이 그림으로 그릴 수 있는 능력(Einbildungskraft)을 뜻한다.

오늘날 우리에게 주체란 무엇인가?

우리는 지금까지 근대 주체철학의 전개 과정을 알아보았다. 데카르트로부터 출발해 영국 경험주의를 거쳐 칸트(와 독일 관념론)에 의해 정교하게 다듬어진 주체의 범주는 근대 철학의 확고부동한 토대로서 자리매김하게 되었다. 이에 따라 근대는 곧 인간 주체의 시대로 여겨지게 되었고, 다양한 방식의 주체론이 등장했다.

데카르트와 칸트로 대표되는 근대 주체철학은 한편으로 자연(신)의 섭리나 신분질서 등과 같이 인간에게 주어진 운명을 강조했던 고중세 철학에 비해 분명 긍정적인 측면을 제공해 주었다. 인간은 진리의 주체로서, 현상을 종합하고 구성하는 인식주체로서 세계 앞에 당당히 서게 된 것이다. 하지만 다른 한편으로 근대 주체철학에서는 주체를 지나치게 실체화, 절대화, 능동화하고 인간의 경험을 지극히 좁은 영역으로 제한한 경향이 있다. 주지하는 바와 같이 주체가 강할수록 타자는 왜소해지게 마련이다. 이것은 어떤 사상적인 측면에만 국한되는 것이 아니라 삶의 대부분의 영역에 해당된다. 근대에 확립된 주체중심주의는 가령 제국주의, 파시즘, 자연 파괴, 인간 소외 등 역사의 커다란 비극과 관련되기도 했다. 물론 근대 주체철학이 직접적으로 그런 결과를 만들어냈다는 뜻은 아니다. 하지만 (근대 철학자들의 의도와는 달리) 어느 정도 그 사상적 토대가 된 것은 부인하기 어렵다.

이러한 비판은 19세기 이후 의미 있는 성과들이 이어지면서 새로운 국면을 맞게 된다. 대표적으로 마르크스(Karl Marx, 1818~83), 니체(Friedrich Nietzsche, 1844~1990), 프로이트(Sigmund Freud, 1856~1939)가 등장해 각각 역사유물론, 계보학, 정신분석학이라는 새로운 문제 설정으로 근대 철학에서 설정한 주체의 범주를 전복한 것이다. 이들에 의해 주체는 지식의 출발점이 아니라 오히려 사회적 생산관계, 힘에의 의지, 무의식 등에 의한 결과물로 역전된다. 특히 무의식의 발견은 인간의 주체성이 의식적, 능동적, 통일적인 것만이 아니라는 사실을 알려주었다. 니체와 프로이트, 베르그송(Henri Bergson, 1859~1941), 후설(Edmund Husserl, 1859~1938), 화이트헤드(Alfred North Whitehead, 1861~1947), 제임스(William James, 1842~1910) 등을 통해 인간의 무의식에 대한 다양한 방식의 논의가 이루어짐으로써 이전까지의 좁은 의미의 의식적이고 통일적인 주체는 재고의 대상이 되었다.

또한 1960년대 이후 구조주의와 후기구조주의라는 새로운 사조가 등장하면서 라캉(Jacques Lacan, 1901~81), 알튀세(Louis Althusser, 1918~90), 푸코(1926~84), 들뢰즈(1925~95), 데리다(Jacques Derrida, 1930~2004) 등은 각자 그 논점과 방식은 달라도 어떤 무의식적인 장(場)에서 형성되는 (수동적) 주체성에 대해 사유했다. 하여 코기토와 초월론적 주체 등으로 대표되는 근대 주체철학은 비판과 해체의 대상이 되었고, 무의식적이고 경험 이하의 세계에서 형성되는 주체성이 사유의 중심에 놓이게 되었다.

이런 사고의 대전환 속에서 인간의 주체성은 선험적이고 고정된 어떤 것이 아니라 시간 속에서 부단히 생성되는 것으로 이해되었다. 예컨대 들뢰즈는 '애벌레-주체들'(sujets larvaires)이나 '수동적 종합'(synthèse passive)과 같은 개념들을 제시하기도 했다. 우리의 의식과 경험 아래에서 생성되는 작은 자아들이 수동적으로 종합되고 통합됨으로써 결국 의식적이고 통일된 주체가 된다는 것이다.[24] 또한 푸코를 비롯한 현대 사상가들은 주체의 문제를 '주체화'(subjectivation) 개념과 관련시켜 이해하기도 했는데, 주체화란 주체성이 (태어날 때부터 주어지는 것이 아니라) 외부성(extériorité)과의 관계 속에서 형성된다는 것을 의미한다. 여기에는 두 가지 함의가 있다. 하나는 주어진 장(場)에 의해 길들여지고 예속되는 '주체화'이고, 다른 하나는 그런 가운데서도 구조에 완전히 용해되지 않

----

24 이에 대해서는 질 들뢰즈, 김상환 옮김, 『차이와 반복』, 민음사, 2004, 제2장을 보라.

고 자기 자신을 만들어간다는 의미에서의 '주체화'이다.[25]

　요컨대 현대 주체론은 칸트의 주체철학처럼 선험적 인식의 틀로 대상을 일방적으로 종합하고 구성하는 사유가 아니라, 오히려 구체적인 역사와 사회 속에서 형성되고 변환되는 것으로 이해하는 사유인 것이다. 이런 논의들은 인간의 주체성이 철저히 시간과 역사, 사회와 문화 속에서 생성되고 변화하는 것임을 보여준다. 이와 같이 오늘날 주체성의 개념은 근본적으로 바뀌고 있으며, 따라서 앞으로의 과제는 근대·현대 주체론은 물론이고 최근의 과학적 성과들까지 포함해 어느 때보다 복합적이고 종합적인 사유를 전개하는 데 있다. 아울러 이러한 다각적인 자기이해를 토대로 앞으로 어떤 주체성을 만들어갈 것인가에 대한 부단한 성찰이 있어야 할 것이다.

| 참고할 만한 책 |

가라타니 고진, 조영일 옮김, 『세계공화국으로』, 도서출판 b, 2007.
김효명, 『영국경험론』, 아카넷, 2001.
데이비드 흄, 김혜숙 옮김, 『인간의 이해력에 관한 탐구』, 지식을 만드는 지식, 2010.
르네 데카르트, 이현복 옮김, 『방법서설/정신지도를 위한 규칙들』, 문예출판사, 1997.
르네 데카르트, 이현복 옮김, 『성찰/자연의 빛에 의한 진리탐구』, 문예출판사, 1997.
민석홍, 『서양사개론』, 삼영사, 1984.
백종현, 『존재와 진리』, 철학과현실사, 2008.
베네딕트 앤더슨, 윤형숙 옮김, 『상상의 공동체』, 나남, 2003.

----

25 이에 대해서는 이정우, 『진보의 새로운 조건들』, 인간사랑, 2012의 서론과 본론을 보라.

앙드레 베르제즈·드니 위스망, 이정우 옮김, 『새로운 철학강의 1: 논리학 및 인식론』, 인간사랑, 1991.

이마무라 히토시, 이수정 옮김, 『근대성의 구조』, 민음사, 1999.

이정우, 『개념-뿌리들』, 그린비, 2012.

이정우, 『세계철학사 1』, 도서출판 길, 2011.

이정우, 『진보의 새로운 조건들』, 인간사랑, 2012.

이진경, 『철학과 굴뚝청소부』, 그린비, 2005.

임마누엘 칸트, 백종현 옮김, 『순수이성비판』, 아카넷, 2006.

조지 버클리, 문성화 옮김, 『인간 지식의 원리론』, 계명대학교출판부, 2010.

존 로크, 추영현 옮김, 『인간지성론』, 동서문화사, 2011.

질 들뢰즈, 김상환 옮김, 『차이와 반복』, 민음사, 2004.

질 들뢰즈, 한정헌·정유경 옮김, 『경험주의와 주체성』, 난장, 2012.

질 들뢰즈·펠릭스 가타리, 김재인 옮김, 『천개의 고원』, 새물결, 2001.

황설중, 『인식론』, 민음인, 2009.

황수영, 『근·현대 프랑스철학』, 철학과현실사, 2005.

제13장

근대 민주주의의 탄생과 발달:정치철학의 기초

성일권

"이방인이여, 자네는 첫머리부터 틀린 말을 하는군.
여기서 독재자를 찾다니 말일세. 도시는 어느 한 사람의
지배를 받는 것이 아니라 자유로우니 말일세.
매년 번갈아가며 백성(데모스)들이 관직에 취임한다네.
우리는 부자라고 해서 특권을 주지 않으며
가난한 사람도 똑같은 권리를 누린다네."
―에우리피데스, 『탄원하는 여인들』, 403~408행.

오늘날 '민주주의'[1]라고 말하면, 거의 모든 이들에게 헌법에 보장된 당연한 권리이지만 실천이 뒤따르지 않는 '배반의 정치용어'로 인식된다. '국민 개개인의 주체성을 추구한다'는 민주화의 원래적 의미가 일부 젊은 네티즌들 사이에서는 '억눌러 획일화시키다'라는 반대의 뜻으로 사용되기도 한다.[2] 어쩌면 이런 현상은 그 자체로 민주주의의 적이라 평

----

1 영어권에서 '민주주의'(democracy)의 어의 변화에 대해서는 레이먼드 윌리엄스, 김성기·유리 옮김, 『키워드』, 민음사, 2010, 133~140쪽 참조.

가될 수 있지만, 우리 사회에 민주주의의 본질적 의미와 그 실천 행위의 불일치가 만연해 있음을 적나라하게 드러내고 있다고 볼 수 있다. 예컨대 국민을 학살하는 독재자도 자신이 민주주의자이고, 부정부패로 지탄받는 지도자도 자신이 민주주의자이며, 표현의 자유를 억압하는 권력자도 자신이 민주주의자라고 외친다. 심지어 이들은 민주주의의 보장과 실천을 요구하는 국민들에게 자신이 민주주의의 수호자라고 주장하면서 각종 탄압 행위를 서슴지 않는다. 우리 사회만 봐도 쿠데타로 정권을 잡은 역대 군인 출신의 대통령들이 '민주공화국의 수호자'를 자처했고, 북한의 김일성-김정일-김정은 세습 정권도 '조선인민민주주의공화국의 수호자'라고 공언하고 있다.

민주주의는 민(民)이 주(主)가 되어야 한다는 주장(主張)이지만, 현실은 결코 그렇지 않다는 게 문제다. 잘 알다시피 민주주의는 지금으로부터 2,500년 전의 고대 그리스, 그 가운데에서도 아테네라는 한 도시국가(polis)의 정치체제에 그 기원을 둔다. 이 민주주의가 최근에 와서야 보편적인 가치이자 제도로서 받아들여졌으나, 그 개념과 의미는 여전히 논쟁적이다. 이는 지금의 민주주의가 효용성과 실현성의 명분 아래 국민 다수의 권한을 특정인에게 위임하는 대의제를 채택함으로써 '인민의 지배'라는 애초의 주체적인 의미를 상실했고, 심지어 이른바 대의민주주의가 인민의 뜻을 거스르는 경우가 빈번한 까닭에서다. 역설적인 것은 이런 모순적인 대의제가, 인민의 힘을 통해 근대 민주사회의 정치적 초석을 세웠다는 미국혁명과 프랑스 혁명의 결과물이었다는 점이다. 두 혁명은 역사상 최초로 '혁명'으로서의 민주주의를 주창했다는 점에서 '민주

---

2 일부 연예인들이 이른바 '일베'라고 불리는 인터넷 사이트 일간베스트저장소(www.ilbe.com)의 회원들이 사용하는 은어를 무심코 사용했다가 사회적 논란에 휩싸이기도 했다. 2013년 인기 걸그룹 멤버가 라디오 생방송 도중 "저희는 개성을 존중하는 팀이거든요. 민주화시키지 않아요"라는 말을 해서 물의를 빚었다. 민주화라는 말을 '소수의견이라고 무시하거나 억누른다'는 의미로 사용한 너무도 '일베적인' 어투였기 때문이다.

혁명'이지만, 지배질서의 유지를 골자로 한 제도적 대의제를 강구했다는 점에서 '부르주아 혁명'이라 부를 만하다. 이 장에서는 근대 민주주의의 시대적 전환, 즉 고대 민주주의로부터 근대 민주주의로의 이전 과정과 현대 민주주의로의 분화 현상을 살펴봄으로써 민주주의의 본질적 개념과 의미를 되새기고자 한다. 오늘날에 우리가 직면한 사회적 갈등과 대립을 치유하고 성숙한 사회 공동체를 이룩하기 위해서는 무엇보다도 민주주의의 본래적 의미와 가치를 되짚어보는 게 필요할 것이다.

자본주의의와 함께 발전한 근대 민주주의

현대 사회가 구가하고 있는 민주주의는 그 기원이 고대 그리스에 있다고 알려져 있다. 어원 자체도 그리스어일 뿐만 아니라, 실제로 그리스의 대표적 도시국가인 아테네는 민회가 명실상부한 최고 권력기구로 부상한 BC 461년부터 마케도니아에게 정복당한 BC 322년까지 민주 체제를 경험했다. 아울러 고대 그리스의 많은 도시국가는 대체적으로 군주정, 귀족정, 금권정, 참주정, 민주정으로 이행하는 역동적인 체제 변화를 보여주었으며, 이 과정에서 여러 통치 형태에 관한 철학적 성찰과 지적 토론이 활발히 벌어졌다. 물론 고대 그리스에 앞서서 이미 메소포타미아에 원초적인 형태의 민주주의가 다양하게 존재했음을 보여주는 흥미로운 연구들이 나와 있지만, 하나의 전통으로서 민주주의의 역사에서 고대 그리스, 특히 아테네의 정치체제가 결정적인 준거가 되었음은 주지의 사실이다.

아리스토텔레스가 BC 329~BC 322년경에 쓴 것으로 전해지는『아테네인의 국제(國制)』[3]라는 저서 덕분에 우리는 고대 민주주의를 주로 아테

----

3 모두 158편의 논문으로 이루어졌으며, 7세기경까지 남아 있었으나 그 후 모두 흩어져 없

네의 경우를 통해 이해하는데, 연구자들은 대개 아테네 민주주의를 고대 민주주의의 전형으로 간주한다. 흔히 아테네 민주주의가 발전해 나아간 과정을 말할 때, 솔론(BC 594)과 페이시스트라토스(BC 546), 클레이스테네스(BC 508), 에피알테스(BC 462) 등의 개혁을 강조하고, 또 페리클레스의 시대(BC 461~BC 429)를 아테네 민주주의의 전성기로 간주하나, 오늘날 우리가 비교적 잘 알고 있는 아테네 민주주의는 '페리클레스 체제' 이후 재편성된 BC 4세기 전반기의 것이다.[4] 최대 4만~5만 명의 성인 남자로 이루어진 시민단, 이들이 함께 모여 국사를 결정하는 최고 권력체로서의 '민회', 추첨으로 뽑히는 '500인 협의회' 및 기타 700인에 달하는 관리들, 역시 추첨으로 뽑히는 배심원단과 시민법정, 전문성을 요하는 장군직이나 일부 재정직은 예외적으로 선거로 뽑는 관행, 관리에 대한 엄격한 자격 심사와 통제 등이 아테네 민주주의의 기본적인 제도적 골격이다.[5]

그러나 다수결로 유무죄를 가리던 아테네 법정의 재판관은 법률에 관한 지식이 없으면서도 소일거리 삼아 참가수당을 받으려는 노인들로 채워졌고, 공동체의 고통과 인내를 요구하는 정책은 모든 성인 남자가 참여하는 민회에서 거부되었으며, 실현 가능한 비전을 제시하는 정치가보다는 혹세무민의 화려한 말솜씨를 자랑하는 정치인들이 더 인정받는 분위기가 나타나곤 했다. 그래서인지 플라톤은 저서 『국가』에서 아테네의 민주정과는 상반된 정치체제, 즉 스파르타의 사회상을 이상사회

어졌다. 그러나 1890년 이집트에서 이 책의 사본이 발견되어 그 내용의 대부분(99편)이 밝혀졌다. 이 사본은 대영박물관에 보존되어 있으며 사진판이 출판되어 있다. 원문 제69장 가운데 제41장까지는 아테네의 정치사, 제69장까지는 당시의 정치제도와 법정 절차에 관해 씌어 있으며, 정치학상으로 매우 귀중한 서적이다.

4 최갑수, 「서양의 민주주의: 이념과 변용」, 『역사와 현실』 제87호, 37쪽.

5 자세한 내용을 알려면 다음의 책들을 참조 바람. 『아테네 민주정치사』(양병우, 서울대학교 출판부, 1976), 『최초의 민주주의』(폴 우드러프, 이윤철 옮김, 돌베개, 2005/2012).

로 그렸다. 플라톤은 국가의 계급을 생산자, 수호자, 통치자로 나눴다. 그리고 교육은 수호자, 즉 사회지도층인 군인들을 양성하는 데 집중되어야 한다고 강조했다. 플라톤에 따르면 이들의 선발과 교육 과정은 스파르타에서처럼 출생 때부터 이루어져야 하며 체육과 군악에 가까운 음악 교육을 집중적으로 받아야 한다. 그리고 수호자 중에서 뛰어난 자들이 통치자가 된다. 검약과 절제를 몸에 익히고 참된 지혜를 갖춘 빼어난 철학자(통치자)가 통치하는 나라, 그 나라가 바로 플라톤이 그리는 이상 국가다. 절제와 용기, 지혜, 정의는 사실 스파르타가 지향했던 덕목들과 유사하다. 플라톤의 이상국가론은 서양 문명에 큰 영향을 끼쳐왔다. 사실 엘리트 교육의 원조라고 할 수 있는 영국의 신사(gentleman) 교육을 비롯한 유럽의 귀족 교육은 일반 민중이 받는 교육과는 차별화된 교육이라는 점에서 플라톤이 『국가』에서 그리던 모습과 별로 다르지 않다.

그리스 이후, 서구에서 아테네식 민주주의가 다시 등장하기까지 2,000년의 긴 시간을 기다려야 했다. 로마 가톨릭 교회와 봉건제를 근간으로 하는 전근대적 지배 구조로 인해 더 이상 민주주의적 가치 구현의 노력과 흔적은 볼 수 없게 되었고, 지배자가 신의 대리인으로서 절대 권력을 행사하는 신정정치가 군림하게 되었다. 뒤이어 세속권력이 강해지면서 모든 권력이 신적 기원을 갖는다는 신수설(神授說)이 군주제와 각별한 친화성을 갖게 되었다.

그러나 17~19세기에 유럽과 북아메리카에서 사회적 평등과 자유를 향한 투쟁이 불붙으면서 민주주의가 본격적으로 발전하기 시작했다. 이러한 투쟁은 인간 본성에 관한 새로운 관점, 그리고 과학과 철학의 현격한 발전에 힘입어 종국에는 기존의 지배질서에 대한 대규모 도전으로 발전했다. 18세기 후반의 미국혁명과 프랑스 혁명은 바로 그 정점에서 일어난 사건이다.

역설적이게도 민주주의는 자본주의와 더불어 성장했다. 유럽이 봉건주의 사회에서 자본주의 사회로 변모하기까지는 수백 년이 걸렸다. 교역과 상업이 활발해지고 도시 인구가 급증하면서 상인 계층과 그 밖의 부유한 도시 거주자들이 자신들의 권익을 보장해 줄 국가 체제를 동경하며 귀족 등 특권 계층의 정치적·사회적 권위에 도전한 것이다.

원래 봉건사회는 왕으로부터 봉토를 하사받아 소유한 귀족과 귀족의 예속 아래 그 토지를 일구며 근근이 살아가는 농노, 그리고 하나님을 내세워 막대한 영적 권리를 발휘하는 가톨릭 성직자 등 세 계급을 중심으로 이루어졌다. 그러나 도시가 발전하면서 상인과 그들이 고용한 사람, 예를 들면 보석 세공인, 시계 제조자, 목수, 총기 제작자, 자물쇠 수리공, 공구 제작자, 재단사 등과 같은 장인, 그리고 그들 밑에서 일하는 도제 등으로 이루어진 새로운 경제 체제가 생겨났다.

유럽에서 인구가 가장 많았던 프랑스를 먼저 살펴보면, 당시의 통치 체제는 경제적·사회적 상황에 비해 크게 후진적이었다. 그중에 국민들의 삶을 돌보지 않는 절대군주제가 가장 많은 원성을 들었다. 1643년 다섯 살의 나이에 권좌에 오른 루이 14세는 1715년 사망할 때까지 강력한 중앙집권 통치 체제를 구축하면서 무절제한 삶을 영위했다. 파리 근교 베르사유의 호화로운 궁전에서 루이 14세는 자신을 태양왕이라 칭하고, 자신의 호감을 사기 위해 모여든 귀족과 함께 향락생활을 일삼았다.

그러나 루이 14세와 귀족이 파리 밖의 베르사유에서 향락의 밤을 지새는 동안, 제3신분이 중심이 된 자본주의는 급속도로 성장했다. 군주제였던 당시 프랑스에는 세 가지 신분이 존재했다. 우선 로마 가톨릭 성직자로 이루어진 제1신분에는 추기경과 대주교, 주교, 교구사제, 수도사, 수녀 등이 포함되었고, 작위가 있는 귀족은 제2신분에 속했다.[6] 마지막으로 제3신분은 그 나머지에 해당하는 대다수 국민들로서 상인과 은행

----

6 당시 귀족은 대검 귀족과 법복 귀족으로 나뉘었다. 대검 귀족은 대토지를 소유한 영주와 군인들로서 대대로 작위를 물려받은 귀족을 의미하며, 법복 귀족은 도시 출신의 성공한 변호사와 부유한 상인들로서 왕으로부터 작위를 하사받은 신진 귀족을 의미했다.

가, 장인, 노동자, 농노 등이 포함되었는데, 이들은 도시와 자본주의가 발전함에 따라 점차 자신들의 정체성을 자각했다.

당시 프랑스는 유럽의 지배권을 갖기 위해 주변 강국들과 치열한 전쟁을 벌였을 뿐만 아니라, 특히 북아메리카의 식민지를 놓고 영국과 필사의 각축전을 벌였다. 루이 16세는 전쟁으로 인해 국가 재정이 파탄날 위기를 극복하기 위해 증세를 요구했으나, 제2신분이 극력 반대하자 1789년 삼부회를 소집했다. 그러나 그로부터 사태는 걷잡을 수 없이 확대되었다. 성직자와 귀족, 제3신분 등 세 신분 대표자들의 모임인 삼부회는 1614년을 마지막으로 소집된 적이 없었다. 1789년 5월 초에 1,200명에 가까운 신분 대표들이 각자 진정서를 들고 베르사유에 모였다. 투표는 1인 1표가 아니라 신분별로 행해졌다. 제3신분 대표들은 인구의 95퍼센트 이상을 차지하고 있음에도 불구하고 전체 3표 중 1표의 권리밖에 가질 수 없던 차별적 요소를 문제 삼고 같은 해 6월에 독자적으로 '국민의회'의 성립을 선언했다. 왕은 파리에 군대를 투입해 국민의회를 해산하려 했고, 이에 반발한 무장민병대가 결성되어 7월 14일 8만 명의 군중이 왕정의 상징인 바스티유 감옥을 습격해 그곳에 보관된 탄약을 탈취했다. 8월에는 제헌국민의회가 결성되어 봉건주의의 잔재를 공식 폐기하고, 8월 26일 '인간과 시민의 인권선언'을 채택했다. 루이 16세는 군중에 의해 베르사유에서 파리로 끌려왔고, 두려움에 사로잡혀 평민으로 위장해 파리를 탈출했으나 국경으로 가는 도중 발각되어 다시 파리로 붙잡혀 왔다. 1792년 9월 새로 선출된 국민공회는 왕정을 폐지했으며, 프랑스 최초의 공화정을 선포했다. 1793년 1월 루이 16세는 기요틴(단두대)에서 목이 잘렸고, 아내 마리 앙투아네트도 9개월 뒤에 단두대의 제물이 되었다.

혁명으로 인한 프랑스 군주제의 종막은 유럽 전역에 새로운 사회질서의 서막을 알렸다. 여기에 인쇄술과 화약 등 신기술의 발달과 과학적 사고의 등장, 그리고 철학자와 비평가 등의 새로운 사상과 철학은 근대 민주주의의 태동을 가져왔다. 특히 갈릴레이, 코페르니쿠스, 뉴턴과 같은 과학자들이 그때까지 진리로 여겨왔던 사물과 자연의 질서를 완전히 뒤엎었다. 지구가 창조주인 신의 산물이고, 신의 의지에 따라 우주의 중심이 되었으며, 그 때문에 태양과 달, 별 등이 지구 주위를 돈다고 믿어왔던 모든 자연의 질서가 거세게 거부되었다.

혁명의 성과, 근대 민주주의 체제의 등장

근대 민주주의가 등장하기까지는 민중혁명뿐만 아니라 사상가들의 도전적인 사상과 철학도 크게 영향을 끼쳤다. 진보적 사상가들은 왕권이 신에게서 부여받은 것이며, 귀족은 태어날 때부터 평민보다 우월하다는 가정에 반기를 들었다. 대표적으로 17세기 영국의 철학자 토머스 홉스(Thomas Hobbes, 1588~1679)[7]와 존 로크[8]는 사회계약론을 피력하고, 인간은 모두 평등하며 언젠가는 모두 죽어 소멸할 운명이라고 주장했다. 물론 여기에서 말하는 인간은 여성을 제외한 것이기는 하지만 이는 기존의 사회통념을 뒤엎는 획기적인 사상이었다. 특히 왕권신수설을 부정하고 명예혁명의 정당성을 강조한 로크는 평등사회에서는 지배자와

----

7 홉스의 『리바이어던』(1651)에 따르면 통치권자란 반드시 두 가지 요건을 갖추어야 하는데, 첫째는 국민을 보호할 수 있는 압도적인 힘이고 둘째는 국민의 동의다. 그렇기 때문에 통치자가 일단 패배하면 그의 신민은 자유롭게 서로 간에 신약을 체결해 새로운 통치자를 세울 수 있다는 것이 홉스의 기본 입장이었다.

8 로크는 1689년에 저술한 『통치론』에서 인간의 천부인권을 옹호하고 대의제 민주주의라는 민주주의 전통의 초석을 다졌다. 특히 생명과 자유, 자산을 포함하는 소유권을 정당화하고, 자연법과 이성의 중요성과 정부의 구성에서 동의와 계약의 필요성을 확인하며 마지막으로 인민의 저항권을 옹호했다. 이러한 그의 주장은 프랑스에 전해져 프랑스 혁명을 일으키는 도화선이 되었으며, 또 미국에도 전해져 미국혁명을 정당화하는 이론적 도구가 되었다. '미국독립선언서'의 많은 구절이 『통치론』의 표현을 그대로 인용한 것에서 알 수 있듯이 로크의 정치사상은 미국의 건국 정신에 지주 역할을 했던 것이다.

피지배자 사이에 계약이나 상호 이해가 필요하다고 역설했다. 로크의 정치사상은 장 자크 루소(Jean Jacques Rousseau, 1712~78)[9]를 통해 프랑스에 전해져 프랑스 혁명에 영향을 끼쳤고, 미국에도 전파되어 존 애덤스와 토머스 제퍼슨을 통해 미국의 독립선언에 영향을 끼쳤으며, 오늘날에도 자유 민주주의와 정치적 자유주의를 신봉하는 모든 이들의 정신 속에 선명히 살아 있다. 한편 루소와 볼테르(Voltaire, 1694~1778)를 비롯한 프랑스 철학자들은 권력자들의 허세를 조롱하고 풍자했다. 프랑스 내부에 이러한 혁명의 조짐이 확산되는 가운데 최초의 근대 혁명은 대서양 건너편에서 일어났다.

최초의 근대 혁명으로 탄생한 미국

1776년 7월 4일, 영국의 식민지 상태에 있던 미 대륙의 13개 주 대표가 한데 모여 독립을 선언하고 미합중국을 건립했다. 특히 주목할 만한 사실은 미국의 '독립선언서'가 식민지의 자치권만 주장한 것이 아니라 '인간은 모두 평등하게 태어났으며, 생존권과 자유권, 행복추구권이 있다'고 언급한 점이다. 이보다 1년 전인 1775년 영국 본국군과 아메리카 식민지군 사이에 무력충돌이 발생해 식민지의 반영(反英) 항쟁이 무력항쟁의 단계로 접어들었다. 식민지 주민은 영국 정부가 자신들에게 부과하는 세금에 반발했으며, 영국의 상비군이 식민지에 주둔할 수 있다는 주장에 분노했다. 분쟁 초기에 식민지 주민들은 자신들 역시 영국인으로서 마땅히 누려야 할 권리를 위해 싸운다고 주장했으나 시간이 흐르면서 차츰 국가 간의 싸움으로 바뀌었다. 싸우는 과정에서 식민지 주민들

---

9 로크의 사상으로부터 영향을 받은 루소는 『사회계약론』을 통해 다음과 같이 선언한다. "인간은 자유롭게 태어난 존재인데, 지금은 어디에서나 사슬에 얽매여 있다." 루소에게 인간의 자연적 충동은 건전하고 선량하며, 사회는 인간을 사악하게 만드는 장소다. 각종 제도 역시 인간의 영혼을 병들게 하고, 인간을 소외시킨다. 새로운 제도와 개혁을 통해 인간을 계몽하려고 했던 볼테르를 비롯한 당대의 사상가들은 루소의 사상에서 깊은 영향을 받았다.

이 영국인이 아니라 미국인이 되어갔던 것이다. 이러한 흐름에 힘입어 1775년 5월 제2차 대륙회의에서는 각 식민지에 대해 새 정부의 수립을 권고했으며, 이에 각 식민지는 새로운 헌법을 제정하고 사실상 독립 상태로 들어갔다. 제퍼슨이 원안을 작성하고 벤저민 프랭클린과 애덤스가 가필한 독립선언서는 식민지인의 불만을 상세히 기술하고, 로크의 사회계약설 등 사상가들의 논리를 빌려 독립전쟁을 정당화했다.

미국의 독립전쟁은 8년 넘게 치열하게 이어지다가 1783년 영국 정부가 식민지 대표자들과의 협상 끝에 '파리 조약'을 체결함으로써 막을 내렸다. 이로써 식민지 미국은 독립국가의 지위를 얻었다. 아이러니하게도 프랑스 루이 16세는 미국 독립혁명을 지원한 군사비 때문에 재정을 바닥냈고, 증세를 위해 삼부회를 소집했다가 패망을 자초했다. 더 나아가 미국의 독립혁명은 프랑스에서 자유와 평등, 박애를 외친 프랑스혁명이 일어나게 하는 하나의 계기가 되기도 했다. 미국 최초의 헌법은 1781년에 채택되었으나 오늘날까지 실질적으로 존속하고 있는 헌법은 1787년에 각 주의 대표자들이 필라델피아에 모여 제정한 것이다.

미국 헌법의 민주적 특성은 '우리 미합중국 국민은'이라는 첫 구절을 통해 드러난다. '미합중국 국민'을 대신해 선출된 대표자들이 헌법을 제정하고 정부 형태를 결정한다는 이 사고방식은 당시 전 세계 국가의 통치 방식을 위협할 정도로 혁신적인 것이었다. 미국은 이 헌법을 토대로 대의 정부에 필요한 제도를 갖추어나갔다. 우선 최고 행정관이면서 군 최고사령관의 지위를 맡을 대통령을 선출했고, 2년 임기의 하원과 6년 임기의 상원으로 구성된 양원제 의회를 채택했으며, 연방 정부와 주 정부의 권한을 규정했다. 또한 대법원을 설치해 의회나 주 정부의 권한을 규정하고, 의회나 주에서 통과된 법안이 그들의 관할권에 포함되는 사항인지, 헌법에 위배되지는 않는지 등을 결정하도록 했으며, 헌법 수정에 관한 조항을 명시했다.

1789년 일련의 헌법 수정안이 발의되었고, 그 가운데 10개 조항이

필라델피아 제헌회의

1791년에 발효되었다. '권리장전'으로도 불리는 이 10개 조항을 통해 미국 헌법은 시민의 권리를 명확히 밝히고 정부의 권한을 제한했으며, 새롭게 추가된 헌법 개정안에 위배되는 법안을 의회가 통과시키지 못하도록 했다. 예를 들어 가장 핵심적인 내용을 담고 있는 수정 헌법 제1조를 살펴보면 다음과 같다.

> 의회는 국교를 정하거나 신앙의 자유를 금지하는 법률을 제정할 수 없다. 또한 표현의 자유, 출판의 자유, 국민이 평화롭게 집회할 권리, 그리고 고충 해결을 위해 정부에 탄원할 권리를 제한할 법률을 제정할 수 없다.

이 밖에도 수정 헌법은 불리한 진술을 강요받지 않을 권리와 재판을 받을 권리, 부당한 검문과 체포로부터 보호받을 권리 등을 보장했다. 또한 주 정부는 재판에 회부된 사람에게 지나친 보석금을 부과할 수 없었으며, 유죄 판결을 받은 사람에게 잔혹하고 이례적인 처벌을 내릴 수 없었다. 수정 헌법 제2조는 해석 방법에서 논란의 여지가 있기는 하지만 무기 소지에 관한 권리를 보장했다.

미국 헌법은 그 당시 다른 나라의 통치 제도와는 비교도 안 될 만큼 민주적이었다. 그러나 그 이면에는 '직접민주주의'를 견제하려는 헌법 입안자들의 확고한 의지도 담겨 있었던 것으로 이해된다. 예를 들어 대통령과 부통령은 국민의 손으로 직접 뽑을 수가 없었다. 그 대신 선거인단이라는 기구를 만들어 각 주의 투표자들로 하여금 그 선거인단을 뽑도록 했으며, 각 주의 선거인단이 모여 대통령을 투표로 선출했다. 다시 말해서 일반 국민이 아니라 엘리트 집단이 국가의 최고 공직자를 선출하는 방식을 채택했던 것이다. 그리고 이러한 제도는 오늘날까지 존속되고 있다. 이 제도의 문제점은 국민이 자신들의 대통령 및 부통령의 선출과 해임에 거의 영향을 끼치지 못한다는 점이다. 미국을 대표하는 양당, 즉 민주당과 공화당이 자기 당의 대통령 후보자에게 투표할 각 주의 선거인단 명부를 확정하기 때문이다. 결국 국민은 대통령 후보자가 아니라 양당이 확정한 선거인단을 뽑는 데 투표할 뿐이다.

또한 미국의 헌법 입안자들은 의회민주주의에 대해서도 회의적이었다. 주민들이 직접 뽑지 않는 상원 제도의 도입이 그것이다. 하원의 경우 2년마다 유권자 투표로 선출되고 의석 수는 주의 인구 수에 비례해서 배정되지만, 상원은 이와 상관없이 각 주에 두 명씩 배정되고 6년 임기에 유권자가 아닌 주의 입법자가 선출하도록 했던 것이다. 이러한 제도는 1913년까지 유지되다가 헌법 수정 조항이 추가되면서 오늘날에는 유권자가 직접 뽑도록 하고 있다.

프랑스 혁명과 민주주의의 확장

프랑스 혁명의 불씨는 1789년에 지펴졌다. 이에 앞서 프랑스 부르봉 왕가의 재정은 향락 생활을 일삼던 루이 14세 말기부터 기울기 시작했고, 이후 영국과 경쟁하느라 대책 없이 미국혁명을 지원한 루이 16세에

「바스티유의 습격」(작자 미상)

이르면서 더욱 악화되었다. 루이 16세가 증세를 하려 하자 성직자와 귀
족이 장악한 고등법원이 새로운 세금의 부과는 삼부회의 고유 권한이라
는 이유로 삼부회 소집을 요구하게 되었다. 귀족이 오히려 세금 감면을
주장함으로써 왕권에 도전한 데다가 고등법원마저 등을 돌리자, 왕은
어쩔 수 없이 1614년 이래 열리지 않았던 삼부회의 소집을 선포했다. 당
시 상당수의 귀족은 계몽사상의 영향을 받아 왕권신수설을 부정하고 사
회계약설에 경도되어 있었다.

그러다 1789년 7월 14일, 물가 폭등에 시달리고 있던 파리 시민들이
바스티유 감옥을 습격해 마침내 혁명이 전역으로 퍼져나갔다. 제3신분
의 지도자들로 구성된 국민의회는 같은 해 8월 12일 봉건제 폐지를 선언
하고, 8월 26일에는 인권선언[10]을 선포했다.

'인간은 자유롭고 평등한 권리를 지니고 태어나서 살아간다. 사회적 차별은 오로지 공공 이익에 근거할 경우에만 허용될 수 있다(제1조). 모든 정치적 결사의 목적은 인간이 지닌 소멸될 수 없는 자연권을 보전하는 데 있다. 이러한 권리로서는 자유권과 재산권과 신체 안전에 대한 권리와 억압에 대한 저항권이 있다(제2조). 모든 주권의 원리는 본질적으로 국민에게 있다. 어떤 단체나 개인도 국민으로부터 직접 나오지 않는 어떤 권력도 행사할 수 없다(제3조)……..'

이어 1789년 10월, 빵값 폭등에 분노한 파리의 부녀자들이 베르사유 궁전을 습격해 이곳에 체류 중이던 루이 16세를 파리 튈르리 궁으로 강제 이궁시켰다. 이 과정에서 입헌군주파인 지롱드파가 주도권을 잡았다. 유산계급인 지롱드파는 점진적 개혁주의자들로, 국왕을 보호하려 했으며 1791년 9월 헌법을 만들어 지방 분권과 자유방임경제를 주장했다. 반면에 공화주의를 주장한 자코뱅파는 지롱드파를 반혁명주의자들이라 공격하면서 왕의 처형을 주장했다. 1792년 9월 21일, 선거를 통해 정권을 장악한 자코뱅파의 국민공회는 소집되자마자 왕정을 폐지하고, 다음 날 공화정을 선포했다. 국민공회는 제1공화국을 선포하고 국새에 새길 프랑스의 표상을 고대 그리스와 로마 문화에서 찾아냈다. 그것은 여성의 육체를 활용해 추상적 실체의 이미지를 구상하고 그 속성의 상징물을 여성에게 부여하는 것이었다. 그렇게 해서 프리지아 모자를 쓰고 창을 든 마리안느(Marianne)가 탄생했는데, 프리지아 모자는 자유를, 거

----

10 프랑스의 '인권선언'은 프랑스 혁명이 진행되고 있던 1789년 8월 26일, 국민의회가 국민으로서 누려야 할 권리에 대해 '인간과 시민의 권리선언'이라는 명칭으로 선포한 선언이다. 인권선언은 근세의 자연법과 계몽사상을 통해 자라난 인간 해방의 이념을 담고 있으며, 근대 시민사회의 정치이념을 명확히 표현하고 있다. '인간은 자유롭고 평등한 권리를 가지고 태어났다'는 것이 제1조로, 종교의 자유와 언론의 자유가 법률로 보호되었고, 소유권은 신성불가침한 지위를 부여받았으며, 공직과 지위가 중산층에도 개방되었다. 라파예트 등이 기초한 이 선언은 구체제의 모순에 대한 시민계급의 자유 선언이면서, 헌법 제정을 위한 강령으로서의 성격을 띠고 있다. 1791년 프랑스 헌법의 전문으로 채택된 인권선언은 세계 각국의 헌법과 정치에 커다란 영향을 끼쳤다.

'혁명의 상징' 마리안느　마리안느는 현재 프랑스의 상징으로서 모든 관공서에 '자유, 평등, 박애'라는 문구와 함께 부착되어 있다.

울은 진실을, 곡식 다발은 농업을 상징했다. 마리안느는 공화국과 자유는 불가분의 관계임을 밝히는 것으로, 정교 분리의 원칙에 따라서 당시 가장 많이 선호되고 있던 마리(Marie)와 안느(Anne)라는 이름을 합친 것이었다.

이어 국민공회는 국민을 배반한 혐의로 루이 16세에게 42가지의 질문을 던져 심문했다. 결국 국민공회는 루이 16세를 국민의 소집 없이 재판하고, 국민의 이름으로 1793년 1월 21일에 단두대에서 처형했다. 사형집행인이 루이 16세의 목을 들어올리자 군중은 환호의 뜻으로 '공화국 만세'를 외쳤다. 왕이 처형된 혁명광장은 오늘날 '화합'이라는 뜻의 '콩코르드' 광장이라고 불리고 있다.

루이 16세가 처형되자 지방 농민들이 게릴라 형태의 반란을 확산해 갔고, 유럽의 군주들은 경악을 금치 못하며 대프랑스 동맹의 결성에 나섰다. 이렇게 러시아와 프러시아가 프랑스를 상대로 벌이던 전쟁에 영국과 네덜란드, 스페인이 참전했다. 프랑스 국내에서는 반혁명과 외세의 위협에 직면해 국민공회 내에서도 더 급진적인 파벌의 영향력이 강화되었다. 새로 설치된 공안위원회는 혁명이 쟁취한 가치들을 지키고 혁명의 적들을 타도하기 위해 이른바 공포정치를 실시했다. 혁명재판소에서 일단 판결을 내리면 피고는 상소하거나 변호사를 선임할 수 없었다. 파리에서만 수만 명이 처형되었다. 국민공회는 지도자인 당통과 로베스피에르가 내부 문제로 스스로 단두대의 희생자가 된 뒤 독재 체제를 청

산했다.

그 뒤를 이어 1795년에 총재정부가 들어섰는데, 이전보다는 훨씬 보수적인 정권이었다. 그러나 얼마 지나지 않아 나폴레옹 보나파르트가 외국 군대를 수차례 대파하면서 프랑스의 영웅으로 떠올랐으며, 1804년 유권자들의 국민투표를 통해 황제 자리에 올랐다. 나폴레옹 제국의 전성기였던 1810~12년에 프랑스는 스페인과 이탈리아, 벨기에, 네덜란드, 스위스, 독일, 폴란드, 크로아티아, 슬로베니아 등을 지배했다. 유럽의 여러 나라는 처음에 나폴레옹이 이끄는 프랑스 군대를 열렬히 환영했다. 나폴레옹이 자유를 가로막고 인권을 탄압하는 사람들을 몰아내자고 했기 때문이다. 프랑스의 정복전쟁 과정에서 프랑스 혁명의 정신인 '자유'가 널리 전파되었다. 그러나 얼마 지나지 않아 사람들은 나폴레옹이 단지 이웃 나라를 정복하고 사람들을 무참히 죽이는 인물이라는 것을 깨닫게 되었고, 이들 국가의 환호는 저항으로 바뀌었다. 특히 스페인에서의 격렬한 투쟁이 나폴레옹을 괴롭혔다. 이제 유럽의 여러 나라에서는 나폴레옹의 지배에 저항하는 과정에서 민족의식이 싹트기 시작했다.

비민주성, 근대 민주주의의 역설

미국 독립혁명과 프랑스 혁명은 그 이후에 일어난 일련의 사건에도 불구하고 사회의 기본 구조를 변화시켰다. 봉건적 특권을 폐지했고, 적어도 이론상으로는 모든 인간(이 경우에도 역시 여성은 제외됨)이 평등한 근대 자본주의 사회의 토대를 마련했다. 또한 혁명 사상이 프랑스 국경을 넘어 유럽 전역으로 확산되었는데, 유럽의 상당 부분을 점령한 나폴레옹 군대가 이러한 확산에 크게 기여했다.

18세기 말부터 19세기 초에 일어난 일련의 혁명으로 근대 민주주의가 탄생하기는 했지만, 진정한 승자는 부르주아지라 할 상인, 기업가,

자유 전문직업인 등과 이들이 대변한 자본주의였다. 자본주의가 봉건제와 귀족 통치의 잔재를 청산하자 일부 사상가들은 자본주의적 민주주의의 한계를 비판하기 시작했다. 특히 사회주의자, 그리고 더 나중에 등장한 사회민주주의자가 보기에 자본주의적 민주주의는 자본가가 토지 소유자와 임금 및 봉급 생활자의 희생을 담보로 자본을 확대하고 사회를 지배하는 사회 구조였다. 그들은 진정한 민주주의의 달성을 위해서는 자유주의가 주장하는 기회의 평등뿐만 아니라 조건의 평등도 이루어져야 한다고 주장했다. 다시 말해서 사회적 자원과 문화적 혜택을 훨씬 더 철저히 국민 전체가 공유해야 한다고 여겼다.

그러나 자유주의자들은 알렉시스 드 토크빌(Alexis de Tocqueville)의 『미국의 민주주의』가 보여주듯이 자유와 평등을 대립적인 것으로 파악했다. 그들은 프랑스 혁명의 어두운 이면이라 할 다수와, 다수의 폭정에 대한 본능적인 공포를 지녔다고 볼 수 있다. 존 스튜어트 밀(John Stuart Mill, 1806~73)은 이에 대한 해결책으로 『자유론』에서 타인의 행복추구권과 나 자신의 자유권 간의 조화를 주장했고, 평등을 향한 국민의 요구와 능력의 필요를 결합했다. 특히 제한선거제에 입각한 대의제 정부야말로 다수의 평등주의적 열망과 함께 소수의 능력과 수완을 가장 잘 결합할 수 있는 대안이라는 게 밀의 시각이었다.

철학적으로 볼 때, '모든 인간은 통치자를 뽑을 권리가 있다'라는 문구의 밑바탕에는 '모든 인간은 본질적으로 평등하다'는 사고가 깔려 있다. 그리고 평등이라는 개념은 인간이 본래 이성적이고 유능할 뿐만 아니라 교육을 통해 훨씬 더 이성적이 될 수 있다는 낙관적인 믿음에 토대를 두고 있다.

흥미롭게도 19세기 사상가들은 해법은 달랐지만 동일한 인식의 지평을 가졌다. 이들은 대의제 정부 자체는 문제 삼지 않으면서 참정권의 확대를 개혁의 기치로 내걸었다. 노동 대중을 비롯한 민중에게 투표권과 피선거권이 주어지면 곧 민중정치가 가능하다고 보았다는 점에서 이들 역시 전통적인 민주주의관을 고수했던 셈이다.

따라서 민주주의 주창자들의 핵심 강령은 참정권의 확대였고, 이런 테두리 안에서 자유주의와 민주주의는 대립적인 관계에 있었다. 19세기 전반기만 하더라도 서구에서 정치적 참여는 유산자와 백인 남성이라는 제한된 사회경제적·인종적 토대에 입각했다. 이후 20세기 전반기까지 다양한 사회정치 세력이 시민적·법적 권리의 확대를 요구하며 싸웠다. 집권을 위한 엘리트 내의 경쟁과 민중의 사회운동도 결합해 점차 선거권의 확대를 이끌어냈다.

그래도 계속되는 민주주의의 진화

부르주아 계급을 대변하는 정치 세력은 다수의 대중과 힘을 결집해서 구체제를 무너뜨리고 나서는, 대중의 힘이 강해지자 그들의 본심을 드러냈다. 예를 들어 1787년에 새로 제정된 미국 헌법은 독립혁명 초기에 주창되었던 것보다 확실히 덜 민주적이었다. 프랑스 또한 1794년에 나폴레옹 보나파르트가 황제로 등극하면서 혁명이 보수적으로 변질되었다. 그러나 도도한 민주주의의 물결에서는 역사적 반동이 쉽게 용납되지 않았다. 미국에서는 1820년대와 1830년대에 서부로의 대이주와 농경지 개척에 힘입어 인민주의 운동이 불붙었고, 이들은 동부 지역의 금융 권익에 맞서 싸웠다. 그 대표 사례가 '잭슨 민주주의'인데, 1829년부터 1837년까지 대통령으로 재임하며 참정권을 확대한 앤드류 잭슨의 이름에서 유래했다.

프랑스에서는 1830년 7월 혁명, 1848년 2월 혁명, 그리고 1871년 파리 코뮌 등 혁명이 잇따라 발생했다. 그리고 이러한 혁명의 열기 속에서 노동자 계급의 요구가 표면화되었다. 이제 민주주의는 18세기 혁명을 승리로 이끈 부르주아 계급의 손을 떠났다. 노예제 폐지를 이루어낸 미국의 남북전쟁은 1890년대와 1900년대에 와서 금융 권력에 핍박받는 농민을 대변하는 진보주의 운동으로 이어졌다. 또한 같은 기간에 노동운동이 저임금과 비참한 노동 환경에 분노를 터뜨리며 결집했다. 그러나 노동자의 파업은 무참히 진압되었다. 또 제1차 세계대전 당시 노동운동가 유진 데브스가 옥중에서 사회당 후보로 대통령 선거에 출마했으나 100만 표를 얻는 데 그쳤다.

유럽에서는 각양각색의 사회주의자와 무정부의자가 등장했고, 이들이 노동자의 권리를 개선하기 위한 투쟁을 주도했다. 그러나 이내 이러한 투쟁을 저지하려는 탄압의 물결이 뒤따랐다. 동시대에 유럽과 북아메리카 대륙에서는 여성의 투표권이 민주주의 투쟁의 새로운 쟁점으로 부각되었다. 여성의 참정권 투쟁은 양 대륙에서 모두 거센 반대에 부딪혔지만 결국에는 승리했다.

한편 1930년대 대공황 시기의 노동운동은 제2차 세계대전 발발의 원인이 되었던 나치즘과 파시즘, 그리고 일본의 군국주의에 대항하는 투쟁의 성격이 강했다. 서구 사회는 종전 이후 수십 년에 걸쳐 사회적·정치적 민주주의의 토대를 마련했다. 캐나다와 유럽에서는 노동자의 임금 상승과 고용 안정성 확보 등과 같은 민주주의 투쟁의 성과 덕분에 사회복지 프로그램이 크게 개선되었고, 고등교육을 받을 기회가 더욱 확대되었다. 미국에서는 1950년대와 1960년대에 인종분리 반대와 흑인의 정치적 권리 요구에 중점을 둔 시민권리 운동이 현대 민주주의 역사에 길이 남을 승리를 거두었다.

1960년대에 들어서는 동서 냉전의 지배 이데올로기와 기존 질서에 반발하는 젊은이들의 봉기가 북아메리카와 유럽에서 동시에 일어났는데, 특히 1968년에 그 절정에 달했다. 이른바 '68혁명'이었다. 1968년 초, 마틴 루터 킹과 로버트 케네디가 암살되면서 기존의 정치체제에 환멸을 느낀 젊은이 수천 명이 가두시위를 벌였다. 같은 해 5월 파리에서는 낭테르 대학(지금의 파리 제10대학교) 학생들이 파업을 일으켰고, 이어 수십만 명의 젊은이들과 노동자들이 거리로 쏟아져 나왔다.

"우리 안에 잠자고 있는 경찰을 없애야 한다."
"모든 권력을 상상력으로!"
"보도블록을 들추어라! 해변이 나타날 것이다."

이 시위는 학내 문제로 시작되었지만, 곧 미국의 베트남 침략과 소련의 체코슬로바키아 침공에 항의하는 시위로 확대된 후 기성세대와 국가 권력에 저항하는 혁명으로 발전했다. 68혁명은 독일과 미국을 비롯해 멀리 일본까지 세계 곳곳으로 퍼져나갔다. 68혁명은 개인의 삶에 대한 국가 권력의 간섭과 통제를 거부했다. 당시 동구와 서구 진영은 냉전을 기화로 국민들에 대한 감시와 통제를 일상화하고 있었다. 국가는 끊임없이 외부의 적에 맞서야 한다고 소리를 높였지만, 학생들은 자신을 감시하고 억압하는 국가에서 내부의 적을 발견한 것이다. 젊은이들은 인간의 이성과 가치를 가벼이 여기고 물질적인 풍요만을 추구하는 기성세대와 사회 풍조에도 저항했다. 이들은 자유로운 삶의 공동체를 꿈꾸며 자신들을 억누르는 모든 권위와 권력, 체제, 조직에 반대했다. 또한 록음악을 통해 열정을 발산하기도 하고, 책이나 유인물을 펴내 자신들의 주장을 알리기도 했다. 방랑이나 마약 흡입, 프리섹스 같은 도발적인 행위로 기성세대의 가치관에 도전하는 경우도 있었다. 이러한 행위는 청년들뿐만 아니라 장애인이나 빈민 같은 사회적·경제적 약자들이 자기 의사를 표현하고 뭉칠 수 있는 기회가 되기도 했다.

특히 여성들은 정치와 노동 조건의 평등뿐만 아니라 사회와 애정, 가정의 평등도 요구했다. 여성들은 자유연애와 자유로운 이혼, 낙태의 권리 등을 주장함으로써 사회적 평등을 위한 새로운 여성운동을 본격화했다.

이러한 투쟁은 1000만 명이 넘는 노동자의 총파업으로 절정에 달했

파리에서 일어난 68혁명의 시위 장면 깃발을 흔드는 여학생의 모습이 프랑스 혁명의 상징인 마리안느를 연상케 한다.

고, 프랑스의 샤를 드골 대통령이 이끄는 정부는 실각 위기에 처했다. 이러한 일련의 저항은 향후 민주주의 투쟁의 씨앗이 되었다. 1970년대에 들어와서 동성애자 운동이 뒤이어 등장했고, 그리고 동서 냉전 종식 이후 1990년대 말부터 신자유주의적 세계화에 대한 반대 운동이 새롭게 나타났다. 특히 서구 사회에서 탈냉전 시대에 첫 번째로 일어난 이 대규모 반세계화 저항 운동은 독특한 정치적 성격을 띠었다. 반세계화 운동 세력은 국제통화기금(IMF), 세계은행, G8을 세계화의 상징으로 간주하고, 이러한 기구의 모임이 있을 때마다 대규모 반대 시위를 조직해 직접 행동하는 모습을 보여주었다. 예를 들어 1999년에는 시애틀에서 열린 세계무역기구(WTO)의 비밀회의에 반대하는 대규모 시위를 개최함으로써 전 세계로부터 크게 주목을 받았다. 2000년 봄에는 워싱턴에서 열리는 국제통화기금과 세계은행 회담을 겨냥해 대규모 반대시위를 조직했고, 2001년 4월에는 시위자들이 퀘벡 시에 몰려와 아메리카 자유무역

지대를 창설하려는 서구 정상들의 회담에 항의했다. 그러나 이렇게 활발하게 전개되었던 반세계화 운동은 2001년 9월 11일 뉴욕을 강타한 테러 공격으로 말미암아 매우 치명적인 상처를 입었다. 그러다가 2011년 뉴욕 월가에서 신자유주의적 금융자본의 횡포를 비판하는 '오큐파이'(occupy) 운동이 일어나 파리와 프랑크푸르트, 런던, 도쿄, 서울 등 전 세계에 다시 저항 운동의 불씨를 지폈다.

지금까지의 역사가 보여주듯이 민주주의는 끊임없이 시험대에 오르고, 변화하고, 축소되고, 때로는 전면적으로 폐지되기도 하면서 진화했다. 사실 민주주의는 주어진 것도, 허락된 것도 아니다. 민주주의는 인간의 이성과 주체의식의 발현을 목표로 권위에 대한 용감한 도전과 위험을 무릅쓰는 정치적 투쟁을 필요로 한다. 현재 우리가 불완전하게나마 누리고 있는 민주주의는 자연적인 진화나 경제 발전의 결과물이 아니었다. 또한 그것은 개인주의나 시장의 불가피한 부산물로 등장하지도 않았다. 인민 대중이 때로는 피와 눈물로 대가를 치른 혁명을 통해, 때로는 민주적 선거를 통해 오늘의 민주주의를 쟁취한 것이다.

여전히 더 크고 더 좋은 민주주의를 위한 민주화 운동이 진행 중이며, 많은 이들이 정치적 자기 결정의 주체와 범위, 깊이에 관한 문제를 지속적으로 제기한다. 민주주의자는 무엇보다도 민주주의가 지역과 국가 차원에서 제대로 작동할 수 있도록 노력해야 한다. 또 나와 내 이웃, 나의 국가뿐만 아니라 전 세계 사람들 모두에게 정의롭고 공평한 의제를 제시할 수 있어야 한다. 즉 민주주의자의 사상과 철학은 전 지구적이어야 한다는 말이다. 이제 신자유주의적 세계화로 인해 권력이 국가로부터 다국적 기업으로 이동했지만, 민주주의자는 실질적인 권력을 국가에 되돌려야 하고, 국가는 그 권력으로 사회제도를 마련하고 자국의 경제를 통제해야 하며, 지구상에서 자국에 주어진 권한과 책임을 다하기 위해 노력해야 한다. 세계화가 진행된 지난 30년 동안, 개인이든 국가든 전 세계적 차원에서 서로 더 긴밀한 관계를 형성할 수 있게 되었지만,

권력은 몇몇 소수 집단에게만 집중되었다. 광범위한 영역에서 세계화는 수많은 사람들의 희생을 요구한 것이다. 어느 면에서는 세계화가 민주주의의 마비를 초래했다고도 볼 수 있다.

지금까지의 역사가 그러했듯이 더 크고 더 좋은 민주주의는 구성원들의 희생뿐만 아니라 적극적 참여와 숙의를 요구한다. 무엇보다도 한 개인이 참여함으로써 세상을 바꿀 수 있다는 희망, 현실에 바탕을 둔 굳건한 희망을 간직할 때 민주주의는 더 크게 확장하고, 더 좋게 발전할 것이다.

| 참고할 만한 책 |

강정인, 『서양 근대 정치사상사』, 책세상, 2007.

고병권, 『민주주의란 무엇인가』, 그린비, 2011.

구민정 외, 『민주주의를 만든 생각들』, 휴머니스트, 2011.

노르베르토 보비오, 황주홍 옮김, 『자유주의와 민주주의』, 문학과지성사, 1992.

볼프강 J. 몸젠, 최호근 옮김, 『원치 않은 혁명, 1848』, 푸른역사, 2007(2005).

애덤 스미스, 유인호 옮김, 『국부론』, 동서문화사, 1776/2008.

알렉시스 드 토크빌, 은은기 옮김, 『미국의 민주주의』, 계명대학교출판부, 2013.

오제명 외, 『68 · 세계를 바꾼 문화혁명』, 도서출판 길, 2006.

이강국, 『다보스 포르투 알레그레 그리고 서울: 세계화의 두 경제학』, 후마니타스,
    2005.

잉그리트 길혀홀타이, 정대성 옮김, 『68혁명, 세계를 뒤흔든 상상력(1968 시간여
    행)』, 창비, 2009.

장 자크 루소, 이재형 옮김, 『사회계약론』, 문예출판사, 1762/2013.

존 로크, 정윤석 옮김, 『통치론』, 서울대 철학사상연구소, 1689/2003.

존 스튜어트 밀, 서병훈 옮김, 『자유론』, 책세상, 1859/2005.

카를 마르크스 · 프리드리히 엥겔스, 이진우 옮김, 『공산당 선언』, 책세상, 1848
    /2002.

토머스 맬서스, 이서행 옮김, 『인구론』, 동서문화사, 1838/2011.

토머스 홉스, 이정식 옮김, 『리바이어던』, 올재클래식스, 1651/2014.

폴 메이슨, 이지선 외 옮김, 『혁명을 리트윗하라: 아랍에서 유럽까지 새로운 시민
　　혁명의 현장을 찾아서』, 명랑한 지성, 2012.

폴 우드러프, 이윤철 옮김, 『최초의 민주주의』, 돌베개, 2012.

플라톤, 천병희 옮김, 『국가』, 숲, 2013.

1 인륜의 등불을 켜다: 유교의 이해__임종수

감리교신학대학교 종교철학과를 졸업하고, 같은 학교 신학대학원에서 수학했다. 민족문화추진회 국역연수원(현 한국고전번역원)을 졸업, 성균관대학교 대학원에서 동양철학 전공으로 석사, 같은 학교 동아시아학술원에서 동양철학으로 박사학위를 받았다. 성균관대 동아시아학술원 BK21 박사후 연구원을 지냈다. 현재 성균관대 동아시아학술원, 감리교신학대, 경희사이버대, 대안연구공동체 등에서 강의하고 있다. 논문으로는 「임조은의 도일교삼론」, 「임조은의 종교사상 연구: 삼교합일론을 중심으로」 등이 있고, 저서로 『종교 속의 철학, 철학 속의 종교』(공저)가 있다.

2 도는 저절로 그러함이다: 노장철학__이봉호

경북대학교 철학과를 졸업하고, 성균관대학교 대학원에서 석사와 박사를 마쳤다. 서울대, 성균관대, 덕성여대에서 강의했고, 인천대 연구교수, 덕성여대 초빙교수를 역임했다. 현재는 성균관대, 한양대, 국민대에서 강의하고 있다. 저서로는 『정조의 스승, 서명응의 철학』, 『한국철학사전』(공저) 등이 있고, 역서로는 『참동고』, 『종려전도집』, 『천선정리』 등이 있다. 논문으로는 「장자에서 자연과 자유」, 「노장에서 아기 메타포」 등이 있으며, 중국과 한국의 도교사상, 동양의 자연학에 관심을 두고 연구하고 있다.

3 시스템과 효율성의 철학: 법가사상__윤지산

본명 백종학. 경북 청도에서 태어나 영남학파의 영향으로 묵향과 서책이 풍부한 환경에서 성장했다. 검정고시로 한양대학교 철학과에 입학했다. 독일 관념론에 관심이 많았으나 『논어』를 읽고 동서 사상을 모두 공부하기로 결심했다. 노자의 무위를 해석한 「무위는 실천인가?」라는 논문으로 한양대학술상을 받았고, 한림대학교 부설 태동고전연구소에서 3년 동안 한학을 공부했으며, 한양대 대학원 철학과에서 「선진 유가의 성과 인문 정신」으로 석사학위를 받았다. 지금은 임원경제연구소 선임연구원으로

『임원경제지』를 번역하는 동시에, 석하고전연구소(碩下古典研究所)를 운영하며 동양 고전 번역 작업을 하고 있다. 경희사이버대, 꽃피는 학교, 대안연구공동체 등 여러 곳에서 철학을 강의한다. 『법가, 절대 권력의 기술』과 『동동전집(東洞全集), 진론편(診論篇)』, 『단단한 공부』, 『순자 교양 강의』를 공동 번역했고, 『고사성어 인문학 강의』, 『한비자 스파이가 되다』를 썼다.

4 고뇌와 해탈: 불교의 세계__이정우

서울대학교에서 공학·미학·철학을 공부했고, 아리스토텔레스 연구로 석사학위를, 미셸 푸코 연구로 박사학위를 받았다. 1995~98년에 서강대 철학과 교수로 일했으며, 2000년에는 최초의 대안철학학교인 철학아카데미를 창설해 철학 연구와 시민 강좌에 몰두했다. 2012년부터는 경희사이버대학교 교양학부장을 맡아 활동하고 있다. 보편적인 '세계철학사', 현대 생명과학을 종합할 수 있는 '생명의 존재론', 그리고 '소수자의 윤리학과 정치학'을 화두로 작업하고 있다. 저작으로는 『소운 이정우 저작집』, 『탐독』, 『신족과 거인족의 투쟁』, 『천 하나의 고원』, 『주체란 무엇인가』, 『세계철학사 1』, 『진보의 새로운 조건들』 등이 있다.

5 '천인합일'에의 이상: 성리학__모영환

국민대학교 기계공학과를 졸업했고, 성균관대학교 대학원에서 중국철학 전공으로 석사 및 박사학위를 받았다. 현재 성균관대 유교문화연구소의 책임연구원으로 재직하고 있고, 송대 기철학과 성리학에 관심을 갖고 연구를 진행하고 있다. 논문으로는 「先秦時代 '天人關係論'의 양상과 張載의 계승에 관한 연구」 등이 있다.

6 성인 되기의 학문: 양명학__선병삼

성균관대학교 유학과를 졸업하고, 같은 학교 대학원에서 석사 및 박사학위를 받았다. 베이징 대학 철학과에서 박사학위를 받았으며, 현재 성균관대 연구교수로 재직하고 있다. 송명이학, 송명대 사상, 양명학, 한국 철학에 관심을 갖고 연구를 진행하고 있다. 논문으로는 「주자와 왕양명의 체용론 비교연구」, 「왕양명 정신의 양면적 특성 이해」, 「퇴계의 사칠론에 대한 율곡의 비판은 정당한가?」, 「퇴계 이황 사단칠정 소종래 구분의 객관타당성 검증」 등이 있으며, 역서로는 『대만유학, 그 은밀한 탄생과 발전』 등이 있다.

7 동북아적인 '근대성': 실학/고증학의 세계__정석도

성균관대학교 대학원 동양철학과에서 중국철학 전공으로 박사학위를 받았으며, 중국 베이징 대학과 칭화 대학에서 도가미학과 중국 근대의 도가사상을 연구했다. 현재 성균관대 동양철학과 BK21플러스사업단 연구교수로 재직하고 있고, 도가철학, 동아시아 전통 심미 관념, 중국 근대 철학에 관심을 갖고 연구를 진행하고 있다. 최근 논문으로 「노자미학의 사유형식과 은유·은폐의 논리」가 있고, 저서로는 『하늘의 길과 사람의 길: 노자철학의 은유적 사유문법』이 있다.

8 이성의 빛을 발견하다: 그리스 정신__김주일

성균관대학교 철학과를 졸업하고, 같은 학교 대학원에서 서양고대철학 전공으로 석사 및 박사학위를 받았다. 현재 정암학당 연구원으로 있으면서 성균관대 등에서 강의를 하고 있다. 주로 플라톤과 헬레니즘 철학에 관심을 두고 번역과 연구 작업을 하고 있다. 저서로는 『서양고대철학 1』(공저)이, 번역으로는 『소크라테스 이전 철학자들 단편선집』(공역), 플라톤의 『알키비아데스 1·2』(공역), 『에우튀데모스』, 『편지들』(공역), 『파이드로스』 등이 있다.

9 서양적 보편성의 형성: 로마의 역사와 사상__차영길

고려대학교 사학과를 졸업했고 같은 학교 대학원에서 서양 고대사 전공으로 석사 및 박사학위를 받았다. 현재 경상대학교 교수로 재직하고 있고, 로마 제국의 사회사, 경제사에 관심을 갖고 연구를 진행하고 있다. 논문으로는 「로마 노예의 PECULIUM에 대한 연구」와 「서양 고대사에서 푸코의 성담론의 수용과 비판」, 「지중해는 로마 제국을 새롭게 이해하게 하는가」 등이 있고, 저서로는 『역사이론으로 본 고대세계』와 『억눌린 자의 역사』, 『G세대를 위한 서양의 역사와 문화』 등이 있다.

10 신과 인간: 기독교의 문명사__장의준

감리교신학대학교 종교철학과를 졸업했으며, 프랑스 스트라스부르 대학에서 철학 전공으로 석사 및 박사학위를 받았다. 현재 파이데이아 홍릉 시민대학원 교수로 재직하고 있고, 레비나스의 철학적 방법론에 관심을 갖고 연구를 진행하고 있다. 논문으로는 "L'origine perdue et l'événement chez Lévinas", "Survivre. Autrement que la vie du sujet ou au-delà de la mort du Dasein", "La passivité du temps et le rapport à l'autre chez Lévinas"가 있고, 저서로는 『종교 속의 철학, 철학 속의 종교』(공저)가 있다.

11 인간적인 것의 발견: 르네상스의 사상__임상훈

프랑스 렌느 대학 언어학과를 졸업하고, 같은 학교 대학원에서 수학, 전문과정 (DEA)에서 철학을 공부했으며, 수사학으로 박사과정을 수료했다. 현재 경희사이버대학교 등에서 철학과 언어를 강의하면서 인문주의와 언어이론, 뇌과학, 기술철학 등에 관심을 갖고 연구를 진행하고 있다. 논문으로는 「현대언어학에 기여한 야콥슨의 은유와 환유에 관한 연구」, 저서로는 『20세기 사상지도』(기획, 공저), 역서로는 『50가지 철학 아이디어』(공역)가 있다.

12 근대적 '자아'의 오디세이아: 인식론__한정헌

연세대학교 대학원 신학과에서 기독교윤리학 전공으로 박사학위를 받았고, 현재 경희사이버대학교 교양학부 겸임교수로 재직하고 있다. 저서와 역서로는 『들뢰즈 사상의 분화』(공저), 『들뢰즈 이해하기』, 『들뢰즈와 시간의 세 가지 종합』, 『경험주의와 주체성』(공역) 등이 있다.

13 근대 민주주의의 탄생과 발달: 정치철학의 기초__성일권

한국외국어대학교 불어과를 졸업했고, 파리8대학 대학원에서 자본주의사상 전공으로 정치학 석사 및 박사학위를 받았다. 현재 《르몽드 디플로마티크》 한국판 발행인으로 재직하고 있고, 정보화와 소통, 공동체 문제에 관심을 갖고 연구를 진행하고 있다. 논문으로는 「프랑스 지식인들의 탈자본 국제주의 운동: 대안 세계화 운동을 중심으로」 등이 있고, 저서로는 『오리엔탈리즘의 새로운 신화들』, 역서로는 『도전받는 오리엔탈리즘』 등이 있다.